PHILIPPE MADELIN
YVES RAMONET

À MIDI VERSAILLES FLAMBERA

roman

L'ARCHIPEL

ISBN : 2-266-11448-4

Philippe Madelin

Philippe Madelin est né à Orléans en 1935. Journaliste à l'AFP puis à TF1 de 1975 à 1995, il est en France l'un des meilleurs spécialistes des réseaux secrets. Il a publié, entre autres, *La filière de la cocaïne en France* (1996), *L'or des dictatures* (1993) et *La guerre des policiers* (1989).

Yves Ramonet

Né à Toulon en 1962, Yves Ramonet est romancier et scénariste. Il est l'auteur de plusieurs polars, parmi lesquels *Dislocation* (1996) et *Les perspectives du mensonge* (1994). Avec Philippe Madelin, il a publié *23 heures pour sauver Paris*, un thriller qui se poursuit avec *À midi Versailles flambera* (2000). Son dernier roman, *Faut pas charnier*, qu'il a écrit avec Jacques Barbéri, a paru en 2002.

À MIDI
VERSAILLES FLAMBERA

DU MÊME AUTEUR
CHEZ *POCKET*

23 HEURES POUR SAUVER PARIS, L'Archipel, 1998.

PROLOGUE

Un brouillard aux tons de soufre estompait le crépi grossier des immeubles d'habitation. En Bulgarie, comme dans les autres capitales des pays de feu le Pacte de Varsovie, les communistes avaient réservé aux édifices officiels l'architecture de qualité, les pâtisseries de stuc et les couleurs pastel caractéristiques d'Europe orientale. En ce matin du 2 octobre 1996, les barres de béton plantées en bordure de la Tsarigradsko Shosse à Sofia paraissaient encore plus grises et lugubres que d'ordinaire.

Le soleil ne parvenait pas à émerger.

Flanqué du sergent Philippe Etchelamendy, le capitaine David Strelli observait une nuée d'étourneaux tournoyer au-dessus des toits perdus dans la brume. Dans l'air encore tiède, trois d'entre eux se figèrent quelques instants, tels des points de suspension, avant de disparaître à leur tour derrière un immeuble. Un corbeau gris bondissait sur les tas de terre abandonnés dans un terrain vague. L'officier ne voulut y voir aucun signe maléfique. Un signe qui n'avait pas de place dans son univers. N'appartenait-il pas au 44ᵉ régiment d'infanterie basé à Cercottes, près d'Orléans ? Au Service action de la DGSE [1] ?

Il s'en tenait aux faits. Cause et effets. Rien d'autre.

Quelques minutes auparavant, ils avaient traversé Iztok Est, le quartier diplomatique qui abrite sur une colline ouverte vers le mont Vitocha les ambassades de l'ex-URSS, du Japon et de Cuba, et le Centre mondial des affaires. Strelli abandonna l'examen compulsif des balcons et des fenêtres de l'immeuble pour se retourner vers une maison à deux étages, au 15 de la rue Latinka, dont la beauté dénonçait l'importance des occupants.

Il lança un regard au sergent Etchelamendy, Etxe, son second, son ami. Ils avaient déjà opéré en territoire hostile, et jamais il n'avait eu à s'en plaindre. Le rendez-vous était prévu à 9 heures, unique impératif de ce début de journée.

Leur mission ? Contacter Andrei Lukanov, le représentant local de Top Energy, filiale du puissant conglomérat russe Gazprom. Mais aussi le dernier Premier ministre du régime communiste. On lui prêtait surtout le rôle d'animateur dans l'opération Neva, montée à la fin de l'ère Jivkov par les services spéciaux bulgares pour assurer les transferts clandestins de technologie de l'Ouest à l'Est. À ce titre, il était depuis longtemps l'objet de toutes les attentions des services secrets occidentaux, et de la DGSE plus particulièrement. Les antennes de la « Piscine » ayant eu connaissance d'un contrat sur la tête de Lukanov et de l'étonnante défection de sa garde, le capitaine Strelli avait été chargé de l'avertir et de lui offrir la protection du service. Le dossier communiqué à l'officier avant le départ ne

1. Direction générale de la Sécurité extérieure, dépendant du Premier ministre. Cercottes est une base aérienne officiellement utilisée par le Centre d'instruction des réserves parachutistes.

comportait que ces quelques mentions lacunaires et laconiques.

Il était plus de 9 heures. L'homme était en retard. Etchelamendy observait depuis quelques secondes un clochard boiteux farfouillant dans les poubelles, non loin de la maison. Il vit le premier la mince silhouette de Lukanov, en tenue de jogging, s'encadrer dans l'embrasure de la porte qui se referma automatiquement. Strelli avait prévu de le rattraper plus loin, sous le couvert du parc Borissova Gradina où le Bulgare avait l'habitude de se promener en compagnie d'Alexandre Avdeev, l'ambassadeur de Russie. Etchelamendy revint au clochard : à son index droit, un rai de lumière fit briller une grosse bague en or. Il alerta Strelli d'un claquement des doigts, mais déjà l'inconnu avait effectué trois pas en claudiquant vers Lukanov. Le visage de celui-ci exprima la surprise. Il esquissa un geste de recul, sonna vivement à la porte. Le clochard avait dégainé un pistolet. Les détonations brisèrent le calme.

Deux balles dans le dos.

Strelli s'était redressé. Il vit Lukanov s'affaisser sur les marches, le tueur se pencher sur son corps. Pointant à nouveau son arme, l'homme acheva son travail d'une balle dans la nuque. La cervelle ensanglantée gicla sur les marches, mais le corps ne sursauta même pas. La mort avait été instantanée. Nuée vibrionnante, les étourneaux s'égaillèrent. À la fenêtre d'un immeuble voisin, une petite fille cria. Aussi vite que le lui permettait son handicap, le clochard courut vers une Lada jaune pisseux, stationnée au bout de la rue, sur la Tsarigradsko Shosse. Il s'y engouffra, démarra en trombe. Strelli s'était lancé à sa poursuite. En voyant le véhicule filer, il sauta dans la petite Ford allemande de location conduite par Etchelamendy qui venait de le rattraper.

Se dirigeant vers le centre-ville par le boulevard Tsar

Osvoboditel, la Lada roulait à fond de train dans l'intense circulation. Au carrefour du boulevard Dondukov, devant l'ancien siège du parti communiste, Strelli et Etchelamendy allaient la rattraper lorsque, battant furieusement sa cloche, un tramway bringuebalant leur coupa la route.

Etxe freina à tout va et le flanc de la voiture heurta le tram dans un crissement de pneus, contrepoint du fracas métallique. Strelh ne voyait pas les silhouettes grises des passagers. Son regard était absorbé par la Lada qui, là-bas, cahotant sur la chaussée défoncée de nids-de-poule, confortait son avance.

En habile pilote, Etxe réussit à se dégager avant que l'embouteillage ne se referme sur eux. Il fonça sur l'immense boulevard Marie-Louise ponctué par la masse de la cathédrale orthodoxe Sveta Nedelya et le minaret de la Grande Mosquée, sur fond de décor fané de palais staliniens, le Zoum [1], les bâtiments de la présidence, l'hôtel Sheraton Balkan. Au-dessus des toits s'esquissaient les sommets du mont Vitocha.

La Lada stoppa en un dérapage furieux, brisant la vitrine d'une échoppe en bois installée sur le trottoir. Le conducteur jaillit, plongea vers un escalier qui s'enfonçait sous la chaussée, et disparut dans les cris et les invectives. Strelli bondit à son tour de sa voiture. Laissant Etxe que les badauds prenaient à partie, il se lança à la poursuite de l'Ombre. L'escalier menait vers un marché artisanal installé en sous-sol, déjà grouillant malgré l'heure matinale. Les voix et les couleurs se mêlaient dans le dédale des ruelles artificielles orchestrées par les boutiques multicolores. Il tourna sur lui-même comme un danseur et aperçut l'homme : il portait maintenant un manteau de cuir noir, mais il traînait

1. Équivalent bulgare du mot russe *Goum*, qui désigne les magasins à rayons multiples.

toujours la jambe. La jambe gauche, enregistra l'officier. Il reprit sa course et bifurqua sur la droite à la poursuite du tueur, qui courait certainement moins vite que lui.

Son souffle était régulier et tous ses sens étaient aux aguets. Il apercevait, de temps à autre, la silhouette fugace entre les étals et devait faire preuve d'une extrême concentration pour ne pas heurter les enfants qui jouaient ou les adultes en train de marchander, dans un bruissement d'étoffes et de mots. L'Ombre était armée et avait déjà tué. Comme un robot. Robot-tueur.

Au pied d'un escalier remontant vers la surface, il resta un instant immobile, haletant. Il ne pouvait pas l'avoir perdu ! Pas si près, pas ainsi. Prêt à repartir, il bandait ses muscles lorsqu'il reçut un coup d'une violence inouïe dans les reins. Il chuta et roula sur le béton. Au-dessus de lui, se tenait l'Ombre, arme pointée. D'un mouvement désespéré, Strelli boula sur lui-même, entendit une balle siffler, frapper un mur de pierre. Du petit marché bouleversé s'élevaient des cris indistincts. Malgré la douleur, il se releva et plongea tête la première vers le manteau de cuir. Les deux hommes enlacés s'effondrèrent sur l'étal d'un marchand de bijoux fantaisie. Les colliers de faux ambre et les bracelets de métal argenté furent projetés en tous sens. Strelli décocha un uppercut dans la mâchoire de l'Ombre qui répliqua d'un coup de crosse sur le crâne de son adversaire. David poussa un hurlement. Le sang jaillit du cuir chevelu, coula sur son visage. Il ne vit pas venir une gifle monumentale : le chaton d'une bague déchira sa joue sur cinq centimètres. Il parvint néanmoins à repousser le tueur qui partit en arrière, tentant de se retenir à un mendiant aveugle. D'un geste furieux, il bouscula le vieillard qui tomba à genoux en hurlant. Il revint sur Strelli et lui balança un coup de pied en direction du thorax. Avant le choc, David saisit la chaussure au vol, exerça une formidable torsion. L'Ombre se déploya comme un oiseau malfaisant et sa main lâcha le pistolet. David le vit se rattraper au montant d'un étal, se pencher pour rechercher son arme qui avait glissé aux pieds du vieillard. Affolé, celui-ci se protégeait le visage. De rage, le tueur tira une fois. La tête explosa sous l'impact. Les badauds se figèrent. L'homme sembla un instant paralysé. Aveuglé par son propre sang, Strelli s'essuya les yeux. Il put apercevoir des cheveux longs, blonds et raides. Le manteau de cuir noir. L'Ombre le visa et appuya sur la détente. Claquement métallique, caractéristique d'un chargeur vide. Devant la colère de la foule, l'Ombre recula en lançant des imprécations dans une langue que Strelli ne reconnut pas. Il vit son agresseur plonger dans la foule, bruyante et colérique. Et s'esquiver. À moitié assommé, paralysé par la douleur, il fut incapable de reprendre la poursuite. Il soupira en se laissant aller contre un étal renversé. Ses doigts étaient crispés sur un petit objet. Un bijou ? Il l'approcha de ses yeux, identifia une dent. Une dent. Il regarda la dépouille du vieillard à quelques mètres de lui et se mit à rire, un rire spasmodique, irrépressible. Heureux de s'en être sorti, mais en même temps submergé par un amer sentiment d'échec.

L'homme qu'il avait pour mission de protéger, l'ancien apparatchik du régime communiste bulgare, était mort assassiné par une ombre dont il ne possédait pour toute identification qu'un absurde trophée : une incisive sanguinolente qui brillait sous le soleil sofiote enfin revenu.

1

Quelques années plus tard...

Comme souvent durant l'automne dans les îles méditerranéennes, il pleuvait ce matin-là. Dans les rues étroites et malodorantes de Palerme, encadrée de deux Alfa Romeo 354, louvoyait une Cadillac NorthStar 32 V dont le blindage n'apparaissait même pas sous la lourde carrosserie. Au fond de la voiture, sur la banquette de cuir blanc, Don Vicente Edward Minasola regardait défiler les façades boursouflées de crevasses des hautes maisons sombres. Il n'aimait pas cette ville qui l'avait vu naître. Du reste, il n'aimait pas la Sicile, ni l'Italie. Mais plus encore, il haïssait les États-Unis où il avait achevé ses études. Y avait-il au monde un endroit qui pourrait apaiser ses souffrances et sa haine ? Il connaissait la réponse, inscrite au cœur même de sa chair. Mais personne dans son entourage n'aurait été assez fou pour lui poser la question. Alors il ne lui restait qu'à ruminer cette réponse dans la solitude et la douleur.

Il était encore jeune. Un teint très clair. Son ascendance maternelle irlandaise lui avait légué des yeux bleus, clairs et froids, qui s'alliaient étrangement avec ses cheveux couleur de jais. Il tapota négligemment sur la couverture qui lui enveloppait les jambes et releva le visage vers l'homme assis en face dc lui, l'*avoccato* Pietro Santucci.

— Tu trouves stupide de rendre visite à ce vieillard, n'est-ce pas ?

— Disons qu'il serait dommage d'être en retard à votre rendez-vous de Cannes.

— Je dois beaucoup à cet homme. Plus qu'à tous ceux qui seront là-bas.

— Vous connaissez mon avis sur la religion. Il est celui d'un mécréant, d'un athée, d'un homme de loi, et non de foi. Je déteste ces hommes qui se disent de Dieu !

D'un geste, Vicente signifia son agacement.

— Pourquoi me faut-il subir un tel avocat ? Judas !

— Sauf le respect que je vous dois, vous vous en arrangez bien. D'ailleurs, je suis excellent. Les honoraires que vous me concédez en sont une preuve !

— Exact, je te paie plus de trente deniers, mais Francesca vaut tous les hommes de loi que je rétribue !

— C'est d'abord votre sœur. Le sentiment fraternel trouble votre jugement.

— Je n'ai que faire de ton avis sur le sentiment fraternel, *piccolo avoccato de mierda. Basta.*

Malgré son arrogance, l'*avoccato* estima que la colère de Vic lui interdisait de surenchérir. Il esquissa un sourire contrit et observa son client privilégié s'évader dans ses pensées.

Au carrefour Quattro Canti où se croisent la via Maqueda et la via Vittorio Emmanuele, deux axes majeurs et, cependant, bien trop étroits pour le trafic palermitain, un camion coupa par maladresse la route. De l'Alfa Romeo ouvrant le convoi surgirent deux hommes dont les costumes Armani cachaient mal la carrure. Quels arguments utilisèrent-ils ? Dans la Cadillac, Santucci n'essaya même pas de les imaginer mais il vit le chauffeur du camion retrouver soudain tous ses moyens et dégager instantanément le carrefour. Dans son empressement, celui-ci renversa l'étal d'une fleuriste. Furieuse, la femme se répandit en injures. Le chauffeur sortit de sa cabine et essaya de la calmer mais elle ne voulait rien entendre. Ses protestations risquaient de provoquer un attroupement. L'un des sicaires se retourna vers la Cadillac. La vitre s'abaissa à peine et Don Vicente hocha légèrement la tête. Le garde du corps sortit de sa poche une liasse de billets de cinquante mille lires qu'il glissa dans la main de la fleuriste puis ordonna au chauffeur de se dépêcher. Les voitures s'éloignèrent du centre-ville et s'engagèrent sur la longue rampe menant au couvent de Monreale, qui se dresse, depuis le XIIe siècle, sur un promontoire dominant l'agglomération de Palerme.

Alors que la Cadillac s'arrêtait devant le monastère sans tenir compte des règles de stationnement, l'un des gardes se pencha vers Don Vicente Minasola et retira la couverture qui lui cachait les jambes : elles étaient inertes. Il souleva Vic et l'installa dans un fauteuil roulant ultramoderne, poussé sur une plate-forme télescopique assurant la jonction avec le sol. Abrité par le parapluie ouvert par un deuxième garde, Vic Minasola conduisit lui-même le siège doté d'un moteur électrique vers l'intérieur de l'abbatiale-cathédrale.

Le cortège traversa avec lenteur et solennité la longue nef romane revêtue de précieuses mosaïques anciennes, Christ pancreator pour l'abside, ciel d'or pour la nef centrale, et tous les saints sur les parois de l'église et des chapelles attenantes.

Les pas sonnaient trop fort sur les dalles de marbre. Une silhouette se précipitait vers le groupe. Le recteur, souffle court, prit la main de Minasola et la baisa.

— Ah, Don Vicente, Vicente Edward Minasola, que votre nom soit béni entre tous !

— Mon père, que le vôtre le soit mille fois plus ! mentit Vicente.

— Voulez-vous visiter notre cloître ?

— Pas aujourd'hui.

Minasola avait esquissé un geste de dédain que comprit le recteur.

Il devait se montrer déférent envers ce jeune et puissant bienfaiteur qui avait contribué à la restauration de plusieurs parties du monastère. Un homme doué de toutes les qualités, beauté, intelligence, générosité. Vic Minasola s'impatientait. Quel intérêt de rappeler ces sornettes ? Il était intelligent, il n'en doutait pas. Mais il n'était pas généreux. Et il n'était plus beau.

Un paraplégique de trente-six ans pouvait-il être beau ? Il se haïssait encore plus qu'il ne haïssait le monde lorsqu'il se contemplait dans le miroir de sa villa qui s'élevait au bord du lac Pian di Scala, à la sortie de Corleone. Un impotent. Un moins que rien, un sous-homme, voilà ce qu'il était devenu après l'« accident » comme le nommait pudiquement son entourage. À la tombée du jour, la rafale du pistolet-mitrailleur résonnait encore parfois à ses oreilles. Il tremblait alors d'une rage muette, seul sur son fauteuil roulant de grand luxe. L'argent n'était pas – n'avait jamais été – un problème. Mais ses millions de dollars ne lui rendraient pas ses jambes. Il avait consulté les plus grands chirurgiens et leur verdict avait renvoyé au néant tous ses espoirs.

Un sous-homme. Victime des politiciens de Rome. Il frappa sur l'accoudoir de son siège. Le *padre* sursauta. Vicente ricana.

Il devait la vie au vieil homme debout devant lui, sur ses deux jambes frêles mais vives, et qui maintenant lui souriait comme une Vierge à l'enfant Jésus. Quand il l'avait vu tomber sur les marches du palais de justice de Palerme, le vieux *padre* s'était précipité pour lui porter secours. Ses hurlements avaient fait fuir les tueurs armés par les *stiddari*[1], leur interdisant ainsi de porter le coup de grâce.

Vicente allait alors sur ses vingt-six ans. Il abhorrait ce souvenir. Il aurait voulu tuer cet homme coupable de lui rappeler cette horreur : quand il perdait son sang, hurlant de douleur, un projectile fiché dans une vertèbre lombaire. Et, lui tenant la main et la nuque, l'apaisant de ses paroles lénifiantes, le prêtre écoutait les phrases chaotiques d'une ultime confession et l'assurait du soutien de Dieu. Imbécile ! Mais il avait promis. S'il s'en sortait, il avait promis de venir chaque année, à son anniversaire, dans cette cathédrale de Monreale. Il y brûlerait un cierge à tous les saints de la terre. Il distribuerait des aumônes. Il contribuerait à la restauration du monastère. Avant de perdre connaissance, il avait supplié le recteur de prier pour qu'il vive. Et ce pacte le liait à l'homme d'Église.

Il n'avait pas imaginé une seconde que Dieu lui laisserait la vie mais le priverait de l'usage de ses jambes. Et, depuis dix ans, il tenait sa promesse parce qu'il avait conclu un autre pacte. Avec le Diable. Seul à seul, face au vaste et abominable miroir. Il avait juré qu'il brûlerait Monreale le jour où il aurait détruit, anéanti, tous ceux qui avaient scellé son destin de sous-homme. Les infâmes *stiddari*.

Dès l'attentat, l'implacable machine familiale s'était mise en route pour mener à bien la vengeance. Tous les protagonistes avaient été identifiés. Un à un. Ils appartenaient à la Stidda[2], une organisation rivale de la Cosa Nostra. De vrais bandits. Tous abattus. Un à un. Treize en tout, pourchassés, persécutés. Certains

1. Petits voyous palermitains qui n'acceptent pas la loi de la mafia traditionnelle.
2. L'Étoile, en sicilien.

avaient pris la précaution de se faire arrêter, condamner, emprisonner. Les bras vengeurs de la famille Minasola avaient été les chercher jusque dans la prison de haute sécurité de l'Asinara en Sardaigne[1].

Un seul avait réussi à échapper. Des hommes entièrement dévoués à la cause du mafieux le traquaient nuit et jour.

Le monde n'était pas assez grand pour que puisse s'y cacher ce maudit d'entre les maudits. Vic ne doutait pas que Monreale serait bientôt la proie des flammes. Et le Diable, qui sait, lui rendrait ses jambes.

Mais l'esprit de vengeance lui inspirait une autre ambition, plus grandiose : le gouvernement de Rome ne pouvait pas agir à visage découvert contre ses ennemis de Sicile. Aussi Vic était-il convaincu que les voyous de la Stidda n'avaient été que les bras armés du pouvoir. Don Vicente, héritier du clan Minasola appelé à diriger la réunion des familles palermitaines, en avait conçu une haine inextinguible contre Rome, ses policiers, ses carabiniers, ses juges. Contre tous ceux qu'il suspectait de soutenir les autorités du Quirinal.

Dans le passé, les « familles » avaient su résister aux agressions du gouvernement de Rome, puis des fascistes. Face à un pouvoir politique faible, les siens avaient pu s'adapter, s'infiltrer dans les institutions, mener leurs affaires à leur guise grâce à la corruption, la prévarication et la violence.

Ce temps-là était révolu. Une menace autrement plus dangereuse se profilait : l'Europe et le monde avaient décidé d'abattre l'Honorable société sicilienne en tant

1. En vertu du décret antimafia du 7 août 1992, et notamment de l'article 41 bis, il est prévu l'incarcération des chefs mafieux dans des prisons de haute sécurité sans aucune possibilité de communication avec l'extérieur.

que force politique et économique, de balayer les traditions et les coutumes afin de laisser le champ libre aux multinationales. Les « gnomes » de Bruxelles, de Washington, de Francfort étaient déterminés à démanteler les structures ancestrales. Les Siciliens, les Calabrais et tous leurs semblables se devaient désormais de répliquer, d'attaquer de front, au besoin dans la violence la plus extrême, tous ces politiques et technocrates, commanditaires des multinationales. Vicente allait briser Rome, responsable de sa déchéance. Et disloquer l'Europe.

L'avion pour Cannes décollerait dans moins d'une heure. Le châtiment de Monreale pouvait encore attendre. Vic sourit au recteur et baisa le rubis de la bague qu'il portait à l'annulaire gauche. Le vieil homme ne saisit pas l'exacte signification de ce geste, mais il donna sa bénédiction au dernier Don du clan Minasola.

*

Hors de Sicile, Vicente voyageait sous la fausse identité d'Arthur E. McManus – nom de jeune fille de sa mère. Au terme d'un vol sans problème, le petit jet Cessna Citation CJ1 l'avait déposé sur l'aérodrome de Cannes-Mandelieu. Une Mercedes 600 de location l'avait conduit jusqu'à la propriété où il passait de longues semaines en hiver, pour se sortir des miasmes de Palerme. Son arrivée, ce matin-là, n'avait pas échappé à la règle. Mais, pour une fois, il était accompagné de Don Nitto Minasola, son père. En fait, il l'accompagnait : Don Nitto devait présider une réunion convoquée d'urgence.

Cet après-midi d'arrière-saison justifiait à lui seul la réputation de la Riviera. La lumière était d'un éclat subtil, l'air d'une pureté absolue. Et le soleil si doux. Là-bas, les hauteurs du Suquet et le clocher-forteresse de son église s'imprimaient avec une netteté d'épure sur le fond gris des montagnes de l'Esterel. Plus près, les îles de Lérins prenaient la pose avec langueur. Au premier plan s'alignaient des palmiers royaux.

Le Villa Paradiso se dressait au cœur du quartier de la Californie, sur les hauteurs de Cannes. Quelque peu boursouflée, l'architecture de l'hôtel fleurait son début de siècle, rappelant les riches heures et les excès de la Belle Époque. De proportions relativement modestes, la bâtisse s'élevait au milieu d'un parc ceint de grilles aux pointes plaquées or, et dont les arbres d'essences rares étaient entretenus par une armée de jardiniers. En réalité, le Villa Paradiso avait perdu sa vocation hôtelière et servait de maison de repos pour certains magnats de la finance. D'ici ou de là. Calme, incognito et sécurité absolue assurés.

Don Vicente Minasola était installé dans son fauteuil électrique sur la terrasse surplombant l'entrée. Il vit les hommes d'honneur arriver l'un après l'autre. Ils se ressemblaient tous de façon frappante. Vêtus avec un soin qui tranchait sur leurs manières paysannes, ils étaient petits et rustauds, tous protégés par des « soldats » à la physionomie peu engageante. Ils représentaient encore une puissance secrète.

— Ces messieurs sont là, vint l'avertir Luigi, son garde du corps.

La pièce où ils étaient réunis devait avoir été naguère une salle à manger : aucune fenêtre, les murs étaient ornés d'immenses miroirs et, au centre, une longue table recouverte d'un tapis vert était entourée de fragiles chaises dorées. Les invités avaient déposé leurs armes sur un guéridon disposé à cet effet en dehors de la salle. Des vigiles arborant de petits pistolets-mitrailleurs Beretta refermèrent les portes.

Don Nitto présidait. Vicente vint le rejoindre, se plaçant légèrement en retrait, de façon à souligner la préséance due à son père. Un silence pesant semblait accabler l'étrange assemblée. Minasola examina avec soin les participants. Qui seraient ses alliés ? Lesquels faudrait-il écarter ? Ils étaient tous là, tous les chefs de famille de l'île : Tonio Sciacca, de Catane ; Eugenio Zammuto, de Syracuse ; Emmanuele Castronovo, d'Agrigente ; Americo DeMora, de Caltanisseta ; Ilario Morelli, de Trapani ; Paulo Accardo, de Corleone. Et eux-mêmes, les Minasola, entourés de leurs affidés des sept familles palermitaines. Les Américains avaient délégué le vieux James Nicholls : comme son nom ne l'indiquait pas, il appartenait aux Gambino de New York, mais il avait su s'imposer comme arbitre entre les familles d'outre-Atlantique. Les policiers de tous les pays auraient payé une fortune pour assister à cette assemblée qu'ils n'auraient pas manqué d'appeler « La Coupole », le terme dont usaient ces imbéciles pour formaliser les liens unissant les familles de Sicile.

Les hommes qui comptaient dans l'île étaient donc rassemblés. Tous initiés dans les conditions les plus dures, tous âpres à la tâche et capables des coups les plus tordus pour s'imposer. Il ne manquait que Francesca, la sœur de Vic : il eût été mal vu d'introduire une femme dans ce lieu, mais il savait qu'elle les valait tous à elle seule.

À l'autre bout de la table étaient assis trois hommes qu'il ne connaissait pas. Ils étaient curieusement écartés l'un de l'autre, tout en paraissant extérieurs à l'assemblée. Leur allure plus raffinée détonnait. Il se pencha vers son père :

— Que représentent-ils ? Pourquoi sont-ils là ?

— Ce sont ceux du Continent. Je leur ai aussi demandé de venir. Le premier, le grand mince, c'est un Napolitain.

— Oui, ça, j'ai compris.

La Camora, pensa Vic.

— Et les autres, tu as une idée ? demanda son père avec un paternalisme qui l'irritait depuis l'adolescence.

— Logiquement, répondit-il avec impatience, les observateurs de la N'drangheta et de la Sacra Corona Unita.

Il voyait surtout que ces paysans obtus se donnaient l'air de gangsters de cinéma. Des hommes de la montagne, incapables de voir plus loin que le sommet voisin ou le faubourg de la ville où ils étaient nés et avaient prospéré. Vicente les estimait dépassés, avec leurs méthodes archaïques et brutales. Et il les méprisait. Tous.

Conscient qu'il aurait les plus grandes difficultés à convaincre ses commensaux de le suivre dans ses desseins. Il était inquiet. Ses projets n'étaient pas seulement importants, ils étaient cruciaux pour leur avenir. Les hommes ici présents devaient comprendre qu'il n'y avait qu'une alternative : lui emboîter le pas ou se préparer à une disparition définitive. Il fallait leur faire entendre raison alors que, animés par la jalousie, la plupart ne rêvaient que de prendre sa place.

Don Nitto se racla la gorge, frappa du plat de la main pour calmer les conversations qui commençaient à bruire. Quelques mots pour remercier les chefs mafieux d'avoir entrepris un voyage souvent dangereux en raison de la surveillance policière.

— Pour ne pas parler des persécutions ! À quand un front de défense humanitaire pour toutes nos familles ?

Un rire secoua l'assemblée. Don Nitto leva la main. Il reprit :

— Je ne vous ai pas réunis aujourd'hui pour vous distraire de quelques traits d'humour. Non ! Mais vous devez entendre la communication historique – historique, je pèse mes mots –, de Don Vicente, mon fils.

Les invités applaudirent Vic, qui ne broncha pas. Don Nitto leva une nouvelle fois la main.

— Mon fils, qui saura me succéder, peut-être, un jour, si Dieu le veut, dans la fonction dont vous m'avez naguère investi.

— Qui sait ?

Don Vicente n'avait pas pris la peine de forcer la voix, ni de s'approcher plus de la table.

— Qui sait ? répéta-t-il.

Il laissa passer un moment de silence. Il était avare de ses gestes, comme si son handicap affectait son corps en entier. Mais sa concision valait bien les gesticulations de son père.

— J'irai droit au but, messieurs. Il m'est apparu désormais nécessaire de transformer radicalement l'action menée au nom de Notre Cause...

Un murmure se fit dans l'assistance.

— ... De revenir à la source de notre mouvement, lorsque au XVIIIe siècle nos ancêtres se sont engagés dans la bataille. À cette époque, le royaume de Savoie convoitait la totalité des territoires de culture italienne. Nous avons alors dû nous battre contre les agents de Turin, puis de Rome pour défendre la spécificité de notre pays. Aujourd'hui comme hier, nous ne pourrons survivre si nous ne les repoussons pas. Ils nous qualifient de bandits mafieux pour justifier les excès de leur répression. Ils parlent au nom des droits de l'homme, ils les bafouent jour après jour. La vérité est qu'ils nous haïssent, nous, les Siciliens ! Nous, les hommes du Mezzogiorno. Nous, les pauvres. Nous sommes un petit peuple, ils nous croient sans défense. Parce que nous nous élevons contre leur volonté, ils nous considèrent comme le mal. Ils n'ont qu'un seul but : nous écraser, nous faire disparaître, prendre nos terres, notre littoral, nos femmes. Vilipender notre morale.

À l'écoute de ce discours surprenant, certains visages affichaient un clair scepticisme. Emmanuele Castronovo, le *padrone* d'Agrigente, le coupa sans façon :

— J'ai toujours apprécié votre père, Don Vicente, mais j'aimerais vous rappeler que vous n'étiez encore qu'un songe dans son esprit quand ma famille, ou celle de Don DeMora, ou encore celle de Don Accardo régnaient sur l'île. Nous n'avons pas étudié en Amérique, mais nous connaissons la valeur de nos terres. Et sans nous, vous et tous nos enfants, et les enfants de nos enfants, vous ne seriez encore que des *bambini* mendiant dans les ruelles de Palerme. Nous avons apporté la paix et la sérénité à la Sicile. Que voulez-vous de plus ?

Un imperceptible mouvement des lèvres crispa la bouche de Vic. Cette réaction de l'un des hommes d'honneur les plus respectés de la réunion le navrait : l'essence même de son propos lui avait échappé. Comme aux autres, d'ailleurs. Minasola ne supportait pas la contradiction, surtout quand elle venait d'un homme aussi frustre. Croyant défendre son territoire, et sans voir que le monde avait changé, Castronovo osait le remettre en cause, lui, Don Vicente. Il l'insultait. Il était devenu dangereux pour tous. Un mauvais exemple.

Il griffonna un mot sur un papier, et le glissa à son garde du corps qui sortit aussitôt.

Qu'ils crèvent !

Vic songea qu'il était en fait risqué d'exposer ainsi ses projets. La loi du silence, « l'Omerta », ne les empêcherait pas de bavarder à tort et à travers. Paysans et montagnards, ils étaient, paysans et montagnards, ils resteraient. Quant aux « hommes du Continent », il en voulait à son père de les avoir fait venir, car ceux-là n'étaient même pas tenus au devoir de discrétion absolue qui ne s'impose qu'au sein des familles.

Il regarda Don Nitto, un petit homme noueux à l'air malin, mais buté. Il avait réussi à imposer à Palerme la suprématie des Minasola. Mais cet effort l'avait épuisé. Comme tous les autres, il n'était plus capable que de magouilles et de coups minables. Indignes des vastes desseins conçus par Vicente Minasola.

Son père croisa son regard. Vic reprit la parole, mais il savait que la partie était déjà jouée :

— Face à des États toujours plus puissants, mieux armés, qui collaborent de mieux en mieux entre eux, pensez-vous avoir une chance ? Même nos cousins américains, je suis désolé de le dire, ont dû céder sous les assauts de l'État, du FBI, des procureurs Giuliani et Morgenthau [1]. Dois-je vous rappeler ici le destin des Gambino ?

Personne ne pouvait démentir les propos de Vicente. Toutes les familles avaient été laminées, et pour tout dire, aux États-Unis, l'honorable société était en lambeaux.

— Si nous ne réagissons à temps, nous aussi, les Siciliens, nous serons engloutis de la même manière.

Un silence était tombé sur l'assemblée stupéfaite.

— Vous devrez désormais m'obéir. Un devoir d'obéissance rigoureux auprès duquel la discipline qui a été jusqu'alors de mise vous paraîtra bien légère. Vous devrez me faire une confiance absolue, quoi qu'il puisse arriver.

1. Avant d'être élu maire de New York, Rudolph Giuliani fut le procureur fédéral de l'État de New York, désigné par le gouvernement central. Robert Morgenthau, malgré son âge avancé, est le District Attorney (procureur) élu du comté de New York. Les deux hommes se targuent d'avoir réussi à emprisonner John Gotti, considéré comme le chef de la famille Gambino.

Il se reprit, en se tournant légèrement vers son père, qui semblait tout aussi abasourdi que les autres par la virulence du ton.

— Je veux dire : « nous » faire confiance, vous devrez être convaincus que « nous » savons, et que vous êtes ignorants. Dès aujourd'hui, aucun État ne doit pouvoir « nous » résister !

Les paupières se baissèrent, les physionomies se fermèrent. Ils étaient rompus à tous les dangers, et pourtant la voix de l'infirme aux yeux de glace leur figea les sangs. Nombre d'entre eux pensèrent à Toto Riina, le tout-puissant parrain de Corleone, dénoncé par un vulgaire repenti, qui purgeait une peine à perpétuité à la prison de Palerme. Don Vicente fit pivoter son fauteuil et quitta la pièce sans un mot.

Il retourna sur la terrasse. Un immense nuage noir d'encre envahissait le ciel et pesait sur la baie de Cannes. Il resta là à contempler cette vision mouvante. Il était le nuage. Il pèserait sur le monde.

Puisque les États prétendaient les empêcher de mener leurs affaires à leur guise, il les condamnerait. Pour avoir osé lever la main sur les siens, et sur lui-même, il les détruirait. Tous. Il serait le Mal, le Mal absolu qui se dresse contre la volonté des nantis. Il retrouverait la grande ambition des frères qui avaient jadis fondé le mouvement. Les familles affiliées à l'Organisation étaient désormais dispersées dans le monde : de Moscou à Los Angeles, de Buenos Aires à Francfort, partout des hommes étaient prêts à se vouer à cette « juste cause [1] ». Il ricana.

Naturellement, les Siciliens ne pourraient mener seuls cette guerre totale. Dès son retour ce soir en Sicile, Vicente devrait s'atteler à mobiliser toutes les

1. Allusion à l'opération menée par les États-Unis pour abattre le dictateur de Panamá, le général Noriega.

forces nécessaires pour abattre ces grandes puissances dont l'arrogance et la richesse n'avaient d'égale que la fragilité.

À commencer par l'Europe, relayée par les magistrats signataires de l'Appel de Genève [1], puisqu'elle prétendait prendre la tête de la guerre contre Cosa Nostra.

Afin de leur permettre de rejoindre l'aéroport de Cannes d'où ils s'envoleraient vers la Sicile à bord d'avions affrétés pour l'occasion, Minasola avait mis à la disposition de chacun de ses invités une grosse Mercedes 600 de location. Emmanuele Castronovo fut heureux de constater que Don Vicente avait pris soin de lui attribuer comme conducteur son propre garde du corps, flanqué d'un assistant. Il monta donc dans le véhicule sans méfiance, et ne fut même pas surpris de le voir emprunter le boulevard des Horizons en direction de Vallauris, et non la voie directe vers l'aéroport.

— Roue crevée, annonça soudain le conducteur.

Il stoppa la voiture en bordure de la route, dans sa partie la plus isolée. En attendant que la réparation fût effectuée, Emmanuele Castronovo descendit en compagnie de son garde du corps. Tournant le dos à la Mercedes, Castronovo admirait le panorama de paradis. Son garde du corps observait le chauffeur et son aide fouiller dans le coffre. Intrigué, il s'approcha et les vit dégainer soudain des pistolets munis de silencieux. Il poussa un cri pour avertir Castronovo et porta la main à son arme. Mais les balles l'avaient déjà fauché. Le *capo* d'Agrigente recula en plaçant sa main devant son visage. Il s'affala à son tour sur le bitume. Les deux corps furent prestement jetés dans le coffre grand

1. Manifeste signé par sept magistrats européens le 1er octobre 1996. Le lendemain était assassiné Andrei Lukanov !

ouvert. La Mercedes repartit à petite vitesse. Les cadavres des deux hommes ne seraient jamais retrouvés, mais la main droite et la langue fourbe d'Emmanuele Castronovo seraient rapportées à Vicente Minasola, comme il l'avait ordonné.

2

Le lieutenant-colonel David Strelli leva les yeux vers la caméra dissimulée dans le plafond du couloir du métro Porte-des-Lilas. Il esquissa un salut ironique à l'attention des militaires de la Piscine [1], qui dans le périmètre scrutaient toutes les allées et venues. Il ne dérogeait jamais à ce rituel lorsqu'il se rendait à son travail. Ce coup d'œil était aussi une façon de ne pas se montrer dupe de la paranoïa, cette plaie qui gangrène tous les services secrets du monde. Et peut-être, tout simplement, le désir plus adolescent d'adresser un pied de nez à la hiérarchie ?

Depuis la tentative de putsch fasciste à Paris [2], lorsqu'il avait sauvé la capitale et la République, David Strelli était devenu une gloire nationale. Il avait été fait chevalier de la Légion d'honneur et promu lieutenant-colonel, à titre exceptionnel, puisqu'il n'avait pas quarante ans. « Ça te jouera des tours, mon colonel ! », avait auguré Margaux, qui connaissait son administration sur le bout des doigts.

La prophétie s'était bientôt réalisée. L'état-major lui

1. Siège de la DGSE, boulevard Mortier à Paris, près d'une piscine publique.

2. *23 heures pour sauver Paris*, Philippe Madelin et Yves Ramonet, L'Archipel, 1998.

avait interdit tout contact avec les journalistes. Le GROCOS avait été dissous, au motif qu'il était impossible de faire cohabiter durablement militaires et policiers dans un même service. En haut lieu, on avait estimé dangereux de laisser un « héros » tel que Strelli à la tête d'un groupe de commandos aussi redoutable.

Une certaine amertume ne le quittait plus. Il était toujours à la DGSE, mais désormais enrôlé dans le service de la Recherche, direction du renseignement, où il était chargé du dossier ultrasensible des sectes étrangères. Modeste affectation sans rapport avec ces honneurs. Il tenait cette nomination pour une mise au placard, qui l'éloignait de sa vocation première : l'action.

« Tu es trop romantique », avait lâché Margaux, ce matin, en un rire un peu canaille qui le séduisait peut-être autant qu'il l'agaçait.

Romantique. Chevaleresque. Con ! Il sourit en débouchant sur le boulevard Mortier. L'air était frais. Il referma son imperméable gris bleuté, couleur rappelant l'uniforme, seule concession nostalgique à son statut militaire.

À l'entrée de la caserne, il se soumit aux contrôles de sécurité tatillons des gendarmes : vérification de son badge accréditif – faisant aussi fonction de clé électronique pour circuler dans les secteurs autorisés –, passage sous le portique de détection des métaux, fouille de sa serviette afin de s'assurer qu'il ne transportait pas de documents interdits ou compromettants. Il allait avoir trente-neuf ans et, même s'il se consolait en pensant que le préfet Louis Dufort, le grand patron, subissait la même procédure, il la supportait mal. Il ne désirait qu'une chose, qu'un être : Margaux, la vie commune avec Margaux, des jours et des nuits infinies avec Margaux. Une vie simple, loin du formalisme militaire et des subtilités politiques.

« Tu es trop romantique. » Il entra dans l'immeuble de bureaux moderne bâti au cœur de l'ancienne caserne des Tourelles, depuis longtemps trop petite pour le service. Cinquième étage. Le couloir était gris, mal éclairé par des néons blafards. Il se dirigea vers la porte 517, glissa sa carte dans la serrure électronique et se retrouva dans une pièce exiguë, sans charme. La fenêtre donnait sur le paysage désarticulé de la banlieue Est, qui s'étendait au-delà du mur d'enceinte. Déprimant. Il avait supporté cette vision quelques jours, avant de déplacer son bureau – à caissons métalliques verts, modèle armée non modifié – dos à la fenêtre. Il faisait maintenant face à une lithographie aux couleurs fades, qui lui permettait néanmoins de rêvasser. Il posa sa serviette sur un ordinateur Bull antédiluvien. Son monde était celui d'une administration ringarde et obsolète, bien loin des outils ultramodernes qu'il avait pu naguère utiliser.

Il alluma l'ordinateur, entra ses deux codes successifs pour accéder à son e-mail. Rien que les messages émis par les librairies électroniques auxquelles il avait récemment passé commande : Amazon, Le Furet du Nord, Alix de Grolier, Alapage. Il y recherchait les livres d'histoire récemment parus, sa passion. Il s'absorbait, ces temps-ci, dans l'épopée grandiose de Temudjin Uge, « le plus fin acier », mieux connu sous le nom de Gengis Khan. Il regarda sa montre : 9 h 12. Il bâilla en ouvrant son agenda électronique. Réunion à 10 h 30 avec le chef de service pour faire le point des travaux en cours, rendez-vous téléphonique à 11 h 30 avec un informateur allemand, conférence de coordination à 15 heures au ministère de la Défense, rue Saint-Dominique, dîner à 20 h 30 avec Margaux. Le seul bon moment de la journée.

David soupira en attirant vers lui la liasse de journaux qu'un planton avait déposée un peu plus tôt sur sa table. Le plus clair de son travail consistait à lire les publications, toutes les publications, du quotidien à la feuille ultraconfidentielle, pour repérer chaque information sur les sectes. Lorsqu'il trouvait quelque chose, il l'enregistrait dans le programme spécialement écrit à cet effet, qui permettait d'assurer une veille permanente et l'actualisation des « synthèses évolutives ». Un travail hors de ses compétences, mais l'armée est ainsi faite : il faut obéir, patienter jusqu'au jour où la hiérarchie daigne proposer une « vraie » mission. Mais, depuis trois ans, rien n'avait brisé la monotonie de ces journées. Les années filaient, et Strelli se demandait même s'il n'était pas temps de raccrocher.

Le téléphone sonna. Il prit la communication avec fatalisme.

— Mon colonel ?

Il reconnut la voix suave du capitaine Margaux Villaret. Elle aussi avait été promue et aussitôt mise au placard. Elle avait le chic de l'appeler plus qu'il n'était nécessaire. Et pourtant elle tenait à rester une « indépendantiste », selon sa formule. Malgré le forcing de Strelli et les drames qu'ils avaient traversés ensemble, elle n'entendait pas tenter l'aventure d'une vie commune.

« C'est toi la romantique, Margaux ! » lâchait alors David avec une pointe d'énervement.

« Faux, je suis une passionnée, nuance ! »

« Foutaises ! »

« Nuance. »

— Tu es seul ?

— Évidemment, mais comme nous sommes sur écoute...

— Arrête. David, ce soir, pour notre dîner...

— Tu ne vas pas me dire...

Il comprenait qu'elle allait reporter le rendez-vous. Il frappa son bureau métallique. Margaux, à l'autre bout du fil, écarta son oreille de l'écouteur.

— Attends ! Je n'ai encore rien dit. C'est Antonin.

Strelli maugréa. La commissaire divisionnaire Josée Antonin avait quitté la section de recherche des RG pour prendre en main la totalité du dossier des étrangers, avec un titre de sous-directeur. Elle n'avait pas changé pour autant : toujours aussi arrogante, elle menait son service avec le charme d'un pitbull, informait sa hiérarchie au gré de ses humeurs, affolait ses supérieurs. Sous des allures de notable de province, elle menait la folle vie parisienne d'une lesbienne émancipée, dont les frasques auraient fait la joie des échotiers. Strelli reconnaissait son professionnalisme et sa probité, mais n'appréciait pas qu'elle ait réussi à entraîner Margaux dans son service.

« Mauvaise fréquentation ! » avait-il observé.

« Tu vires réactionnaire, avait répliqué Margaux. C'est moins sympathique que romantique. »

Quelle décision Antonin avait-elle encore prise ?

— Josée m'emmène à une réunion impromptue.

« Josée. » Bientôt ça serait « Ma copine ».

Il connaissait désormais trop bien le capitaine Villaret pour ne pas avoir perçu comme un voile couvrant sa voix. Elle mentait, il en était certain. Le prétexte invoqué pour repousser le dîner était un peu gros.

— Impromptue ?

— Oui. Le cabinet du ministre, avec le conseiller de police. Ils n'arrêtent pas de nous tanner avec ce dossier des étrangers.

David ne répondit pas. *No comment.* Margaux avait été chargée du suivi des arrêtés d'expulsion, édictés à l'encontre des bénéficiaires du droit d'asile qui ne respectaient pas les principes de neutralité politique. Quatre ou cinq dossiers par an, tout au plus. Autrement dit, elle ne faisait rien. Elle se foutait de lui.

— Tu fais la gueule ?

— Oui.

— Tu sais ce que j'aime chez toi ?
— Non !
— Ta franchise. David. Tu m'aimes ?
— Non !
— Je te rappelle cet après-midi pour fixer une autre date.

Elle avait raccroché sèchement, sans même lui murmurer l'un de ces haïkus érotiques dont elle avait le secret.

La matinée se traînait. Pour se calmer et s'occuper, il entreprit de ranger son bureau. Sous une pile de dossiers, il découvrit une mince chemise de carton rouge, oubliée là depuis longtemps. Il reconnut son écriture. Inscrits au feutre noir, une date, octobre 1996, et un nom, Lukanov.

Un frisson le saisit. Lukanov. Et surgit avec brutalité le souvenir d'une violente douleur au crâne. Machinalement, il tâta la cicatrice, encore visible sous ses cheveux trop courts. Il revit la silhouette du jogger qui s'écroulait devant sa maison, à Sofia. Il y eut la mémoire d'une ombre, l'ombre d'un boiteux. Pourquoi la résurgence de ce souvenir, au-delà des années ? Dans le même flash, il vit Etxe. Lui aussi était mort. Son meilleur ami. Irremplaçable. Non remplacé. La mission s'était soldée par un échec. C'était néanmoins le bon temps. Il ouvrit le dossier. Il ne contenait qu'un rapport de quelques pages, un « blanc », sans en-tête ni signature. Il s'agissait de son rapport sur Lukanov.

Né à Plovdiv dans la plaine macédonienne, Andrei Lukanov était de la troisième génération des révolutionnaires qui ont écrit l'histoire marxiste de la Bulgarie. L'aristocratie communiste. Le grand-père, Todor, fut l'un des fondateurs du parti social-démocrate bulgare. Le père, Karlo, à participé à la guerre d'Espagne dans les Brigades internationales avant d'être nommé ministre des Affaires étrangères après la Seconde Guerre mondiale. Il n'a guère été difficile d'apprendre que l'homme était l'une des figures les plus connues de la nomenklatura bulgare. Vers la fin du régime communiste, Lukanov était devenu le second du régime, le plus proche collaborateur du Premier secrétaire du PCB, Todor Jivkov. Il passe surtout pour avoir été l'animateur de l'opération Neva, montée à la fin de l'ère communiste par les services spéciaux bulgares.

Lorsque le dictateur Jivkov a dû céder sa place, en 1989, Lukanov a dirigé le dernier gouvernement communiste de Bulgarie. Quand celui-ci est tombé avec tous les autres régimes communistes, notre homme a été emprisonné deux ans, sur ordre des anciens hiérarques communistes qui s'étaient maintenus au pouvoir. À sa libération, il s'est reconverti dans les affaires. Officiellement, il était consultant de la société Top Energy, filiale de Gazprom, le superconglomérat pétrolier que l'Union soviétique a légué à la Russie postcommuniste.

Qui avait intérêt à le voir disparaître ? Qui a armé le bras du clochard claudicant ? Il est possible que ce meurtre soit lié aux responsabilités de Lukanov à la tête de l'Union bulgare pour l'initiative économique. À ce titre, il aurait contrôlé les comptes clandestins d'un certain nombre de personnages issus de l'ancien régime, qui s'étaient emparés des rouages économiques au cours de la libéralisation de l'économie. Ce qui semble lui avoir valu d'innombrables inimitiés.

David Strelli constata qu'il avait fait preuve d'un sens certain de l'euphémisme.

Lukanov avait contribué à la liquidation des comptes de la période communiste et post-communiste. En outre, il lui aurait été reproché de trop bien tenir la clé des coffres-forts où étaient enfermées les fortunes mafieuses entassées par ceux qui avaient brisé l'embargo pétrolier imposé à la Serbie par les Nations unies, pendant la guerre contre la Bosnie-Herzégovine.

Deux feuillets en tout et pour tout. Strelli se souvenait comment il avait découvert les tractations peu reluisantes qui s'étaient déroulées dans les Balkans dès le début des années 1990.

Mais il n'avait jamais pu récolter la moindre preuve, et le clochard claudiquant s'était perdu dans les brumes de sa mémoire, comme il s'était fondu dans la foule du souk de Sofia. Il se souvint alors qu'il avait conservé, comme un talisman, la dent du boiteux. Il bouleversa le bureau et la retrouva dans une boîte où s'entassaient des photos, des douilles percutées, des tickets usagés de parking, un passeport périmé, tout un fatras surgi du passé. Il posa l'incisive jaunie devant lui, sur le sous-main noir.

Elle ressemblait à une pièce d'échecs difforme. Strelli ne pouvait cependant pas déterminer si elle ressemblait à un fou ou à un roi.

*

L'automne avait installé sa grisaille sur Paris. Image nostalgique de carte postale : dans le parc Monceau, les arbres précieux s'agitaient lentement sous l'effet d'un vent déjà froid. Les feuilles roussies glissaient une à une jusqu'au sol. Une bruine fine drapait les hôtels particuliers avoisinants. Les enfants et leurs accompagnatrices – mères, nounous, jeunes filles au pair – désertaient les allées, dans les piaillements, les rappels à l'ordre, et toute une symphonie de couleurs acides.

Insensible à cette atmosphère, Margaux marchait d'un bon pas vers le portique, la « grande fabrique » – la fausse ruine bordant le petit étang.

Elle s'en voulait d'avoir menti à David : le mensonge n'entrait pas dans le code qui régissait leurs rapports complexes. Mais elle n'était pas femme à se laisser enfermer dans la routine, alors qu'il se serait satisfait d'un mode de vie plus conventionnel. Un homme et une femme, l'amour, toute la vie. Elle avait encore du mal à comprendre son sentimentalisme, même si sa prévenance la faisait craquer autant qu'elle pouvait lui être insupportable. S'il n'avait tenu qu'à lui, il se serait déjà installé chez elle. Comme le lieutenant-colonel Strelli, elle avait été mise à l'écart. En même temps que tout le réseau de sociétés off-shore qu'elle avait monté naguère à la demande de sa direction, elle avait été obligée d'abandonner son superbe duplex de la tour Totem en front de Seine. Aussi envisageait-elle encore moins une vie à deux dans l'appartement, certes cosy mais trop petit, qu'elle louait désormais rue Mahler, dans le Marais. Elle aimait David, mais elle aimait aussi sa liberté.

Au ministère de l'Intérieur, elle occupait un minuscule bureau, sous les combles. La commissaire Antonin, qui la couvait comme une mère un peu trop intéressée, l'avait maintenue à la section de recherches des Renseignements généraux, mais avec interdiction de toute activité opérationnelle.

« Ordre supérieur, avait-elle assené, laconique. Dans l'administration, il ne faut jamais trop bien réussir, on vous le fait toujours payer ! »

« Tu parles ! », fulminait secrètement Margaux en marchant.

Même si elle occupait depuis trois ans un poste

modeste, fort heureusement, rien ne lui interdisait, en principe, de continuer à fréquenter certaines « relations » nouées au cours de ses aventures. Au moins en dehors de ses heures de service. Elle rêvait d'une opportunité qui la fasse sortir du placard et émerger dans la lumière trouble des « affaires ».

Lorsque son « ami » Orlin Dimitrov, après un très long silence, l'avait relancée quelques mois plus tôt, elle ne s'était pas dérobée. Histoire de voir ce que le Bulgare allait lui proposer. Celui-ci, semblait-il, n'avait toujours pas percé sa véritable identité. Elle usait donc encore de sa couverture et demeurait Cécile de Saint-Sorin, ingénieur financier de haut niveau, munie d'un gros carnet d'adresses qui lui permettait d'atteindre à peu près n'importe qui à n'importe quel niveau. Mais elle n'était pas certaine que le Bulgare fût dupe.

Dimitrov était au pinacle : son affaire d'importation d'objets d'art et d'icônes orthodoxes modernes fabriqués dans les Balkans et en Russie prospérait d'autant mieux que la chute des monnaies dans les anciens pays communistes lui permettait de pratiquer des tarifs imbattables. Non sans se payer royalement.

Ils s'étaient retrouvés au Vitocha, le restaurant que Dimitrov avait ouvert rue Daru, à quelques pas de l'église russe. Le cadre était balkanique, et les plats balkaniques. Un peu lourds pour un palais parisien, mais succulents aux papilles des immigrés plus ou moins clandestins venus par cohortes des bords de la mer Noire et du Danube pour tenter leur chance à Paris – Bulgares, Serbes, Russes, Ukrainiens nostalgiques qui ne tenaient pas à se montrer dans La Ville de Leningrad, l'autre restaurant, russe celui-ci, mais devenu trop réputé.

Pour appâter Cécile de Saint-Sorin, tout en buvant de la vodka Moskovskaïa Cristall, il lui racontait les dessous de ténébreuses affaires dont elle connaissait d'ailleurs parfois les tenants et les aboutissants. Elle écoutait d'une oreille distraite ces histoires pour ne pas froisser son contact. Dans ce milieu, chacun aime à laisser croire qu'il en sait plus que les autres. Sans jamais rien dévoiler d'essentiel, évidemment. Au fur et à mesure des rendez-vous et des bouteilles de vodka, Orlin avait balancé un à un tous les secrets de l'ancien régime communiste. Sans raison apparente, sans contrepartie. Margaux en avait été surprise. Peut-être voulait-il simplement l'attirer dans son lit, une obsession dont elle avait pu entrevoir la réalité. Il s'était passé ainsi plusieurs semaines où, de dîners ennuyeux en mornes rendez-vous, le Bulgare avait continué à boire et à dévider le long fil de ses récits.

Jusqu'au jour où il lui avait présenté Nadjeda Stefanova. Orlin avait laissé planer le doute sur les liens qui les unissaient, mais Margaux ne pensait pas qu'elle fût sa maîtresse. Trop jeune et pas assez jolie. Dimitrov s'était contenté d'arborer un sourire de saurien : un ancien du KGB reste un ancien du KGB, même après la dissolution du KGB. C'est dans les gènes, prétendaient certains.

Traductrice de français, d'allemand et de russe, Nadjeda avait été chassée de Bulgarie par la misère et l'hyper-inflation. Elle était arrivée à Paris avec un simple visa de tourisme. Vivre chez Dimitrov était pour elle une chance. Elle ne deviendrait pas un gibier pour les producteurs de films pornographiques, comme nombre de ses compatriotes paumées. Elle n'avait aucune envie de retourner à Sofia pour faire renouveler son visa.

Dimitrov avait susurré à Margaux : « Chère amie, pourriez-vous aider cette jeune personne ? J'imagine que vos relations dans la police... Si cela ne vous pose pas de problème majeur, évidemment. »

Margaux avait conscience qu'Orlin cherchait à la

manipuler. Elle avait promis d'essayer auprès d'une amie qui... Dimitrov avait eu un sourire de connivence. Et elle s'était encore demandé s'il savait ou non. Elle avait parlé à Josée Antonin, qui avait promis. Mais les choses avaient traîné. Le visa était arrivé à échéance. L'homme d'affaires s'impatientait.

Ce matin-là, Nadjeda avait elle-même appelé Margaux, depuis une cabine téléphonique. Sa parole était étouffée, à peine audible, voilée comme si la jeune femme avait placé un mouchoir devant sa bouche.

Margaux avait dû tendre l'oreille pour comprendre.

« Je dois absolument vous voir, madame Margaux ! »

Le capitaine Villaret supputa un chantage aux sentiments, mais la voix de la Bulgare trahissait la peur. Elle avait proposé à Nadjeda un rendez-vous le soir même, au Berkeley, le salon de thé de l'avenue Matignon où elle continuait à avoir ses habitudes.

— Non, non, c'est beaucoup trop tard. Je suis pressée. Disons en fin d'après-midi. Près de l'étang du parc Monceau, sous le portique des fausses ruines.

— Dimitrov est-il au courant ?

— Non.

— Pourquoi ne...

— À 18 h 45, vous saurez tout !

Elle avait raccroché rapidement.

La nuit était tombée.

À 18 h 45, il n'y avait plus âme qui vive dans le parc dont la fermeture était imminente. Margaux cherchait au-delà de la grille la mince silhouette de Nadjeda Stefanova. Elle était mal à l'aise, comme lorsque tout n'allait pas comme prévu. Elle savait que la traductrice travaillait dans une petite société, non loin, dans un hôtel particulier au 43, rue de Prony. Elle décida de s'y rendre quand elle constata que le gardien fermait les

« grilles d'or ». La bruine s'était transformée en pluie drue. Margaux avait oublié son parapluie. Elle traversa la rue en courant. Le petit hôtel particulier de deux étages était précédé par un jardinet, clos d'une grille. Sur une plaque dorée était gravé un simple nom qu'elle ne put déchiffrer car il était en caractères cyrilliques :

Текни
Енгениринг

La porte du jardin n'était pas fermée. Elle entra, gravit les marches luisantes et se mit à l'abri sous l'auvent de verre, de style Guimard. Le ruissellement de la pluie sur le verre lui parut soudain oppressant. La façade début de siècle de l'hôtel particulier avait été récemment ravalée, et les échafaudages étaient encore rangés en bas, sur le gravier. Elle avança la main vers la sonnette, hésita. Elle leva la tête pour chercher un signe de vie. Il lui sembla apercevoir, au premier étage, le faisceau fugitif d'une lampe torche. Une brève appréhension lui serra le ventre. Elle respira, ravala sa salive, examina les alentours. Un téléphone sonnait dans la bâtisse. Personne ne décrocha et la sonnerie cessa. Elle saisit la poignée en bronze. La serrure n'était pas verrouillée. Le battant s'ouvrit de lui-même et elle pénétra dans les lieux comme si elle violait un sanctuaire.

L'ancien hall avait été supprimé et tout l'intérieur aménagé en bureaux. Les tubes de néon d'un faux plafond étaient allumés. Mais l'hôtel semblait vide. Personne derrière le comptoir d'accueil au design noir minimal. Peut-être une réunion, quelque part, plus loin ? « Relax. Cool ! Tout va bien. »

Un coup d'œil lui suffit pour inspecter ce grand hall, deux toiles Op-Art accrochées sur l'un des murs, palmiers, un escalier de bois à la rampe sculptée menant aux étages. Son regard se figea. Une traînée rouge, sur le sol, près d'une porte, des gouttes qui tombaient. Du sang ! Elle s'approcha. Près d'une table basse, dont le verre avait explosé en mille éclats scintillants, une large flaque s'étalait. Mouvante, récente.

Réflexe immédiat : elle dégaina son petit 38 spécial police, un Total Titanium de Taurus ultra-léger dont elle ne se séparait jamais. Elle avança vers le comptoir de la réception, se pencha par-dessus le meuble. Derrière était allongée une femme assez jeune, la tête bizarrement orientée par rapport au corps. Vertèbres cervicales brisées. La face postérieure du crâne avait éclaté. Mélange immonde de cheveux blonds, de sang, d'os hachés. Margaux ressentit une vague nausée.

Un bruit. Un pas ?

Elle se retourna, manqua faire tomber le terminal d'ordinateur. Le son paraissait provenir de l'étage. De nouveau, la pointe d'anxiété lui vrilla le ventre. Elle jeta un coup d'œil aux écrans de contrôle qui retransmettaient les images des couloirs. Une ombre se glissait dans un bureau. Elle mémorisa le plan d'évacuation incendie de l'hôtel qui donnait une vague idée de son agencement. Angoissée, mais sans perdre son calme, Margaux avança vers l'escalier. Dos au mur, doigt sur la queue de détente de son pistolet, elle gravit un à un les degrés, essayant de percevoir le moindre indice sonore.

En travers des dernières marches gisait un homme d'une cinquantaine d'années, face contre terre. Son dos n'était qu'une plaie béante et, derrière lui, sur le mur, de grandes giclées de sang et de chair maculaient le mur. Il avait été atteint par une munition de très gros calibre : 45" blindée, probablement.

Elle enjamba le corps avec précaution, toujours dos au mur. Le couloir était vide. Elle se retourna instinctivement vers la caméra de surveillance, comme si quelqu'un pouvait la voir. Elle poussa la première porte sur sa droite. Murs blancs, faux plafond. Meubles de bois foncé, plusieurs téléphones, un fax. Placards laqués de blanc, entrouverts. Au sol, des documents éparpillés menaient à un autre cadavre, une femme, cervelle répandue sur la moquette. Margaux retourna le corps : une inconnue.

Elle revint dans le couloir, entendit un son régulier. Elle avança, arme braquée. Sur sa gauche, une porte donnait sur un large espace paysager. Vision d'un désordre abominable. Les arbustes et les cloisons basses avaient été hachés par des rafales d'armes automatiques. La dépouille d'un homme, chemise en lambeaux maculée de sang, barrait l'entrée. Plus loin, celui d'une femme avait chuté sur la glace de la photocopieuse qui continuait à débiter les papiers imprimés. Toujours pas de Nadjeda Stefanova. Les photocopies A4 semblaient surgir de la poitrine déchiquetée, puis volaient dans la pièce sous l'effet du vent qui s'engouffrait par les vitres brisées des fenêtres.

Au-dessus de Margaux, le plancher craqua et, plus près d'elle, résonnèrent des pas, légers, précis, autoritaires. Elle redressa son arme. Elle se retourna et poussa un léger cri. Un homme, râblé et hirsute, apparut dans l'embrasure de la porte, sûr d'avoir affaire à une pauvre victime sans défense. Il brandissait un Scorpio, un minuscule pistolet-mitrailleur tchèque. Margaux se jeta à terre et roula vers la photocopieuse. L'homme appuya sur la détente. Il y eut une rafale rapide, des impacts étoilèrent le mur. Elle tira deux fois. Une balle traversa le front du tueur. Il tomba comme une masse. Ne quittant pas la porte des yeux, elle s'approcha de l'agresseur, l'inspecta de la pointe de son escarpin. Imperméable noir, lunettes noires cassées surmontant une grosse moustache noire, rougie de sang. Il était mort.

Au second, Margaux perçut un fort remue-ménage.

Il y avait encore du monde là-haut. Des complices ? Armés ? Combien ? Elle n'était pas en position de force et décida d'engager une prudente retraite vers l'extérieur. Appeler la police. Alors qu'elle rebroussait chemin à reculons, arme pointée vers le fond du couloir, un cri l'immobilisa. Elle reconnut la voix de Nadjeda. L'appel grimpa dans des stridulations aiguës, bientôt insupportables, puis devint un murmure. La jeune Bulgare paraissait se plaindre, mais dans sa langue natale. En tout honneur, elle ne pouvait pas l'abandonner.

Elle emprunta l'escalier, plaquée contre le mur, et progressa vers la salle de conférence du dernier étage. Un cadavre était affalé sur la dernière marche. Celui d'un homme, bas du visage arraché par un projectile.

Nadjeda pleurait, avec de courts sanglots haletants qu'entrecoupaient des gémissements. Son agresseur l'insultait, toujours en bulgare. Bien qu'elle fût seule, grâce à l'effet de surprise, Margaux avait une chance de sauver la jeune femme. Une petite. Elle bondit dans l'embrasure de la porte : en face d'elle, Nadjeda, tenue à bras-le-corps par un homme très grand, mince, au visage grêlé. Margaux vit le couteau sur le cou de la prisonnière. Le tueur n'hésita pas : d'un geste prompt, il trancha la gorge. Un flot de sang jaillit. Nadjeda s'affaissa. Margaux tira deux fois. Mais elle tremblait si fort qu'elle manqua son objectif. Son adversaire plongea sur le côté. Elle se glissa derrière un bureau, tandis que l'homme répliquait au jugé avec son pistolet muni d'un silencieux. Il bondit par la fenêtre brisée.

« Un dingue ! » pensa Margaux en se précipitant vers la jeune Bulgare. Trop tard. La tête, à demi tranchée, formait un angle presque droit par rapport au cou.

Haletante, elle se rua vers la baie vitrée. Dans la pénombre, elle aperçut l'inconnu dévalant l'échafaudage. Le tueur avait tout prévu. Elle tira encore une balle. L'avant-dernière. Il lui faudrait conserver la suivante, par sécurité. Le projectile déchira la bâche verte. L'homme poussa un cri. Il riposta plusieurs fois. Les balles sifflèrent, percutèrent le plafond. Margaux s'était reculée. Accroupie à l'abri du mur, elle rechargeait son barillet. Elle entendit le meurtrier sauter sur les graviers. Elle se releva, l'aperçut qui s'enfuyait vers la rue, sous la pluie. À cette distance, elle ne pouvait plus l'atteindre. Mais elle était convaincue de l'avoir touché : le salopard boitait bas.

Elle revint vers la salle de conférence. Son esprit n'enregistrait plus ce que voyaient ses yeux : le désordre, le cadavre de Nadjeda Stefanova, dont la tête reposait dans une mare de sang qui noircissait. Margaux eut un vertige. Elle s'affala dans une chaise pivotante. Cela ne dura qu'un instant, le temps d'un cauchemar. Quand elle revint à elle, la vision de Nadjeda s'imposa, dans toute son horreur. Elle s'en voulait de ne pas l'avoir prise au sérieux. Un détail attira son attention : le sac à dos de la Bulgare avait été jeté sur le sol, le rabat ouvert, comme si on avait commencé à le fouiller. Un bout de foulard émergeait et, dans le repli du tissu, un papier. Elle se pencha pour le ramasser et sortit de sa poche de blouson son téléphone portable, un Nokia déjà ancien dont elle ne pouvait se séparer.

Elle appuya sur la touche de recherche, composa les lettres « STR », lança l'appel. Elle se demandait quelle fable elle allait pouvoir échafauder pour justifier sa présence sur la scène d'un tel massacre. Huit morts.

David Strelli décrocha à la deuxième sonnerie.

3

Du sanctuaire de Sainte-Rosalie, au sommet du *monte* San Pellegrino, on embrasse d'un seul coup d'œil toute la corniche qui se déroule à l'ouest de Palerme, depuis la ville jusqu'au *capo* Gallo.

Au pied de la montagne, à quelques kilomètres de la métropole sicilienne, en bordure de la petite route serpentant le long de la côte, un riche armateur a fait construire dans les années 30 un petit palais de style Liberty. La Villa Igea a depuis été transformée en palace de grand luxe, au milieu d'un fort joli parc surplombant la mer.

Décoré par Ettore De Maria Bergler, le salon d'hiver du palace s'ouvrait sur une superbe piscine dont, ce soir d'automne, l'eau noire reflétait le ciel crépusculaire. Don Vicente Minasola avait demandé qu'on l'installât le dos aux fenêtres : il détestait les piscines, depuis qu'il ne pouvait plus y aligner des longueurs comme au temps de sa jeunesse. Tassé dans son fauteuil roulant, il n'arrivait pas à croire qu'on allait fêter ses trente-six ans. Trente-six ans, seulement. Il se sentait vieux. Mort vivant.

Il croisa les yeux d'obsidienne de Don Nitto. À l'évidence, les deux hommes étaient du même sang et, pourtant, ils se ressemblaient aussi peu que possible. Le regard trop clair et glacé de Vic imposait à son père une distance sans doute impossible à franchir.

Don Nitto Minasola siégeait en bout de table, comme il se doit pour le patriarche. Il était petit, d'une corpulence dénotant une absence d'exercice alliée à un appétit excessif. Mais il émanait de lui comme un charisme, une force rustique, auxquels on ne pouvait échapper. Il fallait en trouver l'origine dans sa curieuse histoire.

Bien avant la Seconde Guerre mondiale, son père, Giuseppe Minasola, avait quitté Monreale pour l'Amérique. Un rêve. Nitto lui-même était né à Chicago en 1933, à l'époque terrible où des familles siciliennes et juives immigrées avaient imposé leurs lois criminelles dans une Amérique ravagée par la dépression. Johnny Torrio, Al Capone, Lucky Luciano et Meyer Lansky dominaient le monde mafieux. Leur syndicat du crime s'appelait Murder Incorporated, à l'instar des sociétés capitalistes. En 1929, lors de « l'assemblée générale » d'Atlantic City, ils étaient allés jusqu'à se répartir le territoire américain comme on découpe un gâteau. Mais Giuseppe Minasola, lui, n'avait pas eu le droit à la moindre queue de cerise. Il n'était qu'un homme de main parmi tant d'autres et avait été arrêté lors d'une rafle.

Pour sortir d'un long séjour à la prison de Singsing, la célèbre maison d'arrêt située dans la vallée de l'Hudson, au nord de New York, Giuseppe Minasola avait accepté d'être enrôlé par l'armée américaine, dans une unité de sapeurs-dynamiteurs. Il avait trouvé une mort héroïque en France, en 1944, durant les premières heures du débarquement en Normandie. Face à ce sacrifice, qu'avait offert l'Amérique en retour à sa famille ? Même pas la nationalité américaine pour son fils, rien que l'ingratitude, le déshonneur !

Don Nitto était un survivant.

Dans le Chicago de sa jeunesse, membre à part entière du clan des Siciliens, il avait dû se battre les armes à la main pour ne pas succomber sous les coups des *mobs*[1] noirs qui montaient en puissance, ou des chiens courants du FBI lâchés sur eux par John E. Hoover[2].

Accusé d'être impliqué dans un racket de grande ampleur, Nitto Minasola avait été expulsé en 1961 vers la Sicile. En compagnie de son épouse légitime, laquelle avait donné naissance dans la nuit du 26 novembre 196..., à Palerme, à Vicente Edward, un beau garçon de 3,6 kilos.

Toujours très belle, très réservée, Sharon l'Irlandaise aux cheveux noirs de jais et à la peau de lait, aux yeux clairs et verts, siégeait à droite de son mari. Son père, Harry McManus, était un bootlegger qui avait fait fortune – et avait tout perdu – dans le commerce des alcools, durant la prohibition, avant d'être abattu au cours d'un affrontement avec un gang adverse, au début des années 40. De cette filiation, Sharon McManus tenait un caractère plus que ferme. Elle n'aurait jamais admis être traitée comme une femme sicilienne. La relégation à la cuisine et aux tâches de second plan n'était pas son destin. Maîtrisant mal la langue italienne, et encore moins le dialecte sicilien, Sharon était toujours silencieuse en public, laissant son époux occuper le premier rôle, mais de mauvaises langues assuraient qu'elle était le véritable *padrone* de sa famille.

Don Nitto leva son verre de whisky – irlandais – à l'intention de son fils. La dizaine de convives réunis

1. Gangs (mot de *slang* américain).

2. John Edgar Hoover a été le chef mythique – et controversé – du FBI, de 1924 à 1972.

pour cette fête intime l'imitèrent, avec leurs coupes remplies d'*asti spumante*.

— Puisses-tu, mon fils, porter la gloire du nom des Minasola jusque dans les plus hautes sphères.

Il se tourna vers l'assemblée, regarda Sharon avec tendresse.

— Je suis un paysan, mais mon fils, lui, est un seigneur. À toi, Vic, bon anniversaire !

Malgré les paroles d'orgueil, une retenue, presque une gêne, voilait la voix de Don Nitto. Il y avait dans sa bouche l'amertume d'un gâchis indicible. Il but son whisky d'un trait.

Enfant adoré pour avoir été longtemps attendu, Vic s'était mué en adolescent fougueux puis en brillant étudiant. Des études supérieures commencées à l'université de Palerme, l'une des plus anciennes d'Italie, pour les achever à New York, à la Business School of Columbia University où il avait obtenu un MBA [1]. Promis au destin le plus glorieux, le jeune homme avait été l'espoir de son père. Et maintenant, quelle ambition ?

Dehors, un éclair fila d'un bout à l'autre de la nuit et révéla l'amoncellement des nuages d'orage. Depuis la tragédie du palais de justice, les rapports entre le père et le fils étaient difficiles. Nitto devait admettre que Vic était devenu solitaire, désagréable, agressif. Même à ses yeux, il n'était plus qu'un mort en sursis. Celui qui ne peut engendrer une descendance, et perpétuer son nom, est-il encore un homme ?

À l'autre bout de la table, Vic faisait tourner lentement son index sur l'arête du verre, pour faire chanter le cristal, la tête ailleurs : il était préoccupé par l'absence de sa sœur, Francesca. Sa « petite sœur »,

1. Master of Business Administration, équivalent d'un diplôme d'école de commerce en France.

comme il l'appelait, le seul être humain pour lequel il eût encore de l'estime.

Francesca habitait Rome où elle était avocate. Elle avait promis de venir, et elle n'était pas là, et elle n'avait même pas téléphoné. Dans sa solitude affective, dans sa paranoïa, Vic était fort attaché à ce genre de détail. Elle n'allait pas, elle aussi, le décevoir. Il ne fallait pas. Sinon, il ne lui resterait plus que la haine.

Déférents et pétris de componction, cheveux noirs, costumes noirs, chemises noires, cravates et lunettes noires, deux hommes se levèrent. Ils saluèrent Don Nitto et Sharon, puis Vic, puis l'un d'eux fit signe à un aide resté en retrait.

— Don Minasola, en ce jour de fête, nous avons pensé qu'un modeste présent pourrait vous faire plaisir : acceptez ceci de la part de vos amis.

Il désigna l'aide. Vic suivit le geste du regard et découvrit un fauteuil roulant que l'on poussait vers lui. Un fauteuil motorisé. Comme nickelé. Mais un nickel dont les reflets auraient été atténués par des ombres grises.

— Il est plaqué en platine, Don Minasola, annonça fièrement le premier des donateurs en se courbant. Modèle unique, ouvragé par un orfèvre travaillant pour la bijouterie Chaumet, à Paris. Et voyez ce détail.

L'homme posa le doigt sur l'un des boutons de commande du moteur : il était serti de pierres précieuses, rubis, émeraudes et diamants alternés. Les donateurs attendaient avec anxiété la réaction du destinataire. Sans un mot, Vic brandit le revolver qu'il tenait toujours caché sous la couverture masquant ses jambes mortes. Sharon ferma les yeux. Il allongea le bras et cribla de balles le « cadeau impérial », bientôt réduit en cents fragments.

Les abrutis ! Quelle impudence de lui rappeler d'une façon si triviale son infirmité. Il haïssait la bêtise de ces paysans siciliens qui se croyaient encore au Moyen Âge, attendant la reconnaissance de leur suzerain après lui avoir fait allégeance. Puis il hurla :

— Pour qui me prenez-vous ? Larry Flint[1] ? Essayez d'utiliser vos neurones à bon escient. Apprenez à vivre avec le XXIe siècle et oubliez ces gadgets de pacotille, bons pour les nègres ! Allez, donnez ça à qui vous voulez, mais faites-moi le plaisir de l'ôter de ma vue.

Tremblant de peur, les deux hommes ramassèrent les débris épars et quittèrent la table, alors que Vic grommelait en anglais :

— *Fuck off ! Shit ! I will hit them.*

— Ils voulaient te prouver leur fidélité. Ce n'est pas un crime.

— Je sais. Mais je n'ai que faire de telles marques d'attachement.

Changeant brusquement de sujet, c'est-à-dire revenant à ses préoccupations habituelles, Don Vicente pointa un index vengeur vers l'extérieur de la villa.

— Je parie que les flics des unités antimafia sont encore là. Les carabiniers et les hommes de la *Sezione di polizia giudiciaria.*

— Oui, je sais, depuis des lustres accrochés à nos basques comme des morpions au cul d'une pute ! Et alors ? s'énerva Nitto.

— Alors ? Crois-tu, père, que c'est en organisant d'aussi stupides démonstrations de luxe que nous finirons par triompher ? Crois-tu que j'ai besoin de ces petits valets abâtardis pour mener à bien mon grand projet ? Non ! Il me faut des cerveaux !

Il claqua des doigts nerveusement :

1. Fondateur, entre autres, du magazine porno *Hustler*. Paraplégique à vie à la suite d'un attentat, il se déplace dans un fauteuil roulant plaqué or.

— De la pure intelligence !

Nitto balaya l'air de sa main. Il crut malin de faire la leçon à son fils.

— Tu n'étais pas encore né, Vic, que les flics venaient manger dans ma main. On leur distribuait des gadgets de pacotille, comme tu dis, des voitures, des radios, et des petites enveloppes quand il le fallait. Les flics vous aiment quand on sait être généreux.

Vic s'énerva, s'agita sur son fauteuil, en picorant des fruits confits de Martonara, préparés selon la recette ancestrale des moines palermitains. Il but une gorgée de vin de marsala.

— Les *celeri* [1] et les scélérats, les *carabinieri* et les *carabiniera*, tralala, *et caetera*. Tous ces gadgets, c'est du grain pour cette valetaille. Une valetaille dont je me fous !

Il avala encore une belle portion de pâtes, s'essuya les lèvres avec sa serviette blanche. Il avait hérité des manières délicates de sa mère. Il n'en cracha pas moins par terre, pour manifester son mépris.

— Non, moi, ce qui m'intéresse, ce sont les grands chefs. Ceux qui peuvent vraiment nous aider. Il est vrai qu'il en coûte plus cher pour les corrompre, mais ils sont plus rentables.

— Tu n'es pas le premier à essayer.

— Non, mais je serai le premier à réussir.

Sharon jeta un regard sombre à son mari, l'enjoignant de ne pas ajouter d'huile sur le feu. *« Une famille dans laquelle le père et le fils se battent est vouée à la destruction ! »* assenait-elle pour mettre un terme aux pugilats verbaux qui opposaient les deux hommes.

Un garde murmura quelques mots à l'oreille de Vic. Il quitta la table en plein repas sans autre forme de

1. Désignation des policiers municipaux italiens, censés arriver très vite sur le lieu d'un délit.

procès et fit rouler son fauteuil en direction d'une porte ouvrant au fond du restaurant.

*

La pluie avait repris, mais plutôt goutte à goutte, une bruine fine et grasse de nuit d'hiver, glacée, presque de la neige.

La rue de Prony était bloquée par un impressionnant dispositif policier. Tout le périmètre était quadrillé par les hommes du commissariat du XVIIe arrondissement, renforcés par les unités d'intervention de la PUP, la Police urbaine de proximité. Des voitures de patrouille, dont les gyrophares tournoyaient toujours, bloquaient l'artère. Des projecteurs avaient été installés, tout était éclairé *a giorno.* Des hommes en civil arpentaient les alentours, à la recherche d'indices et – qui sait ? – des auteurs du carnage. Au loin, on apercevait les flashes des photographes et les projecteurs des caméras de télévision.

Les officiers de police commençaient à opérer. Du camion de la police scientifique débarquaient des hommes et des femmes en blouse blanche, mallette à la main. Plus loin attendaient des ambulances. Debout au milieu des fourgons de police, Margaux semblait absente. Elle s'autorisa une cigarette. Elle eut du mal à l'allumer, moins à cause de la pluie que de ce tremblement presque convulsif, une sorte de spasme qu'elle ne pouvait maîtriser. Elle commençait à réaliser l'étendue de sa peur.

Elle tripotait un papier dans sa poche. C'était une note d'hôtel, en allemand : Palais Porcia, trois étoiles, Klagenfurt, Autriche. Deux nuits, Fräulein Nadjeda Stefanova. Elle n'avait pas voulu laisser traîner le document.

Un peu plus loin, Strelli parlait avec un policier sans

casquette, portant un chandail bleu nuit avec des pattes d'épaule décorées de feuilles de chêne. Elle identifia un commissaire. David s'était précipité à moto dès qu'elle l'avait averti. Arrivé avant tout le monde, il avait pu la réconforter, sans pour autant pouvoir lui soutirer un récit cohérent des événements. Il revint vers elle, visage sombre.

— Ça va ? demanda-t-il, plus pour la forme que par réelle empathie.

Il était furieux qu'elle lui ait menti, qu'elle ait risqué sa vie comme une adolescente.

— Ouais, je crois. J'ai juste un peu froid.

Il enleva son blouson et le lui mit sur les épaules. Elle lui sourit.

— Tu es sûre de l'avoir touché ?

— Affirmatif. À la jambe. Il boitait.

— Il boitait ?

— Oui, la jambe gauche, je te dis.

Il se tapota les lèvres de l'index. D'abord, ce ne fut qu'une image floue. Puis surgit un souvenir plus que précis. L'Ombre, le meurtrier de Lukanov, à Sofia. Lui aussi boitait de la jambe gauche, et il ne l'avait pas touché. Une coïncidence ? La personne qui devait contacter Margaux n'était-elle pas bulgare ?

Un brancard monté sur roulettes passait. David souleva le drap qui masquait le corps et reconnut Nadjeda. Le cadavre fut prestement enfourné dans une ambulance qui partit au pas. Il n'y avait plus urgence et le chauffeur avait tout son temps pour rejoindre l'Institut médico-légal. Margaux était immobile, le regard perdu dans le vague. La pluie trempait ses cheveux. Elle ne pouvait détacher ses pensées de l'extrême violence qui l'avait surprise dans l'hôtel particulier et continuait à la hanter. Une violence méthodique, froide, organisée. Le tueur avait tranché la gorge de Nadjeda comme on égorge un cochon. Sans haine et sans plaisir. Comme si elle avait juste été un animal voué à la mort.

Une voix gouailleuse, trop familière, la sortit de sa songerie.

— Bravo, ma poulette chérie ! Heureusement que t'es au placard, j'ose pas imaginer ce que ce serait autrement.

Josée Antonin ramenait sa frange noire en arrière pour essuyer la pluie qui perlait sur son front.

— Je ne suis quand même pas responsable de ces meurtres, merde, s'énerva Margaux.

— Elle a raison, Josée, intervint Strelli. Le plus bizarre est que j'ai peut-être déjà rencontré l'un des tueurs.

Son hypothèse était bien sûr absurde, mais il se surprit à y prêter foi en l'énonçant.

— On a chopé l'ordure ?

— Non, il s'est enfui.

— C'est-à-dire qu'il nous les a mis, et bien, non ? Un pied de nez et adieu Berthe. Eh bien ! Écoute, Strelli, si tu le connais, faut filer son identité aux collègues de la Crime, faut l'alpaguer vite fait.

— C'est moins simple. En fait, d'après la description de Villaret, ce type me fait penser à celui qui a failli me tuer à Sofia.

Comme Antonin semblait ne pas saisir, il ajouta :

— Le meurtre de Lukanov.

Il était évident qu'elle ne se souvenait pas de cet épisode. Mais il en fallait plus pour la désarçonner.

— Parfait, bon motif pour partir en chasse.

— Certes. Mais l'affaire remonte à plusieurs années. Je n'ai vu le tueur que de loin. C'était plutôt une ombre. Qui boitait de la jambe gauche.

— Je vois. Un peu léger, non ?

— En effet. C'est plutôt une intuition.

Josée Antonin éclata de rire, si fort que les policiers autour d'eux se retournèrent, l'air choqué.

— De mieux en mieux, les cocos ! Voilà Strelli avec des intuitions, ça c'est une information. On nage en plein délire. Dites donc, mes loulous, je voudrais pas vous décevoir mais il va falloir d'autres éléments si on veut lancer une enquête. Allez, on va voir ce que font les collègues de la judiciaire. On se retrouve à l'IML, cette nuit, à minuit. Avec les fantômes dégoulinant de sang. À tchao bonsoir.

Elle tourna les talons et remonta dans sa voiture. Le chauffeur démarra en trombe. Strelli prit Margaux par le bras. Il l'attira à lui et l'enlaça.

— Je suis désolée, murmura-t-elle.

— Moi aussi. Tu aurais pu y passer.

Elle se dégagea avec une certaine brusquerie. Cette sollicitude manifestée en public la gênait.

— Pas cette fois.

— Ne recommence plus jamais ça, Margaux. Plus jamais.

Elle perçut dans son ton une menace sourde qu'elle comprit parfaitement. Elle avait joué avec le feu. Elle aurait pu perdre la vie, mais elle pouvait plus encore le perdre. Et elle savait à cet instant qu'elle ne le voulait pas. Elle préféra attendre pour lui parler de la facture de Klagenfurt. Elle le serra dans ses bras et se mit à pleurer. Ses larmes se mêlèrent à la pluie et brouillèrent en une myriade de couleurs le ballet des policiers et des infirmiers.

*

Rexhep Rekaliu était albanais. Plus exactement, kosovar, originaire de Prizren, au sud du pays, non loin de la frontière macédonienne. Il exerçait le métier d'exécuteur professionnel depuis plusieurs années déjà.

Le sicaire n'avait pas fui tout de suite. Il avait eu le culot de rester planqué sous un porche, attendant que sorte la salope de pute qui l'avait contraint à battre en retraite. Rien, pas un mouvement, jusqu'à l'arrivée en trombe d'une grosse moto. Le pilote casqué avait bondi, pistolet au poing. Il avait gravi quatre à quatre les marches du perron. Il était redescendu, tenant la femme par l'épaule. Ils s'engueulaient et leurs voix lui parvenaient par-delà l'agaçant clapotis de la pluie. L'homme avait retiré son casque et son visage était apparu dans la lumière d'un réverbère. Cette image avait troublé Rexhep. Cette silhouette, cette démarche, ce port de tête... Un souvenir ? Non, ça ne pouvait quand même pas... Il attendit encore, pour vérifier son impression. Sofia ! L'enfoiré avec lequel il s'était battu, qui avait failli le tuer. C'était ça : Sofia ! Il n'en fut pas soulagé pour autant. Bien au contraire.

Une voiture de police avait déboulé à son tour. L'homme avait indiqué au premier gardien arrivé sur place l'arrière de l'hôtel. Rexhep était caché dans une entrée d'immeuble, mais de l'autre côté de la rue. Puis il y avait eu toute cette noria de voitures hurlantes. Ainsi, cette pute devait être une femme flic. Il grava ses traits dans sa mémoire. Il aurait été fou de tenter quoi que ce soit dans ces conditions, mais il se jura qu'il aurait sa peau un jour. Le temps était de son côté. La seule chose à faire désormais était de rentrer tranquillement à son hôtel et de se reposer quelques heures avant de prendre l'avion pour Moscou.

Une légère douleur irradia dans son épaule. Il toucha l'endroit, découvrant un trou dans sa veste et une grosse éraflure superficielle au biceps. Rien de grave comparé à l'éclat de mortier qui l'avait touché à la cuisse gauche lorsqu'il combattait en Bosnie-Herzégovine.

Dans sa jeunesse, Rexhep avait dû quitter son village à la suite d'une vendetta, consécutive à l'enlèvement d'une fille, qui avait dégénéré. Il était monté à Belgrade où il y avait trouvé un emploi de gardien de nuit. Quand la guerre de Bosnie avait éclaté, quand les chefs de bande s'étaient mis à recruter pour constituer des milices, il avait suivi chez les Dragons le commandant Zivko Obrenovic, un Serbe fou furieux surnommé « le Léviathan ». Il n'avait pas eu tout de suite le sentiment de trahir les siens puisqu'il s'agissait de se battre contre les Bosniaques qui, bien que musulmans comme lui, n'en étaient pas moins les ennemis ancestraux. Les Serbes avaient su se montrer attentionnés et généreux quand il avait été blessé. Lorsque le commandant Zivko Obrenovic était reparti en guerre contre les Albanais du Kosovo, Rexhep avait continué à servir les Orthodoxes.

Il éructa un juron des plus scatologiques, dans la tradition turque, avant de quitter en claudiquant le théâtre du carnage. La pluie avait réveillé ses vieilles douleurs. Il sourit. Il égorgerait la pute, à l'exemple de ce qu'il avait fait à la Bulgare, et, si elle avait des enfants, il leur briserait la nuque à coups de manche de pioche comme il avait tué dix enfants d'un village, à l'est de Pale, le 24 janvier 1993.

4

À la Villa Igea, le salon du restaurant était inoccupé. Vicente Minasola entendait le murmure des conversations provenant de la grande salle. Un garde lui apporta un téléphone, un gros engin de couleur noire ressemblant aux portables de première génération, un Motorola Associate 2000. Une grimace affleura sur ses lèvres. Dehors, les flics antimafia devaient s'activer comme des cafards pour tenter d'écouter ses communications. Mais ils ne pouvaient rien contre ce téléphone car il s'agissait en fait d'un émetteur-récepteur très puissant relayé par les quarante-huit satellites de Globalstar, dont il était l'un des utilisateurs assidus. Sans avoir jamais dévoilé son identité, bien sûr.

Avantage capital du système : il était impossible de l'intercepter. Il composa un numéro, assez compliqué, qui le mit en contact avec un *collect call*, lequel fit basculer la communication sur un relais situé ailleurs dans le monde. Quelque part. Impossible de savoir où.

— *Fuck'em all !* grommela Vic.

Everett Packard, son correspondant, était l'un de ses gestionnaires de fortune, et vivait à New York. Le financier lui indiqua qu'il avait besoin de son avis et de son autorisation pour conclure des opérations d'arbitrage engagées à la Bourse de São Paulo. Compte tenu de l'effondrement continuel du réal, la monnaie brésilienne, fallait-il se rabattre sur le peso argentin ou se dégager du marché latino-américain, par exemple en rachetant un gros paquet de T-Bonds[1] US lors de la mise aux enchères du lendemain ? Vic décida rapidement, comme à son habitude. Il avait mémorisé des dizaines de données boursières. Il aimait la sensualité mathématique des cours et des indices, cet univers de chiffres où ses jambes ne lui étaient pas utiles. Il s'était jeté à corps perdu dans le boursicotage, prenant le maximum de risques sur les marchés émergents. Il avait beaucoup gagné au Brésil en spéculant massivement à la baisse. À présent, les pertes potentielles devenaient trop élevées.

— On vend à São Paulo et on achète à Wall Street ! Mais, juste avant la fermeture du marché américain, vous mettrez quelque chose sur les valeurs technologiques cotées au NASDAQ[2]. Rappelez-moi dans deux heures.

Il ordonna au garde de composer un deuxième numéro. Toujours par l'intermédiaire d'un *collect call*. Les signaux parcoururent la moitié du monde avant de parvenir à leur destinataire.

— Jacques-Olivier Lambert-Leroy, répondit un homme qui parlait italien avec un fort accent français. Vous m'avez fait appeler, mon cher Minasola ?

— Oui. Nos affaires se présentent très bien.

— Il y aura une grosse livraison dans quelques semaines.

— Bien. Je voudrais que vous me rendiez service.

— Ah ?

Dans la voix passa une nuance de contrariété qui

1. Bons du Trésor.

2. L'indice représentatif du marché des valeurs technologiques à Wall Street.

amusa Vic. Ce Français n'appréciait guère de se mettre au service des autres, mais il n'avait pas le choix.

— Je détiens un assez gros lot de viandes achetées sur le marché italien, je n'ai pas de débouchés ici. J'ai appris que les Russes...

— Les Russes ?

La voix était soudain plus présente, plus attentive.

— ... auraient de forts besoins pour ce type de marchandise.

— Vous m'intriguez.

Vic toussa. C'était sa manière de couper court aux questions gênantes. Finalement, il était embarrassé de se trouver en position de solliciteur. Il avait davantage l'habitude de donner des ordres. Mais, désormais, il devait mener la démarche jusqu'à son terme.

— Je vais vous envoyer quelqu'un pour discuter de cette affaire.

Il ricana.

— Tenez-vous prêt.

Il avait retrouvé son arrogance.

— Je veux un contact chez les Russes au plus haut niveau, et je sais que vous en êtes capable. *Salute*.

Il coupa la communication sans autre forme de politesse, puis regarda sa montre. Francesca n'était toujours pas là.

*

Jacques-Olivier Lambert-Leroy reposa le combiné sur sa base. En ce début de nuit, il restait le seul au cœur des entrepôts d'AgrImEx, dans la zone industrielle aéroportuaire de Toulouse-Blagnac. Dans son bureau immense, aucun luxe, mais une stricte fonctionnalité : outre sa table de travail, un quart de cercle en bois d'ébène, celle de sa secrétaire, à portée de voix. Et, plus loin, posés sur des étagères à hauteur d'homme, des dizaines d'ordinateurs sur lesquels clignotaient les cours des matières premières dans toutes les places du monde. Personne, jamais, ne les éteignait car, pour AgrImEx, le globe ne cessait de tourner.

Son cabinet de travail était aussi la salle des marchés de l'entreprise, d'où partaient les ordres d'achat et de vente : des péniches, des containers, parfois même des cargos entiers, des cargaisons de blé, de viandes congelées, de cacao, de café, de bananes, de cuivre ou d'aluminium. Ce que l'on appelle, en jargon de métier, des *commodities*. Il achetait et vendait à terme, spéculait à la hausse ou à la baisse sur les marchés de Londres, de Chicago et de Paris. Il perdait rarement, et ses transitaires livraient par train ou par avion à Moscou, et par bateau dans les ports d'Ukraine ou de Russie du Nord. Mais aussi à Cuba, en Roumanie et, maintenant, dans certains pays de l'Ouest.

Les journalistes de la presse économique lui avaient collé une étiquette de capitaliste ultralibéral. Un comble pour le fils de Georges Lambert-Leroy, surnommé, lui, le Milliardaire du Kremlin. Lequel brandissait sans vergogne sa carte d'adhérent du parti communiste français. Lequel avait bâti la fortune de son groupe – un ensemble de sociétés groupées sous la bannière de la holding AgrImEx – sur un commerce d'exportation pratiqué presque exclusivement avec les pays de l'ex-bloc soviétique.

Mais le système soviétique – et ses méthodes de commerce singulières – s'était effondré avec le mur de Berlin. Certains des concurrents habituels de Lambert-Leroy père avaient sombré, comme Interagra, la société dirigée par Jean-Baptiste Doumeng – dont les deux fils n'avaient pas su prendre le relais, incapables de faire preuve de l'habileté financière et politique de JO2L, le sobriquet dont les journalistes affublaient Lambert-Leroy fils.

À la tête d'AgrImEx à moins de quarante ans, il avait su évincer sans pitié ses rivaux. Son conglomérat était devenu une multinationale capitaliste ouverte surtout vers le marché russe, puisque la plupart des interlocuteurs d'autrefois, souvent des amis de son père, étaient restés en place. Les apparatchiks s'étaient eux-mêmes mués en « entrepreneurs privés » et en « nouveaux capitalistes », après s'être approprié les sociétés dont ils avaient naguère la charge sous le régime socialiste.

JO2L avait ainsi exploité, non sans subtilité, les appétits féroces ouverts par le passage au « capitalisme marchand ». Il riait toujours sous cape en évoquant la nouvelle face de la Russie.

L'homme d'affaires marchait de long en large. Comme d'habitude, il était vêtu de noir. Il s'arrêta face à une immense baie vitrée qui ouvrait sur les rares lumières de la zone industrielle. Il rêvassait en suçotant un crayon, substitut à une consommation de cigarettes depuis longtemps oubliée. Que pouvait donc signifier un appel aussi tardif de Vic Minasola ? Pourquoi tant de mystères pour une livraison de viandes ? Certes, les affaires avec les sociétés du Sicilien n'étaient pas toujours de la première simplicité, mais là...

Un quart d'heure plus tard, il quitta son bureau, s'interrogeant à présent sur la personnalité de l'émissaire que lui adresserait le Sicilien. Il prit son ascenseur privé, appuya distraitement sur le bouton permettant d'accéder au niveau le plus élevé, le toit du bâtiment sur lequel il avait fait aménager à grands frais une plate-forme d'atterrissage. Le pilotage était sa passion et sa seule véritable distraction. Toutefois, en pleine nuit, avec ce brouillard si fréquent dans la vallée de la Garonne en hiver, il était hors de question de voler. Il contempla longuement sa machine, un gros Dauphin de l'Aérospatiale sur les flancs duquel, sous le logo d'AgrImEx, il avait fait inscrire son acronyme, sa véritable immatriculation : JO2L.

S'il voulait rentrer chez lui cette nuit, il devrait prendre sa voiture, un cabriolet Saab 900 SE V 6, qu'il utilisait plus rarement depuis que, pour ses liaisons rapides, il préférait son hélicoptère ou son avion privé. Il lui faudrait rouler une bonne heure et demie pour rejoindre sa maison de famille à Lectoure, dans le Gers. Il serait là-bas vers 2 heures. Comme d'habitude, Louise-Marie, sa femme, dormirait dans sa propre chambre, à l'autre bout de l'étage. Depuis combien d'années faisaient-ils désormais chambre à part ? Il n'en avait pas la moindre idée. Elle n'avait pas été capable de lui donner un fils, même pas un enfant. Tout l'arsenal de la procréation assistée, les inséminations artificielles et autres fécondations in vitro n'avaient pu vaincre sa stérilité. Il n'avait pas eu le courage de divorcer. Il régnait sur AgrImEx comme un potentat sans héritier. Peut-être devrait-il un jour aussi régler cette question. Éliminer Louise-Marie, comme il avait écarté ses adversaires...

5

Après avoir coupé la communication avec Lambert-Leroy, Vic était resté un long moment silencieux dans la pénombre du salon.

Puis il avait demandé au garde de lui apporter un verre d'alcool blanc, de l'alcool de raisin. Il différait sur ce point de son père : jamais Nitto Minasola n'avait pu oublier la bière et le whisky, et surtout le whisky irlandais, qu'il préférait au vin. D'une certaine manière, le jeune homme était fier de la Sicile, soucieux de la défendre contre toute emprise étrangère, qu'elle soit économique, politique ou culturelle.

Il sentit une présence derrière lui, et fit pivoter son fauteuil.

Elle était resplendissante, drapée dans un fourreau Versace. Grande et mince, les cheveux noirs et la peau laiteuse comme sa mère, le même port orgueilleux de tête. Mais le regard sombre et noir des Siciliens. Francesca. Elle lui tendait le ballon rempli d'alcool qu'il avait commandé. Il prit un air renfrogné : il ne voulait pas lui montrer sa joie.

— *You're late !* grommela-t-il dans leur langue maternelle.

— *The fly from Rome was delayed. One hour, as usual.*

Elle poursuivit, en italien :

— Que faire ? Tu ne voulais quand même pas que je prenne un hélicoptère ?

— Je sais, je sais ! Principe du soupçon généralisé.

— Les flics de la Squadra mobile sont agrippés à mes basques. Ils ne me laissent pas une seconde de répit. Pour un peu, ils camperaient devant le cabinet.

Le cabinet d'avocats où exerçait Francesca était installé *via* Tacito, près du Palazzo di Giusticia, à Rome. Vic était au courant de la pression exercée par les policiers sur tous les membres de la famille. Jamais la jeune femme n'avait montré de signe de fatigue, jamais elle n'avait commis d'erreur. Une vraie Minasola.

— Tu aurais pu te débrouiller pour prendre un vol plus tôt, reprocha-t-il quand même.

— Écoute-moi bien, Vic, il fallait que je boucle ton dossier de certification antimafia. Ce n'est pas une mince affaire.

— Excuse-moi, murmura-t-il en étendant le bras dans un geste d'abandon.

Elle se pencha vers lui et l'embrassa sur le front.

— Bon anniversaire, Vic.

— Merci, petite sœur.

Quand les tueurs avaient blessé le Sicilien sur les marches du palais de justice de Palerme, elle était auprès de lui. Elle était sortie indemne de l'attentat. Il l'admirait pour cette chance insolente qui ne la quittait pas, cette force de vie qui l'habitait. Si elle n'avait pas été sa sœur... Mais elle était une Minasola et sa détermination face aux ennemis de la famille la rendait plus dangereuse que le plus impitoyable des tueurs.

— J'ai un cadeau pour toi, dit-elle d'une voix suave.

Il hocha la tête.

— Le cadeau que tu attends depuis dix ans.

Il eut un moment de doute, plongea son regard dans ses yeux scintillants. Il sut qu'elle avait réussi. Il lui embrassa la main. Elle était bien l'héritière de sa mère, la seule assez digne et assez compétente pour prendre le commandement du clan s'il venait à disparaître.

*

Quai de la Rapée, la façade de l'Institut médico-légal, tapi entre la Seine et la voie express, fut un bref instant éclairée par les feux du dernier métro qui filait sur la ligne aérienne en direction de la gare d'Austerlitz.

Malgré l'heure tardive, il y avait un monde fou dans la grande salle d'examen : tout l'aréopage de la PJ, les médecins, un membre du cabinet du préfet de police. Et huit cadavres. La commissaire Josée Antonin abandonna la fenêtre et revint vers les corps disposés dans la pièce au carrelage froid. Le visage de Margaux, aux traits creusés, était encore marqué par ce qu'elle venait de vivre. Œil sombre, lèvres serrées, Strelli allait et venait en silence entre les corps. Il semblait fouiller dans son esprit pour trouver une explication rationnelle au massacre. Josée Antonin l'arrêta en lui prenant le bras.

— Calme-toi, soldat. La nervosité n'avance à rien.

Il avait déjà vu des morts, des victimes de guerre, de tueurs psychopathes ou des fous divers. Il sourit tristement, se remémora la nuit où il avait dû venir ici même pour admettre qu'Etxe, son ami, son frère, était bel et bien mort. La rigidité cadavérique et la pâleur marbrée de la chair ne laissaient jamais de doute. Il s'agissait toujours du même cauchemar.

Édouard Belair était substitut du Parquet criminel, de permanence cette nuit-là dans le district. Il lui incombait de lancer l'enquête. Il entra dans le laboratoire, salua les thanatopracteurs qui avaient déjà œuvré sur trois des cadavres, bavarda quelques instants avec les officiers de la PJ qui prenaient des notes et se dirigea vers Strelli et Antonin. Il tapota le dossier qu'il tenait à la main.

— Bon, je vous le dis aussi à vous, puisque vous êtes là. Très honoré de rencontrer des héros nationaux.

David ne fut pas capable de déterminer si l'homme se moquait ou non.

— L'hôtel du 43, rue de Prony appartient à une société de droit français, dénommée Techni-Engineering, filiale d'une holding basée dans les Caraïbes, dans l'île d'Aruba, une holding avec un nom bizarroïde qui pourrait être liée à une ou plusieurs sociétés suisses et russes. De la salade russe, quoi !

Il rit, mais son humour ne passait pas.

— Par le fichier des étrangers et des autorisations de séjour, nous n'avons eu aucun mal à retrouver l'identité de sept des cadavres, tous employés de longue date par Techni-Engineering. Trois Russes, un Ukrainien, un Géorgien, un apatride qui se qualifiait lui-même de tchétchène. Et une Bulgare, la jeune femme.

il entreprit d'énumérer les noms. Antonin le coupa :

— Ne serait-il pas plus utile, monsieur le substitut, de connaître l'identité de celui-là ?

Une affirmation en forme de question qu'elle posa pointant le doigt vers la dépouille du tueur abattu par Margaux.

— Non, là, rien. Les extrémités de ses doigts ont été brûlées. Quant aux commanditaires du massacre... Dans ce genre de boucherie, on n'arrive jamais à les trouver. Même les meilleurs fonctionnaires de police...

Il laissa sa phrase en suspens, d'une façon assez méprisante. Il n'avait pas apprécié d'être réveillé, alors qu'il dormait depuis une heure, pour se rendre à l'IML constater que des ressortissants russes avaient été descendus comme des mouches. Cette affaire lui paraissait déjà grosse d'un maximum d'emmerdements et il faudrait en plus rassurer le procureur. Qui pouvait dire si ces corps percés de balles n'iraient pas jusqu'à affoler le quai d'Orsay ?

— Si j'ai bien compris, il reste un homme dans la nature. Vivant, lâcha-t-il en même temps qu'un sourire pervers à Margaux.

— J'ai agi en état de légitime défense, répliqua-t-elle.

— Je n'en doute pas. Vous auriez pu aussi avertir vos supérieurs de votre contact avec cette – il jeta un œil dans son dossier – Nadjeda Stefanova.

— J'ai pensé qu'il...

Elle marqua un temps, ravala sa salive.

— Elle a pensé agir au mieux, trancha Josée Antonin que l'attitude condescendante du magistrat énervait. S'il fallait avertir la hiérarchie à chaque mouvement et transmettre les dossiers pour approbation à chaque fois qu'on pète en l'air, monsieur le substitut, on ne ferait jamais rien.

— Qu'insinuez-vous, madame...

— Commissaire divisionnaire Josée Antonin. Je n'insinue rien.

Un sourire bizarre éclaira le visage poupin du substitut Belair. Il avait entendu parler d'Antonin.

— Ah, c'est vous ?

— C'est moi. Et je vais vous dire une bonne chose : notre tueur, quel qu'il soit, a peut-être déjà passé la frontière à cette heure-ci. La façon de procéder indique un professionnel aguerri. L'enquête de mes confrères risque d'être longue et je ne parierais pas qu'elle sera couronnée de succès, ajouta-t-elle en désignant du menton les « confrères » de la PJ. Vu la manière dont ils s'y prennent, ils ne risquent pas d'aller loin. Ils n'ont même pas encore interrogé le seul témoin survivant, la petite, ici.

Elle avait levé le menton en direction de Margaux.

Strelli, en voyant approcher un officier de police, pensa qu'elle avait parlé trop vite.

— Commandant Jean-Louis Jameux, se présenta l'homme. Il notifia au capitaine Margaux Villaret qu'il souhaitait l'entendre lui-même, le lendemain matin à 8 heures, au deuxième étage du 36 [1].

Elle connaissait, n'est-ce pas ? Margaux acquiesça.

David Strelli reconduisit son amie chez elle à moto. Il venait de s'offrir un nouveau joujou de luxe, une BMW grande routière, mais douée de fortes qualités sportives, une K 1200 LS, au siège unique à deux places, bleu dauphin métallisé. La jeune femme ne prêta pas attention à l'engin bien qu'elle fût elle-même une motarde émérite.

Elle lui déposa un baiser sur les lèvres, au bas de l'immeuble, rue Mahler, mais sans lui proposer de monter. Recrue de fatigue, elle était mortifiée d'avoir laissé transparaître cette faiblesse qui l'avait paralysée après l'action. Lorsqu'elle vida ses poches avant de se déshabiller, elle retrouva la facture d'hôtel. Elle s'en voulut finalement de ne pas en avoir parlé à Strelli.

*

Vic toussota. Francesca lui avait en réalité offert deux cadeaux. Le classicisme du premier lui avait forcément plu. Connaissant son goût pour l'ésotérisme et sa superstition, elle avait choisi une chaîne en or massif à 24 carats supportant un médaillon dont le pourtour était incrusté d'éclats de diamants. Dans le médaillon, un talisman, une relique : un éclat de bois de la vraie croix.

1. 36, quai des orfèvres, le siège de la PJ/PP, et particulièrement de la Brigade criminelle, dite la Crime.

L'autre cadeau l'attendait dans sa maison de la montagne.

Il avait laissé la jeune femme avec leurs parents au restaurant de la Villa Igea. À l'aéroport secondaire de Bocca di Falco, dans la banlieue de Palerme, il avait retrouvé son petit hélicoptère Agusta équipé pour les vols de nuit et les pires conditions météo. Bravant le mauvais temps, indifférent aux violentes rafales qui secouaient l'appareil, le pilote le conduisit jusqu'à sa villa du *lago* Pian di Scala. Les flics de la Squadra mobile ne purent le suivre et il leur en fut reconnaissant : il ne voulait pas qu'on lui gâche un plaisir attendu depuis dix ans.

Dès l'atterrissage, ses gardes le débarquèrent de l'hélicoptère. Après l'avoir poussé jusqu'à la maison dans son fauteuil léger de voyage, ils le portèrent dans un escalier étroit qui s'enfonçait dans les profondeurs, jusqu'à une grotte.

Les parois irrégulières suintaient d'humidité, il n'y avait pas d'éclairage fixe, seulement un projecteur alimenté par un long câble baladeur : il éclairait avec violence un homme, à genoux, les mains liées dans le dos. Devant lui, un poulet égorgé. Quand Vic fut installé, Luigi, l'aide, continua à défigurer le supplicié à l'aide d'un scalpel. Le sang ruisselait dans le cou de la victime, inondant un T-shirt trempé de sueur. L'homme avait beau hurler, le tortionnaire indifférent poursuivait sa tâche.

Vic se pencha, et murmura :

— Allez, montre-le-moi ! Montre ! je veux voir ton sale visage de merde. Le visage que tu avais à Palerme quand tu m'as tiré dans le dos. Ton visage de raclure ! Montre-le-moi !

Vic fixait l'homme. Luigi tira la tête en arrière par les cheveux, essuya le scalpel sur le T-shirt. Le visage du prisonnier n'était plus que chairs déchiquetées.

— Tu croyais pouvoir échapper à ma vengeance ? Pauvre taré ! Tu aurais dû me tuer, ce jour-là ! Ça t'aurait évité la chirurgie esthétique et la colère de Don Vicente Minasola... Et maintenant, tu vas tout me raconter : qui t'a donné l'ordre de me descendre ? Qui à Rome, au gouvernement, ou à la préfecture de Palerme t'a commandé de m'abattre ? Vous êtes beaucoup trop tarés pour avoir trouvé cette idée sans aide. Alors qui ?

— Je ne sais rien ! Il n'y a rien, personne !

Il mentait, jugea Vicente. Il ne pouvait que mentir. Même à la porte de sa mort, il le trompait encore. Il lui paraissait évident que cette bande de va-nu-pieds ne pouvait avoir imaginé un tel attentat, contre une cible si bien choisie ! Jamais ce voyou de bas étage n'aurait été capable de se cacher si longtemps. Il fallait qu'il parle. Quand Don Vicente saurait la vérité, il retrouverait la sérénité.

— Allez, vas-y, Luigi, remodèle-lui la face !

Luigi fit jouer le scalpel. L'homme s'évanouit.

— Réveille-le ! hurla Vic. Je veux que ce fils de pute de connard comprenne qu'il aura tout son temps pour mourir s'il ne me donne pas les noms des ministres et des procureurs. Réveille-le.

Il fit reculer son fauteuil roulant pendant que Luigi s'escrimait à rendre vie au torturé.

Dix ans après l'attentat, un seul des treize tueurs avait survécu, celui qui gisait dans la cave : Gino Garofolo, alias Alexeis DjiDji, le tireur. Francesca Minasola avait pris personnellement en main la traque, consacré des moyens considérables pour retrouver sa trace. Il avait fallu près de deux ans pour qu'elle apprenne que, quelques années plus tôt, un Sicilien avait débarqué à Buenos Aires et subi une opération de chirurgie esthétique clandestine, avant de disparaître. Les chasseurs avaient interrogé de manière un peu musclée le chirurgien, lui aussi d'origine sicilienne. Il avait décrit son client assez précisément pour que les hommes corrompus par Francesca puissent le chercher dans la communauté italienne de Buenos Aires, ce qui n'est pas une mince affaire[1].

« DjiDji » Garofolo avait changé de visage et de nom. Mais pas de métier : il était toujours tueur à gages, vivotant de contrats minables, terré dans une modeste maison, avenida Suarez, dans le quartier de La Boca. Il pensait y être à l'abri. Stupide ! Quand on s'attaquait au clan Minasola, il fallait bannir l'espoir : une nuit, alors qu'il rentrait d'une virée en centre-ville, quatre hommes cagoulés l'attendaient devant chez lui. Garofolo avait été drogué pour qu'il n'oppose pas de résistance, puis embarqué dans un avion-cargo affrété pour l'occasion. Le matin même, il avait été remis à Francesca dans la zone de fret de l'aéroport Leonardo da Vinci, à Rome. Ce transfert était en fait l'explication du retard de la jeune femme au dîner d'anniversaire. Tandis qu'elle rejoignait Palerme, l'homme avait été dirigé vers les hauteurs au-dessus de Corleone.

Garofolo cracha du sang en reprenant connaissance. Ses yeux étaient injectés, rouges, ses lèvres boursouflées, tailladées. Mais Vic n'était pas décidé à la clémence. Gino mourrait, mais pas comme les douze autres hommes qui avaient été abattus : lui, il devrait supplier, implorer pour obtenir sa mort, sa libération, une balle dans la tête qui abrégerait la souffrance. Luigi le jeta à terre sur un geste bref de Vic. Le torturé s'affaissa. Ses jambes avaient été brisées à coups de batte de base-ball, son torse brûlé sur toute la surface.

Le tortionnaire lui-même grimaça, essayant d'oublier

1. Plus de la moitié de la population de la capitale argentine est d'origine italienne.

l'odeur âcre qui envahissait toute la pièce. Il regarda Vic, le visage déformé par la haine. Il lui inspirait de la terreur et, malgré sa propre cruauté, le boulot réclamé par son patron commençait à le faire craquer. Il baissa les yeux, mais ne vit sur le ciment que le sang qui dessinait de larges taches brunes. Le corps était immobile. Luigi se pencha, toucha la jugulaire du bout de l'index, il se redressa.

— *E morte, Don Vicente.*

Garofolo était décédé d'une crise cardiaque. Il échappait ainsi à la vindicte de Vic, ce qui eut le don d'accroître sa fureur. Il hurla :

— Coupe-lui les couilles !

L'homme avait quand même pu choisir sa mort. Mais il partirait dans le déshonneur absolu, démuni des attributs de sa virilité. Vic soupira et commanda qu'on le raccompagne à Palerme.

En finirait-il un jour avec sa haine et son désir de vengeance ?

6

Les locaux du 36 ne valent pas mieux que les bureaux de la rue des Saussaies, pensait Margaux Villaret en grimpant les cent cinq marches de l'escalier vétuste conduisant à la Police judiciaire, au deuxième étage. Devant une porte de verre blindée, un gardien de la paix mal réveillé aboya :

— Z'avez une convocation ?

— Non ! répondit-elle en présentant sa plaque de police.

Les officiers de la Crime qui officiaient pendant la nuit n'avaient pas pensé à cette formalité administrative. L'homme lui ouvrit en maugréant et en se pressant le moins possible. Un policier auxiliaire, identifiable grâce à ses épaulettes bleues, vint la chercher. Ils suivirent deux couloirs, tournèrent à droite, puis à gauche, pour se retrouver enfin dans un antre minuscule. De l'unique fenêtre, on apercevait les branches des marronniers de la place Dauphine, décharnées, déplumées par l'hiver. La pièce, en réalité une sorte de couloir, était juste assez large pour abriter trois bureaux collés les uns contre les autres, des modèles antiques, en bois, datant probablement des années 30.

Le commandant Jameux l'attendait avec un collègue plus jeune, qu'elle avait aperçu la veille à l'Institut médico-légal. Sans même la saluer, il lui ordonna sèchement de s'asseoir sur une chaise métallique. Lui-même s'installa de l'autre côté de la table dans un vieux fauteuil en moleskine défoncé, tandis que son collègue prenait place devant le clavier de l'ordinateur.

— Nom, prénom, profession, adresse.

Elle déclina son identité, sa qualité d'officier de police, son adresse. Son interlocuteur ne semblait pas l'écouter. Il bâilla, sans discrétion.

— Pouvez-vous nous expliquer les raisons de votre présence sur la scène du crime, 43, rue de Prony, en dehors des heures de bureau, ce qui est tout à fait surprenant ?

Elle ne releva pas. D'une voix bien posée, neutre, elle récita sa petite leçon : le rendez-vous raté avec Nadjeda Stefanova, le sentiment d'une anomalie, son inquiétude, sa décision de se rendre rue de Prony, sa surprise de trouver la porte ouverte.

— Bon, ça va, vous avez déjà raconté tout ça. Dites donc, capitaine, ça vous arrive souvent de vous balader avec une arme ?

— C'est mon arme de service.

— Un 38 spécial, un Taurus Titanium, vous rigolez !

— Mon service me fournit l'arme de mon choix.

Elle constata que le policier lui était résolument hostile.

— Il est dangereux de laisser des armes à des gens comme vous. Allez, on continue.

Elle poursuivit son récit, jusqu'à l'affrontement avec les tueurs. Il lui fit recommencer plusieurs fois son histoire, pour détecter la moindre contradiction.

— Et vous n'avez même pas été capable de sauver votre copine ? Ce n'est pas malin.

Il parlait trop vite, sur un rythme saccadé, hachant un propos qu'il voulait le plus cassant possible.

— Vous n'avez rien d'autre à dire ?

Elle fixa l'officier, droit dans les yeux. Des yeux bleus trop doux qui semblaient démentir sa volonté d'âpreté. Non, elle n'avait rien d'autre à dire. Dans sa poche, se trouvait toujours la facture. L'hôtel Palais Porcia, Klagenfurt.

Elle avait subtilisé la pièce à conviction. Elle avait bien conscience de commettre une faute professionnelle, mais tant pis, elle n'en était plus à un détail près. Même si elle donnait maintenant le document, Jameux se retournerait contre elle. Il était décidément trop antipathique et elle sentait qu'elle ne pouvait avoir confiance en lui.

Le second policier venait d'imprimer le procès-verbal qu'elle lut avec attention. Il n'y avait rien à corriger, c'était bien son récit. Neutre et circonstancié. Sans se lever, avec une impolitesse qui frisait la goujaterie, le commandant lui signifia qu'elle pouvait disposer. Elle ne se fit pas prier, elle mourait de sommeil ; elle s'était couchée à 4 heures, et trop énervée pour bien dormir, elle s'était réveillée à 6 h 30 pour être à l'heure au rendez-vous.

Quand elle sortit du 36, malgré une pensée triste pour Nadjeda, elle se sentit heureuse : un long trait de soleil illumina successivement les immeubles de guingois, de l'autre côté de la Seine, puis le fleuve lui-même, et enfin la tour pointue du palais de justice qui semblait narguer le ciel.

*

Le gros hélicoptère Dauphin amorça un virage serré, à la recherche d'une trouée dans les nuages qui lui permettrait de retrouver les collines de la Creuse. Mais le temps était mauvais, des courants contraires secouaient la machine, sans pitié pour les passagers.

Jean de Bellifont eut un haut-le-cœur qu'il cacha en

adressant à son voisin un sourire forcé. Les déplacements en hélicoptère le rendaient toujours malade, mais il ne l'aurait jamais avoué à son hôte, Jacques-Olivier Lambert-Leroy, qui lui avait proposé de l'accompagner lors de l'une de ses tournées d'inspection dans les étables du Limousin.

L'homme d'affaires glissa sur le haut fonctionnaire un regard oblique, vaguement méprisant. Il abhorrait cette engeance. Énarque, auditeur de la Cour des comptes et détaché à la direction du Trésor, Bellifont opérait comme conseiller auprès du ministre du Budget, chargé des affaires réservées.

« Les basses œuvres, songea JO2L. Et l'immonde cafard est en plus marquis ! Marquis Jean Daumas de Bellifont, vicomte de Joyeuse, etc., etc. Une caricature ! Tous les défauts d'une élite administrative qui n'a en tête que de renforcer son propre pouvoir. »

Il donna un coup de palonnier un peu brusque pour secouer son passager. Bellifont était grand, mince, un peu voûté, avec une expression détachée. Il serrait entre ses jambes sa serviette de cuir fauve, trop pleine.

JO2L pointa l'index vers un repli dans les collines enneigées que dévoilait une éclaircie.

— Saint-Pardoux-Morterolles !

— Saint quoi ?

L'hélicoptère descendait rapidement.

— Un charmant patelin perdu sur le plateau de Millevaches, dans la Creuse, si vous préférez. Jolie église romane et éleveurs à ne pas savoir qu'en faire.

Derrière une rangée d'arbres apparut un hangar dont la toiture en plaques d'aluminium ondulé brillait sous un rayon de soleil pâle.

— Ne vous méprenez pas, je ne suis pas le propriétaire, mon ami, lança Lambert-Leroy. Vous êtes végétarien, m'a-t-on dit ?

Bellifont ajusta ses fines lunettes cerclées d'acier

noir, à la mode cet hiver-là chez les technocrates. Il appréciait d'autant moins ce sarcasme concernant ses goûts alimentaires qu'il était infondé.

— Faites-moi confiance, après cette visite, vous voudrez goûter aux veaux. C'est une viande pour palais délicats !

Sa piètre opinion pour ce genre d'homme aggravait son irritation. Ce type avait de l'argent. Et alors ? La famille Lambert-Leroy n'avait-elle pas acquis sa fortune dans les conditions les plus douteuses ? Et le cabinet du ministre du Budget ne l'avait-il pas missionné pour faire aboutir un dossier de redressement fiscal portant sur vingt-six millions de francs ?

La partie n'était pas aisée : nul n'ignorait – et Jean de Bellifont encore moins que quiconque – que Jacques-Olivier Lambert-Leroy passait pour un très cher ami d'Ernest Plivinec, ministre d'État, ministre des Finances. Il avait été avancé, sans démenti, que JO2L avait financé la dernière campagne électorale du politicien. Le financier avait bien sûr fait clairement comprendre que des « persécutions fiscales » – c'était son propre terme – par trop sévères signifieraient la mort du groupe AgrImEx et, par conséquent, la suppression de centaines d'emplois dans la région de Toulouse. Dans le fief politique de Plivinec. Ce dernier s'était battu pour conquérir cette circonscription lorsque son parti était dans l'opposition. Il y avait toujours été régulièrement réélu. Le ministre des Finances avait pris soin de donner ses instructions personnelles à Bellifont avant le départ de celui-ci pour Toulouse.

— Pas de cadeau, on ne nous le pardonnerait pas. Mais vous n'oubliez pas non plus que, dans ce secteur, que je connais bien, l'emploi est terriblement menacé. Ce sont mes électeurs. Ce sont des gens très attachants, vous savez.

L'hélicoptère se posa. Abandonnant la machine à son

pilote professionnel, Lambert-Leroy serrait déjà avec enthousiasme la main du propriétaire de l'étable, Arnaud Dupuis, un homme aux allures de gentleman-farmer, venu l'accueillir, puis celles du personnel de l'entreprise heureux de recevoir cette visite – et, surtout, de la perspective de quelques bons contrats. « La partie sera rude pour récupérer au nom de l'État français les millions dus », songea Bellifont tandis qu'il descendait de l'appareil en essayant d'éviter de marcher dans la boue.

La chaleur dans l'étable était étouffante.

Une escouade de commis s'affairait autour de dizaines de veaux entravés, enfermés dans d'étroites cages, meuglant d'une façon lamentable : après tout, ce n'étaient que de grands bébés arrachés au pis de leurs mères. Cette visite ennuyait Bellifont qui essayait de ne pas respirer trop librement, tant l'odeur était âcre.

Il ne prêtait guère attention aux propos du financier et du gentleman-farmer qui discutaient des mesures de restriction prises par le gouvernement pour empêcher le développement anarchique de l'élevage du porc, en raison de la chute dramatique des cours.

— Qu'en pensez-vous, mon cher ami ? demanda Lambert-Leroy à Bellifont.

Même s'il avait eu une idée – et, en l'occurrence, il en avait une – il l'aurait conservée pour lui. Il esquissa une moue.

— Ce n'est pas dans le registre de mes compétences.

« Il me fait son numéro », pensa Bellifont. De Plivinec ou de Lambert-Leroy, il n'arrivait pas à décider lequel était le plus retors. Il n'aimait ni l'un ni l'autre, mais il était pour l'instant au service de l'État. Rien d'autre ne comptait. Il devait mettre en sourdine ses antipathies.

Ils sortirent de l'étable un quart d'heure après y être entrés.

— Alors, mon cher ami, vous vous y mettez au veau, oui ou non ? Pour aider nos paysans ?

Malgré sa masse imposante, un bon quintal pour une taille de près de deux mètres, Lambert-Leroy avait une voix curieusement douce, presque compassée. S'il n'avait pas été prévenu de la nature de l'homme, Belifont aurait pu le croire généreux et sincèrement concerné par le sort de ses fournisseurs et le devenir des affaires publiques. Mais il n'était pas dupe : oui, il ferait en sorte de récupérer les millions et de faire trébucher cet âne bâté de JO2L.

*

Strelli gravit trois à trois les marches qui menaient au quatrième étage du 13, rue Mahler, une étroite artère en sens unique, près de la rue des Rosiers, dans le Marais. Il sonna deux fois. Margaux lui ouvrit. Elle était au téléphone et lui fit signe de s'asseoir dans le canapé tandis qu'elle achevait sa conversation. Le décor ne cessait de le surprendre : la jeune femme était passée directement de son somptueux pied-à-terre dans la tour Totem, sur le Front-de-Seine – murs couleur pêche, toile de Schnabel – à une sobriété quasi monacale. Un épais tapis de laine, une banquette de cuir, deux fauteuils inconfortables, une lampe halogène. Seul le tableau naïf haïtien rappelait l'ancien temps. Que s'était-il passé dans la tête de Margaux ?

Elle reposa le combiné portable sur son socle et vint vers David, contrite comme si elle avait quelque chose à se faire pardonner. Elle avait appris à feindre une certaine soumission dans le seul but d'adoucir la colère de son ami. Et ça marchait. Il voulut l'enlacer, mais elle se dégagea avec une certaine brusquerie.

— Orlin Dimitrov, dit-elle en s'asseyant dans un fauteuil face à son hôte.

Comme sous l'effet d'une impulsion subite, elle se releva avec vivacité, posa un genou sur le canapé et se baissa vers David pour déposer un baiser sur ses lèvres. Il savoura, se déroba à son tour. Pour marquer le coup.

— Que voulait-il ?

— Rien de clair. Il avait l'air de tout ignorer de l'affaire de la rue de Prony.

Elle lui raconta la joute avec les policiers de la brigade criminelle à propos de son pistolet.

— Ils peuvent toujours attendre pour que je leur laisse mon pétard !

Elle avait dominé son émotion, mais ses yeux flamboyaient d'excitation. Strelli en fut attendri et la prit dans ses bras pour l'apaiser. Elle n'arrêtait plus de parler. Après le carnage de la rue de Prony, David lui avait parlé de l'assassin de Lukanov, à Sofia, boiteux lui aussi. Elle désirait en savoir plus, excitée à l'idée qu'il pourrait s'agir du même homme.

— Les types du laboratoire de la police scientifique ont relevé des traces de sang sur l'un des montants de l'échafaudage, à l'arrière de l'hôtel, dit-il.

— Et ça nous avance vraiment ?

— Oui. Parce que j'ai dans ma poche un élément qui devrait bien aider la PTS [1].

Il sortit de son portefeuille une feuille de papier de soie pliée en quatre, la développa et dévoila un petit objet brunâtre. Elle se pencha, examina la chose avec soin, sans comprendre :

— C'est quoi ?

— J'ai retrouvé ça dans mes affaires, hier matin. C'est une dent, bien sûr.

1. Police technique et scientifique.

— Je vois bien. Une incisive et alors ?

— Non, pas « une » incisive, mais l'Incisive, dit-il d'un ton faussement négligent.

Il vit les yeux de Margaux s'allumer. Elle s'enflammait pour un rien. Il l'aimait pour cette fougue, sans ignorer qu'elle pouvait la mettre dans les pires situations.

— Tu ne veux pas dire que c'est celle de...

— Du boiteux de Sofia !

Elle lui sauta au cou, l'embrassa. Mais il considérait prématuré cet enthousiasme.

— Je vais la filer au labo, il y a une petite chance pour que les empreintes génétiques fassent parler cette dent.

Margaux hocha la tête. Elle connaissait cette nouvelle méthode d'identification criminelle à partir des séquences d'ADN retrouvées dans les cellules, et devenue un mode de preuve quasiment absolu, beaucoup plus précis que les empreintes digitales. Mais la recherche exigeait plusieurs semaines de travail. Et ils n'avaient pas plusieurs semaines devant eux pour percer le mystère. La jeune femme détestait être prise dans des événements dont le cours lui échappait, il lui fallait agir. Elle proposa de mener une petite enquête. Officieuse, parallèle. Strelli s'alarma.

— Tu ne veux quand même pas dire que...

— Pourquoi pas ?

— Mais nous n'avons rien pour avancer.

— Eh si ! D'abord nous avons « ta » dent. Et du temps disponible, l'un et l'autre. Trop de temps.

Il haussa les épaules. Il ne voulait pas imaginer où elle l'entraînait. Elle était repartie en guerre. Il sourit, malgré lui.

— C'est un point de vue.

— Et puis nous avons aussi le nom de la boîte : Techni-Engineering France. Activité officielle : prestation de tous services financiers. Il ne devrait pas être trop difficile de remonter aux sources.

— Et alors ? Ça nous mène où ?

— C'est une pièce du puzzle. Et moi, en plus, j'en ai une autre. Pas simplement un morceau de puzzle, mais une vraie pièce à conviction.

Strelli fronça les sourcils. Qu'avait encore imaginé Margaux ? Très excitée, elle marchait de long en large dans le petit séjour. Elle semblait avoir oublié la fatigue de la nuit et les terreurs de la veille.

— Alors cette pièce à conviction ?

— Regarde ! lança-t-elle.

Avec un geste de prestidigitateur, elle sortit « la » facture de sa poche et la lui tendit.

Il l'examina sous tous ses aspects. Hôtel Palais Porcia, Klagenfurt, Fräulein Nadjeda Stefanova. Account : Techni-Engineering International AG Zurich/Drei Ecke GmbH Klagenfurt. Elle datait de quelques jours seulement. Il la rendit à Margaux.

— C'est quoi ?

— Une note d'hôtel. Je l'ai ramassée à côté du sac de Nadjeda.

— Dis-moi, tu as pourtant bien appris à l'école de police ce que représente une telle pièce dans un dossier, non ?

— Tout à fait.

— Il faut la donner aux mecs de la Crime.

Elle rétorqua avec sécheresse :

— Ils la mettront sous scellés, et on n'en entendra plus jamais parler. L'instruction sera confiée à un juge, sans doute peu soucieux de prendre ses responsabilités dans une affaire aussi complexe. Dans deux ans, il clôturera son dossier, en concluant qu'on ne peut trouver personne, donc qu'il est inutile de déférer au Parquet.

David Strelli paraissait de plus en plus soucieux.

— N'empêche que tu ne peux pas garder ça. Il faut quand même le leur donner !

— Toujours aussi légaliste, hein, David chéri ?

Elle se pencha vers lui. Il ferma les yeux. Ce n'était pas le moment de se laisser tenter. Margaux les mettait en plein bordel. Oui, il était totalement légaliste et, tel un chien de chasse qui aurait flairé un gibier trop gros pour lui, il était désemparé. Il proféra un juron. Elle le regarda avec un étonnement amusé et lança :

— Il me reste des vacances. Et une flopée de jours de récupération. Moi, je partirais bien en voyage. Un joli petit voyage de noces.

— À l'hôtel Palais Porcia, à Klagenfurt. C'est ça ?

— Tu m'accompagnes ?

— Joindre l'utile à l'agréable...

Cette fille avec ses projets vertigineux était une calamité. Il n'eut cependant pas le courage de refuser.

Elle téléphonait déjà à son bureau, pour annoncer qu'elle allait prendre quelques jours de repos impromptu. Soudain accablé de fatigue, Strelli se laissa aller contre le dossier de la banquette.

7

Le plan de circulation de Moscou est un peu à l'image de ses habitants : compliqué jusqu'à l'invraisemblable. Tordu. Pour aller de la rue Novy Arbat à la cathédrale Saint-Basile sur la place Rouge – quelques centaines de mètres en ligne droite –, les sens uniques et les interdictions de demi-tour imposent un incroyable trajet par la place Arbatskaïa, la rue Zmanenka, le pont Serafimovinka pour franchir la Moskova d'ouest en est, puis boucle sous le pont avant de repartir en sens inverse et de longer le Kremlin, pour remonter dans Kitaï Gorod, l'antique quartier chinois.

Rouslan Shamilovitch Khamylov avait ses bureaux dans l'une des tours de Novy Arbat, au-dessus du Monde magique, l'un des plus célèbres établissements de nuit de Moscou. Il ne pouvait éviter ce détour d'autant plus long que les avenues, pourtant déjà très larges, ne l'étaient pas encore assez pour contenir tout le flot de voitures et de camions bringuebalants, couverts de boue. Il occupait ce temps mort à passer des coups de téléphone : comme tous les Moscovites richissimes, il ne pouvait s'empêcher de montrer son importance en abusant de son portable. Le coût prohibitif des communications n'était pas un problème pour lui. Il appartenait à la classe des grands privilégiés, celle des « Nouveaux Russes ».

Ses yeux bridés trahissaient ses origines asiatiques. Plus recroquevillé que tapi au fond de sa limousine, il regardait distraitement l'imposante masse de la nouvelle cathédrale du Christ Sauveur[1], à gauche, puis les murailles rouges du Kremlin, émergeant de la nuit neigeuse. Bien qu'il ne contemplât jamais sans nostalgie ces édifices élevés à la gloire de la Grande Russie, il avait d'autres préoccupations. En raison des risques d'enlèvements et d'attentats, Moscou n'était pas une ville sûre pour des personnages de sa dimension. Aussi la Mercedes était-elle encadrée par deux 4 x 4, également Mercedes, des L 320 très hauts sur roues, dotés de gyrophares bleus et de sirènes de police. Il esquissa une grimace satisfaite en songeant aux derniers numéros d'immatriculation de ces véhicules – 000/77, privilège des voitures officielles – qui, d'une certaine manière, le renvoyaient à son passé faste.

Rouslan Shamilovitch avait fait toute sa carrière dans la police politique soviétique. Mais l'Empire avait disparu dans le tourbillon de l'Histoire et rien ne serait jamais plus comme avant. Tout en restant, à près de quatre-vingts ans, très *savok*[2], il semblait avoir rétréci, il apparaissait comme un gnome flapi, une pomme blette à la peau cireuse.

Dans sa tête résonnait, lointain et sourd, chaque jour plus fort, le martèlement des tambours de guerre qui l'avaient naguère accompagné. Bien qu'il consultât à grands frais voyantes et astrologues, il ne connaissait

1. Construite à la fin du siècle dernier, la cathédrale du Christ Sauveur a été détruite en 1933 par Staline qui entendait la remplacer par un bâtiment géant de 420 mètres. Comme le sol ne le permettait pas, l'emplacement a été réservé à une piscine chauffée en plein air. Reconstruite sur le strict modèle de l'ancienne, la nouvelle cathédrale a été inaugurée en 1997.

2. Mot d'argot moscovite désignant les personnages encore très marqués par l'esprit soviétique.

pas encore l'heure du rendez-vous à Samarcande, mais pressentait qu'elle se rapprochait. Montait en lui une fébrilité. Ce n'était pas de la peur. Au contraire, il s'agissait plutôt d'une attente, qui faisait resurgir un souvenir d'adolescence. Revenait alors une image, lui courant à perdre haleine dans la neige gelée, bravant le vent glacial des hauts plateaux de Tchétchénie pour rejoindre Lea Jakova Kaganov, de trois ans son aînée. Lea Jakova était juive et Rouslan musulman. Ils s'étaient découverts pendant une manifestation politique à Grozny, la capitale de la nouvelle République tchétchène, l'Itchkérie, le pays des Natkhchio. En accord avec la jeune fille, il l'avait enlevée de force, comme l'imposait la coutume de son peuple. Ils s'étaient aimés à en perdre le souffle, un hiver, un printemps, un été. Puis il y avait eu l'automne des koulaks, la terrifiante répression contre les petits paysans qui refusaient d'abandonner leurs terres. Et déjà contre les juifs.

Une nuit, Lea Jakova avait disparu. Rouslan n'avait jamais retrouvé la trace de la jeune femme. Puis Staline avait brisé, par la déportation, les peuples tchétchènes. Devenu le plus féroce des commissaires politiques de l'Armée rouge, Rouslan Shamilovitch s'était montré impitoyable envers ces sauvages qu'il tenait pour responsables de la mort de Lea. Il n'avait jamais quitté les forces de police, terminant sa carrière avec le grade de général au service de protection de la Constitution, une désignation anodine qui masquait l'ancien Cinquième Directorat, en charge de la lutte contre la subversion intérieure. Il s'y était fait une abominable réputation en poursuivant la lutte contre ses compatriotes caucasiens, Ossètes, Ingouches, Daghestani, Tchétchènes.

Mais toute cette violence n'avait pas suffi à effacer le souvenir de Lea. Au soir de sa vie, il le revivait avec toute sa force et toute son amertume.

Un toussotement dans la voiture le tira de sa rêverie. Lambert-Leroy ! Avec sa corpulence eltsinienne, il ne pouvait passer inaperçu. Khamylov l'avait cependant oublié, bien qu'il l'eût spécialement convié à Moscou. JO2L transpirait. Il était dans la capitale russe depuis seize heures et n'avait pas encore pu exposer l'objet de son voyage.

La Mercedes longeait le Kremlin par le quai Kremlovskaïa, avant de tourner vers le grand espace en pente en haut duquel se dresse l'invraisemblable pâtisserie multicolore de la cathédrale Saint-Basile. Le chauffeur gara la limousine sur le parking réservé aux personnalités officielles. Pour les invités âgés, une voiture de l'administration présidentielle assurait la liaison avec le palais des congrès. Dans l'enceinte du Kremlin, le véhicule passa devant le palais des Menus Plaisirs [1].

Rouslan Shamilovitch ne connaissait que trop bien ce bâtiment à la façade ocre où Staline avait officié si longtemps. Il avait servilement travaillé pour le dictateur, mais il l'avait aussi haï. Le bourreau géorgien était mort depuis longtemps. Et aussi Khrouchtchev, Brejnev, Andropov, Tchernenko. Même en Russie, plus personne ne se rappelait exactement leurs visages. On ne se souvenait que de la peur. Personne ne venait non plus se recueillir devant le mausolée de Lénine, « en travaux » depuis des années.

Rouslan Shamilovitch avait survécu. Il avait su conserver, dans le chaos, un vrai pouvoir. Il était devenu multimillionnaire en dollars et gérait un inextricable écheveau de sociétés dans le monde entier. Toutes plus ou moins directement filiales d'un groupe basé à Aruba, dans les Antilles néerlandaises, le CaucazNeft K. NV Holding. Il en était le propriétaire

1. Construit en 1650 par le boyard Miloslavski.

secret. Sa puissance était assise sur le pétrole du Caucase et sa fortune confortée par la corruption.

En vérité, la présence de Lambert-Leroy l'importunait. Elle lui rappelait la France. Depuis son implication dans les événements de Paris, et bien que le gouvernement français lui eût fait savoir sa reconnaissance pour sa participation active à la lutte contre le groupe fasciste qui avait entrepris de détruire la capitale [1], il avait jugé plus prudent de quitter ce pays et sa maison de la Côte d'Azur pour se réinstaller à Moscou.

Le négociant français affirmait venir en émissaire. Bien qu'il fût relativement pressé de connaître la teneur du message, Khamylov entendait que son hôte comprît qu'il était toujours le véritable meneur du jeu.

*

En Sicile s'annonçait un doux crépuscule, qui semblait conserver en mémoire la lumière dorée d'une journée d'automne.

Depuis la véranda, sur le toit de son immeuble, en plein centre-ville, Vic aurait pu savourer en toute quiétude les effets de cette lumière sur les toits de Palerme, avec leurs nuances de rouge variant à l'infini. Mais le monde extérieur lui était trop indifférent.

Il s'installait là pour passer ses communications téléphoniques et radio importantes, ou encore pour envoyer son courrier électronique, parce que le treillis métallique presque invisible qui doublait les parois de verre lui permettait d'éviter les écoutes des carabiniers et de la police.

Il lui fallait maintenant concrétiser son premier projet. Il composa un numéro sur son appareil connecté au

1. Voir *23 heures pour sauver Paris*, chez le même éditeur.

réseau Globalstar. Par l'intermédiaire d'un *collect call*, il fut connecté à un poste mobile, encastré dans l'accoudoir central d'une limousine, une Lincoln Executive Series qui roulait sur le pont Verrazano en direction de Staten Island, au sud de Manhattan.

Son interlocuteur était Donald John Remini III, son cousin, dont la famille, elle, avait eu la chance de pouvoir se maintenir aux États-Unis pour n'avoir jamais participé aux actions criminelles des Siciliens. Giovanni Remini, le grand-père, avait fondé un petit restaurant dans Mulberry Street, au cœur de Little Italy. John, le père, avait développé une chaîne de restaurants italiens dans les États de l'Est américain. Donald, le dernier héritier, dirigeait maintenant un conglomérat financier de dimension internationale qui avait pour pivot la chaîne de restauration initiale : la P & R Inc. Un sigle qui signifiait simplement « Palermo and Remini ».

Vic avait passé dans la famille Remini deux merveilleuses années, alors qu'il suivait avec son cousin les cours de MBA à Columbia University, mais les deux hommes ne s'étaient jamais revus depuis. Donald était devenu son principal partenaire américain et l'avait désigné comme le représentant de P & R Inc. pour l'Italie et le bassin méditerranéen.

Donald était à présent un très bel homme de haute taille, le regard et les cheveux clairs, dont le physique trahissait à peine les origines méditerranéennes. Il offrait l'image d'un homme brillant, riche, heureux en ménage et en affaires. Un rêve. Un rêve qu'enviait Vic avec toute la force possible de la haine. Il ne serait plus jamais ni beau, ni heureux. Une fois pour toutes, Vicente Edward Minasola avait décidé qu'il ne se montrerait jamais en public hors des nécessités absolues. Il avait toujours dissuadé Donald de lui rendre visite à Palerme. Ils communiquaient par courrier électronique crypté, et par Globalstar en cas d'urgence.

— *Hi*, Vic, lança Donald J. Remini en reconnaissant la voix de son cousin.

— *Hi*, Don ! Tu connais la raison de mon appel ?

Vic écoutait la voix qui lui parvenait de l'autre bout du monde, bondissant de satellite en satellite, sans la moindre déformation et en tout anonymat.

— Oui, j'ai réfléchi. Tout le problème est d'assurer le contrôle de nos transactions pour en garantir la confidentialité dans la phase critique, c'est-à-dire le transit par un établissement financier, indispensable pour effacer les traces d'origine par le jeu des compensations. J'ai plusieurs solutions à te proposer. Mais je pense que le mieux serait d'acheter une petite banque dans un État où les contrôles ne sont pas trop stricts. Comme le Delaware, par exemple. Ou bien de monter notre propre banque. Et, pour accueillir le siège, choisir le canton de Zug, en Suisse, ou la principauté d'Andorre.

Vic réfléchit un long moment. Dans l'écouteur, il entendait le bruit de la circulation, des avertisseurs de police. Un son de série américaine.

— Dis-moi. Une banque. Des locaux sont-ils absolument indispensables ?

— Que veux-tu dire ?

— Ce qui compte, dans une banque, c'est la gestion, les comptes, les virements, à l'entrée et à la sortie. Aujourd'hui, il n'est plus utile de localiser ça quelque part, non ?

— En théorie, tu as raison. La tenue de comptes est entièrement informatisée et, d'ailleurs, souvent délocalisée dans un quelconque pays sans foi ni loi, les virements SWIFT sont électroniques, bien sûr. Oui, d'une certaine manière, tu as raison. Tu as une idée ?

Vic but une gorgée de son vin de Marsala. Il buvait trop. Il mangeait trop. Mais les plaisirs de bouche étaient les seuls qui lui restaient. Ça et la spéculation.

— Oui, imagine. Une banque virtuelle. Nulle part et partout.

— Comme un site Web, en quelque sorte ?

— Oui, mais plus rentable. Tu pourrais étudier ça ?

Donald Remini éclata d'un rire franc. Ce cousin le stupéfiait par son imagination perverse. Il confirma qu'il lui transmettrait une étude exhaustive de la question par courrier électronique dans quelques jours. Il voulut lui demander des nouvelles de ses parents et de Francesca, mais Vic avait déjà raccroché.

*

La voiture-navette était parvenue devant l'entrée monumentale du palais des congrès, en face duquel flottait un nombre impressionnant de drapeaux russes, blanc, bleu, rouge, frappés de l'écu de Saint-Georges. Un garde en uniforme de parade, longue capote grise, épaulettes rouges, bonnet de fourrure en astrakan gris, vint ouvrir la portière à Rouslan Shamilovitch et l'aida à descendre. La silhouette et la démarche du vieil homme auraient pu faire rire. Mais ceux qui avaient une idée de la puissance occulte de l'ex-général de police suivaient avec respect sa progression sur le tapis rouge qui habillait les marches du palais des congrès.

Les invités en frac et robes du soir scintillantes d'or et de strass se perdaient en saluts empressés et sourires de circonstance. Ce soir-là, dans la grande salle de six mille places était présenté en première mondiale le film de Viacheslav Borisovitch Vabinskine, *Les Hommes et les Loups de Sibérie*. Coproduite par Khamylov, la dernière des superproductions russes réunissait tous les plus grands acteurs de la Fédération et des milliers de figurants. Le metteur en scène avait conçu son œuvre comme un manifeste politique, un monument à la gloire de la Russie éternelle, qui retrouverait un jour sa grandeur.

Khamylov détestait le cinéma et toute son infecte obscénité. Avec des arrière-pensées tortueuses dont lui seul avait le secret, il n'en avait pas moins investi des millions de dollars dans ce film. Ce fat de Viacheslav Borisovitch se prenait pour un génie et bientôt pour le nouveau tsar de toutes les Russies. Ridicule ! pensa Khamylov en lui serrant la main devant les caméras qui immortalisaient le moment. Il salua sans afféterie plusieurs dignitaires du nouveau régime, ces anciens du système soviétique, désormais adeptes du capitalisme le plus débridé. Il s'assit dans son fauteuil. Une hôtesse invita JO2L à l'imiter. À peine installé, Khamylov dédaigna son hôte et parut s'endormir. Mais il ne perdait rien des conversations qui s'entrecroisaient autour de lui.

*

Il ouvrit un œil et consulta sa montre : 20 h 30.

Alexei Fiodorovitch Tretiakov n'était pas encore là.

Né à Kangalessy, un village du Grand Nord, sur le bord du fleuve Lena, au nord de la ville de Yakoutsk, la capitale de la République de Sakha, Tretiakov était un Sibérien, issu d'une famille de *zeks*[1]. Diplômé de l'Institut de mathématiques supérieures d'Akadiemgradok, la Silicon Valley sibérienne, près de Novossibirsk, il avait un jour pris le train pour Moscou, et débarqué à la gare de Kazansky sans un rouble en poche. Un mendiant tchétchène qui servait d'informateur à Khamylov l'avait repéré. Le jeune homme avait été aussitôt pris en main par l'entourage de l'ex-général. Nourri,

1. Les prisonniers politiques, définitivement bannis des territoires occidentaux de l'Union soviétique jusque dans les années 80.

logé, entretenu. Et bientôt utilisé, de façon d'autant plus efficace qu'il était d'une rare intelligence, capable d'assimiler très vite toute nouvelle connaissance. Trop précieux pour qu'il le cantonne aux basses œuvres, Khamylov l'avait attaché à son service personnel : il était devenu son homme de confiance, son intermédiaire, sa tête pensante et chercheuse. Profondément reconnaissant, le Sibérien manifestait depuis un dévouement et une discrétion à toute épreuve.

Khamylov l'avait chargé de tout savoir sur le massacre qui venait de se produire à Paris, rue de Prony. Immatriculée en France, Techni-Engineering était une filiale de son groupe, à travers une série de sociétés écrans disséminées dans le monde. L'attentat le visait donc directement, lui, Rouslan Shamilovitch Khamylov. Huit morts, c'était inadmissible, insupportable. La vie de ses employés ne lui importait guère, mais il craignait la curiosité malsaine des autorités françaises et des concurrents. Certes, il n'avait pas grand-chose à en redouter, mais il détestait les vagues car elles pouvaient annoncer la tempête.

Le vieil Ingouche sentit une présence auprès de lui. Il entrouvrit les paupières. Alexei Fiodorovitch Tretiakov se penchait vers lui. Dans les rares moments où il se laissait encore aller à des sentiments, Rouslan était tenté de le considérer comme son fils, et peut-être comme un possible héritier. Mais l'héritier était encore un peu vert et le général n'était pas encore mort.

— Rouslan Shamilovitch ?

— Je t'écoute, Liocha. Quelles nouvelles ?

— D'après les renseignements qui viennent de Paris, l'un des morts ne serait pas de nos amis.

Khamylov avait déjà un soupçon, qu'il n'avait pas communiqué au jeune homme. Seuls des Russes étaient capables d'une telle sauvagerie. Or qui pouvait avoir intérêt à lui lancer un tel défi ?

— Ce huitième mort est inidentifiable. Pas de papiers, pas de signes distinctifs, pas d'empreintes digitales. Et, faute de références, pas d'empreinte génétique exploitable.

Le vieil homme parut se rendormir.

— Tchevine, murmura-t-il pour lui-même.

Andrei Sergueievitch Tchevine. Il en était presque certain, le coup ne pouvait venir que de là.

Ce Tchevine était un pur Moscovite, avec un passage obligé par la case prison, le Goulag [1], pendant dix ans. Depuis la libéralisation, celui qu'il tenait pour une ordure avait bâti un empire personnel en poussant les voisins vers la sortie par tous les moyens possibles. Tchevine était lui aussi un « Nouveau Russe », c'est-à-dire, dans l'esprit de beaucoup, un bandit.

— Que faisons-nous ? s'inquiéta Alexei.

Khamylov se cala dans son fauteuil tandis que, sur le devant de la scène, Viacheslav Borisovitch Vabinskine posait pour les photographes en compagnie de Juliet Clayton, son interprète principale.

— Nous y mettrons bon ordre, ne sois pas impatient. La précipitation mène au désastre.

Il esquissa un geste de sa main osseuse et parcheminée.

— Les livraisons de pétrole à destination de la Serbie ?

— Tout est au point.

— Parfait. Il faut cependant renforcer la sécurité des convois. Ne tentons pas Tchevine – ou d'autres.

— Il commettra bien une erreur un jour ou l'autre.

— Exact. Et alors...

La main de Khamylov retomba comme un couperet.

1. GULAG : acronyme de Glavnoïe Upralevni Lagerei, direction générale des camps, dépendant du ministère de l'Intérieur. Par extension : les camps pour politiques ou droits communs.

— Tout sera transmis, Rouslan Shamilovitch.

Khamylov se tourna vers Lambert-Leroy, lequel n'avait rien compris de l'échange et se contentait de sourire.

Il ne lui répondit pas. Il ruminait sa haine. Il ne supportait plus les attaques répétées contre ses intérêts menées par cet assassin de Tchevine.

Il avait l'expérience de l'âge et de la dictature soviétique : il était un survivant. Il avait traversé sans dommage la Seconde Guerre mondiale, la déstalinisation, la guerre froide, l'écroulement du bloc de l'Est. Tchevine et son gang de *Vor v zakone*[1] n'étaient que des amateurs qu'il briserait un jour ou l'autre comme tant d'autres ennemis devenus arrogants. Gênants.

Mais, dans des affaires comme celle de la rue de Prony, il ne fallait surtout pas attirer les regards d'un petit flic français de merde, qui pouvait bouleverser ses projets avec acharnement en enquêtant, en remontant aux racines du massacre. Un incorruptible, ce serait le comble ! Les incorruptibles modestes sont les plus dangereux, qui sait jusqu'où ils peuvent aller ?

Il se pencha vers Tretiakov.

— Liocha. Tu dois découvrir qui est chargé d'enquêter. Il ne faut pas les laisser avancer. Achète-les ! Tous s'il le faut ! Personne, ici-bas, ne connaît rien d'autre que l'argent.

Dans la salle les lumières baissèrent, l'obscurité s'installa, le rideau s'ouvrit sur le grand écran. Rouslan Shamilovitch Khamylov s'endormit pour de bon, en paix avec lui-même grâce à la protection de ses gardes et à la sollicitude de Liocha.

Le sommeil du vieillard n'était-il pas le symptôme et le symbole de la destinée et de l'évolution fatales

1. Bandits dans la loi.

subies par la Russie ? s'interrogea Lambert-Leroy en se recalant dans son fauteuil. Il se demandait si le choix de son partenaire russe était vraiment judicieux. Une musique symphonique un peu emphatique résonna. Lui succéda le silence quand s'inscrivirent, sur fond noir, les premiers crédits du générique. Les images révélaient peu à peu la profondeur du nationalisme russe, l'ampleur des rancœurs alimentées par la déchéance de l'ancien empire.

Khamylov rêvait de Lea Jakova. Il lui semblait n'avoir pas vieilli.

8

Depuis qu'à la tête du ministère de l'Intérieur il avait sauvé la capitale d'un putsch fomenté par l'extrême droite, René Haller avait été choisi par le Président pour diriger le gouvernement. Il exerçait la fonction de Premier ministre avec la rigueur et le sérieux propres à sa province natale – il était natif de Metz –, mais aussi avec une habileté qu'on ne lui soupçonnait pas au premier abord. Il naviguait au plus près, permettant au pays d'asseoir de la façon la plus ferme son redressement économique et sa position internationale. Personne ne songeait à se gausser de sa taille modeste, de ses trop grosses lunettes et de son accent lorrain un peu lourd, car il était toujours à la hauteur des situations les plus délicates, jouant des subtiles nuances entre les tendances qui composaient sa majorité parlementaire et son gouvernement. Il avait même eu l'audace de confier le portefeuille des Finances, avec le titre de ministre d'État, à Ernest Plivinec, alors qu'il n'ignorait rien des immenses ambitions du « Breton de Toulouse ».

Haller n'avait cure des rumeurs. Ainsi de celles, nombreuses, qui couraient sur le lieutenant-colonel David Strelli. Le Premier ministre ne pouvait oublier ce qu'il lui devait. Il déplorait sa mise à l'écart, mais avait dû accepter de faire un exemple pour satisfaire une majorité politique pointilleuse sur les « affaires de barbouzes ». Trop à cheval sur les principes pour s'immiscer dans les affaires internes des différents corps de l'État, il avait cependant veillé à ce que l'officier bénéficiât un peu plus vite que les autres des promotions qui lui étaient normalement dues.

Il avait continué à le voir, à écouter ses avis qu'il jugeait pertinents. Au fil des années, des liens tout à fait paradoxaux s'étaient tissés entre les deux hommes, au point que, sans avoir jamais revendiqué quelque avantage que ce soit, Strelli était devenu, en matière de sécurité et de criminalité, un conseiller discret – sinon secret – du Premier ministre. Il apportait des informations, interprétait les tendances, proposait des solutions. Ce rôle était d'autant plus crucial que Haller était de plus en plus préoccupé par la criminalisation galopante des économies occidentales.

Utilisant en particulier les données d'Interpol et d'Europol, les policiers de l'UCRAM [1] avaient pu prouver, à plusieurs reprises, l'infiltration dans des organisations ayant pignon sur rue – parfois même dans des groupes politiques – de bandes mafieuses venues de tous les horizons. Elles prenaient le contrôle de sociétés en devenant, par écrans interposés, leurs clients privilégiés. Dans toute l'Europe, les informations recueillies tendaient à démontrer que, par tous les moyens, le chantage, la corruption, l'infiltration, le meurtre, les mafieux cherchaient à étendre leur emprise sur les organes politiques au plus haut niveau. Certains États en

1. Unités de coordination et de recherche antimafia, dépendant de la direction générale de la Police nationale. Interpol : cet organisme international regroupant la quasi-totalité des États du monde réunit les données criminelles et les répercute sur les polices utilisatrices. Europol : a vocation de devenir une police judiciaire européenne ; limité à l'heure actuelle à l'échange d'informations entre les pays de la Communauté européenne.

décomposition étaient devenus les jouets des mafias, chinoises, turques, russes, siciliennes ou albanaises.

L'image de la pieuvre était plus réaliste que jamais.

Le Premier ministre prenait souvent l'avis de David Strelli pour ces questions. Aussi le lieutenant-colonel avait-il porte ouverte chez René Haller dès qu'il disposait d'une information particulière. Fanny Deschamps, la secrétaire du Premier ministre, avait instruction de ne jamais faire barrage. Elle ne fut pas surprise de sa demande d'audience urgente, en fin de matinée, en compagnie de la commissaire Josée Antonin.

Haller les accueillit devant une tasse de café à 15 h 17, indiquant qu'il pouvait leur accorder un quart d'heure, montre en main. Strelli résuma en quelques mots l'affaire de la rue de Prony, suggérant qu'il fallait presque certainement la relier à la question mafieuse.

— Ce qui signifie, monsieur le Premier ministre, que les Russes sont déjà bien chez nous. Les Siciliens, malgré leur virulence, ne sont pas de tels barbares.

— C'est une façon de voir, maugréa Antonin.

— Et alors ? la coupa René Haller en rallumant un Cohiba Robusto qu'il s'offrait toujours après le déjeuner. Si vous venez me voir c'est que vous avez une idée, non ?

— Une idée que je partage, monsieur le Premier ministre, appuya la commissaire Antonin, usant pour une fois d'un langage châtié.

Le chef du gouvernement soupira. Il n'aimait pas les bonnes idées, même s'il considérait que celles du lieutenant-colonel Strelli étaient en général judicieuses.

— Les faits que vous me rapportez ne font que renforcer la réalité des menaces que nous avons déjà évoquées. Plusieurs notes de la DST[1] et de la DGSE vont

1. La Direction de la surveillance du territoire – le contre-espionnage – est un service de police.

dans le même sens. Dans cette affaire, avez-vous des preuves de l'implication mafieuse que vous suggérez ?

— Je dispose d'éléments dont je ne peux pas encore vous parler.

Haller fronça les sourcils.

— Même à moi ? Je passe pourtant pour un homme de confiance, objecta-t-il en riant.

Il ne manquait jamais une occasion pour glisser un trait d'humour glacé. David ne releva pas : il eût été d'une insigne impolitesse de répliquer.

— C'est un bout de piste.

Il hésita, se tourna vers la commissaire Antonin. Elle lui fit signe de la tête de continuer.

— René... Monsieur le Premier ministre, c'est juste un minuscule bout de piste. Mais il faut risquer le coup, on ne peut pas laisser passer un tel attentat sans réagir.

— Pourquoi ne pas faire travailler votre maison ?

— Ils vont jouer les bulldozers, tout bouleverser. Alerter les gens d'en face. Tandis que moi...

— Vous comptez emporter votre partenaire habituelle dans vos bagages ?

Haller jeta un œil à Antonin qui détourna le visage.

— Écoutez-moi, David, je préférerais que vous évitiez de mettre Margaux Villaret sur cette opération. Elle me paraît parfois bien imprudente.

— Elle était rue de Prony.

— C'est bien ce que je disais. Enfin...

Haller poussa un gros soupir, écrasa son cigare dans un immense cendrier en cristal de Daum. Il avait tout compris des projets de Strelli sans que celui-ci eût quoi que ce soit à expliquer. Josée Antonin se crut obligée d'intervenir :

— Je veillerai sur ma collaboratrice, monsieur le Premier ministre.

— Vous faites ce que vous voulez, après tout. Mais

vous connaissez la règle, David : si vous échouez, je ne suis au courant de rien, je ne vous connais plus !

Évidemment. Strelli soupira lui aussi.

Il connaissait d'avance la réaction de Margaux quand il lui annoncerait la décision d'Haller. Elle serrerait le poing de sa main droite. Elle irait jusqu'à suggérer que son « ami Premier ministre n'était pas si bien que ça ». Il râlerait, lui objecterait que l'enjeu était énorme. Maligne comme elle était, elle accepterait après moult palabres qu'il l'enlace, et ronronnerait :

« Tu n'es pas obligé de m'accompagner. Je peux très bien y aller toute seule, tu sais. L'Autriche, je connais. *I can do it*[1] ! »

David connaissait sa ténacité et ses qualités, mais il restait moins sûr qu'elle d'une telle affirmation. Il rétorquerait qu'ils n'avaient pas parcouru tout ce chemin pour qu'elle fasse cavalier seul. Elle lui avait promis un « voyage de noces », il était bien décidé à accepter la proposition.

*

Après la projection du film, la réception s'était prolongée tard dans la nuit. Lambert-Leroy s'était ennuyé car il ne parlait pas russe et personne ne s'occupait de lui. Khamylov avait bu une quantité de vodka qui lui avait paru invraisemblable. Son assistant, le beau blond, lui avait fixé rendez-vous, à midi, dans un restaurant d'apparence modeste, à proximité du Sénat et de la rue Gorki, le Elké Palké[2].

1. « Je peux le faire » : slogan des femmes américaines pendant la Seconde Guerre mondiale, pour signifier qu'elles pouvaient agir sans l'aide des hommes.

2. Petite branche d'arbre, référence à une formule populaire qui signifie méli-mélo.

Alexei Tretiakov jouait les interprètes.

— La modestie du lieu est un luxe, marmonna le vieux général. Paradoxal, mais c'est la seule chaîne de restaurants authentiquement russes qui subsiste à Moscou. Depuis la crise d'août 1998 [1], les autres ont fait faillite, faute de clients !

Donc, blinis, poisson séché, grosses saucisses et ragoûts. Et vodka, encore. Et le tout était servi par des serveuses en costume traditionnel. JO2L n'avait que faire du décor, mais puisqu'il fallait en passer par là ! Il mit sa proposition sur la table.

— L'une de mes sociétés a acquis auprès d'un exportateur irlandais un important lot de viande de bœuf en carcasses congelées dont personne ne voulait car il était suspect.

Il regarda tour à tour Khamylov et Tretiakov.

— Les certificats d'exportation européens sont en règle, de même que les tampons des abattoirs. Mais il s'agit presque certainement de marchandise anglaise passée en fraude et falsifiée pour échapper à l'embargo imposé par l'Europe. L'épidémie de la vache folle, vous savez...

Khamylov ne réagit pas.

— En outre, poursuivit Lambert-Leroy, au cours des opérations de transfert, il est très probable qu'il y a eu rupture de la chaîne du froid, décongélation et recongélation partielles. Compte tenu de ces données, le prix d'acquisition a été tout à fait exceptionnel. Six semi-remorques de trente tonnes sont stationnés sur le port

1. De nombreuses banques ayant accordé des crédits sans limite et sans contrôle ont fait faillite, entraînant une grave crise financière qui s'est achevée par une dévaluation radicale du rouble. Cette série d'événements marque la fin d'une période d'euphorie économique artificielle qui durait depuis la fin de l'ère communiste.

de Trieste. Nous sommes disposés à commercialiser la viande aussi vite que possible.

Autrement dit un tas de merde avariée, pensa l'Ingouche. Mais qui dit merde avariée, dit prix plus que bas. Une aubaine pour un pays comme la Russie en état de cessation de paiement quasi permanent.

— Évidemment, nous avons plusieurs propositions, mentit JO2L avec un parfait aplomb.

Il avait décidé de ne pas se laisser étouffer par les scrupules : en Russie, ils mouraient de faim et l'argent était encore plus rare qu'ailleurs.

Alors qu'il avait jusque-là fait mine de ne rien écouter en picorant dans sa salade russe, son interlocuteur consentit à lever la tête, en esquissant un quart de sourire. Le mensonge. Il se complaisait dans le mensonge et dans sa détection. Ce Français appartenait à la race des magouilleurs sans scrupule. Il interpréta sa partie sur le même registre, celui du bluff.

— Certes. Mais j'offre de toute façon plus, et je prends la marchandise sans discuter.

Il avait en vue un excellent client, une coopérative d'achats pour les hôpitaux de la banlieue de Perm, au pied de l'Oural. Quelques modestes pots-de-vin seraient suffisants pour convaincre le directeur des achats d'accepter cette merde.

— Combien ? demanda Khamylov.

— Quatre dollars le kilo, quatre mille dollars la tonne. Sept cent vingt mille dollars en tout, arrondis à sept cent mille.

Avec les restitutions communautaires[1], calcula JO2L, le profit réel pour le fournisseur et lui-même

1. Subventions attribuées par la Communauté européenne dans le cadre de la politique agricole commune, destinée à compenser la différence entre les prix mondiaux et les prix européens, beaucoup plus élevés.

avoisinerait les trente francs le kilo. Plus d'un million de francs, cent quatre-vingt mille dollars, sur ce seul coup !

Le vieux réfléchit, prenant son temps, comme un bon joueur d'échecs. Il devait tirer au moins deux cent mille dollars de cette transaction. Lui aussi ne pourrait vendre qu'à quatre ou cinq dollars le kilo, donc il devait se cantonner pour le prix d'achat entre deux dollars et demi et trois dollars le kilo. Il annonça à son tour son offre : cinq cent mille dollars.

— Cinq cent cinquante mille, répliqua Lambert-Leroy.

Il hésita un instant.

— À condition que vous me preniez toute la cargaison.

— Vous en avez encore ?

— Deux mille tonnes.

L'affaire devenait vraiment intéressante. Trois mille dollars de profit à la tonne, six millions en tout. Des frais minimes, quelques bakchichs. Khamylov donna son accord. Et il avala d'un trait son thé brûlant en grimaçant. Encore une mauvaise habitude : boire trop chaud, trop vite. Les yeux mi-clos du saurien retors se plissèrent, le vieil Ingouche se fendit d'un sourire mal formé. Lambert-Leroy arbora une expression satisfaite. Bien qu'il jouât en réalité le rôle d'intermédiaire pour le compte de la holding italienne P & R, le résultat de son voyage à Moscou lui paraissait tout à fait positif.

Rouslan Shamilovitch Khamylov ordonna à Tretiakov d'accompagner Jacques-Olivier à son hôtel, puis de le conduire à l'aéroport de Sheremetievo, puisqu'il devait rentrer le soir aux commandes du Falcon 900. Le jet d'affaires appartenait à sa filiale AgrImAir, mais il en avait l'usage prioritaire et ne manquait jamais une occasion de se mettre aux commandes. Le triréacteur Marcel-Dassault Falcon 90 EX long-courrier était déjà de conception ancienne, puisque les règlements aériens acceptaient maintenant les biréacteurs – tels que le Falcon 2 000 – pour franchir l'Atlantique, mais JO2L préférait son « vieux coucou », qu'il était plus habitué à piloter. Il pourrait prendre tout son plaisir ce soir : avant de rentrer à Toulouse, il devait faire escale à Rome pour y rencontrer Francesca Minasola, avocate et sœur de son partenaire sicilien.

*

Dimitri Taline avait quitté la 14e section antiterroriste du Parquet de Paris pour prendre, avec le grade de premier substitut, la direction du pôle financier. Un poste de grand prestige et d'un immense intérêt à cette époque où les questions d'argent prévalaient sur toutes les autres. Mais il aimait toujours aussi peu l'avion.

Pourtant, le beau temps revenu, le survol de la mer Tyrrhénienne était un enchantement. Placé près d'un hublot dans la classe affaires d'un Mc Donnel 81 d'Alitalia, il put distraire son angoisse en contemplant l'île d'Ustica, enchâssée dans une mer d'un bleu immuable, puis suivre l'approche vers l'aéroport de Palermo-Punta Raisi. À moins d'un kilomètre de la côte, le *monte* Pecoraro dressa ses 900 mètres. La proximité de ce pic rendait la manœuvre délicate, mais le pilote atterrit *velvet*, « comme sur du velours ».

Alors que l'appareil roulait encore sur le tarmac, le chef de cabine indiqua aux passagers qu'ils devraient patienter un moment après l'arrêt complet avant de descendre. Personne ne fut vraiment surpris : depuis des années, depuis qu'avait été engagée la lutte à mort contre la Cosa Nostra, des mesures de sécurité très strictes, parfois aberrantes, étaient imposées pour la quasi-totalité des vols.

Le biréacteur stoppa sur la *runway* bien avant d'être

parvenu à l'aérogare. La coupée arrière fut ouverte. Le pistolet-mitrailleur Beretta à la main, deux carabiniers en tenue de combat grimpèrent dans la carlingue. Parvenu à la classe affaires, le chef pria Dimitri Taline de le suivre :

— Ordre de monsieur Procurateur ! lança-t-il dans un français rocailleux et approximatif.

Le magistrat ramassa ses affaires et emboîta le pas aux deux soldats, négligeant les regards intrigués des autres passagers. Au bas de la coupée attendaient plusieurs véhicules : une grosse Lancia Kapa, manifestement blindée, et plusieurs jeeps bleu nuit chargées de carabiniers. Taline s'installa dans la Lancia. Le convoi, sa route ouverte par deux motards sirènes hurlantes, s'élança à travers l'aéroport vers la sortie et s'engagea à plus de cent cinquante kilomètres à l'heure sur l'autoroute, en direction de Palerme. Un grand accueil à l'italienne. Dimitri Taline estima excessif cet apparat sécuritaire, mais la nécessité lui en fut rappelée lorsque sa voiture aborda le virage où, le 23 mai 1992, avait explosé sous le véhicule du procureur Giovanni Falcone une bombe de plusieurs dizaines de kilos de dynamite, tuant le magistrat, l'épouse de celui-ci, le juge Francesca Morvillo et leurs gardes du corps [1]. Un atten-

1. Selon les enquêteurs du parquet de Caltanissetta (Sicile centrale) travaillant sur la foi d'un repenti, « Mezzanasca », Toto Riina a donné l'ordre, Salvatore Biondino, quarante ans, a coordonné toute l'opération. Des rumeurs persistantes ont longtemps fait état de la collaboration de policiers ou d'agents des services secrets dans la préparation de cet attentat. La mafia a travaillé seule et pour son propre compte. Trois hommes ont suffi pour mener à bien cet attentat : un à Rome pour surveiller les mouvements du magistrat, un à l'aéroport de Palerme et un troisième non loin du garage où étaient garées les voitures blindées utilisées pour les déplacements du juge Falcone en Sicile. L'hypothèse d'un engin explosif très perfectionné qui aurait nécessité les compétences d'un spécialiste non membre de la mafia a été écartée. Le fabricant de la bombe aurait été Gio-

tat attribué à la mafia de Corleone, dirigée par Salvatore « Toto » Riina.

Moins d'une demi-heure plus tard, les voitures filaient dans les rues étroites de Palerme et arrivaient bientôt au palais de justice, un monument un peu raide, d'architecture mussolinienne, précédé par une colonnade géante recouverte de marbre blanc. Entre deux haies de policiers en civil, le pistolet-mitrailleur Beretta bien visible et qui lui tournaient le dos pour mieux assurer sa surveillance, le magistrat fut entraîné presque au pas de course vers l'intérieur du bâtiment. Puis il y eut un escalier monumental, une énorme salle des pas perdus et, enfin, sur la gauche, une antichambre, elle-même bourrée de gardes armés qui examinèrent Taline d'un œil soupçonneux. Il fut enfin orienté vers une porte qui paraissait être en bois, mais qui était très certainement doublée d'acier, si l'on en jugeait par son poids.

Dimitri Taline fut surpris par la pénombre qui régnait dans la pièce, inoccupée : il s'agissait du bureau du célèbre procureur antimafia Caselli, véritable prison dorée, dont les lourds rideaux de velours grèges étaient tirés. La seule lampe allumée révélait les tableaux qui envahissaient les murs clairs. Parmi ceux-ci, une gravure, suspendue en bonne place, représentait le *Don Quichotte* de Picasso. Auprès d'elle avait été apposée une plaque à la mémoire des procureurs Giovanni Falcone et Paolo Borsellino, qui avaient tous deux occupé ce bureau. Le combat contre la criminalité organisée était plus dur qu'il ne l'avait jamais été.

Le magistrat français avait rencontré son homologue italien lors d'une réunion secrète des principaux responsables européens chargés de lutter contre les mafias.

vanni Brusca, un bon artificier, comme il en existe des douzaines en Sicile.

Ils avaient alors débattu de leurs analyses respectives. Dimitri Taline se souvenait en particulier du pessimisme manifesté par Caselli, qui avait tenu à définir le vrai danger représenté par la mafia.

« Même s'ils paraissent plus calmes à Palerme, les mafieux continuent à étendre leurs tentacules sur le monde. La Cosa Nostra n'est pas une simple organisation criminelle, elle se comporte comme un État dans l'État, un anti-État structuré comme un véritable État. Elle dispose de son armée, lève l'impôt, s'impose comme un modèle criminel. En Italie, nous sommes particulièrement affectés. Les activités économiques illégales représentent sans doute chez nous un chiffre d'affaires annuel de quatre-vingt-dix milliards de francs. Le racket constitue une source importante de revenu. Au cours des dernières années, l'extorsion est devenue une manière comme une autre de mettre la main sur la propriété industrielle. Plus de six mille personnes, bureaucrates, patrons ou politiciens – parmi lesquelles quatre cent trente-huit sénateurs et députés – font l'objet d'enquêtes ou ont été inculpées pour une forme ou une autre de corruption. Au cours des dix dernières années, les gangsters de toutes obédiences ont versé au monde politique et économique italien pour plus de quarante millions de dollars de pots-de-vin. Et l'on ne peut oublier les poursuites engagées contre Giulio Andreotti, notre ancien président du Conseil et figure emblématique de la démocratie chrétienne, accusé d'avoir fait assassiner un journaliste par un tueur de la mafia. Bien que très liée à son territoire, la mafia sicilienne fait preuve d'une grande mobilité géographique allant de pair avec une coopération plus étroite et diversifiée avec les milieux du crime organisé en France, Allemagne, Canada, États-Unis, Australie et Amérique du Sud. Nous sommes frappés par cette capacité d'expansion et d'adaptation. La mafia analyse parfaitement les nouvelles situations, est présente à tous les niveaux, dans tous les pays pour étendre son pouvoir et gagner plus d'argent. Quand des États se décomposent, aussitôt se profilent les mafieux. Aujourd'hui, ils ont jeté leur dévolu sur les anciens pays du bloc soviétique. »

Le procureur Caselli estimait que les mafias pourraient même un jour s'attaquer aux institutions européennes, coupables à leurs yeux d'élever des obstacles incontournables pour leurs entreprises.

« Face à cette menace, une seule solution, l'Appel de Genève et son esprit, la coopération étroite, au besoin informelle, entre tous les responsables du combat contre la criminalité organisée. »

Aujourd'hui, ces bonnes intentions allaient être mises à l'épreuve des faits. Le juge Renée Landau avait été chargée d'instruire à Paris un dossier très délicat de blanchiment d'argent lié à un trafic de viande bovine, peut-être avariée, entre l'Irlande et l'Italie, et derrière lequel se profilaient des sociétés installées à Palerme. La magistrate avait lancé une CRI, une commission rogatoire internationale, pour mobiliser sur cette enquête les policiers de la Guardia de Finanza en poste à Palerme. L'affaire était urgente, mais le transfert de la CRI par les différents échelons hiérarchiques traînait lamentablement : le Parquet ; puis le ministère de la Justice français ; puis le ministère des Affaires étrangères ; puis l'ambassade de France à Rome ; puis le ministère des Affaires étrangères italien ; puis le ministère de la Justice italien. Puis, puis, puis... Et enfin le Parquet de Palerme. En bref, des mois passés, perdus. Dimitri Taline avait pris un coup de sang, composé le numéro de ligne directe du procureur Caselli, bien décidé à le mettre au pied du mur. Son homologue italien lui avait proposé de venir traiter directement le problème à Palerme. Certes, en théorie, on tordait le cou à la procédure. Mais, dans la pratique, il s'agissait de demander aux magistrats italiens d'ouvrir eux-mêmes une enquête, dans le respect du droit d'outre-Alpes, contre les personnes visées par les Français.

Une voix fit se retourner Taline :

— Je vois que vous appréciez ce dessin de Picasso, monsieur le substitut. Vous trouverez la même gravure chez nombre de mes confrères des parquets antimafia.

Suivi par deux de ses adjoints, Giancarlo Caselli venait d'entrer dans le bureau. Mince, d'une taille moyenne, la chevelure d'un blanc éblouissant, le magistrat italien impressionnait par son élégance naturelle et son charisme. Les yeux étaient plutôt doux, la voix sourde mais chaleureuse. Bien que portant sur ses épaules tout le poids de la lutte antimafia, il semblait être l'opposé de ces magistrats français de l'appareil répressif, qui se croient obligés de jouer les gros bras pour faire prévaloir leur autorité.

— Avez-vous fait bon voyage ?

— Excellent. Et le transfert de l'aéroport était efficace.

— Un peu musclé comme accueil, j'en conviens. Mais nous y sommes obligés, observa Caselli avec un accent italien prononcé. Le *grupo de fuoco* mafieux est toujours actif et menaçant. « Ils » ne nous pardonnent pas les coups que nous leur avons donnés.

Taline hocha la tête. Salvatore Riina, Giuseppe Madonia, Nitto Santapaola, de la Camorra, Carmine Alfieri, Rosetta Cutolo et tous les autres parrains que la justice italienne avait menés devant le tribunal-bunker de la prison Ucciardone devaient vouer aux flammes de l'Enfer le procureur et ses collaborateurs.

— La bête n'est pas morte, dit-il en regardant Caselli prendre place derrière son bureau.

La figure de l'Italien sortit de la pénombre. Son expression teintée de gravité était celle d'un homme qui vit sous une pression permanente. Taline s'assit dans le fauteuil que lui indiquait son interlocuteur.

Giancarlo Caselli pencha son beau visage vers Taline, qui résuma brièvement les vaines démarches entreprises par la juge Renée Landau. Il tendit à son hôte un mince dossier d'information, ne contenant naturellement aucune pièce de procédure. Ni Landau ni lui-même n'auraient commis la faute de communiquer de telles pièces à un magistrat étranger.

Caselli ouvrit le dossier.

— Elle a même fait établir la note en italien, c'est vraiment élégant.

— Derrière tous ces trafics sur la viande, il y aurait un certain Minasola.

Le procureur leva un sourcil.

— Le père, ou le fils ?

— Je ne sais pas. Vicente Edward.

— Le fils. Plus malin, donc plus dangereux que le père, Nitto, qui passe pourtant pour l'un des grands chefs de La Coupole.

— La Coupole. Je me suis laissé dire qu'elle n'était qu'une construction policière.

Giancarlo Caselli esquissa une expression contrariée. Il était trop courtois pour engager le débat sur la réalité de La Coupole.

— Malgré l'arrestation des chefs historiques, la « Pieuvre » se reconstitue sans cesse, de nouveaux noms émergent dans les milieux de la criminalité organisée. Encore plus cruels peut-être que les pères, mais infiniment plus intelligents. Minasola, le fils, est un représentant typique de cette nouvelle génération. Les successions s'accompagnent d'une rupture des équilibres. Des hommes plus jeunes, aux méthodes encore plus sanguinaires, attirés par un profit immédiat, s'installent à la place des vieux chefs, des personnages parfois mythiques, des « hommes d'honneur » traditionnels. Qu'attendez-vous de nous ?

— L'implication de ces gens-là fait peu de doute. Nous détenons à leur sujet de nombreux éléments matériels, ainsi que des témoignages. Mais nous les connaissons mal. C'est l'objet de la CRI : les identifier, au besoin les interpeller.

Le procureur lisait la note, hochait la tête. Il appuya sur le bouton d'un interphone pour faire venir l'un de ses collaborateurs.

— Bettino Mattioli, mon adjoint chargé de la section des affaires financières.

Un grand type sec, blond, manifestement un homme du Nord, Turinois ou Milanais, entra dans le bureau.

— *Buon giorno*, lança-t-il en tendant la main à Taline.

Caselli lui remit le dossier. Le procureur adjoint lut rapidement la note, approuvant en silence le contenu :

— Mme Landau ignore sans doute la personnalité du *signore* Minasola. Le plus dur de la jeune garde mafieuse. Question QI, il dépasse tous les autres. Mais il présente une particularité : il est infirme depuis que des *stiddari* ont essayé de le tuer.

— On dit que son intelligence s'est pervertie jusqu'à en devenir démoniaque, commenta Caselli, certaines informations donnent à penser qu'il voue une haine aussi farouche qu'incompréhensible à l'égard de toutes les formes d'institution, qu'il n'hésiterait pas à faire basculer l'Italie, l'Europe, le monde dans le chaos pour satisfaire ses ambitions et son esprit de vengeance.

— Les Minasola, précisa Bettino Mattioli, sont fortement liés à la mafia du quartier Villagrazia-Santa Maria Del Gesu, l'un des groupes criminels palermitains les plus dangereux.

Le procureur adjoint referma le dossier et le claqua sans façon sur le bureau de son chef.

— Dois-je comprendre que je dois lancer l'enquête ?

— Tout à fait. Et il est nécessaire d'aller vite.

Dimitri Taline fut surpris par cette simplicité de manières. Il dut réfléchir un instant avant de se souvenir que, depuis la réforme fondamentale d'octobre 1989, les juges d'instruction avaient disparu du paysage judiciaire italien : les enquêtes étaient diligentées directement par le parquet, appuyé par des *task forces* constituées de policiers venant des trois grands corps, la police d'État, les carabiniers et la garde des finances.

L'entretien était clos.

Mattioli proposa à Dimitri Taline de l'inviter à dîner, ce qu'il refusa, car il devait reprendre le soir même son avion pour Rome d'où il aurait tout juste le temps d'attraper la correspondance pour Paris. Les commissions rogatoires internationales n'étaient pas les seules à suivre des chemins tortueux.

9

On pouvait tout dire de Strelli sauf qu'il était d'un naturel passif. Mais, si par tempérament il privilégiait l'action, il n'en était pas moins devenu avec le temps un excellent analyste. La voie de garage sur laquelle l'avait placé la DGSE – la recherche approfondie sur les sectes – lui avait au moins permis d'explorer des méthodes de travail qu'il ignorait jusqu'alors. Il avait en particulier découvert l'intérêt des sites informatiques plus ou moins spécialisés d'Internet. Il était convaincu que, par ce biais, il serait capable de dénouer les fils de la toile qui semblait apparaître en arrière-plan de Techni-Engineering. Quel enjeu majeur cette société pouvait-elle constituer pour justifier une attaque de cette violence ?

Pour être franc, il avait dans l'esprit de percer les secrets de cette toile sans avoir besoin de suivre Margaux dans une expédition en Autriche, qui lui paraissait fort peu orthodoxe au plan du droit, et plus que risquée, puisqu'il s'agissait d'aller rechercher l'adversaire dans sa cache. Aussi n'avait-il parlé à personne de sa démarche, et surtout pas à Margaux, qui trépignait d'impatience dans l'attente de leur départ pour Klagenfurt.

David surfa quelques minutes à la recherche des informations du registre du commerce, l'une des meilleures sources sur les sociétés. Cette exploration se révéla vaine : après recoupement, il constata que les déclarations des responsables de Techni-Engineering, à la fois lacunaires et fausses, étaient inexploitables. Personne ne s'en serait naturellement aperçu si quelqu'un n'avait décidé de faire le vide rue de Prony.

Il se laissa aller dans son fauteuil pivotant et contempla la lithographie désuète. Il esquissa un sourire. Son investigation infructueuse lui ouvrait des perspectives autrichiennes sans rapport avec le massacre chez Techni-Engineering...

*

Après un long détour par l'Autriche et le nord de l'Italie pour éviter l'espace aérien des Balkans, toujours problématique, Lambert-Leroy atterrit à Rome aux commandes de son Falcon par une météo très claire, à 20 h 30. Il était trop tard pour rencontrer Francesca Minasola.

Avec son pilote attitré, ils durent passer la nuit à l'hôtel Jolly, proche de l'aéroport Leonardo da Vinci. En fait, il n'était pas trop contrarié par ce contretemps, qui lui permettait de récupérer de ses fatigues de la nuit précédente. Il se fit servir une collation par le *room service* à 2 heures du matin et s'endormit comme un bébé. La force de l'habitude aidant, il fut debout à 7 heures. Il se doucha, contacta la société qui prenait soin de son appareil et commanda à son pilote de rejoindre l'aéroport afin d'être prêt à décoller dès que possible. Puis il appela son correspondant sur son portable.

Mélodieuse – et ensommeillée – une voix de femme répondit :

— *Pronto*, qui est à l'appareil ?

— Jacques-Olivier Lambert-Leroy.

— Je suis Francesca Minasola. Je vous attendais hier soir !

La circulation dans la Ville éternelle est telle qu'elle accepta de venir jusqu'à l'aéroport.

— Le temps de me préparer et d'arriver, je serai là vers midi.

Il l'invita à déjeuner à l'hôtel. Sa ponctualité était surprenante pour une Italienne. Sa beauté était rehaussée par le raffinement de sa tenue : la veste du costume-pantalon Armani, portée sans chemisier, suggérait une poitrine magnifique ; les sandales et accessoires étaient bien sûr signés Gucci.

— Bonjour, lança-t-elle en tendant avec grâce sa main gantée.

Son sourire était radieux, « américain ». JO2L ne pouvait savoir que Sharon, sa mère, l'avait obligée à porter un appareil dentaire – quasiment de règle aux États-Unis – jusqu'à l'adolescence.

À cet instant, il se demanda s'il n'avait pas intérêt à changer radicalement le cours de sa carrière, à abandonner les tracas d'un poste de patron pour mener la vie aventureuse d'un intermédiaire tous terrains. Métier d'avenir dans une économie mondialisée : même les plus grandes entreprises multinationales n'étaient plus capables d'entretenir des réseaux de relations assez développés pour saisir toutes les opportunités d'un marché mouvant, plus ou moins clandestin.

Il rêvait de cette nouvelle orientation et des rencontres charmantes qu'elle pouvait lui procurer. La perspective de retrouver, à son retour à Toulouse, Louise-Marie et sa névrose le rembrunit.

Ils passèrent à table, dans une salle à manger éclairée à l'italienne par des néons lugubres qui eussent rendu laide la plus belle des femmes. Mais Francesca résistait même à ce traitement.

— Ainsi, vous travaillez en famille, dit Lambert-Leroy en buvant son verre de Royal Brackla.

— Si vous ne l'avez pas compris, rétorqua-t-elle plutôt sèchement, je suis « l'homme d'affaires » de mon frère. Pour des raisons tout à fait personnelles, il n'entend quitter la Sicile qu'exceptionnellement.

JO2L connaissait ces « raisons », mais il ne releva pas. Il résuma rapidement son entretien avec Rouslan Khamylov.

— Je pense qu'il a bien compris notre proposition. Je dis « je pense », parce qu'avec lui on ne sait jamais. C'est un homme de la vieille école, qui cultive l'impassibilité et l'ambiguïté.

Elle rit :

— Un vieux crocodile ?

— Voilà. Souriant, mais toujours prêt à dévorer sa proie.

Le téléphone mobile de la jeune femme sonna. Elle s'excusa, écouta le message, sans répondre. Son expression s'était soudain durcie. Bien loin du sourire radieux qu'elle portait comme un masque. Elle coupa la communication.

— Ils sont venus.

— Qui ?

— Les juges français. Ils sont venus voir Caselli, le procureur de Palerme.

Elle proféra un juron en italien.

— Ils ne nous lâchent pas. Jamais !

Il ne lui fallut que quelques instants pour recomposer sa beauté, comme si elle avait passé sur ses traits un voile de maquillage.

— Bien, revenons à notre affaire !

Lambert-Leroy était gêné d'avoir été le témoin involontaire de l'appel.

— Il n'y aura aucun problème. Khamylov semble

partant. Mais, si j'ai bien compris, votre frère a beaucoup d'autres projets...

Elle approuva en dégustant ses *fettucine* aux épinards avec un mélange de délicatesse et de voracité.

— Alors, je ne pense pas que nous puissions traiter cette affaire à distance.

— Ah ?

Elle s'essuya la bouche, but avec gourmandise une gorgée de San Pellegrino, pétillante et fraîche, avant d'ajouter :

— Donc ?

— Il faut prévoir une rencontre au sommet.

Elle réfléchit quelques instants.

— Nous avons ce qu'il faut. Une maison amie et discrète. Vous allez proposer cette solution à votre Russe. Parce qu'il n'est pas question que mon frère aille à Moscou.

Elle traça quelques mots sur un papier – une adresse au cœur de Londres – qu'elle montra à Lambert-Leroy. Puis elle le brûla et attendit, en silence, qu'il se soit consumé dans le cendrier. Le rendez-vous serait pris dès que possible, ajouta-t-elle. C'est elle qui le recontacterait. Elle prit congé avec la même hâte qu'elle avait mise à venir. JO2L en éprouva un certain dépit. Mais que pouvait-il espérer ? Une proposition indécente ? Une fellation rapide dans l'un des couloirs de l'hôtel ? Oui, il avait fantasmé, pendant le repas, en la regardant manger. Une pipe. Mais il aurait fallu être fou pour oser quoi que ce soit avec la sœur de Vic Minasola.

Une heure plus tard, il était de nouveau aux commandes de son Falcon. Direction Toulouse-Blagnac.

*

Margaux ne jouait pas toujours la comédie. Cette fois, il apparut à David que la tendresse de son amie n'était pas feinte.

Dès leur installation dans l'Airbus d'Air France – en classe touriste, pour rendre plus crédible la fiction de leur voyage d'amoureux –, elle s'était pelotonnée contre lui. Sur ce vol, à cette heure, en cette saison d'hiver, elle estimait à juste raison qu'aucun collègue, aucune connaissance ne pourrait la surprendre et se choquer de ce laisser-aller.

Vol AF 1126 pour Venise. L'appareil décolla à 7 h 35 et s'enfonça aussitôt dans les nuages. Margaux déposa une bise dans le cou de David.

— Tu sais que tu es un type formidable ? Pour un peu, si tu me le demandes, j'accepterais de t'épouser.

Petit rire de gorge. Elle lui caressa tendrement la poitrine, sous la veste.

— OK ! Je te le demande.

Lui, il était sérieux, comme toujours. Et pas totalement convaincu qu'elle avait parlé vrai. Il connaissait désormais trop bien l'infini registre de ses roueries. Qu'importe, il l'aimait comme ça. Elle sourit.

— Qu'est-ce que tu dirais si j'acceptais ?

— OK. Pour le meilleur et pour le pire.

— Tu es incorrigible, David.

Elle se perdit dans la contemplation de la mer de nuages dont l'avion venait d'émerger, filant à présent dans un ciel radieux. Puis elle se retourna vers David avec un sourire éclatant.

— Ça ne te dirait pas de rester à Venise ? lui demanda-t-il.

Elle fit une moue qui pouvait signifier tout et son contraire. Un steward venait de poser sur leurs tablettes les plateaux du petit déjeuner qu'ils considérèrent avec une certaine méfiance. À tort. Si le jus d'orange était presque imbuvable, le café était correct, et les croissants bien chauds. En se plongeant dans les journaux du matin, Margaux signifia qu'il n'y avait pas lieu de reprendre la discussion.

L'appareil se posa avec dix minutes d'avance sur l'aéroport Marco-Polo de Venise. De larges panneaux indiquaient comment trouver les *motoscaffe* pour rejoindre la ville. Après avoir récupéré sa valise, le couple négligea cette suggestion et se dirigea vers les comptoirs des loueurs de voitures. Ils s'arrêtèrent devant Hertz. Margaux se présenta comme étant Cécile de Saint-Sorin. Elle avait réservé à ce nom une voiture depuis Paris. Elle tendit son passeport, un « vrai faux » bien sûr, et son permis de conduire, non moins faux. Il lui fut attribué une Fiat Brava blanche. L'idéal pour un jeune couple. Elle riait de cette fiction.

— Finalement, on n'est pas loin de la réalité, non ? s'exclama-t-elle.

Strelli poussa un soupir en s'installant dans la voiture, à la place du passager.

— Qu'est-ce qui ne va pas, David ? Tu m'en veux ?

Il ne répondit pas et déplia *L'Équipe*, qu'il avait subtilisé dans l'avion. N'eût été le but « officiel » de leur voyage, il n'était toujours pas convaincu de la nécessité d'aller jusqu'en Autriche pour trouver la clé du mystère de la rue de Prony.

Margaux conduisait très vite. Ils eurent tôt fait de rejoindre l'*autostrade* courant dans la plaine de la Piave, vers Trieste. À Palmanova, elle tourna vers la gauche, en direction d'Udine et de l'Autriche. À travers le Frioul, la chaussée suivait la vallée du Tagliamento, puis grimpait en longs virages calmes jusqu'au col marquant la frontière qu'ils franchirent sans contrôle. L'autoroute transalpine filait ensuite vers Villach, où elle se raccordait sur l'*Autobahn*, en direction de l'est. La neige, qui tombait dru, obligea Margaux à ralentir. Un peu avant midi, la Fiat entrait dans Klagenfurt, la capitale de la Carinthie.

Deux cent cinquante kilomètres en deux heures, une honnête moyenne.

La ville était typiquement autrichienne, avec les pâtisseries des façades peintes aux couleurs pastel typiques de l'Europe centrale. Tout était d'une propreté et d'une richesse ahurissantes. Ils avaient compulsé quelques documents avant de partir. Au carrefour des trois frontières, Italie, Autriche et Slovénie, Klagenfurt passait pour abriter des mafias de toutes obédiences : les banques locales regorgeaient de capitaux.

Ils s'arrêtèrent devant une agence de la *Krediet Sparbank* pour changer de l'argent. David ne fut guère étonné d'attendre derrière un homme au physique de catcheur qui déposait en liquide et en dollars une somme semblait-il assez considérable. En grosses liasses de billets usagés. Au jugé, il estima le paquet à plus de deux cent mille dollars. Le guichetier ne paraissait guère décontenancé par l'ampleur de ce dépôt, ni disposé à faire remplir par son client les formulaires d'identification en principe obligatoires [1]. Ce laxisme expliquait peut-être la prospérité de la ville.

Les chasse-neige étaient déjà passés et la cité avait des airs de carte postale de Noël, avec ses illuminations de fin d'année. Margaux n'eut pas trop de mal à trouver l'hôtel Palais Porcia, un établissement de charme donnant sur une petite place tranquille. Ils rangèrent la voiture sur le parking. Le réceptionniste leur donna aussitôt les clés de leur chambre. Une pièce avec un grand lit unique. L'homme aux clés d'or esquissa un sourire entendu, qui se voulait complice mais n'était que vulgaire.

1. Pour toute remise supérieure à dix mille dollars, montant aligné sur les obligations imposées par la loi américaine. Il faut ensuite transcrire en monnaie locale, en l'occurrence en euros, soit 9 146 euros pour un dollar à six francs français.

À peine la porte fermée, Margaux se jeta sur David.

— D'accord, d'accord, j'ai beaucoup à me faire pardonner. Je suis prête à tout pour y arriver.

Elle le déshabilla avant qu'il n'ait vraiment eu le temps de réagir. Il commença par résister avec une mauvaise foi évidente. Il en rêvait depuis de trop longues heures : ils suivaient strictement leur programme. D'authentiques amoureux en voyage de noces. Une solide séance d'amour, en bonne et due forme... Ils jouirent ensemble, lui se perdant dans sa nuque et elle murmurant qu'elle l'aimait.

Après s'être reposée une heure, roulée en boule sous le gros édredon en plumes d'oie, Margaux se redressa sur un coude. Elle regarda David avec d'autant plus de tendresse qu'il ne pouvait pas la voir. Une fois de plus, elle se demandait ce qu'elle faisait avec son « beau colonel » et quand elle se déciderait à clarifier la situation. Elle l'aimait. Incontestable. Mais de là à fonctionner comme un couple ordinaire... À choisir la routine de la vie conjugale...

10

Un pâle soleil d'hiver enluminait Paris.

Dans sa Mercedes noire de grande remise qui roulait sur l'avenue Foch, Andrei Sergueievitch Tchevine pouvait savourer son nouveau pouvoir. Il avait les mains enfoncées dans les poches, en l'occurrence celles d'un costume Hugo Boss, qu'il déformait sans vergogne. Une vieille habitude. Prise à Isolator 57, la prison où il avait croupi pendant des années.

Son téléphone sonna. Il répondit avec brusquerie. Son interlocuteur semblait fébrile :

— Notre homme est OK ! Le contact est prévu pour demain.

— Parfait. Je veux un vrai putain de feu d'artifice, grogna Tchevine.

— Ce sera fait.

Il raccrocha en souriant. Il eut une pensée pour Khamylov, son ennemi, le vieux général ingouche. Le passé. Ce passé qui l'obsédait malgré le chemin parcouru.

Après la « seconde révolution », il avait joué les gros bras dans la bande de Koptevo : pour l'essentiel, il s'agissait de rendre visite à des petits entrepreneurs et des commerçants enrichis depuis peu qui ne comprenaient pas la nécessité de se faire « protéger ». En jargon moscovite, cette protection s'appelait un toit. Dans cette société désorganisée, tout le monde en avait besoin. Protection pour les entreprises, mais aussi pour toutes les formes de transferts, de transports.

Le « toit » était fort chèrement monnayé, jusqu'à 10 % du chiffre d'affaires, la moitié pour les chefs, la moitié pour l'exécuteur. Quand ses interlocuteurs refusaient l'aide proposée, il leur cassait la figure dans le meilleur des cas et, dans le pire, il mettait le feu à leur boutique ou aux bâtiments visés.

Andrei s'était vite lassé de cette position subalterne. Le marché était encore très ouvert et il rêvait d'en prendre une part à son compte. Il avait aussi constaté qu'en se débarrassant de ses concurrents immédiats de façon expéditive, il accroissait les risques sans résultats probants. Il avait donc exploré d'autres voies pour conforter sa « renaissance ».

Il avait fini par découvrir son créneau chez les popes. Dépouillées par le régime communiste, les communautés religieuses orthodoxes cherchaient par tous les moyens des ressources pour restaurer, et parfois reconstruire, leurs églises avilies ou détruites. Andrei Sergueievitch leur avait proposé de ramasser les fonds en leur nom, et avec leur bénédiction. Officiellement, il conservait pour lui une modeste part pour « frais de fonctionnement » : 15 à 20 % des sommes collectées. En réalité, il s'en mettait la plus grande partie dans la poche. Les popes – ces « chiens de Dieu », comme il les appelait – étaient trop heureux de récupérer les miettes, sans chercher à s'interroger sur les méthodes utilisées.

L'affaire était d'autant plus juteuse que, depuis la chute du communisme, la Russie était tombée dans une religiosité débridée : les églises étaient remplies de fidèles, les icônes plus surchargées d'or que jamais.

Après sa libération, pour remercier Dieu de lui avoir rendu son fils, sa mère l'avait entraîné dans la modeste église du quartier de Koptevo, à la cérémonie de l'adoration des icônes, qui se célèbre pendant le carême. Tchevine avait accepté à contrecœur, car il n'avait jamais eu le moindre sentiment filial pour cette vieille femme, qui l'avait abandonné dans les rues de Moscou. En outre, ses années de camp l'ayant définitivement écarté de la religion, il supportait mal les scènes de piété frénétique.

Même les jeunes hommes se prosternaient avec un enthousiasme malade, se traînaient sur les genoux, embrassaient avec emportement les icônes tandis que sous les fresques restaurées des voûtes retentissaient les polyphonies antiques, chantées en vieux slavon par des femmes en fichu noir aux expressions extatiques.

Il avait quitté l'église de Koptevo avant la fin de l'office en se jurant de faire cracher leur or à ces nouveaux dévots qui refusaient de payer l'impôt, mais donnaient sans compter aux popes et aux églises.

« La religion est l'opium du peuple ! » avait proclamé Marx. Andrei avait appliqué à sa façon ce slogan :

« Puisque la religion est une dope, je saurai la négocier ! »

Il avait tenu parole. À sa manière. En moins de cinq ans, il avait drainé des dizaines de millions de nouveaux roubles, alors l'équivalent de millions de dollars. Et, quand il allait visiter l'une de « ses églises », le pope et sa famille lui baisaient la main comme s'il était Alexis, le Patriarche de Moscou, en personne. En retour, il n'hésitait jamais à feindre les signes d'une dévotion excessive et tartuffe, allant jusqu'à offrir à ses popes « clients » des icônes peintes à la main, pour mieux les convaincre de sa sincérité. Il avait même l'intention de faire construire ultérieurement, dans son quartier, une nouvelle église, plus présentable que l'actuelle.

Ces fonds avaient servi de socle à l'édification de sa fortune. Ils lui avaient permis de fonder une banque, l'un des trois mille quatre cents établissements de crédit alors ouverts en Russie. Il avait ainsi ramassé les économies de quelques milliers d'honnêtes citoyens, avant de mettre la clé sous la porte. Non sans avoir préalablement vidé les coffres et viré l'argent sur des comptes clandestins à Jersey, au Panamá et en Suisse : les Russes étaient devenus les troisièmes meilleurs clients de la Confédération helvétique, après les Italiens et les Français.

« L'opium du peuple » avait fait sa fortune. Pour un peu, il en serait devenu croyant ! Tout aurait été pour le mieux dans le meilleur des mondes s'il n'y avait eu l'ombre de Khamylov et des siens. Les rues de Moscou étaient devenues dangereuses pour Tchevine et il avait suivi ses fonds secrets jusqu'à Genève. Avant de rentrer au pays, il lui faudrait encore un peu de temps pour éradiquer ces anciens apparatchiks qui avaient voulu le briser. Tout devait être mené de front : l'élimination des concurrents et la construction de son empire. Parfois l'ampleur des actions qu'il avait engagées l'étourdissait.

La limousine s'arrêta rue de la Faisanderie, devant un bel immeuble moderne dont la façade était revêtue de marbre blanc.

— Bon voyage ? demanda – en russe – l'homme qui l'attendait dans le hall.

— Excellent. Venons-en au fait ! aboya Tchevine.

Sourire commercial – obséquieux – soudé aux lèvres, l'homme lui ouvrit la porte d'un ascenseur qui les mena au dernier étage. Un putain d'agent immobilier ! Sale engeance !

— Deux niveaux, donc un duplex, quatorze pièces plus une terrasse de deux cents mètres carrés, aménagée en jardin suspendu, et sur le toit un jardin d'hiver sous véranda. Vue sur le Bois de Boulogne. Je ne vous cacherai pas deux particularités du voisinage : en face, un petit musée de la contrefaçon et, dans cet immeuble comme dans d'autres alentour, de nombreux Arabes richissimes, des gens du Golfe.

Tchevine haussa un sourcil et ricana. Il y avait une certaine ironie à devenir le voisin d'émirs. Il n'aimait pas les Arabes. D'ailleurs il n'aimait personne, et surtout pas ces minables de Français. D'un autre point de vue, la présence de riches Arabes signifiait une sécurité policière et privée renforcée.

— Je pense que ce splendide appartement devrait vous satisfaire, se crut permis d'ajouter l'agent immobilier.

Jean-Guy Dufresne avait pris comme principale clientèle les Russes qui affluaient dans la capitale. Ces « Nouveaux Russes » étaient des maniaques de l'investissement pierre, le plus loin possible du rouble défaillant. Des acquéreurs d'autant plus intéressants qu'ils ne marchandaient jamais. Ils avaient même tendance à surpayer, 10 % voire 20 % au-dessus de la cote. Certes, il fallait se méfier, ne jamais accepter de chèque qui ne fût un chèque de banque, jamais de virement, même émis sur un établissement bien connu. C'était compliqué, les notaires faisaient toujours tout un tas d'histoires quand ils voyaient arriver des règlements en liquide. Et ils finissaient toujours par refuser pour se conformer aux impératifs de Tracfin[1] qui leur interdisaient d'accepter des paiements supérieurs à dix mille dollars.

Dufresne avait dû monter une « usine à gaz » pour contourner la loi : il encaissait les fonds sur des comp-

1. Service de surveillance du blanchiment de l'argent, dépendant du ministère des Finances.

tes qu'il avait ouverts dans une caisse d'épargne luxembourgeoise, laquelle consentait à son client russe un crédit pour le montant correspondant afin d'acquérir les biens immobiliers. Ce subtil tour de passe-passe justifiait les énormes commissions de l'intermédiaire.

Tchevine le toisa.

— Comment savez-vous que cet endroit doit me plaire ?

— Je... Euh... Excusez-moi. Je voulais dire que cet appartement s'approche au mieux des données transmises par votre collaborateur.

— J'espère, maugréa Tchevine, en dévisageant de la tête aux pieds l'intermédiaire.

Dufresne devait avoir son âge, mais il paraissait plus jeune : il n'avait jamais connu le Goulag. Que pouvait-il comprendre aux désirs de Tchevine ? Que pouvait-il comprendre à la soif de violence qui le tourmentait certains soirs, lorsque la vodka le ramenait sur les rivages nauséeux d'Isolator 57 ? Un pauvre petit Français élevé dans la ouate ! Il aurait pu l'effacer d'une balle. Sur le marbre de l'escalier qu'ils empruntaient maintenant. Arrêter le flot mielleux de ses paroles de commercial engoncé dans un costume de prix.

— Et les salles de bains ?

— Il y en a une pour chaque chambre à coucher, évidemment, monsieur.

Andrei était un maniaque des salles de bains. Les plus luxueuses possibles.

— Et la rue ? Elle est étroite, n'est-elle pas trop bruyante ?

— Écoutez ! répondit l'agent immobilier en ouvrant une porte-fenêtre pour rejoindre la terrasse.

On percevait le grondement, continu mais lointain, des voitures sur le boulevard périphérique. Mais, ici, il semblait que la circulation était arrêtée.

— Et il est 17 heures. Le trafic est à son maximum. La nuit, vous pourriez vous croire à la campagne.

— J'ai horreur de la campagne.

— Oui, bien sûr, acquiesça Dufresne en refermant la baie vitrée.

Ils rentrèrent. Tchevine parcourut rapidement les pièces. Le luxe, l'espace et le voisinage ne l'intéressaient pas. Il voulait simplement mettre à l'abri la fortune dérobée aux popes et aux imbéciles qui les vénéraient. Lui, l'ancien prisonnier que la promiscuité d'Isolator 57 avait manqué de rendre fou, accumulait des centaines de mètres carrés dans les plus grandes villes du monde. Masqué derrière ses sociétés domiciliées à Jersey, en Irlande, à l'île de Man, il investissait à tout va dans le béton. Partout : à Paris, plusieurs appartements ; à New York, à Miami, à Londres bientôt. Sans oublier Berlin.

Dufresne toussota. Tchevine sourit : l'agent immobilier allait annoncer son prix de vente. Vingt-sept millions de francs.

— Mais nous pourrons arrondir à quatre millions de dollars. Je pense que le propriétaire sera d'accord.

Il pouvait garantir cette approbation : il était le propriétaire.

— Plus une commission de cinq cent mille dollars, pour tenir compte des difficultés rencontrées dans le montage de l'opération...

Andrei Sergueievitch Tchevine hocha la tête. Quatre millions et demi de dollars, donc. Un instant, il fut tenté de discuter. Il avait prévu le montant de cet investissement. Quand même : juste le plaisir de marchander avec cette petite merde française. Dufresne ne méritait même pas cet honneur.

Quelques misérables millions de dollars : ses avoirs déposés sur les comptes bancaires anonymes ne seraient guère écornés. La mise en place de l'opération du col de Mamison que lui avait confirmée l'un de ses associés lui coûtait déjà une belle somme. Mais il se sentait prêt à donner une part de sa fortune à celui qui lui apporterait la tête de Rouslan Shamilovitch Khamylov, l'ex-général ingouche, un temps détaché du Service de protection de la Constitution pour prendre la tête de la *Gulag*, la direction générale des camps pénitentiaires. Le Goulag. Son cauchemar intime.

*

Avec les rideaux fermés, Margaux avait oublié l'heure. En regardant sa montre, elle lut : 16 h 15.

— Oh, flûte !

Elle se leva d'un mouvement si brusque qu'elle réveilla David. Il eut le temps de voir disparaître dans la salle de bains son beau corps svelte, assez rond pour démentir un air androgyne suggéré par des cheveux coupés court et des vêtements de coupe par trop masculine. À l'évidence, il aurait bien poursuivi l'agréable petite séance de l'après-midi.

Il l'entendit se doucher en chantonnant un air vieillot. Quand elle rentra dans la chambre, elle portait sa tenue habituelle : pantalon et chemise de jeans, bottes courtes, gros chandail bleu de laine, un peu rêche, jeté sur les épaules.

— Allez, debout, mon loulou. D'abord, j'ai une faim grosse comme ça. Et puis on n'est pas venu pour se rouler dans un lit.

Elle se pencha pour l'embrasser.

— Enfin, pas seulement.

Elle lui jeta son pantalon en riant.

— Je n'aime pas discuter avec un type à poil.

Il fit une moue en se levant. Il se doucha puis enfila des vêtements de circonstance, gros pantalon de drap, chemise de laine, pull de cachemire, chaussettes épaisses, chaussures Weston. L'officier de commando, l'ancien du service action de la DGSE, était aussi un homme frileux.

— N'oublie pas ton écharpe, tu risques de prendre froid, lui lança Margaux en un sarcasme amical.

Assise devant le petit bureau en acajou, elle compulsait l'annuaire téléphonique, parlait pour elle-même à haute voix.

— D... Drei... E... Ecke... T... Techni. Merde et merde, il n'y a rien.

— Tu as cherché dans les pages jaunes ? Parce qu'il y a aussi la banlieue.

Elle haussa les épaules.

— Tu crois vraiment qu'il y a une banlieue ?

Elle examina de plus près la photocopie de la facture dont l'original était resté dans le coffre du bureau de Strelli.

— Techni-Engineering, je veux bien, c'est à Zurich. Mais l'autre mention, Drei Ecke Gmbh Klagenfurt, c'est bien cette ville qui est mentionnée. Pas un autre patelin, pas Vienne, pas Innsbruck. Donc, logiquement, on devrait la trouver ici.

— Qu'est-ce que tu en attends, de ce nom ?

— Je ne sais pas.

Il regarda sa montre : 16 h 50.

— On tente le dîner ?

Elle pointa l'index sur lui.

— Bonne pioche, mon colonel !

Ils sortirent de la chambre. Il lui tenait les épaules, elle lui enlaçait la taille. Il sentit une plénitude l'envahir quand elle l'arrêta pour l'embrasser. Ils négligèrent l'ascenseur, lui préférant le bel escalier de bois : avant d'être transformé en hôtel, le petit immeuble avait dû être une maison particulière. Ils s'installèrent dans la brasserie du rez-de-chaussée, toute lambrissée de bois sombre. Margaux commanda une choucroute. Le serveur lui fit remarquer l'heure tardive, mais elle afficha une moue enfantine qui eut raison de cette réticence. Strelli choisit, lui, une bière. Grand verre, oui. *Plsen*, tchèque, oui. Et un sandwich. Margaux lui prit la main, l'examina longuement, comme si elle la voyait pour la première fois.

— Tu as de belles mains.

Elle soupira d'aise.

— J'aime tes mains sur mes seins. Tu sais ça ?

Il haussa les épaules, semblant dire qu'il n'en avait pas conscience.

— Salopard ! lâcha-t-elle en riant.

— OK ! OK. Moi aussi, j'aime tes seins sous mes mains, murmura-t-il en lui caressant amoureusement la joue.

Le serveur revenait avec la commande. Margaux but son thé avec plaisir.

— Comment comptes-tu faire ? demanda Strelli en savourant l'amertume de sa bière ambrée. À Paris, j'ai fouiné partout, j'ai exploré les ressources Internet de la cave au grenier. Rien, pas le moindre indice.

— Je sais. La Toile n'est quand même pas l'alpha et l'oméga. Nous avons ce nom, Drei Ecke, c'est notre seul bout de piste. Il faut découvrir cette boîte.

— Et alors ?

— On fait ce qu'il ne faut normalement pas faire. S'agiter, se manifester. Pour voir ce qui va se passer.

Strelli s'assombrit.

— Margaux, merde ! Ici, nous sommes nus. Pas d'arme. Pas de baston.

— Tu es décidément trop légaliste. David chéri, je vais te dire ce que nous allons faire.

Il se laissa aller dans sa chaise. Elle avait des dents superbes, carnassières. Les lèvres peut-être un peu fines, mais très expressives. Sa bouche le rendait fou. Il l'écouta à peine, tout en sachant qu'elle se préparait encore à jouer un nouveau et pendable tour.

Ils attendirent la fin de l'après-midi, quand le hall d'entrée serait bien vide. Alors, Margaux s'approcha de la réception, avec un air furieux. Elle se mit à protester, très fort, en français :

— Inadmissible, inadmissible !

Un ton plus haut.

— Insensé !

L'employé prit un air affolé.

— Madame, madame, que se passe-t-il ?

— Des cafards, monsieur. J'ai vu un cafard dans ma salle de bains.

L'homme quitta son comptoir pour s'approcher de cette cliente irascible. Elle reculait à petits pas, il la suivait de même, comme fasciné par ses gestes de colère. Ils passèrent bientôt à l'abri d'une colonne d'où le réceptionniste ne pouvait plus voir son *desk*. Margaux savait qu'elle devait le tenir là au moins une minute. Elle cria de plus belle, regardant l'homme qui, complètement déstabilisé par cette cliente hystérique, agitait les bras.

David se glissa derrière la réception. Elle lui jeta un regard, le vit fouiller dans les papiers, les registres et brandir un listing d'ordinateur qu'il cacha sous son chandail. Il fila vers l'escalier. Margaux baissa le ton, se calma progressivement, allant même jusqu'à s'excuser pour son mouvement d'humeur.

— Comprenez-moi, un cafard dans un établissement aussi confortable ! J'ai horreur des cafards. Ça me...

Elle frissonna en fermant les yeux. Le réceptionniste approuva et se détendit.

— Nous allons prendre les mesures nécessaires, madame, et il est bien évident que nous en tiendrons compte dans la note.

En plus, elle obtiendrait un rabais. Parfait. Elle

s'esquiva sans plus de manières et prit l'ascenseur comme une cliente ordinaire.

David avait déployé le long papier sur le lit, et il était en train de le parcourir quand Margaux rentra dans la chambre.

— Alors, tu l'as ?

Ce listing était le relevé des communications téléphoniques des clients. L'hôtel le gardait pendant plusieurs semaines comme preuve en cas de contestation.

— Voilà, les feuilles correspondant à la date de la facture. Ça remonte déjà à un mois.

Grâce à la facture, ils savaient que Stefanova avait occupé la chambre 115. Il pointa la ligne correspondante.

— Elle a beaucoup téléphoné.

— Regarde, le numéro de Techni-Engineering, rue de Prony. C'est bien Nadjeda. Parfait, les numéros sont même complets.

— Il va falloir tous les checker !

— Pas depuis la chambre.

— Margaux, tu me prends pour un imbécile ou quoi ?

— Parfois, oui !

Ils descendirent sur la place. Il neigeait de nouveau. Coiffé de son bonnet de laine, David avait l'air d'un bandit et Margaux, sous son béret écossais, d'une jeune femme très bon genre. Ils trouvèrent une cabine éloignée de l'hôtel et commencèrent à appeler les numéros de la liste. Au domicile de Nadjeda, le répondeur fonctionnait encore mais la mémoire était saturée. Chez Techni-Engineering, à Paris, la ligne était « momentanément suspendue ». À un numéro de Zurich, le répondeur nocturne leur indiqua qu'ils étaient en communication avec le siège européen du groupe.

— *Sic demonstrat*, murmura Margaux. Ceux-là, il va falloir s'en occuper.

Strelli poursuivait ses appels. Une voix annonça enfin, avec une concision toute germanique :

— *Drei Ecke Gmbb ! Auftrag, Namen und Telefonnummer bitte mitteilen.*

Il raccrocha calmement.

— Il ne nous reste plus qu'à trouver l'adresse.

— Tu as une idée ?

Il la regarda avec un sourire inquisiteur.

— Quoi ? dit-elle, un peu agacée.

— On demande tout bêtement à la réception, puisque tu veux faire savoir à ces gens-là que nous les recherchons.

Le lendemain matin, ils se retrouvèrent en train de sillonner en voiture une zone industrielle submergée par les chutes de neige nocturnes, à la recherche des locaux de la société Drei Ecke. Ils s'arrêtèrent à plusieurs reprises pour demander leur chemin à des cantonniers qui dégageaient les voies secondaires, afin que les employés et les ouvriers puissent aller travailler. David était inquiet : il n'avait pas vraiment l'habitude de se montrer ainsi, à découvert. Margaux, elle, semblait ne pas considérer le danger. Elle se retourna vers lui, le visage radieux, lorsqu'ils découvrirent l'inscription « Drei Ecke » imprimée sur un petit panneau accroché à la porte d'un modeste hangar de tôle.

— On est arrivé, David !

Il ne répondit pas, jeta un coup d'œil à droite et à gauche. Il eut un mauvais pressentiment. Mais, déjà, Margaux avait sorti de sa poche un jeu de clés spéciales. Elle les inséra dans la serrure. Laquelle n'était pas conçue pour résister. David était de plus en plus inquiet : Margaux n'en avait jamais assez ! Passe de jouer la chèvre, mais entrer par effraction...

Il la suivit néanmoins dans le bâtiment, en vérité plutôt un entrepôt, mais curieusement vide. Une cabine vitrée dominait les lieux. Ils grimpèrent sur une échelle de fer.

— Et voilà ! murmura-t-elle.

Une batterie d'ordinateurs était alignée sur une grande table, tous allumés. Les formes en mouvement – poissons exotiques, courbes de Mandelbrot – des économiseurs d'écran jetaient leurs lueurs inquiétantes sur les visages des visiteurs. Margaux craignait qu'un code fût nécessaire pour accéder aux informations. À sa grande surprise, l'accès était libre. Comme si toute précaution était inutile. Sur l'un des écrans se déployait un organigramme. Elle était surexcitée.

— Je n'en reviens pas, s'exclama-t-elle. Il y a Techni-Engineering, à Paris, à Zurich, une Three Corners Ltd à Jersey, une CaucazNeft à Aruba.

Elle sortit un carnet, prenant fébrilement des notes. Elle regrettait seulement l'absence d'adresses.

— Et des banques. Et une société de Toulouse. AgrImEx, ça te dit quelque chose ?

David n'avait pas écouté, il était en alerte. Margaux allait lancer l'impression du document lorsque retentit une sonnerie, suraiguë, à casser les oreilles. L'alarme.

— Merde !

Elle croisa le regard de Strelli.

— J'en ai pour trente secondes.

Il ne lui répondit pas, l'arracha littéralement à son siège. Ils déboulèrent à toute allure dans l'escalier métallique, filant vers la sortie.

Quand ils retrouvèrent leur petite Fiat, il neigeait de nouveau. Strelli démarra en faisant crisser les pneus. Ils avaient réussi à s'esquiver sans mal. Trop facilement, lui sembla-t-il. Margaux maugréait :

— Quand je pense que nous avions tout sous la main. Je n'ai même pas eu le temps de noter les liens, ni de relever tous les noms. AgrImEx, il va falloir vérifier ça.

11

Ils avaient passé depuis un bon moment la petite ville de Sadon.

Oumar Mamodev examina une nouvelle fois la carte sur laquelle il avait tracé au feutre rouge l'itinéraire, déterminé en fonction des risques. Il roulait en tête de convoi, à bord d'un Gaz 469, un gros 4 x 4 militaire de commandement récupéré sur l'armée russe pendant la guerre. Il jeta un coup d'œil à sa montre : 15 heures. En cette saison, la nuit tomberait bientôt, après le franchissement du col de Mamison, à plus 2 800 m d'altitude. Il ordonna au chauffeur de prendre un peu d'avance. Ils s'arrêtèrent plus haut, sur un terre-plein, d'où il pouvait observer l'ensemble du convoi, composé de trente-deux camions citernes tous terrains. Des ZIL-131 d'un modèle déjà ancien, à la charge utile limitée à trois tonnes et demie, mais des engins increvables, parfaitement adaptés à cette expédition. Oumar dirigeait la livraison de cent douze tonnes de gas-oil. Les machines surpuissantes s'égrenaient en chapelet à distance de sécurité, de trente mètres en trente mètres, tout au long des interminables lacets qui menaient au col. À chaque changement de vitesse, un gros panache de fumée noire s'élevait du pot d'échappement dressé au-dessus de la cabine de conduite. Des deux côtés de la voie s'élevaient d'immenses sommets, 4 600 m pour le mont Vilpata à droite, plus de 5 000 m pour le Kazbek à gauche. Les pentes vertigineuses, dénuées de végétation, étaient drapées d'un épais manteau de neige. Mais la chaussée avait été bien dégagée par les chasse-neige, car cet axe était vital pour les communications entre le nord et le sud du Caucase.

Ils avaient quitté Grozny le matin, à 6 heures. Dans l'aube poisseuse de brouillard, Oumar avait battu le rappel de ses camions dissimulés un peu partout dans les ruines de la capitale tchétchène : chaque citerne avait été remplie les nuits précédentes en pillant les dépôts de carburant de l'armée russe. Oumar et ses hommes n'avaient pas eu à prendre de grands risques : il suffisait le plus souvent de donner quelques dollars aux factionnaires. Non seulement ceux-ci laissaient faire, mais en plus ils les aidaient...

Cette expédition était la cinquième que menait Oumar Mamodev. Malgré son expérience de la guerre, acquise lors de l'invasion russe, et malgré son courage, il avait peur. Une peur terrible. Surtout dans les parages du col. Il sentait le danger. Ses camions allaient trop doucement, en raison de la pente, des virages trop serrés et de l'étroitesse de la chaussée. Certes, chaque chauffeur était accompagné par deux combattants armés de Kalachnikov et de RPG 7, et son propre véhicule était équipé d'une mitrailleuse italienne Beretta 7,62 à haute cadence de tir ainsi que d'un bazooka. Mais il n'était pas du tout certain que cet équipement fût suffisant pour s'extraire d'une éventuelle embuscade.

Il pria le Prophète en silence. Il était impossible d'éviter cette section de route, pour aller de Grozny à Soukhoumi, capitale de la République musulmane sœur d'Abkhazie et seul port utilisable sur la mer Noire. La Tchétchénie était musulmane, tout comme l'Ingouchie, et la République d'Abkhazie habitée par des Géorgiens islamisés. Pour l'indépendance de ce peuple, Oumar s'était battu avec rage. À Soukhoumi le carburant était transvasé dans des barges, lesquelles allaient en haute mer charger des petits pétroliers conçus pour remonter le Danube jusqu'aux Portes de Fer. Les bateaux y étaient déchargés et le pétrole transféré dans des récipients de faible capacité auxquels, chaque nuit, des barques faisaient franchir le fleuve, pour passer de la Roumanie à la Serbie puis rejoindre Belgrade, but ultime de l'expédition.

L'objectif de cette équipée était d'approvisionner l'armée serbe, malgré le boycott de l'ONU qu'appliquaient avec rigueur les forces de l'OTAN. Rouslan Shamilovitch Khamylov avait considéré cet embargo sur les armes et le pétrole comme une provocation des Occidentaux, mais surtout comme une merveilleuse occasion de s'enrichir encore davantage. Sous prétexte d'aide, le vieil homme vendait le pétrole quatre fois son prix, avec paiement sur un compte numéroté ouvert dans une banque chypriote. Quant à ce fanatique d'Oumar Mamodev, il prenait les risques pour cent mille dollars par voyage, plus les frais d'équipement et d'entretien de ses soixante hommes.

À l'ouest, le soleil incendiait la chaîne caucasienne, jusqu'au mont Elbruz dont Oumar pouvait apercevoir la masse à plus de cent kilomètres. Le premier camion passa devant lui. Le chauffeur lui fit un signe amical. Il écouta un instant le bruit puissant et régulier de l'engin. Plus que trois lacets jusqu'au col. Tout allait bien. Il s'apprêtait à remonter dans son command-car Gaz 469 quand un grondement, assorti d'un sifflement aigu, grossit en direction du col. Sur le ciel d'un bleu qui s'assombrissait, les rayons du soleil couchant allumèrent trois éclats argentés. Oumar sursauta et ajusta ses jumelles.

Il n'en avait déjà plus besoin : trois avions fonçaient

vers lui, collant au sol puis s'élevant brusquement. Il identifia sans mal les museaux camus de MIG 19. Il ne savait même pas que ces appareils hors d'âge volaient encore dans l'armée. L'un des jets frôla presque le command-car, assez près pour que Mamodev pût constater que le fuselage ne portait aucune immatriculation.

Oumar hurla dans le micro de son talkie-walkie :

— Tous à terre, abandonnez les camions, tous sur les bas-côtés.

Mais ceux-ci, sous la neige, étaient inaccessibles ! Il jura en prenant place derrière sa mitrailleuse. Les MIG revenaient vers le convoi. Il tira, frénétiquement, écoutant avec désespoir les explosions des roquettes, en contrebas et observant les traînées lumineuses des missiles, colorées de rouge par le couchant. Un premier camion fut atteint. Il prit feu sans exploser. Un second s'embrasa. Puis un troisième. Il vit les ombres de ses hommes tenter de se mettre à l'abri, mais ceux-ci étaient déchiquetés par les tirs des canons des MIG. La neige était rouge de sang. Oumar tirait toujours. Plusieurs des citernes brûlaient maintenant et d'immenses flammes éclairaient le crépuscule. Il entendait l'écho des cris des blessés et, malgré le froid, la sueur lui inondait le visage.

Alors qu'il contemplait ce spectacle d'apocalypse avec incrédulité, il vit venir face à lui l'un des chasseurs, crachant le feu de toutes ses armes. Il ne relâcha pas la pression de ses doigts crispés. Crépitement assourdissant de la Beretta. Les douilles jaillissaient tout autour de lui. Il psalmodiait une prière et maudissait les agresseurs. L'appareil grossissait. La trajectoire était zigzagante. Le pilote parut hésiter mais l'avion poursuivit sa route. Droit devant, cette fois ! L'appareil percuta le command-car de plein fouet. Le choc fut effroyable. Disloqué et enveloppé de flammes, le véhicule fut projeté à cinq mètres tandis que la carcasse du MIG finissait sa course folle en s'écrasant contre le flanc de la montagne, dans une gerbe de feu et d'acier. Oumar n'avait pas eu le temps d'adresser une ultime prière à Dieu.

L'agression n'avait pas duré deux minutes. Sept camions-citernes seulement avaient été détruits, vingt-cinq hommes tués, douze blessés. Deux MIG 19 avaient été abattus. Le troisième s'était écrasé sur la montagne, car il n'avait pas eu le temps de virer assez sec après un passage en rase-mottes.

Aslan Efanov, le lieutenant d'Oumar, avait pour instruction de poursuivre la route quoi qu'il arrive. Le convoi se remit en marche et l'ensemble des véhicules franchit le col à la tombée de la nuit. Les camions redescendirent l'autre versant au ralenti car les chauffeurs n'osaient pas allumer leurs phares. Ils entrèrent à Soukhoumi à l'aube. Aslan appela sur son Globalstar un numéro en Russie. Pour confirmer la livraison, il annonça :

— La mer est atteinte. Avons essuyé trois tornades. Sept feux sur les sommets.

Il coupa la communication sans attendre de réponse.

Au bout du fil, Alexei Fiodorovitch Tretiakov resta impassible. Le message était limpide : le convoi avait été attaqué par des avions qui avaient, à leur tour, été détruits. Des avions, le mot codé ne pouvait pas tromper. Quand même. L'essentiel de la cargaison était sauvé, mais sept camions avaient été incendiés. Il imaginait déjà la rage de Khamylov à l'annonce de l'embuscade. Nul doute qu'il ordonnerait des représailles. Contre Tchevine. Qui d'autre que le Russe pouvait être à l'origine de l'attaque ?

La guerre commençait.

*

— On n'a rien ! Trois jours. Rien de rien. En dehors des téléphones, d'une adresse, et des bribes d'un organigramme muet, pas un élément ! Et personne ne bouge.

David vida son bock de bière et jeta un bref coup d'œil sur la petite salle de la brasserie Am Klagenfurter Schild. Folklore garanti. Les serveuses étaient rondes, blondes et vêtues du *Dirndl*, le costume traditionnel. Parfois, le soir, on chantait fort, et en chœur, des mélodies nostalgiques ou des chants d'allure guerrière. Les tables en bois avaient été usées par les générations de buveurs, les banquettes et les tabourets polis par les fonds de culotte en cuir. Suspendus aux murs lambrissés de bois, les inévitables massacres de cervidés rappelaient que, dans ce pays, on chasse le gros gibier, et une paire de skis à l'ancienne, étroits, aux spatules fortement recourbées, évoquait les sports d'hiver, la principale ressource touristique.

Toujours insolente, Margaux remarqua :

— Ils auraient pu ajouter quelques dollars et des billets de banque italiens pour compléter le tableau.

David ne répondit rien. Trois jours d'ennui. Il n'était pas d'humeur à rire et ignorait décidément toujours le sens même du mot « vacances ».

— Ne t'impatiente pas, on arrivera bien à quelque chose.

Ils en avaient fait des tonnes pour se faire remarquer, arpentant la ville d'est en ouest et du nord au sud dans leur Brava blanche de jeunes mariés, courant de brasserie en brasserie, parlant à haute et forte voix de leur « mission », de la société Drei Ecke qu'ils n'arrivaient pas à contacter. Ils avaient même pris soin de passer des coups de téléphone hautement suspects, en pseudo langage codé, depuis leur chambre d'hôtel, en vue d'alerter d'éventuels curieux.

Rien de rien. Strelli en venait même à se demander si, finalement, les mentions sur cette facture d'hôtel avaient un sens quelconque. Dans sa tête, il avait décidé de repartir. Margaux l'avait senti. Elle lui prit le bras, tendrement.

— On insiste encore un peu. Juste un peu !

— D'accord, mais là, si tu n'y vois pas d'inconvénients, j'aimerais faire une sieste.

Elle savait ce que cela signifiait : il boudait et il n'y avait rien à répliquer. Inutile d'essayer maintenant de l'amadouer. Elle préféra faire le dos rond, comme un chat malin, et se leva.

David ouvrit la porte de la brasserie et, par courtoisie, s'effaça devant son amie pour lui laisser le passage. Elle acheva au-dehors d'ajuster son écharpe en cachemire et coiffa son béret écossais. Malgré un soleil éclatant, la température avait encore baissé. Sur les surfaces non nettoyées par les chasse-neige ou les employés de la voirie, la neige était devenue une croûte dure, étincelante.

— Tu sais aussi bien que moi que ce genre de planque demande beaucoup de patience, que l'on n'obtient jamais tout de suite des renseignements exploitables, tenta quand même Margaux.

Pas de réponse. Il marchait devant elle, raide comme un soldat de plomb, vers la rue toute proche où ils avaient laissé leur voiture. Il ruminait sa colère. Le repas ne lui avait pas plu et l'acharnement de Margaux lui paraissait stérile. Elle le regarda. Dans l'air froid, le souffle de son amant formait un brouillard gris.

— Ne me dis pas que tu n'aimerais pas remettre la main sur le boiteux !

— S'il fallait retrouver tous les dingues qui courent le monde.

— Oui, mais avoue. Tu as toujours une dent contre lui !

— Très drôle, vraiment, très drôle.

Elle riait toute seule. Près de la voiture, elle le retint par le bras et l'attira à lui. Il se laissa faire, comme à contrecœur. Elle aimait l'odeur de son after-shave, mélange bien masculin de virilité et de ringardise, le manque d'élégance assumée, l'approche simplement efficace des soins de beauté comme il en allait de l'entretien des armes. Même dans l'amour, David manquait parfois de subtilité. Mais, au bout du compte, elle aimait cette attitude, sans nuance, cuirassée d'une droiture intransigeante, cette incompréhension face aux codes du machiavélisme amoureux, au-delà des civilités de la séduction. Elle savait en jouer, chair contre chair. Perfidie de courtisane contre animalité presque enfantine. Elle l'embrassa. Elle pouvait sentir les bras de David qui la tenaient serrée contre lui. Il était calme, rassurant, solide. Elle ferma les yeux, se laissa aller contre la portière de la voiture, en lui susurrant des mots dont ils étaient les seuls à connaître le code. Il glissa son autre main sous le gros chandail. Elle ne portait ni chemisier ni soutien-gorge. Il lui caressa tendrement les seins. Elle respira plus bruyamment, le nez dans le cou de David, dont elle sentait durcir le désir. Elle glissa sa main vers son sexe. Il lui mordilla l'oreille. Elle ouvrit les yeux.

Un cri.

— David !

Elle le repoussa avec une violence inattendue et glissa sur le côté contre la portière. Strelli partit en arrière, déséquilibré, et comprit lorsqu'il entendit le choc du métal contre la carrosserie. L'homme qui venait d'abattre sa barre à mine se retourna vers lui. David lança très haut son pied et toucha de la pointe de sa botte le plexus solaire de son adversaire, qui vacilla, le souffle coupé. Il se retourna, chercha Margaux des yeux : un autre agresseur se jetait sur elle. Violent coup de matraque sur le crâne. Elle s'affaissa. Il allait se précipiter pour l'aider, mais son propre agresseur revenait à la charge. Il réussit d'abord à esquiver la barre à mine mais, en fin de trajectoire, elle lui toucha la cuisse. Douleur fulgurante. Il se pencha par réflexe mais l'autre se ruait de nouveau. Sofia ! La lutte contre le boiteux lui traversa l'esprit à la vitesse de la douleur, le souvenir décupla son adresse. D'un nouveau coup de pied retourné, en plein visage, il surprit l'homme. Il entendit alors Margaux rugir : elle avait réussi à se relever et faisait face. Ceinture noire, deuxième dan de judo, elle avait poursuivi son entraînement de façon régulière depuis la sortie de l'école de police. En s'initiant également au karaté. D'un atemi en suto, elle obligea son attaquant à prendre du champ. Il parut abandonner le terrain.

Mais un cri de Strelli la fit se retourner, au milieu de la rue. Juste à temps pour échapper au couteau que venait de lancer l'homme. Elle glissa sur le verglas, chuta lourdement. Le premier agresseur se rua sur elle, la frappa d'un violent coup de matraque sur les côtes. Grimaçant de douleur, elle rampa avec prestesse sur le sol pour se mettre à l'abri derrière une voiture. Strelli se jeta sur l'homme, entre-temps armé d'un second couteau, assez vite pour le surprendre.

Il le ceintura, tira le bras dans le dos d'un geste vif. Un craquement sinistre arracha un hurlement à l'individu. Avant-bras brisé, épaule démise. D'un coup de pied, Strelli fit glisser dans le caniveau la lame qu'il venait de lâcher et l'assomma d'un coup dans la nuque. Il lui arracha sa cravate pour lui lier les mains dans le dos. Le voyou, cuir chevelu ouvert, beuglait comme un veau que l'on mène à l'abattoir. David prit le temps d'essuyer le sang de l'homme, avec un mouchoir en papier qu'il emballa dans un autre, vierge celui-ci.

Des coups de sifflet retentissaient, on entendait une cavalcade lourde sur le trottoir, des cris affolés. Apparemment indemne, le second agresseur revenait à la charge. Il abattit sa barre de fer sur Margaux, rata son objectif, lui effleura pourtant l'épaule. Elle hurla de douleur. David se porta à son secours. L'homme s'esquiva, abandonnant sur place la barre de fer.

Strelli s'agenouilla près de Margaux qui grimaçait, sans se plaindre. Elle sursauta et poussa un cri lorsqu'il lui posa la main sur l'épaule.

— Ne touche surtout pas. Merde ! Mon épaule.

Il l'aida à se relever, avec difficulté. Elle riait et pleurait en même temps.

— Les salopards ! Je ne leur en demandais pas tant. Ça fait abominablement mal. David ! Je crois que je vais tourner de l'œil.

Des passants s'arrêtaient, échangeaient des propos outrés : une agression, en pleine rue, de jour, dans une ville si tranquille ! On entendait le Klaxon à deux tons d'une voiture de police. Le couple et leur « prisonnier » furent bientôt entourés par une nuée d'uniformes qui lancèrent des propos acerbes.

— *Ich verstehe nicht*, disait assez piteusement David Strelli, qui maîtrisait mal l'allemand.

D'un regard rapide, le gradé qui commandait la patrouille embrassa la foule des badauds, mais personne ne se manifesta. David, excédé, montra la barre de fer abandonnée, mais nul n'y prêta attention. Un deuxième véhicule de police arrivait. En descendit un officier qui, après un bref conciliabule avec ses hommes, se tourna vers Strelli.

— *Leutnant Urs Lerner Stadt Polizei.* English ? Français ?

— Français, répondit Strelli, qui résuma en quelques mots l'épisode. Je suis professeur de gymnastique, précisa-t-il pour justifier la mise hors de combat de l'inconnu.

Le lieutenant Lerner afficha un air sceptique.

— Ma femme est blessée, il faut la soigner.

Margaux lui adressa un pauvre sourire plein de reconnaissance. Plus encore que sa clavicule, ses côtes la faisaient souffrir. Rassurés par l'attitude calme des deux « touristes », les policiers les embarquèrent dans leur fourgonnette. L'agresseur au bras cassé y fut aussi poussé, sans ménagement.

— Celui-là, on le connaît. C'est Rudolf, Rudolf Kemp, un petit voyou des bas quartiers, toujours dans les mauvais coups.

Margaux se mordit la lèvre pour se retenir de gémir. Les cahots de la route réveillaient sa douleur. Le policier autrichien demanda à voir leurs papiers d'identité.

— Vous savez vous défendre pour des touristes, lâcha-t-il, en montrant de l'index Rudolf Kemp.

— Je pratique les arts martiaux.

— Oh, oh ! Très intéressant. Et vous madame ?

— Professeur de géographie.

Elle grimaça de plus belle.

— Nous allons vous déposer à l'hôpital.

— Je ne me sépare pas d'elle, grogna David.

— Bon, bon, elle devra attendre un peu, juste le temps de contrôler vos identités.

— C'est insensé !

Strelli avait gueulé. Lerner le calma.

— Bien, alors d'abord l'hôpital.

Un policier assis à la place du passager tapotait sur le clavier d'un ordinateur. Il examina les réponses qui s'affichaient sur l'écran.

— De Saint-Sorin, David *und* Cécile. *Kein Signalement.*

Deux autres policiers interrogeaient Kemp qui, après

avoir hurlé de douleur pendant une bonne minute, se lança dans un récit véhément, incompréhensible. Les Français ne pouvaient ignorer qu'il les concernait, puisque l'homme ne cessait de les désigner.

Lerner se tourna vers ses « invités ».

— Kemp affirme que vous lui avez sauté dessus avec une barre de fer. Et que c'est vous, monsieur, qui lui avez cassé le bras.

— Mais c'est faux ! Ils étaient deux ! s'insurgea Strelli.

— Avez-vous des témoins, monsieur ?

Margaux marmonna :

— Non, pas de témoin... Il faut contacter les autorités consulaires.

Elle s'évanouit pour de bon.

Ils furent conduits à l'hôpital municipal, service des urgences. Sur la jeune femme, un médecin diagnostiqua une fracture sans gravité de la clavicule, et deux côtes flottantes cassées. Plus quelques hématomes qui noircissaient déjà. Le seul soin possible était un bandage serré. Quant à Kemp, la fracture fut réduite et on le plâtra jusqu'au cou, le bras maintenu à l'horizontale. Il en aurait pour un bon moment. Il le savait et arborait une mine furibonde. Cette corvée effectuée, on les mena dans un commissariat pour finaliser l'enquête.

David Strelli signa son dépôt de plainte, sous son faux nom, naturellement. Urs Lerner tint à les raccompagner lui-même à l'hôtel.

Il entra avec eux dans le hall.

— Désolé pour ce mauvais accueil dans notre ville, madame, débita-t-il à l'adresse de Margaux.

Il se tourna vers David.

— J'ai vu que vous avez beaucoup téléphoné, pour un touriste.

Strelli ne releva pas. Lerner insista :

— Je vais vous révéler quelque chose, monsieur.

Kemp a parlé, sans violence. Il souffrait beaucoup, il était très pressé de se faire soigner. Parce que c'est un voyou sans morale. Il a parlé, et il prétend qu'il a commis cette agression sur commande. Je le crois, car c'est bien son genre.

Strelli feignit la stupéfaction.

— Sur commande ?

— Oui, il nous a même dit qui avait passé cette commande. Le patron d'une entreprise qui s'appelle Drei Ecke, ici, à Klagenfurt.

— Ah ?

— Pourquoi être surpris, monsieur de Saint-Sorin ? Cette entreprise figure parmi les numéros de téléphone que vous avez appelés !

Si Lerner savait jouer les naïfs, il ne l'était pas. Strelli comprit qu'il avait parfaitement mené son enquête. L'officier de police haussa les épaules.

— Je pourrais vous garder jusqu'à l'éclaircissement de ce mystère. Mais comme vous êtes sympathiques, tous les deux, je vais juste vous conseiller de faire vos bagages, vite, et de quitter l'Autriche. Je dois notifier l'incident à votre ambassade, par les voies hiérarchiques. *Gute Nacht, mein Herr.* Madame, je vous souhaite un bon retour.

Correct, courtois, efficace. David et Margaux apprécièrent. Une heure plus tard, leur note réglée, ils reprenaient la route. Ils décidèrent de rentrer par le nord : Salzburg, Munich, Strasbourg.

La nuit tombait : ils seraient à Paris le lendemain matin.

Ils rapportaient de leur voyage au moins une certitude : les dirigeants de Drei Ecke n'aimaient pas que l'on fouinât dans leurs affaires.

12

Depuis l'immense baie vitrée éclairant son bureau, au dernier étage de l'une des tours dominant la rue Novy Arbat, Rouslan Shamilovitch Khamylov observait les nuages chargés de neige pesant sur Moscou. Dans une heure ou deux, le blizzard allait encore s'abattre sur la ville et l'on n'y verrait plus rien. Il ne s'était jamais habitué au climat de Moscou. Dans son Ingouchie natale, le printemps, une pure merveille, et le chaud été étaient une clémence des cieux. Ces préoccupations météorologiques n'étaient cependant pas telles qu'elles justifiassent la colère de Khamylov, qui faisait étinceler ses yeux et agitait de mouvements spasmodiques ses vieilles mains.

Et, surtout, troublait son jugement.

L'ex-général du KGB tenait entre ses mains *Novyie Izvestia* [1], du 17 décembre. À la une, sur quatre colonnes, s'étalait un titre bien gras :

Nouveau kompromati [2], *les défaites du vieux parrain.* L'homme qualifié de « vieux parrain dégoûtant » n'était autre que lui, le général Khamylov, Rouslan Shamilovitch Khamylov. Une enquête signée par un

1. Littéralement : Les Nouvelles Nouvelles.
2. Néologisme russe très moderne pour « document compromettant ».

certain Ivan Chassoupov décrivait par le menu le massacre des employés de la société Techni-Engineering, rue de Prony, à Paris, et l'attaque du convoi de gas-oil, au col de Mamison dans le Caucase. Dont le bilan était d'ailleurs erroné : il n'avait pas perdu quarante camions, mais sept seulement. C'était déjà bien suffisant. Le vieil homme lut et relut le texte, ce chiffon d'ordures, ce fumier de nouvelles. Comme toujours, le quotidien de Boris Berezowsky était « parfaitement » informé. Ce Chassoupov avait même pris la peine de décrire en détail l'organigramme complet de ses sociétés, en partant du bas, le bureau de Paris, jusqu'à sa holding d'Aruba, dans les Antilles néerlandaises, le CaucazNeft K. NV, en passant par tous les intermédiaires, Zurich, Vienne et Klagenfurt. Il décrivait certaines de ses activités, qualifiées de trafics spéculatifs. Infâme.
Certes, le texte était lardé d'approximations, de supputations et même de contre-vérités. Mais l'essentiel était exact et c'était déjà trop aux yeux de Khamylov. *Les Nouvelles Izvestia* étaient coutumières du fait : le journal recevait des informations et, sans trop se préoccuper de leur impact, les publiaient telles quelles. Les scandales faisaient vendre le papier : les Russes en étaient d'autant plus friands qu'ils en avaient été longtemps privés.

Naturellement, ce pisse-copie de Chassoupov n'avait rien trouvé tout seul. L'origine du coup était claire : Tchevine, ce criminel de Tchevine !

— J'aurais dû le tuer quand il était entre mes mains, dans son camp ! Ces rats s'engraissent et s'épanouissent sur le fumier !

Il les connaissait, ces chiens capables de survivre à tout. Naviguer dans le flot des changements et des tragédies. Même s'ils tombaient au milieu d'une rivière en débâcle, pour éviter de se noyer, ils étaient capables de sauter d'un bloc de glace à l'autre, et ils parvenaient encore à avancer.

Il trépignait, écumait. La neige s'était mise à tomber. Un épais rideau de flocons bouchait la vue. Dans quelques minutes, la circulation serait totalement bloquée et il faudrait des heures pour la rétablir.

Il revint vers son bureau, et frappa si fort sur le bouton de son interphone qu'il le brisa. Tretiakov entra, avec prudence. Il se méfiait des colères du patron. Dingue, prêt à tout, paranoïaque. Hystérique. Un survivant. Pis : un mort vivant qui pouvait signer votre arrêt de mort d'un simple hochement de tête.

Khamylov était en train de déchirer le journal en mille fragments, comme s'il effaçait ainsi les événements des derniers jours. Il hurlait sans même prêter attention à son jeune assistant. Que lui voulait cet abominable *zek* de Tchevine ? Sa place, sa mort ? La réponse n'était que trop claire. Ôte-toi de là que je m'y mette. Sinon, je continuerai de plus belle. L'article était une déclaration de guerre sans merci.

Malgré l'âge, la voix était encore puissante.

— Liocha ! Tchevine, il faut le tuer. De la manière la plus cruelle !

— Je transmettrai vos ordres, Rouslan Shamilovitch.

— Le plus vite sera le mieux.

— Très bien !

— Ah, Liocha ! Chassoupov...

Il fit un geste qui condamnait le journaliste. Cette gesticulation était inutile. Impressionnait-elle seulement Tretiakov ? Qui pouvait dire si, lui aussi, il ne voulait pas sa peau ? Qui ? Le vieux kgébiste devait se méfier de tout et de tous. Comme il l'avait fait depuis la mort de Lea Jakova.

*

Il tombait sur Berlin un mélange détestable de neige et de pluie. La Mercedes 600 aux vitres fumées longea les quais de la Spree, obliqua vers le sud par l'allée Urania avant de rattraper Tauentzien Strasse. Elle passa devant l'église du Souvenir, la Kaiser Wilhelm Gedächtniskirche, dont le clocher était qualifié de « dent creuse » par les Berlinois toujours insolents, avant de pénétrer sur le Ku'Dam – le Kurfürstendam. La limousine s'arrêta tranquillement au feu rouge. À l'arrière, affalé sur la banquette de cuir, Andrei Sergueievitch Tchevine était engoncé dans une pelisse : de l'extérieur, celle-ci paraissait être un imperméable de qualité médiocre, mais sa doublure était en pleines peaux de vison sauvage, non teintes. Andrei tenait, à son habitude, les mains enfoncées dans ses poches, crispées. Il était anxieux.

Depuis son départ de l'immense appartement situé au dernier étage de l'immeuble qu'il avait fait acheter par un prête-nom, quelques mois auparavant, sur Leipziger Strasse, près de la nouvelle Potsdamer Platz, il ruminait de sombres pensées. Il n'avait cessé de fréquenter les camps. Son mode de vie ne pardonnait guère. À l'époque du communisme triomphant, les *bratva* – confréries de *bratïa*, les « frères » voleurs et racketteurs – étaient persécutées par les policiers du MVD[1]. Depuis sa première incarcération en 1981, il n'avait humé l'air de la liberté que quelques années. Puis la lumière était revenue : les communistes étaient tombés, et avec eux les structures de l'État policier. Aujourd'hui animées par les « Nouveaux Russes », riches et jalousées, les confréries tenaient le haut du pavé dès 1992, à coups de bombes et de voitures pié-

1. Ministère de l'Intérieur de l'Union soviétique, puis de la Fédération de Russie.

gées, certaines avaient décidé de nettoyer la ville de Moscou.

Tchevine avait su élaborer les stratégies nécessaires à sa survie. Les affaires allaient bien, mais les amis d'hier s'étaient mués en ennemis. Quand sa voiture avait sauté, un soir de novembre 1995, il avait jugé plus prudent de prendre le large, loin de Moscou. Depuis, il errait de l'une à l'autre de ses résidences européennes.

De tous les diables qui hantaient ses nuits, Rouslan Shamilovitch Khamylov était le plus virulent. Tchevine jugeait responsable de son mal de vivre le vieux crabe caucaso-ingouche, l'ancien cacique du KGB. Il avait cru en être débarrassé grâce à la Perestroïka. Espoir vain : cette horreur de singe pelé avait rebondi, plus puissant que jamais, il était resté l'adversaire résolu de Tchevine et de ses semblables.

Il jura tout seul. Dieu merci, les cartes avaient été redistribuées. Khamylov paierait au centuple ses années de Goulag. Il souffla lentement pour se calmer. Son interlocuteur ne devait pas le prendre pour un exalté.

Ce dernier lui avait été présenté comme un homme d'affaires sicilien par un intermédiaire, un *go-between* valaisan, Jean-Maurice Delaserras.

— Avec un « s », et non un « z » comme dans les familles françaises du pays de Gex, avait précisé avec une certaine emphase l'avocat, inscrit au barreau de Lausanne.

Le Suisse lui avait expliqué qu'il n'assisterait pas lui-même au rendez-vous de Berlin, puisque c'était un premier contact. Le Russe l'avait laissé courir. Il savait seulement qu'il y avait gros à gagner.

La Mercedes s'arrêta un instant devant le café Kanzler pour les déposer, lui et son collaborateur et garde du corps, Rexhep Rekaliu. Un expert en meurtre qui savait agir sans être forcément armé : en cas d'agression, si nécessaire, ses mains lui suffisaient. Cet atout, était précieux dans la capitale allemande où il n'était pas question de se faire assister par un *byki*[1] armé.

Cependant, malgré l'assistance de l'Albanais, Tchevine, paranoïaque à l'extrême, était persuadé que des tueurs l'attendaient à chaque coin de rue.

Rekaliu se redressa en grimaçant : une douleur fulgurante dans la hanche. Toujours cette vieille blessure de Bosnie qui, les jours de neige, se rappelait à son bon souvenir. En outre, l'excès de gymnastique auquel il avait dû se livrer au cours de sa mission à Paris avait sans doute déplacé quelque chose. La salope, grogna-t-il : il ne parvenait pas à chasser de sa pensée l'image de cette pute surgissant face à lui, revolver à la main.

— Oublie-la, conseilla Tchevine comme s'il avait lu dans son cerveau.

— C'était un flic, j'en suis sûr ! grommela l'Albanais.

— Et alors ? Elle a ton signalement ? Elle connaît l'odeur de ta bite ?

— Elle m'a vu.

— Tant mieux pour elle. Elle aura des cauchemars !

Ils entrèrent dans le café Kanzler, l'un des plus célèbres de Berlin, plus connu pour sa clientèle de vieilles dames, de gigolos et de touristes que pour ses personnages du monde souterrain.

Ils grimpèrent un large escalier menant au premier étage où l'attendait son interlocuteur, Don Nitto Minasola, qui lissait sa moustache blanche. Son terrible regard noir impressionna Tchevine. Le patriarche était tapi au fond du salon de thé, encadré par deux bonshommes noirauds, manifestement des gardes du corps.

— Ses « cousins » d'Allemagne, glissa l'Albanais à

1. Un taureau, c'est-à-dire un gros bras.

son patron. Nous devrions avoir nous aussi des cousins, il faudrait y penser.

— Ses cousins ?

— Des Allemands d'origine italienne, sicilienne. Ils sont installés partout. Nous ne savons pas encore y faire. Des cousins pour les armes, les gardes du corps.

Le Russe eut un demi-sourire en pensant à cette cohabitation inattendue entre de vieilles allemandes endiamantées et ces hommes aux mines patibulaires.

« Monde de fous ! », songea-t-il en tendant le bras. Il perçut l'expression de surprise du *signore* Nitto Minasola lorsque celui-ci découvrit le tatouage recouvrant en totalité le dessus de la main qui s'approchait de lui.

— *Benvenito a Berlin, zona libera*, baragouina Tchevine avec un humour que ne parut guère apprécier Don Nitto.

Il préféra poursuivre la conversation par l'entremise de Rexhep Rekaliu, qui avait appris l'italien à l'école. Le vieux Sicilien n'avait pas daigné se lever, manière de faire comprendre à son interlocuteur qui était le personnage important. Tchevine ignora l'insulte, mais son sourire signifiait qu'il saurait s'en souvenir.

— Je sais que votre temps est compté, commença Nitto. Le mien l'est également. Il est inutile de se perdre en palabres.

— J'apprécie votre franchise. Nous ferons de bonnes affaires ensemble.

Minasola exposa rapidement le motif de cette prise de contact. Il s'apprêtait à lancer de grands projets « au niveau européen ».

— On peut savoir quoi ? interrogea Andrei sur un ton doucereux.

— J'y viens. Le 1er janvier 2002, dans tous les pays de l'Union européenne les billets seront échangés dans leur intégralité contre des euros.

— Je ne vois pas ce que l'on peut tirer de ça.

— Justement, objecta Don Nitto. Vous souvenez-vous de l'échange, en 1990, des marks de la RDA contre les deutschemarks de l'Ouest au taux de un pour un ?

— En 90 ? Je n'ai qu'un souvenir : le goût du salpêtre d'Isolator 57.

Don Nitto sourit. Le Russe méritait peut-être une certaine estime. Mais il n'avait pas fait le déplacement à Berlin pour évoquer des souvenirs de taulards.

— Les anciens de la STASI[1] se sont enrichis jusqu'à plus soif, poursuivit-il. En injectant d'énormes quantités de fausse monnaie dans les comptes d'épargne qui devaient être liquidés en bons gros marks de l'Ouest. Avec quelques amis, nous avons pensé recommencer l'opération.

Andrei Sergueievitch ne semblait guère intéressé.

— Je ne vois pas ce que je viens faire là-dedans.

Don Nitto but une gorgée de chocolat chaud, puis ses lèvres s'agitèrent. Sans parole. Comme s'il hésitait à donner plus d'informations. Il se décida enfin.

— Fausse monnaie, lâcha-t-il.

— Pas mon rayon, grommela le Russe, que toutes ces tergiversations et formules de style irritaient.

— Je sais, rétorqua le vieux Palermitain. Je sais. Nous allons introduire massivement de faux euros, que nous échangerons contre des vrais. Mais, pour fabriquer cette fausse monnaie, un élément est indispensable, l'hologramme.

Tchevine haussa les sourcils. Il n'avait jamais entendu parler de cette bête-là. Il enfonça plus profondément ses mains dans ses poches, un réflexe de contrariété. À Isolator 57, il avait reçu le surnom de « La

1. *Staat Sicherheit* : Sûreté d'État.

Tortue ». Se réfugier sous sa carapace quand on sent le danger.

Don Nitto porta la main à sa poche intérieure de veste. Rexhep bondit, prêt à protéger son patron. Mais l'Italien se contenta d'extraire son portefeuille, d'où il sortit une carte de crédit Visa. En l'agitant dans la lumière, l'image dorée de la colombe semblait animée de mouvements et prenait des teintes inattendues.

— Voilà un hologramme.

— Ça va, j'ai aussi des cartes de crédit.

Avec un geste de magicien, Tchevine ouvrit à son tour son portefeuille pour exhiber plusieurs cartes de crédit : American Express, Master Card et Visa.

— Très bien, rétorqua Don Nitto en rangeant la sienne. Nous parlons la même langue. C'est une image fabriquée à partir d'un modèle – le poinçon – que balaye un rayon laser. Sur toutes les grosses coupures en euros figurera un hologramme, ce qui les rendra pratiquement inimitables. La fausse monnaie devrait être éliminée.

— Comment ?

— Eh bien, la machine qui sert à produire le rayon laser est dans le commerce. Aucune difficulté pour s'en procurer.

— Et l'hologramme ?

— Justement. C'est ce que je vous propose.

— Fabriquer un hologramme ?

Don Nitto regarda Tchevine avec un air accablé.

— Non, pas vraiment. En revanche, voler le modèle, oui. Nous avons obtenu des informations : le poinçon a été conçu par une petite entreprise française de Marne-la-Vallée, Hologramme Industries, lauréate du concours du plus bel hologramme. À l'origine, le poinçon était convoyé dans la soute d'un avion régulier, sous la responsabilité de la société de transport de fonds Brink's, vers les imprimeries qui produisent des billets pour le compte de l'Institut monétaire européen. Sans escorte. Mais le colis a disparu lors du premier transfert vers Munich. Un nouvel hologramme a été conçu, et il est maintenant réexpédié vers les planches à billets. Nous avons pu nous procurer la liste et les dates des transferts.

— Vraiment ?

Tchevine avait du mal à admettre la réalité de cette histoire tirée par les cheveux. Et il ne comprenait toujours pas ce que ce petit vieux prétentieux attendait de lui. Nitto Minasola lut dans son esprit :

— Nous avons besoin de votre force. Vos hommes de main. Je me suis renseigné.

Il se cala sur sa chaise et jeta un coup d'œil à Rexhep Rekaliu.

— Vous vendez leurs services. Ils peuvent voler le poinçon. Nous vous fournirons tous les renseignements nécessaires, nous avons des yeux et des oreilles partout et, vous, vous mènerez l'action. Votre prix sera le mien.

Tchevine examina d'un peu plus près celui qu'il qualifiait quelques instants plus tôt de « petit vieux prétentieux ». Il prit en compte la dureté de ses yeux noirs, l'impassibilité du visage, l'absence de sourire. Et s'il disposait vraiment de ces informations ? Pourquoi pas, après tout ?

Minasola buvait son chocolat à petites gorgées. Le bruissement des conversations autour d'eux lui rappelait le chant des grillons dans la nuit palermitaine. Ses yeux de saurien étaient à demi clos.

Le Russe connaissait ce type de personnage, qui courait dans la même catégorie que Khamylov. Ce salopard se croyait encore tout permis. Même de ne pas marchander. Et si l'argent était à portée de sa main ? Une masse d'argent. Un pourcentage, par exemple, sur le trafic de fausse monnaie, pourquoi pas ? Tchevine estima qu'il pouvait avancer cette exigence. Mais, quels que soient les bénéfices de cette affaire, il était surtout intéressé par l'établissement de liens serrés avec ces gens-là. Les Siciliens et l'expérience multiséculaire des hommes d'honneur.

Une belle alliance accroîtrait ses moyens de lutte contre ses concurrents en Russie. Elle lui donnerait la force d'abattre Khamylov.

— Vous aurez mon prix dans trois jours.

Andrei Sergueievitch Tchevine et Don Nitto Minasola se serrèrent la main. En silence. Dans la poigne du vieux, une force tout à fait inattendue. La main était calleuse, comme s'il continuait à travailler la terre, à enterrer les morts. Le Sicilien se leva et quitta les lieux en trottant au milieu des tables, toujours encadré par ses deux gardes en costume noir. Tchevine le suivit peu après. Il lui tardait de retrouver sa limousine blindée.

*

Depuis l'article des *Nouvelles Izvestia*, Khamylov ne sortait plus de son bureau.

Il couchait sur le lit de camp déplié chaque soir par son maître d'hôtel. Il passait le reste du temps dans une attitude contemplative, strictement immobile, le regard fixé sur les toits de la ville. La neige avait fondu puis était revenue. Rouslan Shamilovitch Khamylov réfléchissait avec intensité. Comme à l'époque où il disputait des tournois d'échecs au sein de son administration : il était alors le vice-champion du KGB, l'un des meilleurs pour échafauder mille combinaisons, prévoir les conséquences de chaque coup.

Ce matin d'hiver ressemblait à un crépuscule gris et triste. Mais le vieil homme affichait une expression moins sombre que le ciel. Il appuya sur le bouton de l'interphone. Liocha entra, et toussota pour attirer l'attention de son maître, tout en notant que celui-ci avait l'air calme. Cette capacité à se dominer très vite était sa grande force.

— Quelles sont les nouvelles ce matin ?

Tretiakov lui présenta les journaux. Khamylov les repoussa :

— Je parle des vraies nouvelles, pas des mensonges des journalistes !

— Drei Ecke à Klagenfurt nous transmet avec beaucoup de retard une curieuse information. Il y a une dizaine de jours, ils ont intercepté un couple de Français assez étranges. Ils ne cessaient de tourner autour de la société.

— Alors ?

— Il y a eu un accrochage.

— Nous avons eu gain de cause ?

— Oui, les Français ont été expulsés.

— Parfait.

— Mais les *bratïa* chargés du coup se sont fait proprement casser la figure. L'un d'eux a été pris et a parlé.

Khamylov grimaça. Il détestait les bavards.

— Il faudra « écarter » cet imbécile.

Tretiakov nota dans sa tête qu'il devrait donner les instructions nécessaires. Le patron ne revenait jamais sur ses ordres.

— On sait qui sont ces Français ? grogna le vieil homme.

— Officiellement des touristes. En voyage de noces. Mais Hans Kanter, le responsable de Drei Ecke, a eu un bon réflexe. Il les a fait suivre après leur départ. Ils sont allés jusqu'à Paris. Kanter les a identifiés.

— Encore une mauvaise nouvelle ?

— D'une certaine manière, oui. La femme est policier et était présente rue de Prony. L'homme est son ami, et travaille dans les services secrets.

Khamylov avait pâli. Plus que jamais son visage

avait l'allure d'une pomme blette. Il réfléchit un instant.

La chute de neige de la nuit avait cessé, les nuages s'étaient déchirés et un rayon de soleil faisait briller les gratte-ciel, les bulbes, les clochers et les toits de Moscou qui se déroulaient jusqu'à l'horizon. Spectacle magique.

— On le connaît ?

Alexei Tretiakov consulta une fiche.

— Strelli. David Strelli. Lieutenant-colonel. Service de la recherche, direction du renseignement à la DGSE. Cet homme est un grand professionnel.

Un sourire illumina le visage flétri de Khamylov.

— Un grand professionnel. Et comment !

Il se plongea encore un long moment dans ses pensées secrètes et tortueuses. Strelli ! Le lieutenant-colonel Strelli ! Il ne pouvait pas ne pas s'en souvenir. Le brave soldat était monté en grade depuis les événements qui en avaient fait un héros. Et il réapparaissait sur sa route de la manière la plus inattendue. Il demanda à son jeune collaborateur de se pencher vers lui.

— Liocha, lui dit-il à voix très basse, nous étions les maîtres de la manipulation et de la désinformation. Nous avons fait croire au monde entier que nous étions organisés, forts et puissants, alors que le désordre était notre immense faiblesse.

Il se leva et, appuyé sur une canne, s'approcha de la fenêtre à pas vacillants.

— Regarde cette ville, mon petit Liocha. Ils ont été persuadés qu'elle était la capitale d'un empire florissant, alors qu'elle n'était qu'une fleur vénéneuse sur un fumier.

Tretiakov ne voyait pas où voulait en venir Khamylov.

— Aussi malin soit-il, Strelli ne peut nous résister.

Nous allons le déstabiliser. Le déconsidérer. C'est ça. Ensuite, nous lui fournirons les renseignements adéquats, dans le sens qui nous intéresse. Il sera obligé d'agir comme nous le voulons. Nous allons le mettre sur la piste de cette ordure de Tchevine, l'obliger à engager un duel avec lui. Malheur à Tchevine !

Rouslan Shamilovitch émit un ricanement qui se transforma en éclat de rire, une sorte de bruit de crécelle dans la gorge.

13

Sylvie Sevièze était fascinée, autant qu'amusée, par les chaussettes de son supérieur : elles tombaient et tire-bouchonnaient toujours sur les chevilles de celui-ci, un défaut aggravé par la manie qu'il avait de porter des pantalons trop courts. *Urbi et orbi*, il ne cessait donc de montrer ses maigres mollets poilus.

Sylvie était la collaboratrice attitrée de Louis Dufort. Elle l'avait suivi dans tous ses postes. Elle ne s'était jamais mariée. Elle était plus avenante que jolie et personne ne se serait avisé de croire qu'elle était ou avait été la maîtresse du haut fonctionnaire. Pour beaucoup, elle apparaissait comme une sorte de religieuse en civil.

Elle s'était ainsi retrouvée au cœur des plus grands secrets d'État. Le préfet Louis Dufort avait conquis l'estime et la confiance de Lionel Leauthier, le président de la République, et de René Haller, le Premier ministre, tout en bénéficiant – cohabitation institutionnelle oblige – du soutien de l'opposition parlementaire. Il était ainsi devenu le patron de la DGSE. Par voie de conséquence, après que l'on eut effectué une enquête jusque dans les moindres recoins de sa vie, et qu'elle eut suivi la formation nécessaire pour obtenir l'accréditation secret Diamant, Sylvie Sevièze avait aménagé boulevard Mortier sans le moindre état d'âme.

Chaque matin passaient entre ses mains les courriers

les plus secrets, les notes et les directives les plus confidentielles. Elle ouvrait tout, lisait tout, répartissait les papiers dans les parapheurs spécialisés. Les lettres anonymes étaient, quant à elles, glissées dans une chemise à part.

De telles missives arrivaient presque chaque jour. Le préfet Dufort les parcourait avec un air mi-dégoûté, mi-agacé, tandis que Sylvie admirait ses mollets, avant de tendre la feuille et laisser tomber :

— À classer.

Ces missives disparaissaient normalement aux oubliettes. Normalement. Aussi la secrétaire fut-elle surprise quand, ce matin de décembre, quelques jours avant Noël – elle s'en souvint longtemps –, le préfet s'était passionné pour la lettre du jour. Et de s'exclamer, de sa petite voix un peu trop haut perchée, mais que tout le monde craignait :

— Pas possible !

Il ordonna :

— Appelez-moi le lieutenant-colonel Strelli.

Elle avait déjà croisé Strelli, et avait eu connaissance de ses exploits moins par la presse que par les chuchotements de couloir. Elle chercha son numéro. Dix minutes plus tard, David entrait dans le bureau du grand patron, assez inquiet, car cette convocation hors des voies hiérarchiques était tout à fait inhabituelle. Sans lui offrir de s'asseoir et sans un mot, le préfet lui tendit le papier. Le texte sortait d'une imprimante et ne comprenait que quelques lignes. Le scripteur n'était pas francophone, comme le révélaient les fautes, assez surprenantes, et l'absence d'accents.

Monsieur president. Début decembre, votre homme colonel Strelli David et sa femme policier Villaret Margaux attaquerent dans rue Klagenfurt, Austria, passants qui furent gravement blesses. Les deux sous faux nom Saint-Sorin a hotel Palais Porcia. Ont paye police locale pour mentir et dire qu'attaquants etaient passants. Signe : ami de France.

— Alors ? interrogea Dufort.

Strelli lui rendit la lettre. Il débita à toute vitesse :

— J'étais en effet à Klagenfurt au début du mois avec mon amie Margaux Villaret, capitaine de police. Mais ce texte est à la fois imprécis et non conforme à la réalité, car c'est nous, monsieur le préfet, qui avons été agressés dans la rue par deux voyous, dont l'un s'est esquivé et l'autre a été blessé : je lui ai cassé un bras dans la bagarre.

Parfois le préfet songeait qu'il pourrait avoir peur, qu'il devrait avoir peur de ces chiens de guerre.

— Et pourquoi un faux nom à l'hôtel, Strelli ?

— Nous étions en voyage privé, nous n'avions pas envie qu'on nous coure après.

Dufort osa un sourire.

— Certes. Vous utilisiez donc des faux papiers ?

— Affirmatif. De vrais faux papiers.

Le préfet haussa les sourcils. Il ne parvenait pas à s'habituer aux us et coutumes singulières de cette maison. Il ne savait donc jamais quel comportement adopter à l'égard des personnels qu'il était appelé à gérer... Il laissa Strelli poursuivre son récit. Mais il n'avait plus rien à dire. Il y eut un instant de silence qui parut s'éterniser, tandis que le patron de la DGSE relisait la note biographique de l'officier. Il lâcha d'une voix blanche :

— Écoutez-moi, mon vieux. Je sais que vous êtes un héros, et j'apprécie votre franchise, votre droiture, je n'en attends pas moins de vous. Mais je vois que vous avez déjà été mêlé à une sale affaire, rue de Prony, il y a quelques semaines. Maintenant, à Klagenfurt, une bagarre de rue. Aviez-vous demandé l'autorisation de vous déplacer à l'étranger ?

David ne voyait désormais plus de raison pour ne pas tout dévoiler.

— Non. Et ce n'était pas une bagarre de rue, monsieur le préfet. Mais une attaque délibérée, sur commande.

Que voulez-vous dire ?

— Que ces voyous ont été payés pour nous agresser.

— De mieux en mieux. Et pourquoi ?

— Nous essayons d'élucider l'affaire Prony.

— Autrement dit, vous vous êtes lancés dans une enquête clandestine.

— J'étais en congé.

Dufort, exaspéré, haussa les épaules. Il prit une décision immédiate :

— Nous espérions que vous vous calmeriez un peu, avec votre enquête sur les sectes. Une enquête dans l'impasse, d'ailleurs, puisque vous ne nous avez pas remis le moindre rapport depuis plusieurs mois. Vous représentez toujours le service, même si vous n'êtes pas sous notre responsabilité directe pendant vos congés. Comme, en l'occurrence, la faute n'est pas avérée au sens administratif, je ne peux vous sanctionner. Mais comme vous êtes quand même fautif, je dois agir. Votre statut de héros ne vous donne pas le droit de faire n'importe quoi. Donc...

Il hésita un instant.

— Nous avons un poste territorial ouvert à Fort-de-France, en Martinique.

David Strelli blêmit. Se raidit.

— Monsieur le préfet... coupa-t-il contre tous les usages hiérarchiques.

— Quoi encore ?

— Vous ne vous êtes pas demandé qui avait intérêt à me voir libérer la place ?

— C'est un autre problème, mon vieux. Nous essaierons d'y voir clair. Mais sans vous. Départ la semaine prochaine, vous sauterez les étapes. Vous pouvez disposer.

Le lieutenant-colonel Strelli se mit au garde-à-vous, claqua des talons et fit demi-tour comme à l'exercice.

Il avait aussi pris une décision. Il était tellement excédé d'être traité comme un moins-que-rien, de se heurter à des murs, sans perspectives, sans espoir de promotion, qu'il allait demander sa mise en disponibilité. Prendre du champ, s'écarter de l'armée pendant un certain temps. Il servait le pays depuis vingt ans ! Sa détermination était entière. Même s'il devait d'abord prendre conseil.

Tandis que, de son mobile, il appelait Margaux, une question le taraudait : qui avait été assez futé pour les identifier ?

*

Au Gramont, rien n'était plus comme avant.

Le 5 mai 1996, le siège social historique du Crédit Lyonnais avait été détruit par un incendie. La banque occupait le quadrilatère formé par le boulevard des Italiens, les rues de Gramont, du Quatre-Septembre et de Choiseul. Les petites mains de la banque ne venaient plus prendre leur café du matin, à midi, et les conciliabules secrets entre les frères ennemis du Lyonnais et de la BNP – dont le siège, non moins historique, s'élevait de l'autre côté du boulevard – avaient cessé.

Le patron avait eu beau installer des stores d'un jaune criard que l'on apercevait presque d'un bout à l'autre du boulevard, les serveurs ne pouvaient que soupirer, afficher un air morne. Il n'y avait rien à faire, les jours fastes ne reviendraient jamais. Même si, depuis quelque temps, étaient apparues de nouvelles figures, certaines austères, d'autres sévères. Il se murmurait que les flics de la Financière s'installaient dans le quartier.

Dimitri Taline s'amusait de cette rumeur, que son garçon favori du matin venait de lui servir avec son « crème croissant » :

— Il paraît qu'on les appelle les gnomes, tant ils sont invisibles, pervers. Et ils ne sortent que la nuit pour persécuter le pauvre monde.

Le premier substitut n'avait ni démenti, ni confirmé. Il s'était contenté de prendre un air entendu. Le loufiat, flatté d'imaginer qu'il était un homme informé et important, bombait le torse.

Taline était bien désormais un « voisin », puisqu'il avait ses bureaux dans les locaux du pôle financier du Parquet de Paris installé dans l'ancien immeuble du *Monde*, rue des Italiens. Mais le substitut, pour boire tranquillement son petit noir en lisant les journaux du matin – *Libération*, *Le Parisien*, *L'Humanité*, *Le Figaro* et *La Croix* –, était obligé de s'éloigner pour ne pas croiser ses collègues, alter ego ou subordonnés. Il marchait donc jusqu'au Gramont.

Il vit entrer dans le café Jean de Bellifont : ce dernier n'avait pas vraiment changé depuis le voyage en Argentine qu'ils avaient accompli ensemble en tant qu'auditeurs de l'IHESI[1]. Peut-être avait-il un peu grossi ? Malgré ses soucis de « conseiller du ministre », le haut fonctionnaire n'avait pas l'air de se prendre beaucoup plus au sérieux qu'alors : sous une allure de « parfait énarque tendance », Jean cachait en effet un joyeux caractère auquel il ne fallait, pour s'épanouir, que quelques moments de détente. Mais, ce jour-là, il semblait fatigué.

Il eut vite fait de repérer Taline, vint s'asseoir à sa

1. Institut des hautes études de la sécurité intérieure.

table, posa son parapluie noir en travers de ses genoux, sa sacoche de cuir entre les jambes, et commanda un express.

— Tu voulais me voir d'urgence, cher ami ? demanda le substitut du procureur en croquant dans son croissant.

Le tutoiement n'était pas justifié par des relations anciennes, mais par leur statut d'anciens auditeurs de l'IHESI.

— On peut parler, ici ? interrogea Bellifont avec une mine de conspirateur qui ne lui convenait guère.

— On peut.

— Voilà.

Bellifont toussa et commença à raconter ses contacts avec Lambert-Leroy. Taline n'avait jamais eu affaire à JO2L.

— Normal, il est toujours passé entre les gouttes. Mais...

— Mais ?

— Il m'a tenu des propos un peu étranges, quand je suis allé le voir, l'autre jour. Il nous doit des millions et des millions et reste toujours aussi arrogant.

— Comme tous ces gens-là !

— Tu ne peux pas regarder un peu de son côté ?

Dimitri Taline fixa son interlocuteur droit dans les yeux.

— Que cherches-tu ?

— Justement, je l'ignore.

— Tu sais bien que nous ne pouvons rien faire à ce niveau !

Bellifont paraissait franchement contrarié.

— Quand même, ces gros du privé abusent ! Je ne les aime pas. Les liens entre Lambert-Leroy et Plivinec m'inquiètent.

— Ah !

Dimitri Taline avait esquissé une grimace. Il réfléchissait.

— Ce que nous pouvons faire, reprit-il, c'est nous revoir, dès que tu auras recueilli des éléments un peu plus précis.

Le haut fonctionnaire comprit que Taline lui suggérerait de les rechercher lui-même. Malgré leur amitié, il n'était pas question pour Dimitri de se lancer sans biscuits dans une affaire qui risquait de compromettre un ministre d'État.

— Et si je les trouve ? murmura Bellifont.

— Alors, disons que nous pourrions ainsi rendre service.

Il pensa : « Rendre service à l'État. » Il préférait laisser au niveau du sous-entendu un propos par trop grandiloquent.

Bellifont n'avait pas touché à son café. Il salua Taline et quitta le Gramont encore plus rapidement qu'il n'y était entré.

*

Vers 15 heures, un jet léger Cessna Citation Excel s'annonça au contrôle aérien gérant la région londonienne. L'avion était immatriculé en Suisse et venait de Genève.

L'appareil fut orienté vers l'aéroport d'affaires de Luton, à quarante miles au nord de Londres. En effet, le trafic était tel sur la plate-forme internationale d'Heathrow – et donc si étroits les créneaux horaires d'atterrissage et de décollage, de l'ordre de quelques minutes – qu'elle était devenue inaccessible aux avions privés. Si l'on ratait l'heure, il fallait attendre vingt-quatre ou quarante-huit heures pour obtenir une nouvelle autorisation.

Les conditions météo étaient correctes, avec une visibilité quelque peu réduite en raison d'un anticyclone. Le jet émergea au dernier instant de la couche nuageuse, alors que la piste du petit terrain était déjà en vue, comme posée sur la verte campagne anglaise. L'appareil n'eut pas longtemps à rouler pour s'approcher au plus près du modeste bâtiment de l'aérogare. Le pilote stoppa sur le tarmac à proximité d'une Bentley beige.

La limousine attendait Arthur E. McManus, le passager principal, la sœur de celui-ci, miss Frances E. McManus, et leur suite constituée de l'*avoccato* Pietro Santucci – comme de coutume prêt à subir les algarades de son client –, d'un chauffeur et de deux infirmiers pour aider mister McManus, paraplégique.

Les policiers et les douaniers montèrent à bord pour les formalités. Il n'y eut aucune difficulté pour débarquer. Riches héritiers d'une famille irlando-américaine de Boston, les deux principaux passagers terminaient par Londres une longue visite en Europe. L'infirme fut porté par ses accompagnateurs jusqu'à la Bentley beige, qui prit aussitôt la route de Londres par l'autoroute M1.

Derrière les rideaux masquant les fenêtres du somptueux véhicule et protégeant ainsi des regards indiscrets les passagers, Don Vicente Minasola se détendit un peu et sourit à Francesca. Il avait en horreur ces voyages qu'il considérait comme des risques inutiles.

— Mais pour ce rendez-vous, avait-elle argué, ta présence est indispensable. On ne peut mettre en route une telle collaboration sans que les deux principaux protagonistes se soient rencontrés au moins une fois. Ni Santucci ni moi ne pouvons prendre toutes les décisions.

Il avait accepté à contrecœur – loin de son pays et des siens, il ne se sentait pas à l'aise –, et à condition que le déplacement fût le plus bref possible. La Bentley traversa lentement la capitale britannique, toujours paralysée par des embouteillages, puis s'engagea dans l'artère majeure irriguant Londres : le Mall, le Strand et, en direction de la cathédrale Saint-Paul, Fleet Street. Elle s'arrêta au 109, le long du trottoir de gauche. L'un des deux *bodyguards* prit Vic dans ses bras tandis que le second poussait la chaise roulante. Devant eux, une porte étroite était flanquée d'une enseigne plus que discrète, sur laquelle il était rédigé en mauvais anglais :

« TERRAZZA-EST
Giorgio, our head chiefproduces
delicious italian fresh food »

La porte donnait accès à un escalier raide qui s'enfonçait vers le sous-sol, pour déboucher, après un coude, dans le plus étrange des décors : une longue salle aux murs rouge et noir ponctués de gravures italiennes et de miroirs sertis dans des cadres dorés.

Le patron, à l'allure plus italienne qu'il n'est permis, suivi du maître d'hôtel, conduisit Vic jusqu'à un petit salon qui avait été réservé sur la gauche.

— Vos invités vous font prévenir, *signore*, qu'ils auront quelques minutes de retard, annonça-t-il à voix basse, comme pour s'excuser. Si vous le voulez bien, nous nous permettrons d'offrir l'apéritif, pendant que vous choisirez vos plats. En attendant, nos chanteurs d'opéra exécuteront pour vous les plus belles pièces de leur répertoire. On nous surnomme à Londres *« Spaghetti Opera »*. Nous ne volons pas notre réputation.

Il sourit à Vic et Francesca puis claqua dans ses mains : apparurent un homme d'une cinquantaine d'années, assez corpulent, en smoking prune, et une jeune femme en robe de soirée, mince et diaphane. Ils se lancèrent aussitôt dans une interprétation saisissante du duo final entre Violette et Alfredo dans *La Traviata* de Verdi. Vic n'était pas ravi de cette évocation de la maladie, mais ce désagrément était compensé par la fascination qu'exerçait sur lui la jeune chanteuse. Transfigurée par la musique, la soprano léger en devenait belle. Si belle qu'il sentit monter en lui une émotion comme il n'en avait plus éprouvé depuis des années. Les minutes passèrent dans cet enchantement et il fut presque déçu quand le propriétaire des lieux interrompit l'aubade pour lui annoncer l'arrivée de ses invités.

— Vos chanteurs reviendront-ils ?

— Quand vous le commanderez, *signore* McManus.

Ses hôtes descendaient l'escalier et Vic vit avec surprise approcher un bien étrange couple : un très vieil homme, minuscule, maigre à faire peur, vêtu sans la moindre élégance d'un costume brunâtre, et un jeune homme blond d'une grande beauté, qui le portait plus qu'il ne le soutenait. Ils étaient suivis par une jeune femme, très jolie et trop court vêtue, une serviette de cuir noir à la main, et encadrés par trois hommes au gabarit impressionnant, probablement des lutteurs, deux grands et un petit qui semblait le plus costaud.

La jeune femme, l'interprète, fit les présentations :

— Le général Rouslan Khamylov.

Le vieux kgébiste inclina légèrement la tête, avec un certain dédain.

— Alexei Fiodorovitch Tretiakov, secrétaire particulier du général. Il parle correctement l'anglais.

Le jeune homme esquissa un vague sourire.

— Et moi Zoë, pour vous servir.

Francesca présenta son frère, puis Santucci, et déclina sa propre identité. Khamylov ne la quittait pas des yeux. Elle surprit une lueur perverse dans les pupilles du vieil homme. Un long silence suivit pendant lequel chacun sembla considérer son verre de marsala, que le patron venait d'apporter.

Francesca se demanda si une telle rencontre pouvait se conclure par un résultat concret. Pour le moment, elle regardait son frère contempler l'interprète. Elle vit à une moue fugace qu'il la trouvait vulgaire. Vic manifestait souvent une misogynie virulente et Francesca avait été étonnée de l'intérêt qu'il avait porté à la soprano. Pour faire tomber la tension, elle décida d'engager le fer :

— Nous sommes très honorés que le général se soit déplacé en personne...

Le Russe hocha la tête, mais sans piper mot. En fait, il paraissait agacé de la prise de parole par la jeune femme. Probablement n'était-il pas encore habitué à voir le deuxième sexe occuper le terrain. Elle négligea cette réticence.

— ... Car notre proposition devrait considérablement l'intéresser.

Don Vicente but très lentement une gorgée de l'excellent marsala. Il bâilla, hocha brièvement de la tête. Installée devant une petite table, l'interprète prenait des notes tout en traduisant. Parfois, elle levait la tête dans l'attente des mots suivants. Vic détaillait les yeux bleu clair et les cheveux roux somptueux, la belle bouche aux lèvres épaisses, parfaitement dessinées. Il pensa qu'à défaut de pouvoir s'offrir la chanteuse il allait se réserver cette fille pour la nuit. Sa vulgarité excitait sa haine. Il écrivit un petit message à Santucci, qui lut le papier avec surprise, se leva, attira l'attention de l'interprète. Elle s'apprêtait à répondre quand le vieux Russe donna sa réplique à Francesca, d'une voix croassante et un peu geignarde :

— Les éléments communiqués à propos d'une offre de capitaux rencontrent en effet certains de nos besoins actuels. Liocha !

Alexei sortit de la poche intérieure de sa veste un document de quelques pages, qu'il tendit ostensiblement à Santucci, comme si Francesca n'existait pas. Mais elle le saisit en lâchant un sourire à Tretiakov :

— Merci, monsieur le secrétaire, dit-elle dans un anglais parfait.

— De rien, marmonna Tretiakov, piqué au vif.

Le texte était rédigé dans un anglais excellent : c'était un projet d'accord, portant sur une participation minoritaire dans la compagnie aérienne Orient Express Delivery, spécialiste du fret et appartenant au groupe financier contrôlé par le général. Francesca ne fut pas surprise par ce texte, qui résultait de discussions préliminaires menées à Moscou entre l'*avoccato* Pietro Santucci et Alexei Tretiakov.

Ce dernier précisa :

— Notre compagnie met en ligne une trentaine d'Antonov assez anciens, deux Antonov 124 géants, que les Russes appellent des Rouslan ; quinze Iliouchine 76 TD, cinq Boeing 707, sept DC 8 et quatre Boeing 747/100 de première génération. Les Iliouchine sont dans un excellent état, mais ils doivent être remotorisés et l'avionique totalement revue pour s'adapter aux normes occidentales. Nous sommes en pourparlers avancés avec la firme française SNECMA pour acheter les CFM 56, mais nous nous heurtons encore aux réticences américaines. Le général estime que l'entrée de capitaux italiens devrait contribuer à lever ces difficultés.

Francesca sourit encore : un grand coup de charme carnassier auquel le jeune Russe répondit par un hochement de tête. L'imbécile, pensa-t-elle. Et elle força son sourire, plus enjôleuse que jamais.

Elle n'avait plus qu'à énoncer les conditions déterminées par Vic pendant le voyage depuis Palerme. Elle se retourna vers Khamylov, tentant de percer le mystère de son regard noir. Un regard figé dans la dureté. Elle frissonna malgré elle. Par instinct, elle avait toujours détesté tout ce qui, de près ou de loin, avait des liens avec la police.

— Monsieur McManus, mon frère, articula-t-elle avec une certaine solennité, serait d'accord pour engager une négociation sur la base suivante : nous acceptons que vous gardiez la majorité dans la compagnie, mais celle-ci devra être domiciliée et basée en Suisse, nous nous faisons fort d'obtenir les autorisations, et mon frère souhaite me voir investie du poste et de la fonction d'administrateur-gérant.

Tandis que Francesca parlait, Pietro Santucci avait réussi à prendre à part l'interprète. Vic suivait tout autant la négociation avec Khamylov que la discussion entre l'avocat et la jeune femme.

Celle-ci prit d'abord un air outré, glissa vers Vic un regard presque dégoûté – il le lui ferait payer cette nuit – puis, au fur et à mesure que Santucci assenait ses arguments, elle parut se détendre. Elle lui lança un demi-sourire.

« Toutes des putes », pensa Vic. Il suffisait d'y mettre le prix. Un prix très élevé, compte tenu de son infirmité et de ses exigences ! Il reporta son attention sur Khamylov.

Francesca se pencha vers l'Ingouche :

— Nous acceptons de signer dès ce soir cette lettre d'intention, à charge pour ceux qui nous représentent de finaliser l'accord dans les semaines à venir.

L'affaire ne présentait guère de risque : en réalité, le général Khamylov avait pris, en sous-main, le contrôle de l'usine d'aviation tadjik de Tachkent produisant les appareils Iliouchine, et avait entrepris de déménager l'outillage dans la région de Moscou. Les désordres guerriers en Europe multipliaient à l'infini les besoins de transport aérien rapide. Là était le marché. Le clan Minasola, en s'entendant avec les Russes, disposerait de moyens de transport efficaces pour mener ses affaires.

Vic se tourna vers Pietro Santucci pour s'informer du résultat de ses négociations avec la jeune femme.

— Tout le monde est bien d'accord. Pour elle, c'est cinq cents livres, en liquide.

Vic Minasola invita ses nouveaux partenaires russes à passer à table. Il installa Francesca à sa gauche et offrit à Zoë la place d'honneur : à sa droite. Elle se posa d'une fesse sur sa chaise en baissant les yeux. Peut-être regrettait-elle déjà son acceptation ou bien cherchait-elle à le faire bander par une attitude soumise ? *« Des putes, toutes des putes »*, pensa-t-il encore en glissant la main sous la nappe. Son manège n'avait pas échappé à Khamylov, qui avait engagé l'interprète plus pour ses talents sexuels que linguistiques. Il n'était pas dupe de l'identité des Italiens. Il avait eu le temps, avant le voyage à Londres, d'activer ses informateurs et savait que les McManus étaient en fait les héritiers du clan Minasola. Le mensonge ne le gênait pas. Bien au contraire, la prudence des Siciliens était à mettre à leur crédit. Il sourit à Vic qui, tout en commençant à tripoter la cuisse nue de Zoë, n'en continuait pas moins à parler affaires.

Il offrit au général les services de la toute nouvelle banque qu'il venait de fonder au Vanuatu, par l'intermédiaire d'une filiale : légalement domiciliée à Luxembourg, ses bureaux étaient à Londres et à Budapest. Grâce à cette filière, il lui était possible de financer ses opérations d'import-export en pompant des capitaux sur le marché londonien, puis de recycler discrètement les bénéfices par la voie hongroise. Il détailla les avantages de cette banque, en vérité tout à fait virtuelle, puisqu'il s'agissait d'un site informatique sécurisé.

Les chanteurs revenaient. La cantatrice interpréta une aria de Puccini, l'homme un long monologue du *Don Giovanni* de Mozart. Le général Khamylov se saoulait à la vodka, tandis que Tretiakov buvait de l'eau gazeuse, sans quitter des yeux Francesca, qui picorait une salade de tomates. Quant à Pietro Santucci, il avalait ses tagliatelles à la marinara en savourant un valpolicella.

Vic avait dédaigné à la fois son repas et la chair de la jeune interprète pour se perdre dans les méandres du chant. Il ne voyait plus que la soprano. Elle méritait un présent. Ce soir, il le lui offrirait.

14

La mince silhouette de René Haller, assis derrière son bureau Colbert, semblait se perdre dans le décor. Pour rien au monde Strelli n'aurait voulu occuper une telle place. Les peintures surchargées du plafond le déprimaient autant que la lithographie fanée de son bureau à la DGSE. Son ancien bureau !

En un geste un peu las, le Premier ministre reposa la note que lui avait transmise le préfet Dufort.

— Ah, Strelli, Strelli. J'avais pensé un jour vous proposer un poste, disons, plus politique. Nous étions d'accord, n'est-ce pas ? Mais je vois aujourd'hui que cette idée était inopportune.

L'officier hocha la tête.

— Nous n'avons rien fait qui mette en cause l'État, monsieur le Premier ministre.

— Le ministre des Affaires étrangères a déjà dû s'expliquer avec son homologue autrichien, mon colonel, alors, s'il vous plaît... Je ne vous demande pas de comprendre toutes les subtilités diplomatiques, mais évitez d'aggraver votre cas.

Si David Strelli comprenait que Haller ne pouvait prendre le moindre risque – il en allait de sa crédibilité politique –, il n'appréciait pas pour autant la perspective d'une algarade.

— J'envisage une demande de mise en disponibilité, monsieur le Premier ministre.

Haller releva les yeux et toisa son interlocuteur. Il y eut un moment de silence. Le Premier ministre était plus troublé – ému ? – qu'il ne voulait bien l'avouer. Il quitta son fauteuil, s'approcha de la fenêtre et se plongea dans la contemplation du parc de Matignon, encore riant malgré l'hiver, grâce à l'art des jardiniers.

— Parfait. Bonne chance.

Il ne se retourna pas pour saluer David qui se mit au garde-à-vous et claqua des talons avant de sortir du bureau.

Il était fou de rage. Où était donc la confiance que René Haller était censé lui accorder ? Que le Premier ministre ait admis aussi vite cette démission prouvait à Strelli qu'il était impossible, comme il l'avait naïvement cru un moment, de compter sur l'amitié que lui vouait l'homme politique. Ils n'appartenaient pas au même monde. Un soldat, voilà ce qu'il était. Et, dans les corridors du pouvoir, on ne recourait aux soldats qu'en cas d'extrême nécessité. Des pions. Rien que des pions. Il avait donné plus de vingt ans de sa vie à l'armée, à la Nation, et la Nation le remerciait comme un vulgaire commis. Il n'avait jamais sollicité d'honneurs. Il n'avait jamais abusé des avantages que lui offrait sa fonction. Il avait servi avec abnégation et dévouement, porté par un idéal auquel il croyait. Et on lui faisait comprendre qu'il avait eu tort.

Il enfourcha sa moto et sortit de Matignon à toute vitesse. Les gardes républicains le regardèrent avec étonnement tourner au bout de la rue de Varenne et s'engouffrer sur le boulevard des Invalides.

*

Vicente Edward Minasola était satisfait de son voyage.

Le rendez-vous de Londres ne représentait rien en lui-même, juste une simple formalité. Mais Zoë lui avait procuré un vrai bon moment. Naturellement, il avait dû se contenter de regarder puisque sa paralysie avait fait de lui un impuissant.

Il se remémorait le strip-tease dans la suite de la jeune femme, d'autant plus fantastique qu'elle était une amatrice. Ses gestes gauches rendaient encore plus impudique sa prestation. Elle avait su jouer avec son string comme une chatte avec une pelote et Vic avait fait un signe à Tony, l'un de ses gardes du corps, l'un de ses « bras » armés. Le Sicilien faisait l'amour par procuration et, de tous ses gardes, Tony était le plus inventif, le plus salace. Ils parlaient souvent tous deux de nouvelles pratiques à tester sur les filles levées dans des bouges de Palerme. Plus elles étaient vulgaires, plus l'excitation de Vic était grande. Zoë avait d'abord rechigné puis, sentant le danger, elle s'était agenouillée et avait entrepris de donner du plaisir au colosse qui la tenait par les cheveux.

— Regarde-moi, grommelait Vic. Regarde-moi, *putana* !

Malgré l'alcool qui annihilait ses sens, Zoë sentit la peur l'envahir. Il n'était plus question des cinq cents livres. Elle était aux mains d'obsédés sexuels, prêts à tout. Elle voulut se montrer encore plus docile et rampa vers Vic, comme pour l'adoucir. Elle commença à le caresser sous le pantalon, mais il fit reculer son fauteuil et elle chuta à terre.

— Sais-tu comment je vais te remercier ?

Elle leva les yeux, emplis de larmes. Secoua la tête. Non, elle ne savait pas. Elle ne pouvait savoir.

— Je vais t'offrir en cadeau à la soprano du restaurant.

Elle ne comprenait pas. Elle pensait que Vic délirait.

— Dédier ta vie à cette pure déesse !

Il commanda à Tony de la faire agenouiller.

— Allez !

Tony était encore nu, comme Zoë. Il l'étrangla d'un geste bref. L'acte dut lui plaire car il se remit à bander. Vic en conçut une violente contrariété. Le sacrifice avait la signification d'un don à une beauté inaccessible et ce putain d'étalon ne pensait qu'à bander !

Quant au corps de la femme, il serait « arrangé » pour simuler un meurtre rituel, puis jeté dans la Tamise. Et ce serait un nouveau mystère de Londres.

Vic s'était fait reconduire dans sa chambre d'hôtel, l'âme tranquille, fredonnant l'air de Puccini.

Le lendemain, alors qu'il appréciait le confort de la vaste cabine du petit Cessna Citation qui le ramenait à Genève, puis à Palerme, il prit le temps d'évoquer quelques instants la scène avec un plaisir infini. Il y trouvait une immense détente.

Francesca était rentrée le soir précédent à Rome. Elle le soupçonnait sans doute d'entretenir des rapports avec les prostituées. Elle ne lui avait jamais demandé d'explication, pas plus qu'elle n'avait accepté de l'écouter lorsqu'il cherchait à lui raconter « ses » aventures. Francesca...

Il revint à ses occupations ordinaires. La banque virtuelle n'était en effet qu'un support pour assurer le bon fonctionnement de ses autres affaires. Les activités traditionnelles de son père et des familles palermitaines n'étaient pas à la hauteur de ses ambitions. Les cigarettes, le racket, la prise de contrôle des petites entreprises n'offraient que des perspectives limitées, et présentaient encore trop de risques. En consultant des sites Internet spécialisés, il avait constaté qu'un secteur présentait de formidables perspectives de profit, pratiquement sans danger : le trafic sur les exportations agricoles subventionnées par la Communauté européenne. Blé, huile d'olive, jus de tomate, viande de veau et de bœuf, les horizons étaient immenses et dégagés. Le jeu consistait à obtenir les subventions sans rien exporter du tout. Ses conseillers avaient été clairs : le montant des fraudes atteignait 10 % du budget communautaire. À lui d'augmenter cette proportion à son profit. Il y avait des milliards d'euros, des milliers de milliards de lires à récupérer sans difficulté. Le désordre qui régnait à Bruxelles devrait lui faciliter la tâche. Des milliers de milliards de lires. De quoi faire rêver.

Le Citation se posa sur l'aéroport de Punta Raisa à 17 h 49. Alors que l'appareil roulait encore, le copilote entra soudain dans la cabine et lança à Vic :

— Gros problème, monsieur. Regardez par le hublot.

Des blindés légers accompagnaient l'avion, canons braqués vers eux. Dressé au-dessus de sa tourelle, un officier casqué faisait signe au pilote de s'arrêter en pleine piste, d'ouvrir la porte et de descendre la coupée légère. L'ordre fut exécuté. Trois carabiniers en tenue de combat et fortement armés montèrent dans l'avion. Il n'était pas question que Luigi fasse usage de son arme, dont il fut d'ailleurs prestement délesté.

— *Signore* Vicente Minasola ?

Vicente acquiesça.

— J'ai instruction d'exécuter une *ferma*[1] du procureur de Palerme, et de vous conduire au palais de justice.

Il était inutile de protester. Il fut emmené par l'un des carabiniers dans la voiture de l'officier, qui démarra en trombe, encadrée sur la piste par les blindés, relayés

1. L'équivalent italien de la garde à vue.

sur la route par des jeeps noires et des motards, dans un grand fracas de sirènes. En fait, on ne le mena pas au palais de justice, mais à la prison-bunker d'Ucciardone, dont les locaux souterrains étaient spécialement aménagés pour que les magistrats puissent officier sans craindre les attentats et les attaques des groupes mafieux. Là l'attendait un long type sec, qui parlait avec l'accent prétentieux de la Lombardie. Son propos fut sans détours ni fioritures.

— Bettino Mattioli, procureur adjoint à Palerme, laissa-t-il tomber. Chargé d'enquêter sur différentes affaires où votre nom apparaît. Minasola, nous n'avons pour le moment rien de précis. Simplement vous êtes le fils de Don Nitto Minasola et de nombreuses rumeurs courent à votre propos. Certains repentis vous mettent en cause. Donc nous recherchons toutes les preuves qui nous permettraient de vous impliquer. Nous estimons que vous êtes un dangereux criminel et vous venez de démontrer que vous risquiez de vous enfuir à tout moment. C'est pourquoi, en attendant, le juge de l'enquête préliminaire[1] nous a autorisés à vous placer en détention. Pour vous inciter à collaborer.

Vic ne répondit rien. Mais il pensa qu'il avait eu tort de déroger à cette règle absolue voulant que les hommes de sa catégorie restent au milieu des leurs, comme un paysan, s'il le fallait dans la plus grande des simplicités. Il avait agi comme un imbécile ! Les conditions draconiennes imposées aux suspects de faits mafieux lui interdisaient tout contact extérieur. Il ne pensait jamais à lui-même comme à un mafieux, mais Mattioli et les enfoirés du palais de justice, si. Il posa un regard candide sur le magistrat, avec l'air de demander : « Et après ? »

1. *Jugio dal inquesta preliminaria*, le JIP.

— Vous serez traité en fonction de votre état.

Le procureur adjoint referma le dossier ouvert sur sa table. En fait, il fallait éclaircir cette affaire de viandes plus ou moins avariées que Dimitri Taline leur avait apportée sur un plat d'argent. C'est pourquoi il avait fait arrêter Minasola à la première occasion. Bettino Mattioli ajouta :

— En outre, Minasola, vous devrez vous préoccuper de votre certificat de non-appartenance à la mafia et de la preuve de l'origine légale de vos biens. Pour le moment, votre dossier n'est pas convaincant du tout.

Vicente Minasola fut conduit dans sa cellule. En même temps que lui fut incarcéré Luigi. Pour ce dernier, les charges étaient accablantes : meurtre, racket, tortures. Et Francesca ne serait pas là pour le défendre.

*

Dans la piscine couverte, quelques nageurs d'âge canonique enchaînaient les longueurs à leur rythme.

Pierre Mayeux avait donné rendez-vous à Margaux et David dans une salle de sport du XVIe arrondissement, super chic et super chère, quai Kennedy. Le choix de ce lieu était plutôt insolite pour traiter une affaire, mais Mayeux y avait ses habitudes et les bureaux de sa société, la CI Co, étaient installés dans l'immeuble situé au-dessus.

Il avait à peine trente-cinq ans. Plutôt petit et rond, avec un embonpoint accentué par l'ampleur de son survêtement de sport, il paraissait un peu ridicule à côté de Strelli, mais la comparaison n'avait pas l'air de le déranger. Ils étaient assis autour d'une table basse sur laquelle un serveur venait de déposer trois tasses de café. Margaux éprouvait quelques difficultés à se concentrer, et ne pensait qu'à se dépouiller de ses vêtements de ville pour plonger dans la piscine et enchaîner quelques longueurs de crawl.

Le moment ne s'y prêtait pas. Mayeux se pencha vers David.

— Ainsi, dit-il sans la moindre ironie, z'êtes célèbre commandant Strelli.

— Lieutenant-colonel, coupa David.

Il se sentait en état d'infériorité : il n'avait jamais eu à vendre ses services et ne savait quelle contenance adopter.

Mayeux opina.

— Oui. Et maintenant veut tâter du privé. Savez faire quoi ?

La brutalité de la question le désarçonna. Au pied du mur, il allait devoir faire briller sa quincaillerie, ses capacités potentielles. Il eut pourtant envie de se lever. Mayeux le mettait mal à l'aise, mais, d'un sourire chaleureux, celui-ci le mit en confiance.

— Pas appris à vous vendre, hein, dans vos écoles ? Faudra vous habituer. Chez moi, tout le monde doit faire, et vendre le savoir-faire. Voilà ce que j'attends de vous.

Il but son café, d'un trait.

— D'abord vous dire pourquoi je vous reçois ici, une explication quand même.

Strelli remarqua sa curieuse manière elliptique de parler.

— Déjà effectué des enregistrements à distance ? Oui, bien. Et quand il y a des bruits d'eau ?

— On ne comprend rien, répliqua David de façon presque automatique.

— Bon pour le service. Parfait. Savez décortiquer un bonhomme ? Tout savoir sur lui ? Pour plus tard enquêtes financières, si vous réussissez. Me trompe jamais dans mes jugements. Si, une fois.

Silence.

— Cru Margaux amoureuse de moi.

Il fut le seul à rire. Puis son visage redevint sérieux, neutre.

— Prêt à bosser tout de suite ?

— Tout de suite, confirma Strelli en observant une vieille dame qui nageait encore plus que bien.

Mayeux remarqua son regard admiratif.

— A gagné tout un tas de records internationaux. Il y a plus de cinquante ans. Et encore, sortait de camp de concentration. Voyez le genre ? OK. Voilà. Pour vous, j'ai une commande. Tout savoir sur un intermédiaire. Explorer ses antécédents, son environnement, mesurer sa fiabilité. Il apparaît dans plusieurs affaires en cours, mes clients souhaiteraient utiliser ses services. Mais il y a aussi de mauvais bruits.

— Un Français ?

— Suisse.

Il baissa la voix.

— Dénommé Delaserras. Opère en Russie. Peut pas savoir si ce type sérieux ou non. Compte tenu du désordre actuel...

Il laissa son propos en l'air, appela le serveur pour redemander du café.

— Russie. Pas un hasard.

Il désigna Margaux d'un mouvement de menton d'une rare impolitesse. David imagina que c'était comme ça dans « le privé ».

— Elle qui m'a demandé si j'avais du Moscou. M'a dit que pour enquête sur cible humaine z'êtes top.

Strelli enchaîna à son tour, dans le style de Mayeux :

— Légende. Mythe. Conneries.

— N'importe. Verra à l'usage. Je veux tout. Trente mille dollars, plus les frais.

David fut stupéfié par la somme. Il calcula. Huit mois de solde.

— Aimez le risque ? En Russie serez servi. Sont tous dangereux. Et ceux qui le sont pas sont en danger.

David chercha Margaux du regard, pour guetter son approbation. Il s'inquiéta de ne pas la trouver.

— Là, dit Mayeux en montrant la piscine.

La jeune femme glissait sous la surface de l'eau, dans une longue brasse coulée qui lui permettait d'aller très vite. La nage de combat.

— Elle est très belle, lâcha Mayeux élaborant pour la première fois une phrase qui se tenait.

David ne répondit pas.

— Vous avez quoi, sur ce type ? dit-il.

— Rien, justement. Son cabinet à Lausanne. Adresse à Moscou. Pas original : rue de l'Arbat. C'est tout. Trente mille dollars plus frais, pour ce silence.

Margaux s'accrocha sur le rebord de la piscine, observant les deux hommes. Elle sourit, sans doute heureuse qu'ils se soient entendus.

— Ah ! Pour plus crédible et moins voyant, en Russie, un couple, style voyage de noces, vous voyez ? Bon conseil.

Il tendit la main, pour sceller l'accord. Tirant de la poche de son survêtement un rouleau de billets lié par un élastique, il le glissa dans la main de David.

— Avance.

Margaux reparut à la surface de l'eau et envoya à son amant un baiser de la main avant de replonger.

Plus tard, dans la voiture, il lui dit, presque sur un ton de reproche :

— Tu avais tout magouillé, n'est-ce pas ?

Elle avait les cheveux trempés, et le visage rose, plein d'animation. Déjà repartie dans une nouvelle aventure. Elle l'embrassa.

— Encore un voyage de noces, chéri.

— OK. Mais tu as une idée sur la manière d'opérer ?

— Toi Tarzan, moi Jane. Toi, action, moi, enquête.

Le couple parfait, pensa-t-il.

— Je me suis arrangée, j'ai déjà quelqu'un à appeler, sur place. Orlin Dimitrov me l'avait indiqué depuis longtemps.

— Donc, ton contact ?

Elle expliqua qu'elle avait déjà établi la relation, par prévoyance. Il s'agissait d'un jeune pope, le père Stefan, archiprêtre d'une paroisse, Ivanovogara, sur les bords de la Moskova, à l'ouest de Moscou. Il les attendait.

David avait tout envisagé, sauf ce surprenant correspondant.

*

La réunion de cabinet s'était éternisée pour tenter de trouver une réponse claire à une question obscure : fallait-il, oui ou non, modifier la présentation des déclarations d'impôt simplifiées, modèle 2074 S ?

Sous une apparence technique, le problème était tout à fait politique, comme tout ce qui touche aux impôts directs : doit-on laisser aux contribuables la possibilité de mesurer le montant de leur contribution pour l'année suivante, ce qui est dangereux si l'on augmente l'impôt sur le revenu entre-temps. Toujours malin politiquement, mais pas forcément très courageux, Ernest Plivinec, le ministre des Finances, avait déclaré qu'un entretien politique l'appelait ailleurs de toute urgence. Sans préciser qui devait participer à cet entretien. Il avait laissé à son sous-ministre du Budget et à ses collaborateurs le soin d'apporter au problème une solution opportune, c'est-à-dire politiquement correcte.

Jean de Bellifont était donc fort en retard pour se

rendre à la réception organisée par Jacques-Olivier Lambert-Leroy afin de fêter les vingt ans d'AgrImEx, et le vingtième milliard de francs de chiffre d'affaires consolidé du groupe. Affalé sur la banquette arrière de sa Citroën Xantia de service, le haut fonctionnaire pestait contre cette obligation mondaine, tout en passant un ultime coup de téléphone à son gestionnaire de fortune pour s'enquérir des résultats enregistrés par la Bourse ce jour-là. Le CAC 40 avait baissé de 1,3 %. Il grimaça : sans rien faire, il venait de perdre quelques dizaines de milliers de francs.

Il les regagnerait sans doute le lendemain, mais cet « incident » le mit en colère pour la soirée.

Le chauffeur avança sa voiture devant l'entrée du Pré Catelan, éclairée *a giorno*. Un chasseur se précipita pour ouvrir la portière. Bellifont tailla sa route dans la foule d'invités qui débordait jusque dans l'entrée et déposa son manteau et sa serviette au vestiaire.

Son attention fut attirée par la voix que diffusaient les haut-parleurs. Il reconnut celle d'Ernest Plivinec. Les applaudissements vinrent saluer la fin du discours. Bellifont ricana : il n'était pas dupe du rendez-vous du ministre lorsqu'il les avait laissés travailler comme des valets.

Il se remémora avec agacement les instructions soi-disant formelles que lui avait données son ministre en le chargeant de négocier le redressement fiscal du magnat de l'agriculture.

« Pas de cadeau, n'est-ce pas, pas de faveur, il est un citoyen comme les autres. »

Comme les autres. En bon aristocrate et néanmoins excellent serviteur de la République, le marquis de Bellifont était trop bien élevé pour jurer.

Il n'en pensait pas moins. Il continua à se frayer avec difficulté un chemin dans la cohue des invités : il lui fallait au moins saluer l'hôte de ce soir, et se rappeler au bon souvenir de son ministre. Il fut soudain à quelques mètres d'eux. Très détendu, un verre de whisky à la main, JO2L portait un costume noir Hugo Boss. Il parlait avec Plivinec par-dessus la tête d'une femme. Longue, un peu chevaline, portant avec une certaine élégance un costume pantalon de haute couture. Du Valentino, peut-être, estima Bellifont en la détaillant. N'eussent été de somptueux cheveux auburn tombant en longues vagues ondulées sur les épaules, la silhouette était anodine et les yeux bruns, plutôt ternes, ne s'éclairaient que par intermittence, comme si son esprit était ailleurs, loin des conversations mondaines.

Bellifont s'aperçut alors que Plivinec pelotait en douce les fesses de la femme. Le ministre n'avait jamais été réputé pour sa classe, mais sa goujaterie atteignait là des sommets. Le haut fonctionnaire avait entendu parler de ses penchants exhibitionnistes, et nul doute que la présence de la foule accroissait son ardeur. Lambert-Leroy aperçut le conseiller technique :

— Ah, monsieur le marquis !

Bellifont se renfrogna. Il détestait que ces ploucs le désignassent par son titre. Surtout dans une telle assemblée de magouilleurs et d'affairistes.

— Nous n'attendions plus que vous pour que la fête soit complète, commença JO2L. Au fait, vous ne pouvez manquer de connaître ma collaboratrice très chère, n'est-ce pas ?

Il sourit avec vulgarité.

— Très chère, insista-t-il. Anne-Claire Ivanovna supervise les relations publiques du groupe.

« Et quelles relations publiques ! », apprécia non sans ironie le haut fonctionnaire en suivant le jeu de mains de Plivinec.

— Avez-vous trouvé une solution ? demanda le ministre en regardant à peine son subordonné.

— Absolument, monsieur le ministre. Nous trouvons toujours des solutions, quel que soit le problème, répondit Bellifont en toisant Lambert-Leroy.

— Sans des gens dévoués à l'État comme lui, que deviendrais-je ? ironisa Plivinec en s'adressant à JO2L.

Puis il entraîna Anne-Claire Ivanovna vers un salon annexe, laissant les deux hommes en tête à tête dans le brouhaha de la fête. Avec un aplomb très naturel, le maître de maison prit son hôte par le coude pour le diriger vers le buffet réservé aux personnalités, isolé par une légère barrière dorée.

— Vous avez vu cette beauté, mon cher ? Elle n'a pas son pareil pour convaincre les hommes de la supériorité de notre groupe sur tous les autres.

— Et j'imagine que cette... euh... prestation est imputée sur vos frais de négociation pour un montant considérable ?

— Absolument.

— Et... C'est tout ?

— Monsieur le marquis ? Le droit de cuissage est révolu depuis longtemps.

Jean de Bellifont esquissa un sourire de connivence pour signifier qu'il appréciait la subtilité et l'ambiguïté du propos. Son interlocuteur était beaucoup trop malin pour tendre le moindre piège au fonctionnaire chargé de le faire payer. JO2L commanda deux verres de whisky au serveur.

— Entre nous, elle n'est pas vraiment mon genre. Je les préfère plus garçonnes. Mais Anne-Claire n'a pas son pareil pour mener au galop la négociation des marchés les plus difficiles. J'ignore d'ailleurs comment elle s'y prend. Peut-être a-t-elle des talents secrets ?

Face à l'homme qui pouvait passer pour son persécuteur, JO2L continuait à parader avec arrogance. Il ne perdait rien pour attendre.

15

Les tracteurs appartenaient aux chauffeurs et venaient de toute l'Europe – on dénombrait un belge, deux polonais, un slovène et un bulgare – tandis que les remorques des mille-pattes étaient fournies chargées par le transporteur. Au cul des cinq semi-remorques frigorifiques s'étalait le sigle, phosphorescent la nuit, « AgrImEx/Freight Line ». Ils étaient chargés de containers remplis à ras bord de viande congelée.

Selon les certificats d'exportation, il s'agissait de viande de bœuf de haute qualité conditionnée en Irlande. En réalité, les cent soixante-quinze tonnes de marchandise étaient constituées de viande de toute dernière catégorie provenant de vaches tout juste bonnes pour l'équarrissage, issues de Grande-Bretagne, hors des circuits légaux. Par conséquent, sans aucune garantie sanitaire : encéphalite spongiforme ou fièvre aphteuse, tout était possible. Même la chaîne du froid n'avait pas été strictement respectée. La transformation finale avait été effectuée dans un abattoir de la région de Naples, plus ou moins clandestin, grâce à la protection légale assurée par des fonctionnaires des douanes corrompus.

On n'avait que faire de ce genre de problème dans les sociétés contrôlées par Vicente Minasola et son clan. L'essentiel était de réaliser les profits les plus élevés avec le moins de risques – juridiques ou physiques.

Comme, au-delà de la Hongrie, les routes d'Europe centrale étaient désormais de moins en moins sûres, les chauffeurs étaient tous accompagnés d'un « assistant » bien armé.

Le convoi avait quitté les entrepôts du port de Trieste à 1 heure du matin, et rejoint, après la frontière, l'autoroute naguère construite par la République fédérale de Yougoslavie, d'abord vers Ljubljana en Slovénie, puis Zagreb en Croatie. Ensuite, il avait obliqué au nord en direction de la Hongrie, pour éviter le nord de la Serbie. Il avait traversé Pecs, laissé à gauche le lac Balaton avant d'atteindre Budapest où les camions avaient passé leur première nuit, dans une gare routière de banlieue. Les chauffeurs avaient reçu la permission d'aller dîner en ville, à condition d'être rentrés avant minuit. La deuxième journée ne serait pas facile.

Depuis la chute du rideau de fer, et malgré les difficultés économiques des anciennes démocraties populaires, les convois douteux ne cessaient de sillonner l'Europe. Produits alimentaires à l'aller, cigarettes de contrebande au retour. Avec, parfois en complément, quelques dizaines de kilos d'héroïne en provenance de Turquie, *via* la Bulgarie. Le trafic était tel – et la corruption si répandue – qu'aux frontières les douaniers ne faisaient même pas mine d'engager une inspection. Quelques menus cadeaux – petite maroquinerie italienne ou dessous féminins français – achetaient le silence des gabelous.

Au volant du premier camion, Alphonse Devraene, un Belge de Liège plutôt costaud, et qui avait déjà effectué plusieurs fois cette expédition, donnait le rythme au convoi, tandis que Gianni, son « aide » italien, était chargé de détecter la moindre anomalie.

Les vrais risques apparaîtraient dès la frontière roumaine, à Oradea. Après celle-ci, la circulation privée disparaissait en effet presque totalement, les patrouilles de police étaient inexistantes, les stations-service rares et dans un état lamentable. Aussi les pirates de la route s'aventuraient-ils désormais jusqu'en Roumanie, bien au-delà de Bucarest. Ils dressaient des barrages, mais ne s'intéressaient qu'aux camions isolés car ils savaient les autres dotés d'une solide protection. Les bandits se servaient dans les cargaisons qui les intéressaient avant de fuir après avoir mis le feu au véhicule. Le chauffeur pouvait se considérer comme chanceux s'il s'en tirait sans une balle dans la tête.

Les malfrats de cette espèce n'inquiétaient guère Gianni et Devraene, qui savaient l'un et l'autre que les pirates délaissaient les camions frigorifiques : maîtrisant mal les procédures de décongélation, ceux-ci craignaient de se retrouver avec de la marchandise avariée. Toutefois, le directeur général de la compagnie de transport avait insisté pour que soit maintenu le principe de l'escorte armée. Certains renseignements parvenus chez AgrImEx indiquaient que les agresseurs pouvaient être de faux pirates, mais de vrais bandits qui n'hésiteraient pas à tuer pour imposer leur racket : chaque camion devait acquitter un péage. Quand il n'avait pas de protection.

Gianni jouait les gros bras, conservant en permanence sur ses genoux son fusil à pompe, dont il caressait amoureusement la crosse en sifflotant un air de Eros Ramazzoti. Il en arrivait presque à espérer une mauvaise rencontre pour se défouler un peu. Tuer faisait partie de son job et il regrettait profondément de n'avoir pas eu à pratiquer son « art » depuis longtemps. Ces escortes devenaient une routine pénible. Vivement la livraison : au moins, à Perm, il pourrait se tirer une ou deux putes adolescentes. Peut-être même buterait-il la plus chienne, pour encore plus de plaisir. Il rigola et, à ses côtés, Devraene le regarda avec un air de franche incompréhension.

Le conducteur déroulait mentalement le trajet qui leur restait à parcourir : après le franchissement des Carpates au col de Pristop, il allait falloir progresser, sous une menace permanente, encore plusieurs milliers de kilomètres à travers la Biélorussie, l'Ukraine et Kiev, Orel et la plaine russe. Autoroutes interminables, mornes, mal entretenues. Pas une agglomération à l'horizon pendant des dizaines de kilomètres. Et le danger qui pouvait surgir n'importe quand. Sans compter les vrais risques représentés par les chauffards ivres, toujours nombreux sur les routes russes.

Ils s'arrêtèrent bien avant la tombée de la nuit sur le parking d'une station-service. On colla les camions les uns contre les autres afin d'empêcher les voleurs de se glisser entre eux. Devraene observait les gardes plaisanter en jouant aux cartes – du moins quand ils n'étaient pas en service. Il n'arrivait pas à s'endormir. Il lui tardait de rentrer à Liège où sa femme venait d'accoucher de leur cinquième fille.

Le quatrième jour, vers midi, le convoi arriva en vue de Moscou par la M3. Il n'entra pas dans la capitale russe, il la contourna par le périphérique sud pour rejoindre l'autoroute M7 au nord-est, direction Nijni Novgorod – l'ancienne Gorki. Puis il y eut Kazan et, enfin, Perm. Dès qu'il eut serré ses freins pneumatiques sur le parking de l'hôpital, Devraene souffla en allumant une cigarette.

Cette fois, le convoi n'avait rencontré aucun obstacle et avait pu livrer en temps et en heure ses cent soixante-quinze tonnes de marchandise à l'administration hospitalière de Perm, le dernier avant-poste russe avant l'Oural et les immensités sibériennes.

Devraene était trop pressé de repartir pour accepter l'offre de Gianni qui se proposait de lui faire visiter cette ville, interdite aux Occidentaux durant l'ère communiste. Après avoir récupéré un chargement de pâte à papier, et quelques centaines de cartons de cigarettes Marlboro tout à fait inauthentiques – « pour mettre du beurre dans les épinards » –, il passa la nuit dans la couchette de sa cabine et reprit la route au petit matin. Il salua ses camarades d'expédition, embraya avec sa placidité habituelle. Gianni, de retour de sa virée nocturne, l'œil allumé et la barbe rêche, cracha à terre : il ne comprenait pas pourquoi le Belge ne s'était pas offert un moment de détente. Ils se fixèrent rendez-vous une semaine plus tard : un nouveau convoi devait quitter Trieste en direction de Perm. Cette fois, la livraison serait de trois cent cinquante tonnes de viande.

Le camion de Devraene s'éloigna vers l'ouest. Personne ne devait le revoir : même son véhicule semblait s'être volatilisé dans la nature. Quelque part entre Perm et la frontière polonaise. À Liège, sa femme, effondrée, signala la disparition de son mari au poste local de police le jour même où elle déclara la naissance de sa fille à la mairie.

*

De Moscou, aucune difficulté pour appeler Paris par téléphone portable : la Russie a adopté le système SFR, aussi le trafic utilise-t-il les mêmes fréquences qu'en France. David Strelli put ainsi contacter son ami Claude Maistre au Laboratoire de police scientifique de la préfecture de Police. Ils avaient convenu d'un code simple pour s'identifier : chacun devait énoncer la moitié d'un titre de film. *La Grande Vadrouille,* en l'occurrence.

— Alors, cette dent, qu'a-t-elle donné ?

— Les tests ne sont pas terminés. Nous en sommes

à recommencer l'analyse ADN de l'incisive et du sang prélevé rue de Prony, pour valider les premiers résultats. Mais je peux te dire que les conclusions de la première recherche sont sans ambiguïté : les deux éléments proviennent presque certainement d'une seule et même personne.

— Et le sang sur le mouchoir de Klagenfurt ?

— Rien à voir. Désolé, mon vieux.

David remercia, coupa la communication et se tourna vers Margaux :

— C'est positif pour la rue de Prony.

Ils étaient arrivés le matin à Moscou. Ils avaient eu moins de difficulté que prévu pour trouver la place Smolenskaïa. Après avoir garé leur voiture de location, une Ford Escort allemande, ils avaient rejoint l'hôtel Belgrad que leur avait réservé l'agence de voyages à Paris.

L'entrée principale était gardée par une équipe d'hommes aux visages plus que patibulaires – David crut même qu'il s'agissait de voyous. À la réception, un message les attendait : il fallait appeler le 18 34 502 à Moscou. On leur remit également une lettre.

Ils s'étaient installés dans leur chambre. Une seule chambre, avec un seul grand lit : encore une fois, ils s'étaient inscrits sous le nom de Charles et Cécile de Saint-Sorin, papiers en règle à l'appui. Ils décidèrent de remettre à plus tard l'essai du confort et de la souplesse du lit. Autrement dit, ils ne se précipitaient pas pour faire l'amour.

David ouvrit l'enveloppe, en sortit trois photos. Lui et Margaux : à Klagenfurt, au moment de leur départ ; rue Mahler après leur retour, alors qu'ils déchargeaient la voiture de location ; et quai Kennedy, à leur sortie de la salle de sport.

Il blêmit :

— Merde ! Tu as vu, ça ? On ne nous lâche pas

d'une semelle ! Et comme des cons, nous n'avons rien vu. Ils savent tout de nous. Et nous rien d'eux !

— Jouons leur jeu, on verra bien.

Margaux composa le numéro. Elle fut mise en communication avec le message préenregistré d'un répondeur, une voix synthétique qui annonça en français :

« Merci d'avoir appelé. L'homme que vous cherchez travaille rue de l'Arbat. Attention, il est dangereux, il est en liaison avec Andrei Sergueievitch Tchevine, le patron de la mafia de Koptevo. Bonne chasse. »

Elle répéta le message à David qui s'était allongé, les yeux fermés. Il jugea préférable de prendre d'abord contact avec le pope que leur avait recommandé Orlin Dimitrov, l'ami bulgare de Margaux.

— Mais avant, on mange !

Malgré la neige glacée, fine, piquante, poussée en rafales par le blizzard, ils sortirent.

Ils traversèrent un grand boulevard par un souterrain – après avoir vainement recherché un passage piétonnier en surface – et s'engagèrent dans la rue de l'Arbat – justement –, la célèbre artère piétonnière permettant de rejoindre le cœur de la ville. Aussi extraordinaire que cela puisse paraître, il n'y avait aucun restaurant russe dans cet endroit pourtant si typiquement moscovite. Un McDonald's à l'entrée de la rue, un restaurant géorgien qui ressemblait à un coupe-gorge, et cette trattoria italienne, Quatro Canti, qu'ils finirent par choisir.

Alors qu'ils finissaient leur repas, Margaux composa sur son mobile le numéro du pope. Quand il entendit la voix de la jeune femme, le correspondant passa aussitôt au français, qu'il maîtrisait bien, mais avec un accent étrange, très modulé, un peu chuintant. Il annonça qu'il viendrait les chercher dans une heure. Ils n'avaient pas à se presser : il les ferait demander à la réception de l'hôtel.

Le père Stefan était un homme superbe, au visage grave et d'une grande beauté, sa longue robe noire allégeant encore sa haute silhouette svelte.

Il portait la barbe longue – naturellement –, et une sorte de grosse calotte noire en feutre protégeait sa tête du froid. Il était accompagné de son « chauffeur », Ivan, un jeune homme mince aux yeux incroyablement clairs, engoncé dans un gros anorak fourré, et les mains dans les poches. Ils montèrent tous dans une énorme voiture – noire, cela va sans dire –, sur le coffre de laquelle Margaux déchiffra avec difficulté la marque : GAZ, Volga[1]. Les sièges étaient défoncés, les amortisseurs avaient rendu l'âme depuis longtemps, la boîte de vitesses grinçait de façon effroyable. Dans les rues rendues presque impraticables par la neige, sans un mot d'instruction, Ivan se lança dans une course folle au volant de ce véritable char d'assaut. Il s'engagea bientôt sur une avenue immensément large et longue, vaste nappe blanche sur laquelle fonçaient des camions et des automobiles hors d'âge.

— Koutouzov Prospekt, daigna enfin expliquer le pope en tripotant sa croix pectorale et en souriant aux anges. Voie directe du Kremlin à la datcha de Staline. Pas un seul feu rouge pendant trente-cinq kilomètres. Le Petit Père ne supportait pas d'avoir à s'arrêter quand il partait à la campagne.

— Maintenant, il n'y a plus Staline.

Son sourire s'accentua.

— Je dois donc vous aider. Mon ami Orlin m'a recommandé de beaucoup vous aider.

1. Une copie assez grossière des Chevrolet des années 60.

— Cent cinquante dollars par jour, suggéra Margaux.

— Merci, beau don pour mon église.

Le sourire se fit carnassier.

— Vous allez voir mon église.

Il chercha dans la poche de sa soutane son téléphone mobile qui s'était mis à sonner et se lança dans une longue conversation, tandis que la Volga fonçait toujours sur l'interminable avenue.

À mesure qu'ils s'éloignaient du centre, la neige s'épaississait, mais Ivan ne ralentissait pas. Ils sortaient de la ville, les barres de béton de part et d'autre de la voie étaient moins nombreuses, plus éloignées de la chaussée. Le père Stefan causait toujours. Les deux Français échangèrent un regard. Margaux savait qu'il leur faudrait être diplomates. Elle fit signe à David, qu'elle sentait bouillonner, de prendre son mal en patience. Empruntant un échangeur sommaire, la voiture s'engagea sur le boulevard périphérique pendant quelques centaines de mètres. Soudain, Ivan freina avec brusquerie. La Volga fit une large embardée et s'engagea à une vitesse nettement excessive sur une rampe descendant vers une route qui paraissait étroite. Aucun panneau indicateur et, en bas de la rampe, un barrage de police : Ford américaine surmontée d'une rampe lumineuse, comme à New York. Quatre miliciens, dans leur tenue d'hiver, brandissaient de façon peu engageante leurs Kalachnikov. Bref arrêt. Sans interrompre sa communication, le pope montra aux policiers un document collé sur le pare-brise – le permis de circuler dans la zone – et la Volga put repartir.

À vitesse plus raisonnable, ils entrèrent au paradis : une petite route qui serpentait au milieu d'une forêt de sapins enneigés, derrière lesquels on distinguait de grandes maisons modernes. Un panneau indicateur : « Zhoukouka ». Sur la droite, un restaurant, et, de nouveau, la forêt. David et Margaux étaient fascinés autant qu'agacés. Le pope coupa enfin son téléphone et se retourna vers eux, leur désignant d'un geste large la route, le paysage enneigé de carte postale :

— Vous voyez tout ça ? Splendide, hein ? Splendide. Eh bien, vous ne voyez rien. Sur les cartes, rien n'existe de tout ça. Il y a bien la Moskova, qui coule à quelques centaines de mètres d'ici. Et sur la rive gauche, ici, rien. Le vide. Ni une seule de ces maisons, ni cet hôpital où Eltsine était soigné, ni ce restaurant – La Chasse royale – où il a reçu Jacques Chirac et Bill Clinton n'y figure. Pas plus que vous ne trouverez la datcha de notre Président, l'ancienne résidence de Staline, de Khrouchtchev, les maisons de campagne du maire de Moscou, de Boris Berezovski, l'homme le plus riche du monde après Bill Gates. Rien.

Le pope rit de ce qui paraissait être une grosse plaisanterie, et qui n'était que l'expression de la réalité. Il ajouta, avec son curieux air extatique :

— C'est ainsi, notre Russie. Est-ce que vous pouvez comprendre ? Je n'en suis pas sûr. Alors, que voulez-vous savoir de nous ?

— Voilà, attaqua David Strelli. Nous cherchons tout sur une personne !

Le visage du religieux se renfrogna. Il soupira :

— Déjà ? Vous tous, les Occidentaux, vous allez toujours trop vite. On n'a pas eu le temps de se connaître.

Margaux regarda David avec dépit et ferma brièvement les yeux.

La Volga était parvenue à un carrefour dans la forêt, au milieu duquel se dressait un petit monument religieux coiffé par un bulbe dont on apercevait les dorures sous la neige. À ses pieds, encore quatre policiers, qui lancèrent un signe amical au chauffeur, lequel tourna à droite. Ils traversèrent un village formé d'isbas de dimensions modestes, mais dont les peintures pastel étaient magnifiquement entretenues. Au bout du village, un mirage : une construction fantastique, blanc et pourpre, clochers pointus et bulbes dorés se détachant sur une plaine enneigée qui semblait infinie, ponctuée ici et là de bosquets de bouleaux et de sapins.

— Mon église, annonça fièrement le pope. Elle porte le nom du Christ-Sauveur, comme la cathédrale de Moscou. Nous irons la voir plus tard. Ma femme vous attend avec le thé.

Ivan rangea la voiture sous un porche.

Le père Stefan entraîna ses hôtes dans le presbytère, constitué, pour l'essentiel, d'une immense salle lambrissée en bois clair avec, dans un angle, un grand poêle de faïence verte décoré par des bouquets de fleurs séchées. Le mur du fond était occupé par des tapisseries reproduisant des fresques religieuses, ainsi que par quelques icônes manifestement précieuses.

Olga, l'épouse du pope, était une femme ravissante, yeux bleus comme un ciel, visage aux traits incroyablement fins. En s'asseyant, Margaux pensa que le curé ne s'embêtait pas.

Il semblait à David que cette curieuse cérémonie du thé n'en finirait jamais. Impavide, Margaux dégustait des petits biscuits secs trempés dans son breuvage en lançant des sourires à la femme du pope. Il saisit à son tour une tasse. Margaux posa quelques questions sur le ministère du pope, sur la foi de ses ouailles et sur d'autres balivernes qui accrurent l'énervement rentré de Strelli. Puis, après avoir complimenté la maîtresse de maison pour la beauté de son intérieur et la délicatesse de ses biscuits, elle se tourna vers le père Stefan et, affichant un visage de pénitente, demanda :

— Nous désirions juste que vous nous informiez sur un certain Delaserras, un Suisse, qui vivrait ici à Moscou. Mais, évidemment, ceci n'est pas d'une urgence capitale.

L'expression du pope se ferma soudain. Il ne répondit pas.

— Vous ne le connaissez pas ?

Il pencha alors sa longue silhouette noire vers sa femme.

— Ce cher Jean-Maurice. Jean-Maurice Delaserras. Tu te souviens, Olga ? Quand il est venu nous apporter, l'an passé, cette petite valise pleine de dollars qui a permis d'achever la restauration de l'église avant l'hiver. Ce très cher Jean-Maurice Delaserras. Olga, dis quelque chose à nos hôtes !

Olga n'avait manifestement rien à exprimer. Ou pas envie de le faire. Elle se contenta de sourire et d'offrir à Strelli des biscuits secs. En vérité, son mari ne lui demandait rien du tout. Il se tourna vers Strelli.

— Monsieur, votre épouse sait-elle ce qu'elle pose comme question ?

Strelli haussa les épaules, mais en souriant, cette fois, avec la plus grande amabilité. On était en train de jouer une partie serrée. Margaux était elle-même stupéfaite, ne s'attendant pas à une réaction aussi rapide de l'homme d'Église. Celui-ci se pinça les lèvres.

— Enfin, puisque vous êtes des amis d'Orlin ! Ce Suisse séjourne en effet souvent à Moscou, vous avez son adresse, je crois. Ne soyez pas étonnés que je sache beaucoup de choses sur son compte. Malgré les apparences, notre ville est très petite, et le milieu des affaires avec l'Occident encore plus. Nous nous connaissons tous. Je dis « nous », bien que je ne sois pas un business man. Moi, je suis interprète, traducteur, donc je dois rencontrer toutes les personnes, et chacun veut me voir. Oui, c'est ça...

Il souffla un instant. David se demandait s'il allait

enfin dévoiler ses secrets. Mais le pope poursuivit son exorde :

— En principe, il est presque impossible d'enquêter à Moscou, il n'y a pas d'annuaire et presque tous les rouages importants sont encore tenus par des anciens du KGB. Moi-même, avant de me convertir et d'embrasser la religion... Enfin, vous comprenez ! Mais c'est faux, tout se sait, il suffit de trouver les bons filons, et je suis peut-être un bon filon, c'est pourquoi Orlin Dimitrov vous a envoyés me voir. Donc, voilà.

Un fanfaron, jugea Strelli en reprenant du thé pour ne pas froisser Olga et malgré une irrésistible envie d'uriner.

— Ce Jean-Maurice Delaserras, ce Suisse, est le plus grand des bandits de cette ville qui n'en manque pas. Mais aussi le plus efficace des négociateurs. Très dangereux, je vous le garantis. Très dangereux. Surtout parce qu'il a su devenir ami avec certains très grands mafieux.

— À commencer par Andrei Sergueievitch Tchevine ? osa Margaux.

Le père Stefan se tourna vers Strelli.

— Monsieur, votre épouse est étonnante. Oui, chère madame. Tchevine lui-même, le grand maître de Koptevo, de la *bratva* de Koptevo. La confrérie de Koptevo.

Elle frissonna d'excitation, très étonnée de constater la soudaine émotion du père Stefan qui ajouta :

— Je dois vous apprendre qu'Andrei Sergueievitch Tchevine est aussi le grand bienfaiteur de mon église. Car cette église est sa paroisse, sa maison est toute proche, à deux kilomètres d'ici. Et savez-vous qui y habite depuis qu'Andrei Sergueievitch a cru devoir quitter la Russie ?

— Delaserras, murmura Margaux.

Le pope regarda tour à tour ses hôtes et sa femme.

— Tu vois, Olga, je n'ai rien besoin de leur dire.

Nouveau regard aux deux Français.

— Vous savez déjà tout, lança-t-il joyeusement.

Une chose tracassait David Strelli : malgré les informations du père Stefan, ils ignoraient toujours qui avait fait déposer le message à l'hôtel. Un inconnu suffisamment informé pour connaître non seulement leur escapade autrichienne, mais encore l'objet de leur mission et leur commanditaire, CI Co.

Un inconnu qui, au travers de Jean-Maurice Delaserras, tenait à les mettre sur la piste d'Andrei Tchevine, le grand maître de Koptevo. Pourquoi ?

David sentait qu'ils devaient absolument échapper à ces yeux braqués sur eux – ou les démasquer ! – pour boucler l'enquête initiale sur le massacre de la rue de Prony.

*

Trois tours de roue en avant, trois tours de roue en arrière.

Et, s'il poussait trop fort, son fauteuil heurtait violemment le mur. Minute après minute, heure après heure, jour après jour, Vic Minasola faisait ainsi des aller et retour dans sa cellule. Murs blancs, fenêtre haut placée qu'il ne pouvait de toute façon pas atteindre, avec en plus une grosse grille extérieure pour empêcher toute évasion. Parfois, il se mettait à pousser des cris qui terrifiaient tout le bâtiment, car les autres prisonniers connaissaient la signification de cette fureur. Le jeune *padrone* émettait ces hurlements pour défier. Défier l'administration de la prison Ucciardone. Défier le procureur Caselli. Défier le monde. Il était un fauve enragé et il le signifiait de la façon la plus terrible.

Des gardes se précipitaient alors, suivis par leur chef, puis par le directeur. Ils lui parlaient, tentaient de le ramener à la raison. Peine perdue. Loup pris au piège, Vic hurlait obstinément. Des heures durant. Jusqu'à n'en plus pouvoir, larynx irrité à un tel point qu'il était incapable d'émettre, par la suite, le moindre son. Il ne laissait pour autant personne l'approcher : quiconque tentait de le toucher était griffé, mordu, frappé.

— Je vous tuerai tous, de mes mains ! trouvait-il cependant encore la force de murmurer d'une voix rauque. Je vous traquerai, je vous crèverai les yeux, je vous arracherai la langue.

Les gardiens préféraient laisser ce fou éructer seul ses discours. L'administration de la prison avait tenté de mélanger des calmants à la nourriture du paraplégique. Mais Vicente refusait de manger si un gardien n'avait pas goûté avant lui les plats.

Il haïssait encore plus le monde, l'univers, Dieu, les siens qu'il accusait de l'avoir abandonné. Il savait que le juge de l'enquête avait ordonné que soient prises toutes les mesures de sécurité renforcée du fameux régime 41 bis réservé aux mafieux [1] : son père et Francesca, considérés eux-mêmes comme suspects, ne pouvaient entrer dans la prison. Le droit de visite n'était concédé qu'à sa mère. Et encore, sous étroite surveillance. Et, quand elle venait, il l'accablait d'injures, exigeant que Francesca entreprenne quelque chose avant qu'il ne devienne totalement fou. Si c'était possible. Sharon, sa propre mère, ne pouvait le calmer.

Et ainsi passaient les jours, dans les cris et la fureur.

Chaque semaine, le procureur adjoint Bettino Mattioli se rendait à la prison pour interroger le prisonnier.

1. Toute personne poursuivie pour faits mafieux est placée sous le « régime 41 bis » faisant référence à l'article 41 bis de la loi antimafia. Pour être appliqué, ce régime carcéral dur doit faire l'objet d'une requête spécifique du parquet confirmée par la décision du juge de l'enquête. Il s'agit d'empêcher le prisonnier de poursuivre la conduite de ses affaires depuis la prison.

Minasola était alors introduit dans l'une des cages disposées en demi-cercle de la salle d'audience du bunker. Protégé par la grille, le magistrat se tenait à distance pour éviter les crachats que lui lançait le prisonnier qui, évidemment, ne daignait pas répondre à la moindre question, se contentant de hurler de nouveau. Plus fort, plus longtemps. Tous ces immondes porcs ! Non seulement il les pendrait par les pieds, les congèlerait dans une chambre froide, mais encore il les ferait hacher vivants par des machines d'abattoir. Son délire, pourtant, n'entamait pas la résolution de Mattioli qui, chaque semaine, le même jour, à la même heure, impassible, revenait pour poser les mêmes questions à Vic Minasola. Qui ne répondait jamais bien sûr. Même les paroles les plus dures et les menaces les plus directes du magistrat ne pouvaient empêcher Vicente d'imaginer qu'il sortirait vainqueur de ce duel, qu'il briserait tous ses ennemis même s'ils se coalisaient contre lui.

À l'extérieur, Francesca œuvrait en silence pour sa libération.

16

Portant un costume noir Cerruti et une chemise noire, Jacques-Olivier Lambert-Leroy était plongé dans la contemplation béate d'un tableau du Caravage, *La Vocation de saint Matthieu.* Lumière extraordinaire – surnaturelle – sur le visage d'un adolescent, la main du saint négligemment posée sur son épaule.

Avec les voyages, il s'était découvert une passion pour la peinture, notamment celle de la Renaissance italienne. Crimes et égarements, corruptions, politiques perverses, conquêtes militaires et féminines, art et complot, *condotierri* et cardinaux, cette époque l'enchantait. Quand il passait dans une ville, il ne manquait jamais de visiter le musée local, le monument ou l'église où son guide touristique signalait une toile de quelque valeur. Aussi était-il devenu un véritable amateur. Jusqu'à acheter les œuvres de grands ou petits maîtres, dans les ventes de New York, de Londres ou de Monaco. Christie's, Sotheby's. Et même à Drouot. En authentique collectionneur, il ne cessait d'acheter et de vendre. Et tant mieux s'il lui arrivait de réaliser des plus-values.

Il admirait particulièrement Michelangelo Merisi, dit Il Caravaggio, né à Caravaggio en 1573, mort à Porto Ercole en 1610. Un très grand maître et aussi un incorrigible duelliste, querelleur, et probablement un assassin. Louise-Marie, sa femme, soutenait qu'il aurait une autre vision de cette œuvre si Merigi avait eu une vie moins palpitante. Peut-être, concédait avec mépris JO2L, mais il ne se lassait jamais de revenir dans la chapelle Contarelli de Saint-Louis-des-Français, où se trouvait cet ensemble de trois tableaux consacrés à la vie de saint Matthieu.

— Tous les petits Italiens connaissent ce tableau prodigieux, il est considéré comme patrimoine national.

Il reconnut la voix, agréablement rauque, au fort accent italien. Mais il ne se retourna pas, observant toujours chaque détail du chef-d'œuvre.

— Classe après classe, nous sommes tous passés ici. L'étape à San Luigi dei Francesi était inévitable quand nous venions en voyage scolaire à Rome, poursuivit Francesca Minasola.

— Comment un tel voyou a-t-il pu peindre une œuvre si belle et si sereine ?

— Cher monsieur, c'est tout le mystère de l'art. D'ailleurs, construite au XVIe siècle avec des pierres extraites des thermes de Néron qui servaient de carrière, cette église est en elle-même le symbole de la rencontre de l'art et du crime.

Quand il entendit la jeune femme retraverser la nef, il fit demi-tour et la vit se diriger vers une porte latérale. Elle portait un fuseau Prada, une capeline Gucci, et une voilette noire lui recouvrait le visage. Il la suivit. Ils se retrouvèrent dans un cloître. Elle s'était assise sans façon dans un fauteuil de paille. En une attitude hautaine, elle lui tendit la main pour l'obliger à la lui baiser. Il faillit ricaner, mais elle souleva sa voilette et, devant la dureté de ses yeux, il s'exécuta piteusement. Il ne devait jamais oublier qu'elle était la sœur de Don Vicente Minasola sur le compte duquel couraient des rumeurs d'une sauvagerie dont beaucoup auraient déjà pâti.

— Je pensais retrouver votre frère, dit Lambert-Leroy en la détaillant longuement.

Était-ce le voile noir ou l'atmosphère glacée du cloître, ou encore la violence fugace apparue sur ces traits pourtant si harmonieux ? Il lui semblait que Francesca Minasola portait le deuil. Il n'osa pas lui poser de question.

— « Ils » l'ont mis en prison, murmura-t-elle comme si elle avait deviné ses interrogations. Caselli, ce chien, accuse mon frère de tous les crimes du monde.

— Caselli ?

— Le procureur antimafia de Palerme.

Lambert-Leroy sentit ses mains devenir moites. Il ne voulait rien savoir. Rien d'autre que le business.

Francesca scruta sa réaction, mais il se contenta de déplorer les graves manquements à la démocratie dans tous les pays européens. Lui-même, en ce moment, devait affronter...

Elle le coupa sèchement :

— Les affaires doivent continuer. Et c'est de cela dont nous devons parler. Vic m'avait chargée de mener à bien une vente assez difficile.

— Si je puis vous être utile.

— Voilà : nous avons acheté, il y a quelques mois, un stock de vieux métaux que nous souhaiterions exporter. Vers la Russie, ou un pays de ce genre.

— Il n'y a plus de problème, aujourd'hui !

— Dans ce cas, si ! Il y a un vrai problème.

— Pour un stock de vieux métaux ? s'étonna Lambert-Leroy.

— Il ne s'agit pas à proprement parler de vieux métaux ordinaires, mais de mines antipersonnel officiellement désamorcées, et déclassées.

JO2L concentra son attention. L'affaire était en effet curieuse, dangereuse, donc probablement rémunératrice. Il devait se rendre à une vente aux enchères à

Londres en fin de mois chez Sotheby's. S'il tirait une bonne somme de cette intervention pour le compte des Minasola, il pourrait peut-être emporter l'un de ces portraits dus à Ercole de Roberti qu'il convoitait. Ou encore une scène d'Antiquité champêtre de Picro di Cosimo.

Comme les compétences du financier en matière d'armement étaient limitées, la jeune femme lui rappela les termes d'une convention internationale [1] qui interdisait l'emploi des mines antipersonnel, et donc obligeait à détruire les énormes stocks.

— Un fabricant installé dans la région de Venise, près de la base aérienne d'Aviano occupée par l'OTAN, a décidé de revendre sa production comme du vieux métal, après avoir démilitarisé les engins, enlevé leur explosif, annihilé leur détonateur.

Elle chuchotait, et ce ton donnait un aspect tout à fait irréel à cet exposé sur des matériels de mort.

— Je vois. Où est le problème ?

Francesca laissa échapper un soupir : ou Lambert-Leroy était bien naïf ou il jouait à l'imbécile. Ce qui ne lui plaisait pas.

— Un informateur a proposé l'affaire à mon frère, étant entendu, cher monsieur, qu'en réalité les mines seraient livrées intactes.

— OK. Mais les contrôles ? demanda-t-il dans un souffle. Maintcnant que votre frère est en...

— Taisez-vous ! Le clan Minasola survit toujours. Plus que jamais. *Capice ?*

JO2L hocha la tête.

1. Avec l'adhésion de cent trente pays, dont la France, mais pas les États-Unis, le 1er mars 1999, la Convention sur l'interdiction de l'emploi, du stockage, de la production et du transfert des mines antipersonnel, signée à Ottawa au Canada en décembre 1997, est devenue partie intégrante du droit international.

— Nous avons tout prévu. Nous avons acheté le stock et pris à notre charge l'intervention d'un contrôleur qui pourra certifier que les mines sont désormais inoffensives, et celle d'un officier des douanes qui établira le dossier indispensable pour l'exportation.

Elle soupira. Quelques milliers de dollars avaient eu raison de l'intégrité des deux fonctionnaires. Pour libérer Vic, il en faudrait sans doute bien plus.

— Où se trouve le chargement ?

— Réparti sur deux barges ancrées au large du port d'Ancône, sur l'Adriatique.

— Et ces engins, qui peuvent-ils intéresser ?

— Il s'agit pour l'essentiel de mines sauteuses dotées de petites antennes. Quand elles détectent un mouvement, l'engin bondit avant d'exploser en l'air. Nous disposons également d'obus à sous-munitions, lesquels, lors de l'impact, projettent cinq cents mines de la taille d'une grenade dans un rayon de quelques dizaines de mètres. Des bijoux. Le tout est enfermé dans des containers sécurisés qu'il suffit d'enlever pour les embarquer dans un cargo à l'abri des regards indiscrets.

— Pourquoi avoir pensé à moi ? Je ne suis pas du tout spécialiste.

— On ne vous demande pas d'intervenir vous-même, mais de nous assister pour trouver un client. Vos excellentes relations à l'Est, vous me comprenez.

Cinq cents tonnes à placer, un chargement d'importance. JO2L réfléchissait, échafaudait déjà des montages. Khamylov ? Non, le vieux avait déjà assez à faire avec ses combines habituelles.

Cinq cents tonnes, cent mille pièces quand même. De quoi pourrir des milliers d'hectares. Le marché serbe était fermé depuis la fin de la guerre avec l'OTAN, mais les mafieux albanais restaient toujours très actifs, très branchés avec des pays comme l'Afghanistan, qui avaient de gros besoins et peu de scrupules humanitaires. Il lui faudrait contacter l'un de ses amis à Tirana, Ismaël Ismaïli. Un dur à cuire en affaires. Il regarda Francesca.

— Combien ?

— Cent francs par engin. À ce prix, c'est une affaire, murmura la jeune femme.

JO2L se caressa la mâchoire. Dix millions de francs... Ismaïli aurait-il les moyens financiers suffisants ? Il ne pouvait encore rien promettre, sauf à consentir le maximum d'efforts. Il pouvait espérer pour lui-même dix à quinze pour cent du chiffre total. Cette perspective méritait réflexion.

Les enchères à Sotheby's. La Renaissance italienne. Les barges au large d'Ancône et leur mortelle cargaison. Le sang de gosses innocents au bout du monde. Caravaggio. L'amazone du clan Minasola. La magie des chiffres eut vite raison de ses doutes. Il donna une réponse dilatoire :

— Je peux vous donner des indications d'ici à huit jours.

— Huit jours, pas un de plus.

Francesca tendit sa main – toujours gantée – pour recevoir le baiser de rigueur. Elle se leva et, toujours masquée par sa voilette noire, elle se dirigea vers la sortie du couvent donnant sur la via Giovanna d'Arco. La porte se referma sans bruit sur elle.

Lambert-Leroy décida de repasser par l'église pour quitter le lieu. Il croisa quelques prêtres aux airs affairés et se perdit encore quelques minutes dans la contemplation du Caravage.

La main de saint Matthieu posée sur l'épaule du gamin. Une explosion dans la rizière. Un million de francs. Il aurait voulu prier, mais il n'avait jamais appris et ici, il n'y avait aucun cierge à brûler. Son âme serait damnée.

*

La veille au soir, la neige n'avait cessé de tomber des heures durant, recouvrant la ville d'un linceul blanc. Et, durant la nuit, le thermomètre était tombé à – 15 °C. Au début de la matinée, la température était un peu remontée, juste assez pour que la neige revienne. Chassée par des bourrasques de vent, la poudreuse était si fine qu'elle piquait douloureusement la peau. Malgré une météo très contrastée, paramètre fondamental de la vie moscovite, il fallait continuer à vivre.

David et Margaux avaient décidé d'aller rue de l'Arbat vérifier l'adresse de Delaserras et, au besoin, tenter de le rencontrer. Dès la première accalmie, quand ils purent revoir, par leur fenêtre, l'architecture monstrueuse du gratte-ciel du ministère des Affaires étrangères, ils sortirent. Cent mètres plus loin, ils durent revenir sur leurs pas. Impossible de marcher sans geler sur place.

Il leur suffisait de traverser le boulevard pour rejoindre le bel immeuble Modern'Style de la rue de l'Arbat où le Suisse avait installé son cabinet d'avocat, non loin de la maison de Pouchkine, mais ils préférèrent s'engouffrer dans la Ford Escort de location même s'ils étaient ainsi contraints d'effectuer un énorme détour pour passer de l'autre côté de l'artère.

— Cette ville commence à me taper sur les nerfs, maugréa Strelli.

La conduite, plus que difficile sur le sol gelé, s'apparentait presque à de l'acrobatie et il devait se concentrer pour rester dans l'axe.

Il fulminait : leur enquête ne progressait pas et il fallait peut-être songer à rentrer en France. Margaux n'était, bien sûr, pas d'accord, mais ne fit aucune remarque. Avant de quitter Paris pour Moscou, elle avait déjà glané sur Delaserras quelques éléments : il en ressortait que l'avocat vaudois ne passait que fort peu de temps à étudier des dossiers judiciaires dans son cabinet d'Ouchy, petite et charmante ville en bordure du lac Léman, au bout de l'agglomération de Lausanne.

Il faisait peu de doute qu'il avait géré des sociétés écrans inscrites au registre du commerce de divers paradis fiscaux, avant de s'apercevoir qu'il était encore plus fructueux de présenter les uns aux autres, moyennant de solides commissions quand des marchés étaient noués. Un intermédiaire pour lequel l'honorabilité des clients importait beaucoup moins que l'état de leurs comptes secrets. Son positionnement sur le marché russe – avec des risques immenses, mais aussi la possibilité d'énormes profits –, et ses relations avec Tchevine, modèle du « nouveau Russe » encore peu au fait des pratiques du capitalisme à l'occidentale, prouvaient que Delaserras était prêt à tout. Ces informations satisferaient déjà Mayeux. Mais David avait raison sur un point : leur enquête initiale sur le carnage de Techni-Engineering n'avait pas avancé d'un iota.

Alors qu'il venait enfin de retrouver son chemin sur le boulevard de ceinture, Strelli se rendit brusquement compte qu'une voiture leur collait au train. Il identifia le modèle : une grosse Volga, la version la plus récente, toujours aussi massive, mais très à l'aise sur la patinoire intégrale qu'était la chaussée recouverte de glace – elle-même dissimulée sous une couche de neige fraîche.

Il tenta d'accélérer pour vérifier son impression. Après une embardée qui faillit le conduire sous les roues d'un gros camion Kamaz en train de déverser du sel, il put reprendre sa ligne. L'autre ne le lâchait pas, et même se rapprochait insensiblement. David tourna en catastrophe dans la première avenue à droite, pied au plancher. La petite Ford tanguait dangereusement.

Son poursuivant, trop lourd était peu à peu distancé. Strelli voulut accentuer son avantage, mais il perdit le contrôle de la direction – les roues cessant soudain d'accrocher. Un tête-à-queue, demi-tour complet. Deux voitures l'évitèrent de justesse avant de s'immobiliser en plein milieu du boulevard. Il jura. À ses côtés, Margaux restait impassible. Des coups de Klaxon résonnèrent de toutes parts. Il repartit en patinant. Ralentie par un motard qu'elle venait de renverser, la Volga fonçait maintenant à toute vitesse sur eux. Elle vint percuter le pare-chocs arrière de la Ford qui, une nouvelle fois, partit en perdition. Un immense fracas de tôle enfoncée retentit derrière eux : une Zil, en cherchant à éviter la Volga folle, fit plusieurs tonneaux et s'écrasa contre un camion qui venait de piler net.

Un coup d'œil dans le rétroviseur : David ne voyait plus son poursuivant. Margaux, maintenant plus tendue, se taisait toujours.

Alors qu'ils abordaient un grand carrefour, Strelli leva la tête, par instinct : en face de lui, au-delà d'un petit parc, la muraille rouge du Kremlin bouchait la route.

— Merde !

Il vira au jugé vers la gauche, avec facilité car la voie avait été déneigée. Il longea à toute allure un grand bâtiment jaune. À droite, une rambarde de pierre marquait la limite du jardin situé en contrebas. Il conduisait au jugé, un œil sur la route en face de lui, un autre dans le rétroviseur pour surveiller son adversaire qui venait de ressurgir, à cent mètres. Cinquante, trente. L'homme était seul à bord. Il s'était approché suffisamment pour se porter à leur niveau. David le vit distinctement donner un coup de volant pour frapper l'arrière gauche de la Ford. Il tenta une manœuvre en catastrophe : coup de frein brutal, suivi d'un quart de tour de volant à droite. La voiture partit en dérapage sur la chaussée glacée, mais comme il l'avait prévu, il put aisément contrôler sa trajectoire. Il fonça dans une rue étroite qui montait en pente rude. À droite, le Kremlin, à gauche un énorme immeuble rouge. Et, en face, se profilant au bout d'un espace pavé, des clochers à bulbes multicolores.

— Merde de merde, rugit-il à nouveau.

Il venait de déboucher sur la place Rouge, totalement interdite à la circulation.

— David ! Attention ! hurla Margaux.

Il évita de justesse trois piétons égarés sous la neige qui s'égaillèrent en poussant des cris. Des coups de sifflet retentirent. Il n'était plus question de s'arrêter. Strelli filait droit devant lui. Coup d'œil dans le rétroviseur : la Volga revenait rapidement. Il sentait la sueur lui dégouliner dans le dos. Un énorme choc à l'arrière projeta Margaux vers le pare-brise. La ceinture de sécurité la retint, mais elle eut le souffle coupé.

— Ça va ? demanda-t-il sans la regarder.

Elle murmura un « oui » en ravalant sa salive.

Derrière eux, l'agresseur réitérait sa manœuvre, mais avec encore plus de violence. La Ford tourna sur elle-même comme une toupie. David vit la Volga partir aussi à la dérive : l'homme avait accéléré trop brutalement et les deux véhicules étaient maintenant entraînés – au ralenti – dans un étrange et mortel ballet. Comme dans un manège magique, les tours pointues du Kremlin semblaient tourner autour d'eux.

Margaux, blême, serrait les dents. David se retourna pour voir l'agresseur : il perçut en un éclair son regard. L'Ombre. Sofia ! Le Boiteux. Margaux venait aussi de le reconnaître. Le tueur avait repris le contrôle de sa Volga et fonçait vers la Ford pour l'emboutir de travers. David accéléra autant qu'il put et il s'en fallut d'un cheveu que la Volga ne les touche. Il regarda dans le rétroviseur et entendit trop tard le cri de Margaux :

le choc avec une voiture de police stationnée à la lisière de la place le jeta contre la portière. L'un des miliciens, de faction à l'extérieur, partit en vol plané, retomba lourdement sur le capot de la Ford avant de chuter sur la couche de glace transparente recouvrant le pavé. Strelli et Margaux avaient jailli de leur véhicule en roulé-boulé. David se saisit de la Kalachnikov lâchée par le milicien qui gémissait à quelques mètres.

Il l'arma, tira une courte rafale dans les roues de la Volga qui se ruait sur eux. Pneus avant crevés, la voiture amorça un zigzag fou avant d'enfoncer une deuxième voiture de police qui venait d'entrer sur la place.

Sans prendre le temps de mesurer le résultat de ses tirs, Strelli entraîna Margaux vers une vaste porte s'ouvrant devant eux, sans savoir qu'ils s'engouffraient dans le Goum, l'immense galerie marchande en bordure de la place Rouge. L'écho des sirènes de police leur parvenait tandis qu'ils couraient dans les travées bondées de monde. Ils s'arrêtèrent à un croisement. Margaux haletait et David, Kalachnikov à la main, tentait de trouver une issue de secours.

Soudain, une femme, près d'eux, s'écroula, boîte crânienne éclatée. David tourna brièvement la tête et vit le Boiteux se rapprocher en claudiquant. Il pointait à nouveau son arme. David indiqua une direction à Margaux. Plusieurs balles sifflèrent, des cris retentirent aux alentours. Un hurlement de douleur : un homme s'effondra, touché au thorax.

Au milieu d'une foule qui ne comprenait rien, ils avaient beau enchaîner les montées d'escaliers, les coursives, ils ne parvenaient pas à lâcher l'Ombre. À l'autre bout d'un couloir, l'homme les visait. Strelli se jeta sur une enfant qui venait d'échapper à sa mère. La balle fit voler en éclats une vitrine de bijoux. Il braqua son fusil d'assaut et voulut répliquer mais il risquait d'atteindre un badaud. Il fit glisser la gamine et sa mère sous un étal, derrière un pilier, retira le chargeur de la Kalachnikov qu'il jeta dans les escaliers et chercha Margaux des yeux.

Là-bas, à vingt mètres, elle tentait d'éviter le Boiteux. Il se releva et se mit à hurler dans sa direction pour faire diversion. Les yeux de l'homme parurent se rétrécir lorsqu'il le mit en joue. Il tira au moment même où Margaux se jetait sur lui. La balle percuta le plafond et ils roulèrent sur le sol en poussant des vociférations de bêtes. Le Boiteux parvint à se dégager de l'emprise de la jeune femme qui revint aussitôt à la charge.

Strelli courait vers eux quand il les vit chuter dans l'escalier, soudés l'un à l'autre. Le tueur avait perdu son arme. Strelli la ramassa et visa l'homme qui, en se relevant, donna un coup de rangers dans le visage de Margaux. Elle chuta lourdement, son front percuta l'une des marches de l'escalier. Strelli poussa un cri et descendit à toute vitesse. On entendait les sifflets des policiers. Le Boiteux s'esquiva dans le dédale du magasin.

Margaux s'était effondrée à ses pieds. David la redressa : le sang jaillissait de sa blessure au front, lui inondant le visage. Aveuglée, elle titubait. Il lui saisit le bras, l'obligea à courir avec lui.

— Dans une minute, nous allons avoir sur le dos tous les flics de Moscou.

— Oui, pas envie de dormir à la Boterka[1] ce soir ! bégaya-t-elle.

Il l'observa à la dérobée : malgré la douleur, elle trouvait encore les moyens de faire de l'humour. Une tentative de conjurer le sort. Ils dévalèrent le dernier

1. La maison d'arrêt de la capitale soviétique. Il n'y en a qu'une. Mais quelle prison, l'enfer de Dante.

escalier. Margaux se tenait la tête. Au rez-de-chaussée, Strelli hésita un instant sur le chemin à suivre, bien qu'il la sentît faiblir à son bras. Elle était de plus en plus vacillante, presque absente. Le Goum avait été déserté. Il aperçut une sortie à l'opposé de la place Rouge. Ils se retrouvèrent dans une artère étroite, la Sapunova. Ils prirent à gauche vers la Nikolaskaïa Ulitsa. Margaux devenait de plus en plus lourde.

— On y est, Margaux, on y est ! On y est ! l'encourageait-il en cherchant un taxi.

Au bout d'une minute, un taxi Lada Samara s'arrêta à leur hauteur.

— Fransouski Ambassy, Leninsky Prospekt ! baragouina David en jugeant pourtant plus prudent de montrer un carton sur lequel il avait écrit en russe l'adresse de l'ambassade de France.

Le chauffeur lui tendit un mouchoir en grognant, sans doute pour qu'il essuie le visage de Margaux maculé de sang. Puis il se mit en route tranquillement, sans s'étonner outre mesure de ce couple étrange. Ils suivirent des boulevards à n'en plus finir et David, qui ne connaissait pas assez Moscou pour se repérer, commençait à paniquer bien que ce ne fût pas le moment. Il devait rester lucide. Dans ses bras, Margaux dodelinait de la tête. Le saignement s'était arrêté, mais elle ne réagissait plus quand il lui parlait, bien qu'elle eût les yeux ouverts et qu'elle parût le voir.

Soudain, alors que le taxi s'arrêtait devant l'ambassade de France, elle s'affaissa sur la banquette. David n'avait pas l'esprit à admirer les riches motifs néobaroques, néobyzantins et néogothiques de l'ancienne maison Igoumov, bâtie à la fin du siècle dernier. Sans même payer, et malgré les protestations du chauffeur, il prit Margaux dans ses bras, repoussa d'un coup d'épaule brutal le gendarme de faction qui voulait s'interposer et se rua dans l'immeuble en gueulant :

— Un médecin, un médecin !

Il y eut un grand branle-bas. Un deuxième gendarme s'approcha de Strelli, l'air menaçant.

— Qu'est-ce que...

— Je suis officier français. Lieutenant-colonel Strelli. DGSE.

— Votre carte ?

— Putain, on verra ma carte plus tard ! Faites appeler un médecin ! Elle a besoin d'un médecin, gueula David en avançant dans le hall d'entrée.

Un petit jeune homme mince arrivait au galop, suivi de loin par quelques fonctionnaires.

— Docteur Joël Vaillant, je suis le médecin attaché. Ne vous inquiétez pas.

Il se pencha vers Margaux Villaret, la fit disposer bien à plat sur le sol.

— Et toi, va me chercher une civière à l'infirmerie au lieu de rester planté comme un imbécile, cria-t-il à l'adresse du gendarme.

— Elle avait l'air d'aller bien, expliqua David, et soudain elle est partie.

Le toubib examinait la jeune femme allongée sur les dalles de marbre. Il lui prit le pouls, au poignet et à la veine jugulaire, et ouvrit les paupières pour observer les pupilles.

Il constata le coma. Il palpait doucement la bosse qui grossissait sur le front.

— Elle a reçu un énorme coup, n'est-ce pas ? Un bon gros trauma. Je soupçonne un hématome « sous-dural ».

Strelli haussa les sourcils.

— Sous la structure osseuse du crâne, précisa Joël Vaillant. Et dans l'enveloppe du cerveau, qui n'est pas forcément touché. Et je n'ai pas l'impression que le crâne soit fracturé.

— Elle va s'en sortir ?

— Je ne peux rien dire. En se développant le caillot compresse le cerveau, ce qui a retardé de quelques minutes le coma. Mais elle doit être traitée d'urgence, nous pourrions la mettre à l'hôpital Pirogov, qui est tout à côté, mais je n'ai pas confiance.

— Qu'est-ce qu'on fait ?

— Il faut l'évacuer dans les meilleurs délais.

Comme tous les médecins attachés aux ambassades, Joël Vaillant avait tous pouvoirs pour décider de l'évacuation des nationaux en danger de mort.

Le soir même, un Falcon 900 du transport aérien militaire atterrissait sur l'aéroport de Sheremetievo.

Le capitaine Margaux Villaret fut hissée à bord avec de multiples précautions. David Strelli avait été autorisé à l'accompagner. Trois heures plus tard, l'appareil se posait sur l'aérodrome militaire de Villacoublay où attendait une ambulance du SAMU de l'hôpital Henri-Mondor.

À son bord, un neurochirurgien examina de nouveau, longuement, la jeune femme. Elle paraissait dormir. Le médecin lui fit une piqûre. Il ouvrit ensuite une veine pour brancher le cathéter permettant de l'alimenter et de lui injecter en continu les médicaments nécessaires.

David était effondré. Il dut prendre son courage à deux mains pour interroger le médecin :

— Alors ?

— Alors rien, monsieur. Tant qu'elle n'aura pas subi tous les examens, en particulier un passage au scanner, pas question de se prononcer. Au fait, qui êtes-vous pour elle ?

La question, dans toute sa sécheresse, faucha Strelli mieux qu'une balle. Oui, qui était-il pour Margaux Villaret ? Officiellement, aucun lien ne les rattachait l'un à l'autre. Officiellement, ils étaient deux parfaits inconnus.

L'ambulance s'arrêta sous l'auvent de la porte 29, qui donne accès au troisième sous-sol. Le brancard portant Margaux fut posé sur un chariot roulant, lequel fut poussé par un aide-soignant dans des couloirs sombres et lugubres que n'arrivaient pas à égayer d'immenses peintures murales reproduisant des dessins d'enfants.

David accompagna son amie jusqu'au service de neurochirurgie, au troisième étage. Il n'aurait pas dû l'écouter. Il était coupable de s'être laissé entraîner dans cette affaire, et maintenant la femme qu'il aimait était dans le coma. Il contempla son visage, aux traits si harmonieux. Si elle venait à disparaître, personne ne saurait jamais la profondeur des sentiments qu'ils avaient eus l'un pour l'autre. Il préféra chasser cette pensée morbide. Elle survivrait. Il ferait en sorte qu'elle en réchappe. Le brancard disparut derrière la porte d'une salle de soins.

17

La chambre était totalement isolée. Seule une baie vitrée permettait de voir la malade. David Strelli ne parvenait pas à reconnaître Margaux dans ce gisant paisible relié par des tuyaux à de multiples machines, veillée par une infirmière qui s'agitait dans la pièce pour s'occuper faute de mieux.

En réalité, depuis que Margaux avait été hospitalisée trois jours plus tôt dans le service de neurochirurgie de l'hôpital Henri-Mondor, à Créteil, il semblait à Strelli que rien ne s'était passé. Il passait là de longues heures à observer la femme de sa vie, la tête vide, lui aussi comme coupé du monde.

Il entendit un léger toussotement et se retourna pour découvrir un homme revêtu d'une combinaison verte en papier, une physionomie avenante, presque juvénile bien qu'il fût pratiquement chauve. Ses petites lunettes rondes ne masquaient pas son regard intelligent et attentif.

— Monsieur Strelli ? Je suis le professeur Paul Kachina-Barn, le patron de ce service.

— Elle va s'en sortir ?

Il s'en voulut d'avoir posé une question aussi naïve, primaire. Le professeur entra dans la chambre, consulta la feuille de soins fixée au bout du lit. David le vit s'approcher de Margaux, lui caresser le visage – elle ne manifesta pas la moindre réaction –, échanger quelques mots avec l'infirmière puis revenir vers lui. Il referma la porte avec soin et laissa tomber :

— On ne peut jamais savoir.

Il soupira :

— L'examen au scanner a révélé la présence dans le crâne d'un très gros hématome sous-dural, à l'origine du coma. Normalement la résorption aurait dû commencer, on pouvait espérer qu'elle revienne un peu avec nous. Ayez confiance, cette jeune femme est robuste, bien corticalisée, il n'y a pas de raison qu'elle n'émerge pas un jour.

— D'accord, mais quand ?

Kachina-Barn esquissa une curieuse petite grimace, comme du dépit :

— C'est un autre problème. Il faut être patient, cher monsieur. Quoi qu'il arrive, nous la maintiendrons en coma artificiel quelque temps pour qu'elle puisse récupérer. Et l'empêcher de souffrir, de s'angoisser.

Il entraîna David vers le bout de la galerie de réanimation. Les deux hommes marchaient côte à côte comme s'ils étaient de vieux amis. Ils entrèrent dans le bureau du professeur.

— Vous devriez également vous reposer, cher monsieur, lança Kachina-Barn en invitant Strelli à s'asseoir. Il faut vous économiser, nous n'en avons pas tout à fait fini.

David sentait revenir la force en lui. Se battre. Il devrait se battre, toujours, encore, retrouver l'infâme salaud qui avait mis Margaux dans un tel état. L'Ombre. Désormais son ennemi mortel. Le professeur passa un bref appel puis reposa le combiné sur son socle. Il toussota encore pour attirer l'attention de Strelli :

— Nous avons convenu d'une intervention. Une

petite trépanation pour retirer le caillot, celui-ci ne semble pas se résorber de lui-même assez vite.

— Quel est le facteur de chance ?

— Je vous l'ai déjà dit, on ne peut jamais savoir.

Strelli reconnaissait bien là la prudence des médecins : ils ne s'engagent jamais sur un pronostic.

— Nous pouvons décider des moyens que nous estimons les meilleurs, mais nous pouvons toujours nous tromper, la médecine est un art. Incertain, difficile, rien n'est jamais prévisible.

David fut extrêmement surpris d'une si brutale franchise. Kachina-Barn répondit à sa question muette :

— Je parle vrai parce que je vous estime capable de supporter la vérité. Je pense même qu'il vous faut la vérité pour survivre.

Il se leva brusquement, main tendue signifiant la fin de l'entretien. David serait bien resté des heures dans ce bureau silencieux, en face de cet homme paisible et sûr de lui. Il avait l'air à la fois d'une compétence exceptionnelle et d'un naturel clément, bien loin de la froideur habituelle des médecins.

— L'opération est prévue pour cette nuit. Ne venez pas, et attendez demain matin pour prendre des nouvelles. Sinon, vous serez toujours le bienvenu.

David se retrouva dans le couloir sans savoir comment, surpris que Kachina-Barn ne l'ait pas interrogé sur ses rapports avec Margaux. Comme s'il savait tout déjà, d'un seul regard.

Il alla encore voir Margaux quelques minutes. La vitre lui paraissait être une paroi infranchissable. Il sentit venir des larmes, trop longtemps contenues. Se battre. Maintenant. Toujours. Une main se posa sur son avant-bras. Il se retourna et vit la surveillante lui sourire.

— Il faut espérer, monsieur. Ici, il y a des miracles. Tous les médecins sont excellents, mais celui-là – elle désignait la porte du bureau de Kachina-Barn –, il dépasse tout le lot.

— Je n'en avais jamais entendu parler.

— C'est normal, monsieur : le professeur Kachina-Barn est plus préoccupé par ses malades que par la publicité. N'ayez crainte, il s'occupera bien de votre femme.

La surveillante lui adressa un signe d'encouragement avant de s'éloigner. Votre femme. Il sourit à son tour, plein de remords et de lassitude. Votre femme. Margaux était plus que cela. Il ne pourrait pas vivre sans elle. À quoi bon ?

*

À sa sortie de l'hôpital, David Strelli réactiva son téléphone mobile. L'appareil lui signala six appels. Il ouvrit la boîte vocale : le premier appel émanait de Mayeux, le patron de CI Co, qui s'inquiétait des résultats de la mission à Moscou, le deuxième d'un copain qui voulait dîner avec lui. Et il reconnut sans mal la voix de femme, de plus en plus énervée, des troisième, quatrième, cinquième et sixième suivants : Sylvie Sevièze, la secrétaire de Louis Dufort, le patron de la DGSE, qui l'informait d'une convocation de la dernière urgence.

— Votre histoire de Moscou, il est fou de rage ! expliquait-elle. Il ne comprend pas que vous ne répondiez pas.

Couché sur sa BMW K, David roula trop vite sur les autoroutes et le boulevard périphérique : il fut accroché au moins à deux reprises par un radar de trafic. Il n'en avait cure. Le patron le convoquait toutes affaires cessantes. Il avait beau être en disponibilité, il devait obéir le plus vite possible.

À l'entrée de la caserne Mortier, des consignes avaient

été données et un soldat l'accompagna – l'escorta ? – jusqu'au bureau du préfet Dufort, après avoir signalé son arrivée par talkie-walkie. Il fut introduit chez son supérieur sans passer par la salle d'attente.

Le haut fonctionnaire était debout devant la fenêtre. Il se retourna en l'entendant entrer, ramassa sans un mot sur le bureau un document dactylographié qu'il lui tendit. David parcourut le texte. Il s'agissait d'une lettre de démission de l'armée au bas de laquelle figurait son nom. Il relut dans le détail : pas la moindre indemnité, pas de dernier mois puisqu'il était en disponibilité, seulement les vacances et quelques remboursements de frais. Un paragraphe prévoyait cependant qu'une procédure interne déterminerait ultérieurement les modalités précises de rupture du contrat. Strelli leva la tête vers le préfet. Celui-ci lui tournait à nouveau le dos. Il n'avait pas le choix. Il était tout simplement licencié, sans autre explication. Il signa, se figea un instant dans un garde-à-vous très raide et quitta la pièce quasiment à reculons. Il était au chômage, comme n'importe quel quidam.

*

On ne pouvait se tromper sur l'identité de l'appareil qui se présentait à l'atterrissage : grosse silhouette pataude d'un quadriréacteur à ailes hautes, empennages arrière en haut de dérive, il s'agissait bien d'un Iliouchine 76[1], l'avion-cargo d'assaut conçu naguère par les ingénieurs aéronautiques pour l'armée soviétique. L'appareil se posa sur son train constitué d'une multitude de roues et roula un temps assez bref, démontrant ainsi sa capacité à utiliser des pistes courtes – et même

1. Pour les avions soviétiques, aujourd'hui russes, le chiffre représente l'année de mise en service.

non bétonnées. Au fur et à mesure qu'il ralentissait, ses ailes se ployaient curieusement vers le bas.

Cet après-midi-là, les prairies et les forêts servant de cadre à l'aéroport de Luxembourg étaient totalement recouvertes de givre, qui scintillait sous le soleil pâle d'hiver. Sur la terrasse d'observation, trois personnages, sortant manifestement d'un excellent repas, parlaient très fort : Rouslan Khamylov, assis sur un fauteuil roulant, son assistant Alexei Tretiakov et Jacques-Olivier Lambert-Leroy, qui suivait à la jumelle les évolutions du cargo, approchant maintenant de la zone de fret.

— Un appareil magnifique, n'est-ce pas ? observa le secrétaire de « l'homme d'affaires » russe. Vous pouvez constater que celui-ci est en ligne sur Orient Express Delivery.

Lambert-Leroy haussa les sourcils.

— OED est la compagnie d'aviation de M. Khamylov, précisa Tretiakov, qui poursuivit la liste de spécificités techniques de l'Iliouchine. Une charge utile de cinquante tonnes, une autonomie de trois mille kilomètres, une vitesse de sept cent cinquante kilomètres à l'heure. Comme les plus anciens modèles, qui ont été remotorisés avec des réacteurs occidentaux, celui-ci est équipé de quatre CFM 56 de SNECMA-General Electric, déjà en service sur les Airbus de la série A 300. Les parties les plus sensibles sont renforcées par des blindages. Dans sa catégorie, c'est l'appareil le moins cher et le plus efficace. Vous devez le savoir, puisque l'IL 76 TD est utilisé massivement pour les opérations humanitaires, notamment par les casques bleus, le HCR, l'IFOR et la SFOR en Bosnie, la KFOR[1] en Macédoine et en Albanie. Pour le marché occidental, il

1. HCR : haut commissariat aux réfugiés, dépendant de l'ONU. IFOR et SFOR : Force d'intervention et Force spéciale, mises en

est envisagé de relancer la production avec une version MF, rallongée de six mètres, et dotée de quatre réacteurs PS 90 A fabriqués par les usines Soloviev.

JO2L écoutait avec attention, sans commentaire.

— C'est beaucoup mieux que les Transall franco-allemands et que les Hercules C 130 américains, dont les charges utiles sont trop faibles, à peine une quinzaine de tonnes pour l'appareil européen, et seulement dix-huit pour l'américain. Une capacité insuffisante pour embarquer des blindés, même moyens.

Le jeune Russe avait tellement raison que l'armée française avait loué à plusieurs reprises des IL 76 à différentes compagnies privées pour assurer certains transports lourds. Et même pour livrer des armements spéciaux [1].

— En vérité, les seuls vrais concurrents actuellement en service sont les C 17 américains, qui emportent une charge tactique de soixante-huit tonnes et se posent sur une distance inférieure à mille mètres, ce sur des terrains non aménagés.

Rouslan Khamylov avait réussi à se faire attribuer un important pourcentage du capital des usines Iliouchine, lors de leur privatisation par le gouvernement biélorusse. Maintenant, il entendait commercialiser sa production sur le marché occidental, alors qu'Airbus et ses partenaires en étaient encore à se déchirer pour définir les spécificités du projet d'avion-cargo militaire M 400, qui serait seulement doté de turbopropulseurs – donc forcément moins puissant que l'Iliouchine.

œuvre par l'ONU dans le premier cas, par l'OTAN dans le second. KFOR : Kosovo Force, mise en œuvre par l'OTAN.

1. Notamment des éléments de fusée à l'Inde. Quand il avait fallu convoyer d'urgence des chars Leclerc vers les Émirats arabes unis, le gouvernement français avait même affrété des Antonov 124 géants, capables d'emporter près de cent quarante tonnes sur des distances moyennes.

L'appareil avait maintenant coupé ses moteurs. Au-dessus de la carlingue, quelqu'un avait soulevé le petit dôme mobile, mais personne ne descendait de l'avion.

— Qu'attendent-ils ? demanda Lambert-Leroy en laissant retomber les jumelles sur sa poitrine.

— Les ordres de M. Khamylov, rétorqua Tretiakov en souriant. C'est-à-dire l'expression de vos souhaits.

Comme JO2L pouvait en juger par son expression attentive, Rouslan Khamylov semblait suivre la conversation. Cette fois, il ne dormait pas, comme pendant la projection du film à Moscou.

— Je suis très intéressé par toutes ces manœuvres, dit JO2L en souriant à son tour, mais franchement, je n'ai pas de besoin particulier.

Il avait répondu à l'invitation en sachant pertinemment que le vieux général avait le projet de vendre quelques dizaines de ces avions-cargos à l'armée française. Mais il ne pouvait – ni ne voulait – se prononcer si vite. Tretiakov se pencha vers Khamylov pour une conversation qui dura quelques dizaines de secondes, puis se redressa et se tourna à nouveau vers JO2L.

— Le général souhaitait vous montrer cet avion pour plusieurs raisons. D'abord pour vous proposer les services de sa compagnie pour vos transports vers l'Europe de l'Est. C'est beaucoup plus sûr que les camions.

— Plus coûteux.

— C'est à voir. La sécurité sur les routes d'Europe et de Russie est malheureusement bien médiocre. Quand l'un de vos chauffeurs disparaît, c'est un contretemps pour tout le monde.

Un instant, Lambert-Leroy se demanda s'ils étaient au courant de la disparition de Devraene. La plainte déposée par la femme du Belge avait amené les enquêteurs de la gendarmerie royale jusqu'aux bureaux toulousains de JO2L, où l'on n'avait pu que déplorer la « perte » du malheureux. Même s'il ne pouvait y avoir de suites pénales, et même si on ne pouvait mettre en cause la responsabilité civile d'AgrImEx, un tel incident restait gênant.

— D'autre part, poursuivit Khamylov à voix si basse que son interlocuteur dut se pencher pour l'entendre, nous savons que vous avez des amitiés haut placées que nos appareils pourraient intéresser.

— Ah bon, des amis. Je ne...

— Allons, allons, monsieur, croassa le vieillard après un claquement agacé de la langue, l'État français est un ami de longue date de la Russie. La « Sémiramis du Nord [1] » n'a-t-elle pas accueilli avec tous les égards Voltaire et Diderot ?

Lambert-Leroy hocha la tête, comme si cette allusion historique ne lui évoquait rien. Khamylov, lui, se souvenait également que sous le règne de celle que l'on avait surnommée « la grosse et vieille Cateau », la Russie était devenue le premier producteur mondial de fer, de fonte et de cuivre. Plus de deux siècles après, Khamylov était décidé à faire payer à l'Europe la déchéance de l'ex-empire. Il fallait que ce gros fat de Lambert-Leroy le mette en contact avec Ernest Plivinec. L'aval du ministre des Finances était la condition *sine qua non* de la vente des Iliouchine. Un marché que le vieil homme estimait supérieur à deux ou trois milliards de dollars !

*

1. Catherine II, impératrice de Russie (née à Stettin – aujourd'hui Szczecin –, en 1729, morte à Saint-Pétersbourg en 1796).

Dimitri Taline était plongé dans la lecture d'une note blanche des Renseignements généraux, un rapport qu'il avait demandé quelques jours plus tôt sur les antécédents et les relations d'Ernest Plivinec.

Le directeur central des RG avait rechigné lorsqu'il avait vu la commande, mais refuse-t-on de collaborer avec les nouveaux fins limiers de la finance ? Le travail était magnifique, comme toujours avec ce service que le premier substitut s'obstinait à désigner sous le vocable de « police secrète ». Tout était décrit dans le style froid et méticuleux propre à cette maison : l'enfance, les débuts politiques dans un groupuscule d'extrême gauche en mai 1968, puis la lente dérive vers le centre, et vers une droite tartuffe, la droite du portefeuille travestie sous les fards d'une gauche de comédie. Et maintenant la tentation du pouvoir suprême et le démon de midi : son club Politique et Progrès d'une part, et cette femme qui avait soudain surgi dans son entourage. Taline s'intéressait d'ailleurs surtout à cette dernière : Anne-Claire Ivanovna. Une photo était agrafée au dossier : elle montrait une personne entre deux âges, ni belle ni laide, plutôt bien habillée.

— C'est bien ?

Dimitri n'eut pas besoin de lever le nez pour identifier la voix flûtée et aristocratique de Jean Daumas de Bellifont. Ils avaient maintenant leurs habitudes au Gramont. Son chauffeur déposait Bellifont devant le café et le reprenait trois quarts d'heure plus tard.

— Cette femme est peut-être l'une des clés de notre affaire.

Le magistrat tendit le dossier à son ami qui examina la photo.

— Je la connais, commenta-t-il, c'est une employée de Lambert-Leroy.

— Lambert-Leroy, d'AgrImEx ?

— Tu en connais d'autres ?

Dimitri Taline sembla soudain plus attentif. Et d'ajouter, plus par plaisanterie que par réel intérêt :

— Une employée fictive, je suppose ?

— Si j'ai bien compris, en effet. Employée, peut-être, fictive, presque sûrement. Enfin, elle ne met jamais les pieds à Toulouse, si c'est cela que tu appelles un emploi fictif. Mais elle sert vraiment son patron. Et là, de la voir apparaître dans les parages de Plivinec, je suis franchement inquiet. Je me fais même du souci, pour lui.

— Il est assez grand, non ?

— Grand, grand, c'est vite dit. Dès qu'il y a une nana dans les parages, ils redeviennent tous des gamins.

Il jeta à nouveau un œil à la photo d'Ivanovna.

— Pourtant, flûte, celle-là, elle n'est vraiment pas formidable. Un peu chevaline, non ?

— De la classe.

— Je ne trouve même pas : enlève-lui ses fringues de grand couturier, et tu vas voir si elle a encore de la classe. En fait, mon vrai problème, c'est Lambert-Leroy. Je lui ai fait cracher un gros paquet de fric, et je n'ai pas la moindre idée d'où il le sort, tout son argent.

— Attends, AgrImEx, n'est-ce pas quelque chose comme vingt milliards de francs de chiffre d'affaires ?

— Vingt et un milliards trois cent soixante-seize millions de francs selon les dernières données fournies par nos services. Bénéfice net comptable après impôts, cinq cent soixante-douze millions de francs. Ça permet de voir venir. Mais ce n'est pas une raison pour jeter l'argent par les fenêtres : payer leurs dettes au fisc, ce n'est pas le genre de ces gens-là.

Dimitri Taline avala une gorgée de café. D'une grimace, il signifia au serveur qu'il était infect.

— Ce geste doit cacher quelque chose.

— Je ne t'ai pas attendu pour me poser la question.

Le magistrat fixa soudain des yeux son interlocuteur. Lequel comprit combien ce regard incroyablement intense pouvait effrayer.

— Puisque tu l'approches, il faudrait que tu le cernes d'un peu plus près, cet Ernest Plivinec.

Le marquis de Bellifont se recroquevilla. Il détestait recevoir des instructions, encore plus des ordres. Il ne s'y était jamais habitué.

— Oui ?

Taline l'avait provoqué à dessein. Il était trop fin pour ne pas comprendre ses réticences. Donc pas d'ordre, mais des suggestions.

— Tu as une partie unique à jouer. Tu as accès à son agenda, non ? Et la plupart des documents confidentiels passent entre tes mains.

— Si on veut.

— Écoute, je ne sais pas exactement comment ça se passe, moi, dans vos cabinets ministériels.

— En fait, je vois tout.

— Alors, tu dois encore mieux regarder. Et photocopier quand il le faut.

Bellifont soupira.

— Tu te rends compte de ce que tu me demandes ?

— Oh, je t'en prie. Pas de grands mots entre nous ! Trahison, honneur, probité candide ! On laissera ça à la presse !

— Je cours de gros risques.

— Tu es dans le prochain train ministériel de Plivinec ?

— Pas que je sache.

— Alors vas-y, merde ! Est-ce qu'ils se gênent, eux, pour détourner l'argent de nos impôts ?

Bellifont reconnut bien là la pensée imprégnée de dogmatisme de son ami magistrat. Tout en admettant qu'il avait sans doute raison : les initiales ACI – pour Anne-Claire Ivanovna – apparaissaient de plus en plus souvent dans l'agenda du ministre.

Il y avait peut-être là un moyen de faire chuter Lambert-Leroy.

18

Ses visites à l'hôpital Henri-Mondor répondaient moins au besoin d'occuper son temps désormais totalement disponible qu'à une nécessité impérative. David Strelli se sentait mal à l'idée de laisser Margaux seule, là-bas. Et si elle venait à se réveiller en son absence, ne penserait-elle pas avoir été abandonnée ?

Pourtant, la trépanation semblait avoir été sans effet. Margaux n'avait pas repris ses esprits et, cette fois, le professeur Kachina-Barn n'avait plus prétendu que le coma était artificiel. Chaque jour à midi, David prenait son gros cube BMW pour un trajet toujours identique : le périphérique jusqu'à la porte de Bercy, l'autoroute A4, la voie express à droite en direction de Créteil, sortie Henri-Mondor. On apercevait de loin la croix bleue géante sur la façade blême, la haute silhouette massive de l'hôpital, écrasant le quartier alentour. Dans les couloirs, il marchait comme un automate vers le service de neurochirurgie, jusqu'à « la » vitre. Jusqu'au néant. Parfois, en esprit, il entendait le long solo de trompette désolé de Louis Armstrong dans *Saint James Infirmary*. Il restait là debout, sans bouger, des heures durant, au milieu de l'incessant va-et-vient des médecins, des infirmières, des soignants, des familles qui, elles, avaient le droit d'approcher leurs malades. Et, quand elle n'était pas envahie par un air de jazz, ou bien sa tête était vide, ou bien elle était traversée par des reproches et des regrets lancinants. Comment avait-il pu se laisser entraîner dans une aussi sale affaire ? Pourquoi n'avait-il pas su la retenir ? Margaux. Si proche... si lointaine !

Comme d'habitude, cet après-midi-là, il ruminait ces sombres pensées lorsqu'il entendit un claquement de talons plutôt viril et familier. Il se retourna : Josée Antonin, jeans, bottes en lézard, blouson de cuir, cheveux ras et gominés, piercing à l'oreille. Elle se planta devant lui. Il sourit : même devenue sous-directeur des RG, elle restait une incorrigible punk. Ne disait-elle pas à qui voulait l'entendre qu'elle avait eu une relation sexuelle – mais professionnelle – avec Sid Vicious, icône *trash* autodétruite ?

— Ça va ? demanda-t-elle.

— Non ! Ça ne se voit pas ?

La commissaire avait apporté un bouquet de fleurs à sa collaboratrice et amie. Les fleurs étant inutiles, elle les donna à une infirmière pour qu'elle les disposât dans la chambre d'un malade conscient.

— Elle dort, observa Strelli avec amertume.

— Elle dort ?

— Oui, vous voyez, les yeux grands fermés. Sommeil sans fin.

— On ne te laisse pas entrer ?

— Non.

Il la toisa avec lassitude.

— Je ne suis pas de la famille.

— Tu as parlé au professeur ?

— Rien à dire, il est humain. Mais il ne peut pas aller contre le règlement, lui non plus. Peut-être parce qu'il est humain, justement.

— Allez, viens boire un café.

Ils descendirent à la cafétéria, dans le grand hall décoré de peintures murales – encore – qui tentaient de donner à l'hôpital des allures plus gaies. Avec tous ces éclopés, ces éplorés, cette vision crue de la maladie et du désespoir, ce décor était peut-être encore plus déprimant que les services. Mais comme il n'y avait pas de café à moins de cinq cents mètres, il leur fallait rester dans ce purgatoire.

— Et toi, maintenant ? Que vas-tu faire ?

— Rien, je ne sais rien faire d'autre que ce que j'ai appris. Je sais seulement que je dois faire quelque chose. Ce type... Je veux le buter !

Il serra si fort les mâchoires qu'il entendit grincer ses dents.

— Seul, tu ne peux rien faire, non ?

— J'y arriverai.

— Moi, je pense qu'ils t'ont jugé un peu vite. Ils ont plus que jamais besoin de types comme toi. Ce n'est pas le moment de te laisser filer dans une galère, non ? Je peux parler à Haller, si tu veux.

— Trop tard.

— Il m'écoute. Je suis convaincue que je pourrais obtenir ta réintégration.

Il se crispa.

— Je n'ai que faire de votre pitié, Josée.

Elle le fixa longuement dans un silence qui devint oppressant, puis elle paya le café. Il avait décidé de retourner à la chambre. Il n'avait vraiment aucune idée de ce qu'il pourrait entreprendre.

— Si tu as besoin d'aide...

— Je n'en ai pas besoin. Je suis bien capable de retourner la situation. Il me faut son meurtrier, c'est tout !

Antonin sourit. Strelli ne se rendit compte de son lapsus qu'après coup. Elle le laissa remonter vers la chambre après lui avoir réitéré malgré tout ses offres de bons offices.

Quand il arriva dans le service, il constata une animation fébrile au fond du couloir. Son cœur battit plus fort. Il se mit presque à courir. Ce ne fut que près de la chambre où reposait Margaux qu'il comprit. Le malade voisin – un adolescent de dix-sept ans – venait de mourir. Quand il vit arriver, au bout du couloir, les parents effondrés, il s'en voulut de son lâche soulagement.

Derrière la vitre, Margaux dormait toujours. Il s'assit sur une chaise et se laissa aller contre le mur crème en imaginant qu'il n'était peut-être qu'une ombre dans les songes de son amie. Épuisé, il s'endormit un instant, juste le temps de rêver du coma de Margaux.

*

Il fut réveillé quelques instants plus tard par la surveillante. Sa montre indiquait 14 heures pile. Il bafouilla quelques mots d'excuses et refusa le café qu'elle lui proposait.

Sur le chemin du retour, il appela Pierre Mayeux, le patron de la société CI Co, la Corporate Investigation Company. Ils convinrent de se voir une heure plus tard au gymnase du quai Kennedy.

Une serviette-éponge beige nouée autour du cou, Mayeux portait son sempiternel survêtement de sport blanc, comme s'il ne sortait jamais de la salle de musculation. Lorsque David lui exposa, sans fard, la situation, il eut l'air ennuyé. Il ne parvenait pas à le regarder droit dans les yeux.

— Sale affaire, vraiment, marmonna-t-il. En plus ce que vous avez ramené de Moscou... Vaut pas grand-chose. Comprends que vous n'avez eu guère le temps de travailler plus. Faut bien s'entendre, nous autres du privé, pouvons payer que les résultats.

David sourit intérieurement. Ce sale type ne saisissait pas qu'il n'avait rien à faire de son pognon. Il en attendait autre chose.

— Je veux boucler le dossier.

Mayeux esquissa une grimace vague.

— Boucler le dossier ?

— Oui, je veux retourner à Moscou.

Strelli était immobile. Pas un trait de son visage ne bougeait. Son interlocuteur haussa les épaules, et consentit à le regarder droit dans les yeux.

— Être clair, mon colonel. Un principe. Si tant est que je voulais vous faire encore travailler, sûrement un endroit où je ne vous enverrais pas. Moscou. Vous êtes grillé. Grillé.

Mayeux se laissa tomber sur un fauteuil de bambou avec un air accablé et s'essuya le visage avec sa serviette.

— Si vraiment besoin de fric, j'ai une mission. Groupe bancaire français. Faire toute la lumière sur les pratiques courantes à Port Vila. Savez où est Port Vila ?

David n'en avait aucune idée.

— Port Vila, capitale du Vanuatu, archipel entre Nouvelle-Calédonie et Nouvelle-Zélande. Possibilités aussi nouvelles emmerdes, hein ! Mais bon. Si ça vous intéresse...

Strelli déclina l'offre. Vanuatu, trafics bancaires, il n'était pas prêt à aborder ces nouveaux rivages et surtout à se retrouver en plein milieu de l'océan Pacifique, à des milliers de kilomètres de Margaux. Il salua poliment Pierre Mayeux et quitta le centre de sport.

Il devait se rendre à l'évidence : il était seul. Il tenta d'imaginer comment il allait pouvoir avancer, mais ses idées n'étaient pas claires. Il était seulement convaincu d'être bien seul, seul contre tous, que personne n'était prêt à l'aider pour ce qu'il voulait entreprendre.

*

Le temps était exécrable, il n'était pas question d'effectuer son parcours de golf habituel cet après-midi.

Donald Remini resta un long moment devant l'immense baie vitrée à observer la neige qui tombait depuis plus de trois heures maintenant, alors que la nuit venait, effaçant les contours du paysage. Seule une vague luminescence vers le nord rappelait la présence des gratte-ciel de Manhattan. Il réfléchissait.

Le projet de banque virtuelle avait été ajourné après l'arrestation de Vic. Mais Remini avait reçu un coup de fil de Francesca Minasola dans la matinée : elle devait venir à New York incessamment, et lui demandait de s'atteler à nouveau à la tâche confiée par son frère.

Il avait déjà pu vérifier que l'idée *a priori* farfelue et ahurissante de son cousin résistait beaucoup mieux à l'examen qu'il ne l'aurait d'abord pensé. Cette vision était même peut-être l'une des meilleures qu'un financier, même subtil, ait pu avoir depuis longtemps. Une banque virtuelle. Certes, il y aurait certains problèmes à régler, un minimum de démarches à effectuer, mais, sur le principe, il y avait d'autant moins d'obstacles que même l'Union européenne n'avait pas encore prévu de règlement pour encadrer la monnaie virtuelle. Car il s'agissait bien de traiter de la monnaie virtuelle, du moins à partir d'un certain stade.

Le ciel devenait plus sombre encore. Commandées par cellules photoélectriques, les lumières de la maison s'allumèrent les unes après les autres. Dans les phares des projecteurs éclairant la piscine les flocons de neige se pressaient, se dissolvant dans la vapeur qui montait du bassin rempli d'eau chaude. Quand Donald aurait conclu son rapport, il irait se baigner : il pouvait pénétrer dans l'eau par un sas spécial, afin de ne pas s'exposer au froid. Il pensa à Francesca : était-elle aussi belle que la dernière fois où il l'avait vue ? Combien d'années déjà ? Dix ? Quinze ? Elle était radieuse lorsque, avec Vic, ils étaient allés la chercher à Kennedy Airport.

Ils avaient flirté un peu au cours de ce séjour d'une quinzaine de jours sur les plages d'Amagassett, mais Francesca savait que son frère n'appréciait pas cette relation. Et face à la violence contenue de Vic, Donald avait préféré laisser tomber. Une lâcheté qu'elle ne lui avait jamais pardonnée.

Il colla contre sa bouche le petit dictaphone Dragon Naturally Mobile. Quand il aurait fini, il transférerait les données sur son ordinateur dissimulé plus loin dans la vaste pièce de séjour. Ses mots seraient immédiatement reproduits en texte. Il dicta sa note, avec lenteur, pour éviter un trop grand nombre de corrections.

Origine : DJR, III, suite à votre demande. 23 décembre 200.

Tiens, pensa-t-il, l'anniversaire de sa femme était le surlendemain. Il faudrait l'inviter à dîner. Peut-être ce restaurant en grande banlieue, à la limite du Connecticut, le Crabtree's Kittle House, à Chappaqua. Une très belle maison coloniale tout à fait authentique et l'une des plus somptueuses caves des États-Unis puisque Zelda adorait les vins français.

Analyse des éléments du projet. Un, tiret. Création d'une banque virtuelle. Il s'agit en fait de créer un site électronique susceptible de recevoir des messages et d'en renvoyer, sur ordres codés. Cet aspect ne pose aucun problème, puisque c'est la base de tout le réseau Internet. Deux, tiret. Ce site peut-il abriter des comptes ? Sans problème, ce ne sont rien d'autres que des *files* spécialisés, regroupant les messages à l'entrée et à la sortie. Exemples : *file* réception d'ordres de virements, *file* comptes individualisés gérés par des programmes de calcul adaptés et numérotés pour garantir l'anonymat, *file* prêts, etc. Exactement comme dans toute banque classique. Trois, tiret. Il est évident que ce système est destiné à masquer l'origine des fonds. Donc ceux-ci ne seront pas utilisés directement, mais serviront de support à des prêts adossés. Il y a bien rupture de la filière. Quatre, tiret. Pour sophistiquer un peu la chose, les ayants droit des prêts ne tireront pas directement l'argent mis à leur disposition. Ils se verront remettre des cartes de crédit spéciales dont le plafond sera très élevé, plusieurs centaines de milliers de dollars. Mais, dans ce cas précis, ils n'utiliseront jamais leurs cartes dans le commerce classique, mais exclusivement dans le commerce électronique. Ainsi il n'y aura jamais de trace matérielle des paiements, puisque la monnaie restera toujours virtuelle. Cinq, tiret. Pour être reconnues sur le marché, ces opérations parabancaires doivent être réalisées par un établissement, qui ait l'air d'une banque. Nous pourrons créer celle-ci dans une région du monde où les contrôles prudentiels[1] sont minimes. Comme je l'ai déjà suggéré, ce pourrait être un des innombrables paradis fiscaux désormais disponibles. Six, tiret. De toute façon la localisation n'a aucune importance, puisqu'il n'y aura sur place qu'un représentant légal que nous

1. Contrôle de l'activité bancaire par un organisme indépendant. En France, la commission bancaire et les services d'inspection de la Banque de France.

recruterons dans le pays, tout le reste fonctionnant autour d'une plate-forme informatique relativement réduite. D'autant plus réduite d'ailleurs qu'il serait inopportun de multiplier les utilisateurs. Sept, tiret. Il est non moins évident que cette formule est particulièrement économique et sûre, puisqu'elle réduit le personnel et les intervenants à quelques personnes seulement, moins d'une dizaine. Long Island, DJR III. Envoi immédiat par e.mail.

Il s'approcha de l'ordinateur, relut son texte qui ne comportait que quelques fautes. Il ne peaufina même pas la mise en page car tout serait chamboulé lors de la traduction pour passage sur Internet. Il lança le programme de cryptage – à 128 bits –, et le texte ne fut bientôt plus qu'une bouillie informe, un ensemble de barres noires, grises, horizontales, verticales. Il se connecta, composa l'adresse électronique de Francesca, lança l'envoi. Presque aussitôt, un texte s'inscrivit sur l'écran :

Message bien reçu par votre correspondant.

Donald regarda sa montre : 9 h 55, 15 h 55 à Rome. Maintenant, il ne lui restait plus, pour mettre en route la machine, qu'à attendre la décision de Francesca Minasola.

*

Les jours passaient, mornes.

David avait multiplié les appels téléphoniques. D'abord aux bons copains, puis aux moins bons, puis à de vagues relations. Non, il n'y avait pas de travail pour lui et, à travers les voix molles et retenues de ses correspondants, il pressentait des sentiments de commisération qu'ils ne voulaient pas exprimer. En tant que fonctionnaire sous le coup de poursuites disciplinaires, il n'avait même pas pu s'inscrire au chômage, alors que, assuré de son emploi jusqu'à la retraite, il n'avait jamais mis le moindre sou de côté. Il avait été tout de suite à découvert, mais l'employé de la BNP qui gérait son compte l'aimait bien. Cet expédient ne durerait toutefois que deux ou trois mois, au plus. Déjà, il était dos au mur. Et toujours obsédé par la volonté de « faire la peau » du salopard qui avait réduit Margaux à l'état de légume.

Chaque jour, il avait moins d'espoir, malgré le professeur Kachina-Barn qui lui assurait que la jeune femme pouvait émerger d'un moment à l'autre, sans que l'on sache exactement pourquoi. Autant jouer au casino.

Il rentrait une nouvelle fois de Créteil, conduisant de façon plutôt distraite au milieu de la cohue du boulevard périphérique, lorsque retentit son téléphone mobile. Une voix inconnue annonça :

— Jean-Marie Bourdieu à l'appareil. Ne soyez pas surpris, monsieur Strelli, j'ai récupéré votre numéro de portable sur votre répondeur téléphonique.

David se détendit. Cette voix était celle d'un commercial, sans doute un démarcheur téléphonique. Il était donc décidé à le rejeter aux enfers lorsque l'homme lança :

— J'ai cru comprendre que vous étiez disponible, mon colonel.

L'inconnu était tout à fait rencardé. Strelli ne fut pas entièrement surpris : il avait déjà distribué son CV à tous les vents, sans illusion. Bourdieu lui proposait un rendez-vous et ils convinrent de se retrouver au Nord-Sud, une brasserie de la place Jules-Joffrin, en face de la mairie du XVIIIe arrondissement.

Il commença à dresser son autoportrait pour que l'autre le reconnaisse :

— Je suis plutôt grand, cheveux courts et...

— Pas d'inquiétude, mon colonel ! coupa Bourdieu. Je n'aurai pas de problème pour vous reconnaître. Vous êtes trop célèbre.

Strelli n'apprécia pas cette flatterie qu'il considérait comme déplacée, mais il se rendit au rendez-vous.

Jean-Marie Bourdieu était un grand bonhomme sympathique, au crâne rasé de près.

Il se leva d'un bond en voyant David. Les deux hommes s'installèrent dans l'arrière-salle, normalement réservée aux amoureux. Bourdieu n'y alla pas par quatre chemins :

— Voilà, je suis chasseur de tête.

David connaissait ce type de personnage, mais son statut de militaire l'en avait tenu éloigné. L'autre lui expliqua qu'il avait pour fonction de trouver *the right man for the right place*, qu'il opérait indifféremment pour le compte des salariés ou des employeurs – ce qui était le cas en l'occurrence – et qu'il se flattait de toujours trouver une solution, dans les meilleurs délais.

— Dommage que vous ne m'ayez pas connu avant, dit-il en riant, et en buvant son Jack Daniel's tandis que David Strelli se contentait d'une eau gazeuse San Pellegrino. Dommage, parce que j'aurais eu sûrement quelque chose pour vous tout de suite. Enfin, voilà.

Il fouilla dans la poche intérieure de sa veste, en sortit un mince dossier plié qu'il ouvrit. David reconnut aussitôt une photocopie de son curriculum vitae.

— Dans l'armée, on appelle ça « des états de service », si je ne m'abuse, interrogea Bourdieu en ajustant ses lunettes.

Astigmate, sans doute, nota Strelli, tandis que l'autre lisait à haute voix :

— Lieutenant-colonel à quarante-deux ans, Saint-Cyr, IHEDN [1], chevalier de la Légion d'honneur à titre exceptionnel pour services éminents rendus à l'État. Célibataire.

Il releva la tête et croisa le regard maussade de Strelli, attendant un commentaire qui ne vint pas.

— La guerre en Somalie dans l'infanterie de marine, puis le 44e régiment d'infanterie. Le Service action de la DGSE, si je ne me trompe pas.

— Non vous ne vous trompez pas, et alors ?

— Ah, j'oubliais, cette fameuse affaire de Paris. Vous vous êtes couvert de gloire à la tête d'une unité spéciale.

David était gêné de se voir ainsi déshabillé. Devoir se vendre lui était intolérable. Il retrouvait cette sensation désagréable qu'il avait déjà dû affronter quand Mayeux l'avait engagé. Mais, puisque ce dernier ne voulait plus de lui... Ni l'armée, ni personne...

Bourdieu continuait à débiter son discours. Il s'arrêta soudain :

— Vous m'écoutez, mon colonel ?

— Oui, absolument. Mais je connais déjà le topo. Si je ne me trompe pas !

Bourdieu sourit, avec un clin d'œil.

— Bien, je constate que nous nous entendons, mon colonel. En fait, je ne vous ai pas contacté par hasard.

Le chasseur de tête se racla la gorge. David Strelli comprit qu'il arrivait à l'essentiel. Mais, de façon curieuse, au lieu de continuer à parler, Bourdieu lui tendit un papier. En fait, une lettre de commande, à en-tête d'une société suisse : Orient Express Delivery SA, BP 124, zone industrielle Neuchâtel/NE, Freight & Shipping :

1. Institut des hautes études de la défense nationale.

Par la présente lettre, nous vous confirmons notre intention de vous confier la tâche de recruter par tous moyens le chef de notre service de sécurité/ sûreté.

Il devra répondre au profil suivant : âgé de moins de quarante ans, ancien officier des services spéciaux français, avec le grade de lieutenant-colonel, actuellement libre de tout engagement vis-à-vis de l'armée. Il devra pouvoir faire état de très brillants services garantissant son honnêteté et sa fidélité sans failles.

Dans les circonstances actuelles sa mission sera hautement délicate puisqu'il s'agit de garantir les avions de la compagnie et les chargements qui lui seront confiés contre tout trouble, attaque, enlèvement, détournement de personnes et de marchandises.

David n'alla pas plus loin : il lui paraissait clair que cette lettre de mission avait été rédigée à partir de son propre CV.

— Ils ont entendu parler de vous, lui confirma Bourdieu. Ils vous veulent, vous, et personne d'autre. J'agis en l'occurrence comme un simple démarcheur. Pour être franc cette situation ne me pose pas de problème, puisque je suis honoré comme si j'avais réellement déniché l'oiseau rare que vous paraissez être.

Il fut secoué d'un rire nerveux, assez surprenant. Et d'ajouter :

— J'ai cru comprendre que vous aviez eu de gros ennuis, il y a peu de temps, à Moscou !

— Qui sont ces gens ? coupa Strelli froidement, en négligeant l'observation.

— Des Russes, je me suis un peu informé. Mais, après tout, vous êtes toujours libre de refuser, non ?

Des Russes ?

David Strelli réfléchissait très vite. Des Russes domiciliés en Suisse qui insistaient pour le recruter, lui. Bourdieu lui tendit un dossier luxueux : un document de promotion édité par la compagnie Orient Express Delivery. Textes en anglais, photos de gros avions-cargos sur fond de ciel d'azur. Il était précisé que la plupart des appareils étaient russes d'origine, bien qu'immatriculés en Suisse, et basés sur la plate-forme aéroportuaire de Luxembourg. Un beau méli-mélo constata David. Un méli-mélo qui lui déplaisait. Mais avait-il le choix ? Ce job n'était-il pas aussi une occasion providentielle de retourner en Russie à la recherche de...

Il sentit sa voix s'étrangler – ce n'était pas d'ailleurs qu'une impression – lorsqu'il répondit enfin :

— En effet, je ne suis pas obligé d'accepter. Mais il ne serait pas intelligent de ma part de cracher dans la soupe, n'est-ce pas ? Vous pouvez dire à vos mandants que je ne suis pas hostile au principe d'un rendez-vous.

Bourdieu se caressa le crâne et proposa un autre verre à Strelli. Mais l'officier s'était déjà levé et, sans plus attendre, était sorti du Nord-Sud.

19

Quand il rentrait chez lui, Strelli vérifiait toujours si sa boîte aux lettres était pleine. Plus qu'une habitude, un réflexe.

Il était près de 19 heures ce jour-là lorsqu'il avait regagné son domicile, après une journée épuisante de vaines démarches. Il continuait à chercher du travail puisque, après plus d'une semaine, les mystérieux mandants de Bourdieu ne s'étaient toujours pas manifestés. Dans sa boîte, il trouva une enveloppe blanche avec son nom seul, imprimé sur une étiquette autocollante.

Soucieux, il déchira le pli, après avoir vérifié qu'il ne pouvait contenir rien d'autre qu'une feuille de papier. Éditée sur une imprimante, la missive était brève et précise :

> *Vous venger votre amie ? Chercher tueur à Moscou ? Certaines personnes ont là-bas identité du tueur. Si vous aller, quelqu'un sera un plaisir vous informer. Par exemple, pouvez voir pope que vous connaissez.*

Ce nouveau message rappelait étrangement celui déjà reçu à l'hôtel Belgrad, lors de son séjour dans la capitale russe : le scripteur anonyme semblait s'accrocher à ses pas, jour par jour, et être désormais capable de pénétrer ses pensées. Tout ça puait la manipulation à plein nez : même les fautes de grammaire paraissaient suspectes.

Il déchira la lettre et en jeta les morceaux à la poubelle. Négligeant l'ascenseur, il grimpa rapidement l'escalier. Quand il ouvrit sa porte, il entendit que son répondeur enregistrait la voix d'un correspondant : celle de Jean-Marie Bourdieu, qui lui proposait un rendez-vous la semaine suivante avec un représentant de la compagnie d'aviation. À Genève, Hôtel Richmond.

Il hésita un instant avant de rappeler pour confirmer son accord. Faute de pouvoir discuter de cette opportunité avec Margaux, il éprouva le besoin d'être écouté, peut-être même conseillé. Il décrocha le téléphone et composa un numéro de mémoire.

*

Du côté de l'Arc de Triomphe, des faisceaux de puissants projecteurs balayaient le ciel de Paris. Ils éclairaient par en dessous la couche de nuages, qui prenait une couleur vaguement rosée. Andrei Sergueievitch Tchevine n'habitait pas Paris depuis longtemps, mais il avait appris qu'ici l'on fêtait tout et n'importe quoi presque chaque jour de l'année. La Ville lumière avait une réputation à tenir.

— Ou alors ces cons essaient leur défense aérienne, ils ont peut-être peur d'un bombardement, lança-t-il à son chauffeur garde du corps, qui ne sut pas s'il plaisantait ou non.

La jeune femme affalée à côté du Russe éclata d'un rire hystérique, qui n'en finissait pas : elle avait bu encore plus que lui, songea Tchevine en la dévisageant. Il ne savait même pas comment elle s'appelait, il ne comprenait pas un traître mot de ce qu'elle racontait. Elle avait à peine vingt ans et s'était déjà fait refaire les seins en les farcissant de silicone. Une robe courte et trop échancrée les mettait en valeur, comme d'ailleurs les autres parties de son corps. Il la caressa un peu brutalement entre les cuisses. Elle se mit à gémir.

— Elle aussi, elle devrait craindre un bombardement, lâcha-t-il.

Le chauffeur hocha la tête, sourire de commande aux lèvres. Tchevine éclata de rire, encore imité par sa compagne qui ne comprenait pourtant rien.

À Paris, il se trouvait bien, il avait l'impression d'être à l'abri. Il pouvait passer des nuits entières dans des fêtes à tout casser, champagne, cognac, caviar, vodka, foie gras, poissons séchés sous toutes leurs formes. Il n'en pouvait plus de manger. Trop, il avait déjà pris cinq bons kilos. Et les femmes ! Il en avait autant qu'il en voulait. Des vénales et des gratuites, des banlieusardes et des grandes bourgeoises qu'excitaient sa violence et son extrême grossièreté. Il aurait pu en ramasser plusieurs chaque nuit, seules le limitaient ses capacités physiques. Il était libre, et d'une certaine manière, heureux, loin des menaces qui ne cessaient de peser sur lui quand il était en Russie.

Le chauffeur arrêta la Mercedes devant l'immeuble moderne recouvert de marbre blanc de la rue de la Faisanderie où Tchevine habitait désormais.

— Je vais te baiser comme une chienne, grogna-t-il en russe dans le cou de la pute.

Elle le contempla comme s'il lui susurrait un sonnet d'amour et elle rit derechef. Il lui attrapa le bas de la mâchoire et le serra entre ses doigts épais.

— Tu ris quand je dis, maintenant, OK !

Il avait parlé français et la jeune femme se figea instantanément. Un voile de peur ternit son regard. Tchevine la relâcha en éructant quelques jurons de son invention. Il était excité. Oui, il allait la baiser comme une chienne. Il possédait des trésors d'imagination pour faire souffrir les femmes, des souffrances qui lui procuraient un plaisir à nul autre pareil. Il ne comprenait d'ailleurs pas bien pourquoi elles acceptaient les sévices et les tortures qu'il leur infligeait, mais il admettait qu'il en fût ainsi : il avait tant appris à Isolator 57 sur le sexe et ses tourments. Avec les hommes. Maintenant, il en profitait. Avec les femmes.

Alors qu'il poussait la fille dans le hall d'entrée de l'immeuble, Tchevine se retourna, par un réflexe de méfiance et vit, de l'autre côté de la rue, deux ombres surgir d'une porte cochère. Le danger lui irrita les sens. Les inconnus portaient à bout de bras des petits pistolets-mitrailleurs. Des Uzi. Le Russe eut le temps de refermer derrière lui la porte en verre dépoli, à l'épreuve des balles. Le chauffeur, resté dans la rue, n'avait pas eu la présence d'esprit de se mettre à l'abri. Fauché par une rafale, il s'écroula sur le capot d'une 607 Peugeot dont le pare-brise fut maculé d'une grande traînée de sang.

La jeune pute hurlait. Tchevine lui balança une gifle monumentale tandis que les tueurs tiraient sur la porte en verre. Ils concentraient leur feu sur une faible portion du panneau, autour de la serrure, dont ils finiraient bien par venir à bout. Par réflexe, Tchevine s'était accroupi, comptant progresser à reculons. Il avait dégainé son pistolet, un CZ97B à dix coups, calibre 45'. Un monstre. Mais la femme, hystérique, se collait à lui, le gênant pour prendre une position de tir correcte. Il la repoussa violemment vers la porte, toujours martelée par la pluie des balles. Elle heurta de la tête la poignée dorée et s'affala comme une masse. Tchevine ne pouvait voir que la silhouette des tueurs : l'un d'entre eux portait une casquette de golf. De sa main libre, le Russe décrocha de sa ceinture la grenade quadrillée dont il ne se séparait jamais, calcula que la vitre blindée allait céder dans moins de trois secondes. Il n'aurait jamais le temps de s'esquiver. Il dégoupilla la grenade, maintenant la cuillère fermée sous son index, se pencha vers la fille qu'il releva par les cheveux pour s'en servir comme bouclier. Deux secondes. Une.

Le verre explosa.

Il jeta la grenade vers les deux tueurs qui tiraient toujours. Tchevine se masqua les yeux pour éviter d'être aveuglé par le flash de l'explosion et sentit le corps de la pute tressauter dans ses bras comme une marionnette folle. Le premier tueur eut le ventre déchiqueté, le second la jambe arrachée. Leurs hurlements effrayèrent tout le quartier. Ils tombèrent en tournoyant sur eux-mêmes. L'attaque avait duré moins d'une minute.

En sueur, tremblant d'excitation, couvert du sang de la femme, Tchevine la laissa choir comme un vulgaire ballot de chiffons. Les débris de verre crissaient sous ses semelles. Il regarda rapidement autour de lui, puis courut vers le chauffeur pour prendre les clés de la Mercedes. Il sauta au volant et démarra en trombe à contresens.

Il n'éprouvait aucune émotion. Il était une bête morte, une machine glacée. Un fantôme surgi d'Isolator 57. Et celui qui avait engagé les tueurs – il en avait la certitude – était le responsable de son incarcération. Rouslan Khamylov. Khamylov. Le leitmotiv de ses cauchemars. L'immonde. Celui qui survivait à tout, que rien ne semblait atteindre, qui répondait coup pour coup.

Il ne ralentit même pas en abordant l'avenue Foch. De l'autre côté, une voiture de police effectuait un demi-tour en catastrophe sur l'immense avenue, et s'engageait dans la rue de la Faisanderie.

Il prit seulement le temps de s'arrêter pour retirer son blouson de cuir, qu'il jeta dans une bouche d'égout. Dans l'appartement, aucun objet ne pouvait permettre aux enquêteurs de remonter jusqu'à lui. Il passerait la nuit dans un hôtel bon marché de la périphérie. Le lendemain matin, il filerait à l'aéroport Charles-de-Gaulle et prendrait le premier avion pour New York.

Il devait mettre de la distance entre lui et ce chien de Khamylov. De la distance avant de revenir le détruire.

*

Au carrefour de la rue des Archives et de la rue des Haudriettes, en plein Marais, le restaurant-théâtre Le Connétable occupait le rez-de-chaussée d'un ancien hôtel particulier, dont l'origine remontait à 1340 – au temps où il appartenait au duc de Berry. Passé au fil des siècles de mains nobles en mains bourgeoises, sa dernière reconstruction datait de la fin du XVIIIe siècle. Pourtant, les poutres apparentes et les tapisseries évoquaient plutôt le début de la Renaissance et fleuraient bon une ambiance désuète de romans de capes et d'épées. La carte était à l'unisson.

David arriva en avance, comme à son habitude. Mais, attablée au premier étage, Mme la sous-directrice des Renseignements généraux l'attendait, un Lagavulin à la main. La fine gaupe se faisait fort de toujours être la première.

On était en hiver. Toujours aussi fine gueule, Josée Antonin s'était composé un menu comportant une venaison, un ragoût de chevreuil sauce au vin, des profiteroles au fromage de chèvre fondu, suivis de sorbets délicats. Avec un vosne-romanée pour arroser le tout. David se contenta de son steak-salade-San Pellegrino habituel.

— L'austérité te tuera, soldat !

Il la détailla en pensant qu'il ne comprendrait jamais rien aux femmes. Ce soir, la « punk » des RG s'était grimée en icône BCBG : robe en soie imprimée, au décolleté un peu trop prononcé, escarpins à talons plats et fin collier d'ambre, elle était toute féminité, toute douceur. Elle alluma une Marlboro, la cigarette des vrais cow-boys. Et de la contrebande. Et du Ku Klux Klan, si l'on en croyait les rumeurs. Il grimaça, mais elle ne tint pas compte de sa contrariété. Elle préféra se montrer vraiment amicale, maternelle même, et alla jusqu'à se pencher au-dessus de la table pour lui plaquer une grosse bise sur la joue.

— La peau toujours aussi râpeuse, hein. Voilà, c'est ça que je n'aime pas chez les hommes. Bon, alors, Margaux ?

— Toujours le *statu quo*. Mais j'ai comme l'impression que le « sommeil » est plus léger. Parfois, elle ouvre les yeux. On dirait qu'elle suit les mouvements autour d'elle. Kachina-Barn est confiant.

— Je dois passer la voir, demain.

— Parlez-lui, même à travers la vitre. Je suis sûr qu'elle sait quand on est là.

Elle le lui promit et se servit du bourgogne en soufflant une bouffée de cigarette. David avait les traits tirés. Stress et fatigue mêlés. Il était visiblement à bout.

— Et toi, tu t'en sors ? lui demanda Antonin pour briser le silence qui devenait pesant.

Il décrivit l'offre de Bourdieu. Il hésita à lui faire part de la lettre reçue dans la journée et préféra finalement n'en rien dire. Inutile de tout mélanger : Josée restait un flic et nul doute qu'elle chercherait à en savoir plus. Or, il n'avait lui-même que de vagues explications à fournir. Elle l'écoutait avec attention, enchaînant cigarette sur cigarette.

— Vous finirez par en mourir ! lui reprocha-t-il.

— Ne t'inquiète pas pour moi, j'ai encore trop de mauvais jours devant moi pour craindre quoi que ce soit.

Elle écrasa son ultime clope et avala en quelques bouchées ses profiteroles au fromage fondu.

Elle lécha très impudemment ses trop fines lèvres.

— OED, tu dis...

— Orient Express Delivery, oui, confirma-t-il en commençant sans appétit son steak saignant.

— Tu veux que je voie ce qu'on a là-dessus ?

Il sourit, observant la commissaire Antonin aux prises avec sa venaison de chevreuil.

— Josée, j'ai besoin d'un conseil, pas d'un renseignement. Sans Margaux, je... Je ne sais plus où j'en suis !

Elle lui posa la main sur l'avant-bras, signifiant qu'elle avait compris. Il retira son bras, comme gêné par sa réelle sollicitude. Elle fut étonnée de le voir se servir un verre de vin. Elle percevait de la colère dans son regard. Et de la détresse.

— Je dois découvrir ce salopard, Josée, il le faut.

Elle lui sourit avec une douceur dont elle-même ne se croyait pas capable.

— Ce job ? Tu es sûr que ce soit la meilleure voie pour y parvenir ?

Il éluda la question.

— Faut que je retourne à Moscou.

— Enquêter ?

— Et pourquoi pas ? Margaux dans le coma, n'est-ce pas suffisant pour prendre des risques ?

Elle voyait bien que la douleur lui brouillait le jugement. Mais il ne voulait pas d'une leçon de morale. À sa place, n'aurait-elle pas agi de même ? Elle joua avec le paquet de cigarettes vide avant de le fixer à nouveau.

— David, on ne tente jamais seul une infiltration. C'est une règle absolue, et tu le sais. En plus, tu ignores à qui tu as affaire. Le vrai risque est que tu passes bientôt pour un traître.

Il se laissa aller contre sa chaise, soupira.

— Et merde ! Qu'est-ce que ça veut dire, ça ?

— Une compagnie russe, tu vois les conséquences ?

— Les Russes ne sont plus nos ennemis, non ?

— En théorie, soldat. En théorie. Ils sont toujours armés, donc nous aussi.

— OK ! OK ! Mais moi, je ne suis plus en service, Josée ! Et je me fous de toutes vos histoires !

S'il avait été moins maître de lui, plus jeune, il aurait éclaté en sanglots. Il se souvint de son émotion, lors de l'enterrement de son ami Etxe. Il en revenait là : de l'émotion pure. Et une fantastique culpabilité, dont il ne pourrait se défaire qu'en retrouvant l'agresseur de Margaux. Josée Antonin le regardait par en dessous, donnant l'impression de lire clairement en lui.

— Je vais quand même vérifier ce qu'on a sur OED, ça ne mange pas de pain.

— Traître... murmura-t-il dans un soupir. Et après tout ! Je me fiche éperdument que tous ces gens-là soient convaincus de ma trahison. Facile de juger lorsqu'on n'est pas impliqué. Dufort ne m'a même pas demandé une explication. Il n'a pas prononcé un mot. Ils m'ont tous laissé tomber. Jeté aux orties.

— Je suis là ! répondit-elle. Je te communique ce que je trouve le plus rapidement.

— Merci, Josée. Merci.

David ignorait si elle l'approuvait ou non. Mais, au moins, l'écoutait-elle. Et en cas de problème, elle témoignerait de sa sincérité.

— Et Haller ? Tu lui en as parlé ? s'inquiéta-t-elle.

— Pas encore.

— Tu voulais un conseil : fais-le. C'est un type bien, il t'apprécie. Et deux avis valent mieux qu'un.

Il sortit son portefeuille, mais elle ne le laissa pas régler l'addition. Dehors, elle l'embrassa en lui recommandant de se raser.

— Margaux n'aimerait pas te voir comme ça, soldat ! ajouta-t-elle en un clin d'œil plein d'affection.

Il se tâta les joues et acquiesça en remerciant encore. Elle le regarda filer dans la rue des Archives sur sa moto, qu'il pilotait comme une trial dans la rue étroite. Elle eut un mauvais pressentiment. Si elle avait été croyante, elle aurait prié pour que Margaux sorte de son coma et arrête Strelli avant qu'il ne soit trop tard.

*

Pour Vic, la *ferma* s'était depuis longtemps transformée en détention provisoire. Francesca, qui était aussi son avocate, avait bien tenté de plaider en faveur d'une libération pour soins médicaux. En vain. De proposer au besoin une *patteggiamento*[1]. En vain. Elle se heurtait à un mur et n'avait réussi qu'à entendre le procureur Bettino Mattioli requérir de nouveau son « incompatibilité », c'est-à-dire l'impossibilité pour elle d'assurer la défense de son frère, une interdiction que le juge de l'enquête s'était empressé de confirmer. En outre, le dossier de certification antimafia qu'elle avait eu tant de mal à mettre en place avait été rejeté en bloc.

Vicente Minasola commençait à se fatiguer, l'impatience décuplait sa haine. Il était désormais convaincu que ses juges n'avaient qu'un objectif : sa condamnation sous un prétexte ou un autre. Il écartait cette perspective avec fureur et détermination : malgré leur prise en main par Francesca, les affaires n'attendaient pas. Elles avaient besoin de lui.

Il s'était vu infliger le régime carcéral le plus sévère, sans la moindre visite autorisée. Seule sa mère prenait, presque chaque jour, le chemin de la prison Ucciar-

1. Transaction pénale.

done. Il s'agaçait parfois de cette envahissante sollicitude, même s'il savait apprécier les trésors d'affection et de patience dont faisait preuve Sharon. Leurs dialogues étaient de longs chuchotements dans un américain populaire, presque argotique, fortement marqué d'accent du Middle West. Les gardiens chargés de surveiller le parloir ne pouvaient les comprendre. Le juge de l'enquête avait tenté de leur interdire cette pratique, mais il s'était vu sanctionné par la cour d'appel au motif qu'il était illégal de prohiber l'emploi par un prisonnier de sa langue maternelle.

Dans la demi-heure qui leur était impartie, Vic et Sharon parlaient de tout, comme si Vicente était libre. Très vite, ils en étaient venus à évoquer des plans d'évasion. Visite après visite, jour après jour, ils avaient échafaudé toutes les hypothèses, pour les rejeter, en raison à la fois de l'impossibilité pour Vic de se déplacer seul et des extraordinaires mesures de sécurité qui régissaient son incarcération.

Héritière d'une longue lignée de rebelles catholiques irlandais, fille et épouse de gangster, Sharon n'était jamais en panne d'imagination. Elle avait d'abord suggéré de demander l'aide de Nitto. Mais Vic avait catégoriquement refusé. Autant par méfiance que par orgueil, il ne voulait pas mêler son père à une quelconque action en sa faveur. Sharon avait posé son regard, pensif et trop bleu, sur le visage à la fois impassible et douloureux de son pauvre fils, avant de lâcher :

— J'ai vu ta sœur hier. Elle a concocté un projet assez fou. Mais imparable.

Il s'était montré sceptique. Certes, il adorait sa sœur, mais elle n'était qu'une femme. Il était irrité au plus haut point de dépendre ainsi des femmes. Mais comment l'éviter ?

— Alors ? Je ne tiendrai pas une semaine de plus dans cet enfer.

— Du calme, mon petit sucre.

Il grimaça. Il avait horreur de ce surnom qui lui venait de sa petite enfance. Sharon n'en tint pas compte, habituée au caractère impossible de son fils.

— Crois-moi, c'est une idée formidable. Nous t'indiquerons dans le détail la marche à suivre.

— Comment ?

— Ces murs ont des oreilles.

Il comprit, ferma les yeux un instant. De soulagement et de fébrilité. Bientôt, grâce à ses femmes, il serait libre.

Il pourrait alors assouvir sa vengeance, casser, briser tous ces magistrats et ces hommes de gouvernement, trop imbus d'eux-mêmes, et qui s'acharnaient à sa perte. Les chasser, les remplacer par des pantins si démocrates qu'ils accepteraient tout ce qui leur serait imposé.

Quand vint le vendredi matin, le gardien frappa avec sa clé à la porte de sa cellule. Bien que sa voix fût maintenant éraillée, presque totalement cassée, Vic se lança aussitôt dans une nouvelle série de hurlements, de stridulations, d'injures. Le train-train quotidien. Pour bien montrer qu'il n'admettrait jamais son incarcération, à ses yeux parfaitement injuste et illégale.

Sans s'émouvoir, l'homme posa le plateau du petit déjeuner sur la table fixée au mur. Il mit un doigt sur ses lèvres. Sous prétexte de le fouiller, il glissa dans sa poche quelque chose, puis ressortit. Dans son fauteuil roulant, Vic se ramassa sur lui-même, dos tourné à la porte, afin qu'on ne puisse voir ses gestes.

L'objet était un papier pelure plié en huit. Au recto, un texte imprimé en lettres minuscules : la photocopie d'un extrait d'encyclopédie médicale décrivant avec précision les symptômes de l'angine de poitrine. Au verso, un mot bref de Francesca lui demandant de simuler la maladie dans la nuit du lundi au mardi. On serait ainsi obligé de le faire sortir de la prison. Ensuite, tout était prêt. La signature, « *Trust me* », lui fit chaud au cœur. Il lut et le relut le texte, jusqu'à le savoir par cœur, identifiant sur son corps les points à indiquer pour faire reconnaître une crise. Puis il mangea calmement le papier avec son petit déjeuner.

Dès lors, il décida de cesser ses cris pour prendre un peu de repos et permettre à sa voix de se rétablir.

En plein milieu de la nuit prévue, vers 3 heures, il se réveilla en criant. Un cri différent de l'ordinaire, plus sourd, presque une plainte. Il frappa avec violence à la porte de sa cellule jusqu'à ce que le gardien de nuit vienne l'observer à travers l'œilleton. Affaissé dans son fauteuil roulant, Vic haletait, sa plainte devenue simple râle. Il vit le gardien entrer dans la cellule et se pencher vers lui. Il lui montra sa mâchoire, en indiquant qu'il souffrait terriblement. Le gardien sortit chercher des secours. Réveillé en urgence, un infirmier accourut pour constater que Vic était sur le point de perdre connaissance et se plaignait à présent du dos. On le coucha sur son lit et l'infirmier lui offrit un calmant, qu'il refusa.

Réveillé à son tour, le médecin de la prison l'examina une demi-heure plus tard. Force lui fut d'enregistrer la rapide dégradation de l'état du malade, qui eut cependant la force d'indiquer les foyers de la douleur : les symptômes suggéraient une crise d'angine de poitrine, mais même l'électrocardiogramme, satisfaisant, ne permettait ni de confirmer, ni d'infirmer ce diagnostic. Tant qu'un infarctus du myocarde ne serait pas survenu, on ne pourrait détecter la moindre trace de nécrose du muscle cardiaque.

— Il faut l'hospitaliser d'urgence, laissa tomber le médecin après avoir injecté une forte dose de trinitrine, un vasodilatateur puissant qui permettrait à Vic de tenir quelques heures.

Le directeur de la prison arriva, extrêmement nerveux, conscient de l'importance de son prisonnier. Il ne disposait d'aucun pouvoir de décision pour ce type d'urgence.

— Je dois en référer au juge de l'enquête, lui seul peut autoriser l'hospitalisation.

Le médecin tendit l'index vers Minasola. Il semblait avoir perdu totalement connaissance, réagissait mal aux sollicitations. Sa tension avait brusquement monté, son pouls était irrégulier.

— Écoutez-moi bien, ce type est en train de crever ! En matière cardiaque, chaque minute compte ! Alors décidez-vous rapidement, parce que sinon je décline toute responsabilité !

Le directeur obtint rapidement le juge au téléphone et lui passa le médecin qui réitéra ses explications. L'hospitalisation de Vic Minasola fut décidée sur-le-champ.

Il fut embarqué dans une ambulance, en compagnie de trois policiers du SCO[1], de garde cette nuit-là. Le véhicule traversa lentement Palerme jusqu'à l'hôpital universitaire où il était attendu à l'entrée du service de cardiologie. Vic fut examiné par le chef de service, qui prescrivit aussitôt une coronarographie, seul moyen de mesurer l'ampleur du mal et la réalité des risques d'infarctus du myocarde. Le professeur le confia ensuite à un médecin portant un badge au nom du docteur Nanni Cosima, radiologue.

Les policiers s'irritaient de la lenteur des procédures, comme si personne n'était jamais pressé, dans cet hôpital. Il fallut ainsi au moins une demi-heure après son

1. Le service antimafia de la police d'État.

admission pour que, allongé sur un brancard, Vicente Minasola entrât dans la salle abritant les installations de coronarographie : asepsie totale pour éviter les contaminations microbiennes lors de l'introduction du cathéter d'examen et du produit contrastant, blindage au plomb destiné à éviter la propagation des rayons X vers l'extérieur.

*

Ces impératifs techniques furent à l'origine d'un incident lors de l'admission du malade dans le local. Les policiers entendaient ne pas perdre de vue leur prisonnier, et donc l'accompagner dans la salle d'examen, mais le docteur Cosima s'y opposa formellement. Les hommes, leurs radios, leurs armes, tout leur équipement, ne présentaient aucune garantie de stérilité. Décision médicale sans appel : il en allait de la survie de Vicente Minasola. Les hommes du SCO durent se contenter de rester en faction devant la porte, alors qu'une lumière rouge venait de s'allumer. Le lieutenant Andrea Di Meo qui commandait la patrouille rendit compte à ses chefs à la préfecture de Palerme. Il lui fut répondu qu'il recevrait du renfort aussitôt les équipes du matin mises en place.

— Je ne comprends pas les raisons d'un tel laxisme à l'égard d'un prisonnier particulièrement surveillé, continuait à protester l'officier de police.

— Ton prisonnier est infirme et il en train de mourir, lui fut-il répondu. Il ne risque pas de se sauver !

Près de deux heures avaient passé.

Les trois policiers attendaient toujours à la sortie de la salle de coronarographie. Le lieutenant Di Meo appela une nouvelle fois la direction du SCO pour connaître l'heure d'arrivée des renforts – voire de la relève. Commençant à s'impatienter, il partit à la recherche de la surveillante du service de cardiologie. Il la trouva dans un petit bureau en train de remplir une grille de mots croisés. Il brandit sa plaque de police.

— Combien de temps dure cet examen de coronarographie ?

Interloquée, la femme regarda le policier.

— Quel examen ?

— La coronarographie, là-bas !

Il désigna la porte devant laquelle il faisait le pied de grue.

Elle consulta le programme du jour.

— Pas longtemps, une demi-heure. Et aucune séance n'était prévue ce matin.

— Évidemment, puisque le malade a été conduit ici d'urgence.

— Puisque je vous répète qu'il n'y a pas d'examen ce matin. La salle n'a même pas été préparée.

L'inspecteur blêmit. Un frisson lui parcourut l'échine. Il poussa la femme et se précipita vers la salle d'examen.

— Monsieur, vous ne pouvez pas.

Il n'écoutait déjà plus la surveillante qui lui courait après. Il pénétra dans la salle : elle était vide.

— Où est Minasola ? Où est Minasola ?

Il hurlait en tournant comme un fou dans la pièce.

— Je ne sais pas ce que vous voulez dire. Je ne...

— Appelez-moi le docteur Nanni Cosima. Vite !

— Nanni... Nanni Cosima ?

— Vite !

La surveillante secoua la tête, en signe de dénégation.

— Aucun docteur Cosima n'a jamais exercé dans ce service, monsieur. Ni ailleurs dans l'hôpital, à ma connaissance.

L'inspecteur Andrea Di Meo était fou de rage. Il se

rendait compte soudain qu'il venait de se faire berner. Il était bon pour retourner dans une brigade de circulation routière, mais là n'était pas le plus grave. Le clan Minasola avait encore frappé. Vicente s'était évaporé dans la nature. Il fouilla la pièce et découvrit une porte qu'il ouvrit avec une telle violence que la surveillante se mit à pleurer.

— Qu'est-ce que c'est que ce bordel ?

— C'est l'accès réservé aux médecins, qui donne dans les couloirs de service... Interdits au public.

Di Meo frappa le mur de son poing jusqu'à s'en faire mal. Derrière lui, ses hommes n'en menaient pas large. La femme soupira.

— Nous sommes en Sicile, vous le savez, il se passe toujours de drôles de choses. Je suis désolée. Je...

Il la regarda d'un air furieux. Il aurait voulu la frapper : il l'aurait sans doute fait si ce geste excessif avait pu lui rendre son prisonnier.

20

Le « docteur Nanni Cosima » referma avec soin la porte de la salle de coronarographie, le visage éclairé par un sourire victorieux :

— OK, on y va !

Il se pencha vers le malade, toujours allongé sur la civière : naturellement, Vic était resté impassible et dolent, comme il se doit. Mais il avait reconnu l'un de ses vieux copains d'enfance, du temps où il pouvait encore courir : ni Nanni, ni Cosima. Mais Michel Angelo Salvatore, qui rendait d'autant plus facilement des services que son visage parfaitement anodin lui permettait de franchir tous les contrôles sans jamais être inquiété.

L'homme poussa lui-même le chariot vers une deuxième porte qui s'ouvrait au fond de la salle. Salvatore avait repéré les lieux avec soin. Sans se hâter, il se dirigea vers l'ascenseur, appuya sur le bouton du sous-sol : en bas les attendaient deux « infirmiers », qui prirent en charge Vic et l'installèrent dans une ambulance frappée sur toutes ses faces d'une croix rouge.

Le véhicule traversa Palerme, dégageant sa voie à grands coups d'avertisseur, et s'engagea vers le nord par la via della Liberta, jusqu'au quartier de Pallavicino puis au village de Partana Mondello, coincé entre mer et montagne. Afin de détourner l'attention des policiers et de les fixer en ville, des « incidents » avaient été provoqués, sous la forme de petites manifestations de rue d'autant plus surprenantes qu'elles étaient matinales.

Dans le bassin du petit port, toujours allongé sur sa civière, mais emballé de la tête aux pieds d'une enveloppe imperméable, Vicente fut transféré sur une petite vedette qui prit aussitôt la direction de la haute mer.

À trente miles au large, c'est-à-dire en dehors des eaux territoriales, était ancrée la *Victoria Uno*, une ancienne frégate provenant des surplus de l'armée américaine et transformée en yacht. Doté de turbines à gaz surpuissantes, ce navire était plus rapide que tous les poursuivants potentiels. Des affûts de mitrailleuses et un poste de tir de missiles mer-mer, tous dissimulés, le dotaient d'une puissance de feu redoutable.

Non sans mal, Vic fut hissé à bord, et enfin libéré de l'emballage qui l'avait jusqu'alors caché. Un fauteuil roulant l'attendait dans le carré des officiers, transformé en salle de séjour pour les passagers. Il n'avait pas ouvert la bouche. Il était encore tendu, comme si l'effort physique pour simuler l'angine de poitrine avait été plus dur que prévu. Toute l'opération s'était déroulée dans un enchaînement parfait.

La frégate leva l'ancre, et prit aussitôt de la vitesse, cap plein ouest, à trente-deux nœuds, de façon à s'éloigner au plus vite des côtes italiennes. En ce jour gris d'hiver, la mer était forte, un vent de force 5 creusait les vagues. Peu soucieux du confort de ses passagers, le capitaine gouvernait sans ménagement l'ancien navire de guerre qui entrait droit dans les lames que son étrave tranchait avant de surgir à l'air libre. Après sept heures de navigation, le *Victoria Uno* obliqua vers le nord, remontant la côte de Sardaigne très au large par l'ouest, afin d'éviter la mer Tyrrhénienne, moins tempétueuse, mais très surveillée.

Le jour commençait à baisser quand un hélicoptère Alouette III surgit au ras des flots, puis s'éleva de quelques mètres pour se poser sur la plage arrière du navire. Le pilote ne stoppa même pas son réacteur, tandis que Vic était de nouveau placé sur un brancard fixé à l'air libre. Dans la nuit tombante, l'appareil fila vers l'est, toujours au ras des vagues, s'engagea au-dessus d'un détroit, survola un petit archipel puis, collé à la côte de façon à échapper aux radars, remonta vers le nord-est : il franchit les bouches de Bonifacio, entre la Sardaigne et la Corse, puis survola l'archipel des Lavezzi et l'île de Cavallo. Quelques minutes plus tard, il atterrit sur un terrain sommairement aménagé, mal éclairé par des torchères. Parmi les voix qui montaient dans la nuit, Vic fut surpris de reconnaître celle de sa sœur. Francesca vint elle-même le libérer du linceul de plastique qui l'avait protégé du froid et des embruns brassés par les pales de l'hélicoptère volant trop bas, à deux mètres de l'eau.

— Bienvenue, dit-elle en riant, alors que deux hommes avaient pris Vic à bras-le-corps pour le poser sur un fauteuil roulant.

Il grimaça : le siège était trop neuf, et les coussins, pas assez culottés, ne lui procuraient pas tout le confort exigé.

— Vous devez me redonner mon siège, grommela-t-il, de très mauvaise humeur.

Sa sœur le poussait. Elle rit encore.

— Je doute que nous puissions aller le chercher avant un long moment là où nous l'avons laissé. Le directeur de la prison de Palerme peut le contempler en pleurant, et même l'utiliser comme pièce à conviction, mais il n'est pas prêt à te le rendre.

Vic ne répondit pas, mais, ce soir plus encore que par le passé, l'ironie de sa sœur l'agaçait. Il sentait monter en lui la colère. Francesca semblait ne rien prendre au sérieux, et son handicap moins que le reste. Que pouvait-elle savoir de sa haine ? Ces traits d'humour étaient le fruit de l'inconscience et il faudrait rapidement le lui faire comprendre. Il aimait Francesca, oui, il l'aimait plus qu'aucun homme n'avait jamais aimé une femme, mais il ne fallait pas qu'elle abuse de cet amour. Il ne le fallait pas.

Dans le crépuscule, des toits très plats couverts de tuiles romaines semblaient surgir du sol : à mesure que l'on avançait, Vic réalisait l'étendue de ces couvertures, abritant une seule et immense maison, dont la façade était tournée vers la mer.

— Où sommes-nous ?

— Dans une presqu'île entre la Punta di Sponsaglia et la Punta di Rondinara.

— Mais encore ?

— Non loin de Figari, sur la côte corse. Chez notre ami Jacques-Olivier Lambert-Leroy, dans sa propriété, U Castello di a mare. Ici, tu ne crains rien, personne ne peut savoir que tu es là. Et la protection est absolue.

Il regarda sa sœur. Le vent faisait virevolter sa longue chevelure brune qu'elle avait laissée dénouée. Vic sentit les larmes lui monter aux yeux. Il y avait bien longtemps qu'il n'avait ressenti cette émotion. Il s'en voulut de ses précédentes pensées. Que serait-il sans Francesca ? Sa haine n'avait d'égale que son ingratitude. Il lui prit la main.

— Pardonne-moi. Pardonne-moi.

Elle lui donna un baiser tendre dans le cou. Pour un peu, il se serait cru heureux.

*

Quand l'hélicoptère militaire Puma A 330 avait décollé de l'aéroport d'Annecy, un épais brouillard recouvrait la région. Le pilote avait dû finement manœuvrer pour émerger de la purée de pois : il s'était glissé le long de la vallée de la Fier puis des pentes de la montagne de Sulens puis, alors qu'ils approchaient du col des Aravis, l'appareil avait soudain surgi dans l'azur. Spectacle fantasmagorique des pentes abruptes toutes enneigées, rêve ou cauchemar de blancheur absolue.

Le Premier ministre avait exigé que la porte latérale restât ouverte afin de mieux jouir du paysage. Il ne craignait pas le froid et, jumelles vissées sur les yeux, prenait un plaisir manifeste à cette promenade. Comme le bruit et les casques ne leur permettaient pas de parler, il leva le pouce pour faire partager son sentiment à David Strelli qui avait la tête ailleurs.

En quelques minutes, ils atteignirent l'aéroport de Megève. Le Puma se posa sur la piste, qui avait été aménagée sur une pente afin de compenser sa brièveté.

Le chef du gouvernement venait inspecter les dispositifs pris par le préfet de Haute-Savoie pour prévenir les avalanches.

La veille au soir, quand le lieutenant-colonel Strelli avait sollicité une entrevue avec lui, il lui avait proposé de l'accompagner, loin des oreilles indiscrètes : seul le directeur de cabinet les escortait. David avait ainsi pris le Falcon 900 militaire jusqu'à Annecy, puis le Puma.

À Megève, le préfet les attendait en uniforme de parade, ridiculement chaussé de moonboots. Avec une grimace agacée, Haller le salua brièvement, avant d'entraîner Strelli dans la voiture officielle. Tandis que le véhicule se dirigeait vers la station de sports d'hiver, bien paisible en ce milieu de semaine, il se tourna vers son conseiller secret.

— Que se passe-t-il ?

Haller était le seul à le soutenir depuis sa mise au placard et son éviction de l'armée, le seul qui acceptait encore de l'écouter. David inspira longuement avant de raconter dans le détail comment il pensait accepter l'offre de travail d'une compagnie d'aviation qui ne lui paraissait pas nette.

Le Premier ministre sembla ne pas entendre Strelli, qui toussa pour manifester sa présence.

— Je vous ai écouté, cher ami. Et je vois que votre projet n'est pas des plus sûrs. Vous n'avez pas d'autres opportunités ?

— Pas vraiment.

— Écoutez, mon vieux, je vous aime bien, continua Haller d'un ton qui se voulait amical. Nous avons fait de grandes choses ensemble. Mais là, franchement, vous recherchez les ennuis. S'il ne tenait qu'à moi, je vous réintégrerais dans un service, mais on crierait encore aux privilèges.

— Alors, qu'est-ce que je fais, moi ? Je me lance dans la politique ? ironisa David, à cran.

— Je comprends votre colère. Et votre douleur. Vous êtes un professionnel, vous savez ce que vous devez faire.

— Ce qui veut dire ?

— Si vous ratez votre coup, je ne pourrai bien sûr rien pour vous, c'est la règle, n'est-ce pas ?

Sans préciser quelle serait sa conduite si Strelli parvenait à ses fins. Il se demanda si Haller ne cherchait pas à profiter de cette occasion pour en savoir davantage sur ces milieux criminels qui avaient, jusqu'à présent, échappé à toutes les investigations. Le Premier ministre profitait de son extrême fragilité, due à l'état de Margaux. Il ne répugnait pas à manipuler un ami. Il n'y avait rien à ajouter. Rien. S'il se sortait de cette affaire, il pouvait simplement espérer que son protecteur assurerait qu'il l'avait envoyé en mission clandestine. S'il échouait... Qu'importe. L'échec absolu serait que Margaux ne se réveille jamais. L'échec absolu serait qu'il vive dans la peur comme tous ces politiques qu'il avait servis. L'échec absolu serait de ne pas y aller.

*

Depuis deux jours, Vic savourait sa liberté retrouvée. La détention l'avait fatigué et il commençait à peine à recouvrer sa forme. Il poussa sa chaise roulante – toujours aussi inconfortable, malheureusement – sur la terrasse qui s'avançait vers la mer. Il était nerveux. Les quotidiens italiens consultés ce matin sur Internet étaient remplis des récits de la traque lancée pour le retrouver. *La Repubblica*, qui consacrait trois pleines pages à son évasion, le qualifiait « d'infirme diabolique, le plus grand des mafieux ». Mais ici, en France, pas un mot à la radio, aucune image à la télévision qui ignorait royalement l'affaire. Curieusement, cette indifférence le mettait encore plus en rage que l'hystérie des journalistes italiens.

Il entendit les pas de Francesca derrière lui. Il coupa la radio et se retourna lentement.

— Comment te sens-tu ? lui demanda-t-elle en lui passant la main dans les cheveux.

— Mal. Mal, petite sœur. Nous avons perdu du temps. Beaucoup de temps. Trop de temps.

— J'ai fait mon possible.

— Il ne s'agit pas de toi. Tu as été merveilleuse. Sans toi...

Elle lui posa l'index sur les lèvres. Il le mordit comme un chat joueur.

— Francesca, tu dois aller à New York. Donald attend mes instructions, et il manque parfois d'audace. Il faut que nous accélérions le processus de la banque virtuelle.

Elle était vêtue d'un kimono japonais en soie imprimée, avec de grands oiseaux fantastiques, noirs sur fond bleu roi. Elle se posa avec grâce sur un fauteuil en rotin, face à lui. Ce matin, le temps était superbe, un air doux laissait présager le printemps, même si les montagnes qui barraient l'horizon au nord étaient encore encapuchonnées de neige. Elle alluma une cigarette. En présence de son frère, elle ne fumait qu'à l'extérieur. Elle soupira :

— Il faut que je passe d'abord par Genève.

Il haussa les sourcils.

— Recrutement d'un ancien de la DGSE pour la compagnie OED, énonça-t-elle d'une voix monocorde.

Il hocha la tête comme si cette affaire n'était d'aucune importance. Elle en fut agacée, mais ne le montra pas. Elle connaissait trop son irritabilité pour risquer de la provoquer. Un enfant. Cruel !

— Quand peux-tu être à New York ?

— Après-demain.

— Très bien.

Elle s'éloigna.

— Francesca !

— Oui.

— Ce Tchevine dont tu m'as parlé...

— Oui ?

— Tu es sûre qu'il est en affaire avec notre père ?

— Tout semble l'indiquer.

— Parle-lui.

— Il paraît qu'il s'est réfugié aux États-Unis après avoir été victime d'une tentative de meurtre à Paris.

— Ah ?

Vic n'avait pas l'air impressionné par cette information.

— Il faut le voir quand même. Raison de plus pour aller à New York. Fais comprendre à ce merdeux qui dirige vraiment nos affaires. Je ne peux pas tolérer ce genre d'arrangement ! Tu entends, je ne peux pas le tolérer.

— Et père ?

— Je m'en occupe. Demande à Donald d'aller avec toi au rendez-vous. Je n'ai absolument pas confiance dans ces Russes du diable !

— Dis donc, je vais forcer sur mes honoraires ! lâcha Francesca en souriant.

— Ma vie est à toi. À toi ! Sang pour sang !

Il fit pivoter son fauteuil et roula vers le bord de la terrasse. Sous lui s'étendait la mer. Il huma l'air marin. Il essaya de se détendre, mais la fureur, dans sa chair, semblait aussi immense que l'étendue des flots. Le temps pressait. Francesca était encore à ses côtés, toujours fidèle. Mais son père, Don Nitto lui-même, n'était plus un allié sûr.

Vic laissa son regard errer le long de la grève étroite où allait et venait un factionnaire, vêtu d'une combinaison et d'une cagoule noires, qui lui rappelait les pénitents noirs de Palerme. Mais celui-ci portait un fusil d'assaut automatique en travers de la poitrine.

Un M 16. Don Nitto. Son père ! Peut-être aurait-il à se résoudre à l'impensable. Il serra le poing et ferma les yeux. Le ressac sur les rochers devint assourdissant.

*

Les vrais grands palaces ont ceci de particulier que les clients ont toujours l'impression d'être traités par le personnel comme des courtisans chez le roi. À Genève, l'hôtel Richemond n'échappait pas à la règle. Digne et sûr de sa richesse, orgueilleux de son passé, l'établissement affirmait, au bord du lac, sa prééminence impérieuse et arrogante.

David Strelli n'avait que très rarement fréquenté ce genre d'hôtel. Il y avait accompagné parfois Margaux qui, elle, appréciait en connaisseuse le luxe et la quiétude de tels endroits. Il ignorait comment se comporter avec la meute des voituriers, des chasseurs et des concierges aux clés d'or, tout ce personnel dont il n'identifiait d'ailleurs pas toujours la fonction exacte. Il éprouva un pincement au cœur : avec Margaux, tout aurait été différent. Avec elle, ils seraient venus ici en week-end amoureux. Avec elle...

Il se fit annoncer à la directrice des relations humaines de la compagnie Orient Express Delivery, à 15 heures, comme le lui avait conseillé Jean-Marie Bourdieu. On lui demanda de patienter. Arrivé à Genève par le TGV de 11 h 58, en seconde classe, il n'était pas fâché d'avoir un instant de répit. Il s'enfouit au plus profond d'un fauteuil club en cuir au milieu du *lobby*, relancé par les scrupules accumulés depuis qu'il avait accepté de parler avec Bourdieu. Il fut dérangé dans son repos par un chasseur venu l'avertir que « Mme McManus l'attendait dans sa suite ». Sans l'ombre d'un sourire. David lui emboîta le pas, l'ascenseur les conduisit jusqu'au cinquième. Moquette épaisse, silence, portes capitonnées. L'employé sonna, on ouvrit.

Il s'attendait à rencontrer l'un de ces cadres supérieurs féminins entre deux âges, qui se croient obligés d'affirmer un caractère revêche pour concurrencer les hommes sur leur propre terrain.

— Je suis Frances McManus, dit, de sa belle voix italienne, une jeune femme à la beauté à la fois sombre et lumineuse qui le fixait sur le seuil de la suite.

Le jour même du « déménagement » de Vic Minasola en Corse, Francesca avait disparu corps et âme d'Italie. Elle était réapparue en Suisse sous les traits d'une jeune Américaine, miss Frances McManus, née à Atlantic City, État du New Jersey, et domiciliée 26, rue Caroline à Chêne-Bourg dans la banlieue de Genève. Telles étaient du moins les mentions figurant sur le passeport délivré en bonne et due forme par l'administration de Washington.

Vic avait en effet estimé que sa sœur serait plus utile aux intérêts du clan si elle se libérait de la surveillance sourcilleuse dont elle était l'objet tant à Rome qu'à Palerme. Il n'avait plus aucune illusion sur leurs possibilités d'action en Italie. Il était définitivement un paria. Francesca serait désormais ses yeux, ses oreilles, sa bouche et ses jambes pour leurs affaires. Les commerces de la viande, de l'huile d'olive, des cigarettes, des vieux métaux, la mise en place de nouveaux circuits de financement. Il concevait les projets et elle les mettait à exécution. Il reconnaissait d'ailleurs que, pour la pratique, elle était sans doute bien meilleure que lui.

— Strelli. David Strelli, lança le Français en saluant la Sicilienne d'un geste martial.

— Entrez, je vous prie.

Un salon, une porte ouverte vers la chambre, immense. Le service d'étage n'était pas encore passé, le lit était défait, les draps rejetés découvraient une intimité émouvante. Les fenêtres ouvraient sur le lac Léman, aujourd'hui gris de fer sous un ciel de plomb. David fut gêné de subir un examen détaillé, comme s'il était un quartier de viande dans une boucherie en gros.

— Vous êtes plus grand que ne le laissent supposer vos photos.

— Ça dépend de l'objectif utilisé.

Elle sourit.

— Asseyez-vous.

Il choisit un fauteuil Louis XVI, une copie, inconfortable comme il se doit. Il regarda la jeune femme du coin de l'œil. Elle portait un pantalon noir, une veste profondément échancrée avec, dessous, une chemise d'homme. Elle s'affala dans la grande banquette recouverte d'un tissu précieux, de la soie mordorée.

— Voulez-vous boire quelque chose ?

— Votre dossier ne mentionne-t-il pas que je ne bois que de l'eau ?

— Si, ça et bien d'autres choses. Mais on peut toujours essayer la corruption, non ? San Pellegrino, si mes souvenirs sont bons ?

Il ne répondit pas. Elle commanda l'eau gazeuse pour lui et se fit servir du champagne Veuve Cliquot-Ponsardin.

— Regardez sur le bureau, votre contrat est prêt.

Il se leva, ramena le dossier préparé à son attention.

— Je n'ai pas dit que j'acceptais quoi que ce soit.

— On ne me refuse jamais rien, *signore* Strelli. Êtes-vous Italien d'origine ? Lisez d'abord, vous me répondrez ensuite. Vous devez savoir que je suis le fondé de pouvoir de cette société. Le président est Ivan Lipachine, qui représente les intérêts russes et tadjiks, lesquels sont majoritaires. Mais, au nom de la holding américano-italienne P & R, je suis chargée d'assurer la gestion, car nos amis russes ne sont pas encore parfaitement au fait du management à l'occidentale.

Il savait, grâce à Josée Antonin, que la compagnie Orient Express Delivery était officiellement basée à Neuchâtel. « Parce que les dispositions fiscales dans ce canton suisse sont particulièrement avantageuses », avait lâché le commissaire avec son traditionnel clin d'œil.

Elle prit un paquet de cigarettes posé sur un guéridon, à portée de main, en alluma une avec son Dunhill en or massif. Elle souffla un long jet de fumée dans sa direction. Il grimaça un peu, malgré lui.

— Ah ! vous n'aimez pas la cigarette, je vois ? Bien.

Elle l'écrasa aussitôt dans un cendrier.

David songea un instant à Margaux, mais cette pensée lui parut soudain incongrue et il s'en voulut. Francesca attendait sans un mot, le regard perdu dans le paysage flou qui apparaissait derrière les rideaux de dentelle. David consentit à ouvrir le dossier. D'abord la mince plaquette que lui avait déjà montrée Bourdieu, décrivant la flotte disparate : les vieux Antonov et les Iliouchine, les Boeing 707 et 747/100 de première génération, les DC 8 antiques.

— Une partie de la flotte est constituée d'appareils hors d'âge, depuis longtemps inaptes au transport des passagers, mais qui sont pour le fret d'un rendement d'autant meilleur qu'ils ont été acquis pour une bouchée de pain. Vous ne les verrez jamais ensemble, ils sont dispersés sur tous les aéroports d'Europe, au gré des ordres de chargement, précisa Francesca alors qu'entrait le serveur avec les boissons.

Sous la publicité, une épaisse liasse de papier : le contrat d'engagement, en trois exemplaires. Il devait accepter, c'était peut-être son unique chance de revenir en Russie, sous une bonne couverture, et avec d'excellentes protections. Elle se retourna, vissant sur lui son regard noir dont il imagina qu'il pouvait être encore plus terrible. Elle sourit.

— Votre salaire, tout d'abord. Vingt mille dollars par mois, plus les frais. Vous pouvez faire verser votre argent sur un compte, ici en Suisse, à Genève – en fait, partout où vous voulez.

Il lisait rapidement le projet de contrat, allant directement à la signature : Frances McManus.

Il hésitait toujours. Elle le sentit.

— Avec une prime d'engagement de cent mille dollars, compte tenu des difficultés que vous aurez à affronter.

Cent mille dollars. Elle énonçait ses chiffres du bout des lèvres, avec délicatesse, comme s'ils ne pesaient pas. Cent mille dollars, six cent mille francs. Les billets verts valsaient dans sa tête. Déjà, avec Mayeux, il avait eu un peu de mal à s'accoutumer à l'énormité des chiffres.

— Vous serez chargé de diriger, de vérifier et de surveiller tout ce qui a trait à la sécurité de la compagnie. C'est-à-dire que pas un seul appareil ne devra prendre le vol sans que vous-même ou l'une des personnes de votre service n'ait donné son aval. Vous pourrez même être appelé à négocier les contrats d'affrètement pour les chargements les plus sensibles. Est-ce clair ?

Il hocha la tête. Pour montrer qu'il avait bien enregistré, mais elle comprit qu'il s'agissait d'une approbation. Il lui semblait être entraîné dans le courant furieux d'une rivière sans pouvoir résister.

— Ce n'est pas tout, poursuivit-elle en buvant un peu de champagne. Compte tenu de ce que vous êtes et de vos exceptionnels états de services, j'ai pensé qu'il serait judicieux de vous confier également les tâches de sûreté.

— Police interne ?

— Si vous préférez. Discipline, enquêtes sur les incidents, interventions directes et personnelles au besoin. Nous travaillons sur un marché extrêmement difficile et délicat, le transport de marchandises sensibles qui ne peuvent transiter par la route en raison des pirates. Un exemple, pour vous éclairer : nous devons assurer un transport de titane depuis la Sibérie, et nous souhaiterions vivement que vous puissiez conduire cette mission à partir de Moscou. Voilà.

Il voulut un instant différer l'acceptation. Exiger un délai de réflexion. Mais elle pouvait tout aussi bien le lui refuser. Abandonner carrément l'offre. Six cent mille francs. La possibilité de retourner en Russie. De traquer l'agresseur de Margaux. Les visages d'Antonin et de Haller se superposèrent dans son cerveau. Comme dans un rêve, il prit le stylo Parker – la copie d'un ancien modèle, avec un gros corps en bakélite bleu mordoré de noir – qu'elle lui tendait.

— C'est le modèle habituellement utilisé pour la signature des grands traités internationaux depuis la fin de la Seconde Guerre mondiale. Vous pourrez le garder, même si vous ne signez pas.

Six cent mille francs ou un Parker dont il n'avait rien à faire. Un jeu de dupes, pensa-t-il. Margaux...

Il signa le premier exemplaire, avec l'impression d'être acheté comme du bétail, parapha le deuxième exemplaire comme un automate, et le troisième exemplaire en repoussant loin de lui ses derniers scrupules. Il n'écouta même pas la voix de Margaux le supplier de ne pas agir ainsi. Mais il ne pouvait pas l'entendre parce qu'elle ne pouvait parler. Et c'était justement pourquoi il venait de signer.

Francesca se leva, récupéra les trois exemplaires du contrat. Et le stylo. Elle signa à son tour, rendit le Parker et un exemplaire à David et lui tendit une grosse enveloppe de papier Kraft, ouverte, qui contenait mille billets de cent dollars.

— Vous pouvez compter.

Il haussa les épaules.

— Vous devrez être à l'aéroport moscovite de Sheremetievo dans quatre jours, martela-t-elle sur un ton soudain autoritaire. Vous devrez y récupérer cette cargaison de titane dont je vous ai parlé. Trente-cinq tonnes dans un semi-remorque à livrer à Toulouse, chez Airbus Industrie.

Elle enferma dans un petit coffre les deux contrats restés en sa possession. En se retournant vers Strelli en un mouvement gracieux, elle afficha son sourire le plus enjôleur.

— Quand rentrez-vous à Paris ?

— Ce soir.

— Alors nous avons le temps de prendre le thé. Bien

que le temps ne soit pas beau, je vous propose le Rive du Lac. C'est l'un des cadres les plus enchanteurs de la ville. La cantine de tous les dictateurs en exil, et des pontes des Nations unies.

David craignait le pire, et le pire était arrivé. Désormais, il devrait s'habituer à la fréquentation de ces restaurants d'un luxe inouï et à leur clientèle frelatée.

21

Anne-Claire Ivanovna avait ses habitudes à la Boîte à Musique. Cet établissement sympathique avait été ouvert quai de la Loire, entre le carrefour de Stalingrad et la Cité des Sciences de la Villette, par Jean Chatenet, un sous-préfet aussi mélomane qu'original qui accordait beaucoup plus de soin à la gestion de son « café » et à sa clientèle qu'à sa carrière.

— Ce comportement, dit-elle à son invité en abandonnant son manteau de vison au vestiaire, n'est guère commun, vous le reconnaîtrez comme moi, très cher ministre.

Ernest Plivinec n'était pas vraiment surpris, puisque le sous-préfet mélomane avait été pendant de nombreuses années administrateur civil au ministère des Finances, avant de trouver un poste à sa convenance, comme sous-directeur de la Musique à la Ville de Paris.

— Il aurait pu déployer là son invraisemblable culture musicale sans être trop surchargé de travail, observa-t-il.

— Erreur ! Le poste intéressant est celui de directeur de la Musique, un poste tout à fait politique, à la discrétion du maire.

— Vous m'en apprendrez tous les jours, s'amusa Plivinec.

— Alors que le sous-directeur doit se faire oublier en gérant au mieux les dossiers.

— Donc Jean Chatenet a dû se rabattre sur son café pour assouvir sa passion.

— Et n'est-ce pas une réussite ?

La boîte ressemblait à toutes les boîtes du monde, piste de danse, petites tables et lampes individuelles à abat-jour rouge ; mais, singularité, à la place de l'orchestre de variété se trouvait un ensemble classique : quatuor, trio, soliste accompagné d'un pianiste. Même le jazz avait parfois sa place.

Le maître d'hôtel avait repéré Anne-Claire Ivanovna dès son entrée. Il les salua et voulut les placer au premier rang, mais Plivinec fit comprendre qu'il ne tenait pas à un tel honneur. Il ne se cachait pas de sortir avec la jeune femme. Mais il ne tenait pas non plus à s'afficher trop ouvertement. Il était encore marié, et son groupe politique dépensait beaucoup d'énergie et de paroles à défendre les valeurs traditionnelles. Soudain complice, le maître d'hôtel plaça le couple dans une alcôve et prit la commande.

— Champagne, Perrier jouet rosé, lança Anne-Claire tandis que le pianiste de concert entamait la *Wanderer Fantasie* de Franz Schubert.

Ernest Plivinec se rapprocha de la jeune femme, pas si jeune que ça d'ailleurs, environ quarante ans, elle en eût préféré dix de moins. Il la trouvait très séduisante et ressentait un besoin irrésistible de la sentir, de la toucher. Elle lui faisait un extraordinaire effet, et il ne comprenait toujours pas pourquoi. Il avait eu beaucoup d'autres maîtresses – plus belles, plus jeunes –, mais Anne-Claire était un délicieux mélange de vulgarité sexuelle et de fantaisie adolescente alliée à une fraîcheur d'esprit qu'il ne rencontrait plus depuis longtemps dans les couloirs de Bercy. Il lui semblait qu'elle pourrait tout obtenir de lui. Si elle le demandait. Mais elle ne demandait rien. Il sourit en dégustant son champagne, frais, mais pas trop. Le plus surprenant, pensait-il, était qu'elle ne cherchait pas à s'imposer, à jouer les maîtresses envahissantes. Au contraire, il fallait la prier pour qu'elle acceptât de sortir, et prenait souvent de vagues prétextes pour ne pas répondre à toutes ses sollicitations. D'une certaine manière, elle le tenait à distance. Il ne voulait pas admettre qu'il était amoureux. À son âge, c'était ridicule. Mais il ne pouvait pas lutter. Il la regarda porter la flûte de champagne à ses lèvres. Ses gestes, en public, étaient généralement réservés, empreints d'une grâce discrète.

Pourtant, il était inquiet, car il saisissait mal ses méandres et ses contradictions. Ainsi, son amoralisme outrancier n'avait d'égal que son idéalisme juvénile. Elle n'avait jamais caché être « en service commandé » auprès de lui, pour obtenir un certain nombre de résultats au profit de son employeur, Jacques-Olivier Lambert-Leroy.

— Il a promis de faire ma fortune, si je parviens à nos fins, lui avait-elle avoué sans ambages.

— Tu m'aimes seulement pour ça ?

— Non, mais ça aide, avait-elle laissé échapper en un rire d'une cruauté sans fard. Je ne sais pas comment, et je n'ai pas su tout de suite pourquoi, mais j'ai confiance en lui, sa famille a toujours su se préoccuper de moi.

Au lit, elle ne manifestait jamais la moindre réticence, quelle que fût la situation. Mais en public, au lieu de s'abandonner à de tendres épanchements, elle ne cessait de bavarder, d'exprimer parfois avec exaltation ses convictions profondes. Comme ce soir-là. Oubliant le champagne, elle s'était lancée dans un discours étrange et pour le moins confus.

— Je dois remplir une mission auprès de vous, mon cher ministre.

Elle ne le désignait jamais autrement, parce que, affirmait-elle, elle ne pouvait s'habituer à son prénom absurde et vieillot.

— Je dois vous conduire vers certaines décisions. Mais j'ai appris à vous apprécier, votre sincérité, votre gentillesse...

— Tss, tss, venons-en à l'essentiel.

— Non, non, je vous assure, et je dois avouer être maintenant remplie de scrupules, j'ai honte de devoir gagner de l'argent grâce à la relation qui s'est instaurée entre nous. Mais, par ailleurs, je dois rendre des comptes, me montrer efficiente. Vous savez, JO2L est un homme fantastique, un véritable aventurier de notre temps.

Elle ne craignait jamais le cliché simpliste.

— Il est capable de renoncer à une entreprise en pleine gloire pour se lancer vers de nouveaux horizons, il me fascine.

Elle ne laissait plus Plivinec apporter le moindre commentaire, un peu comme si elle appréhendait d'entendre son avis.

Pourtant, elle se tut soudain, posa sa main avec délicatesse sur sa cuisse, dans un geste plus possessif qu'érotique.

— Mais vous ne pouvez rien ignorer de cet homme-là, puisqu'il soutient financièrement votre action politique.

Sans crier gare, elle était brusquement passée au registre de la menace, une menace au demeurant assez grossière, pensa Plivinec en tendant l'oreille.

— En outre, admettez, mon cher ministre, qu'il a manifesté de façon spectaculaire son esprit civique en réglant la totalité de sa dette fiscale.

Le ministre hocha la tête, se cantonnant à une attitude prudente.

La main accentuait, de façon un peu moins délicate, le massage sur la cuisse.

— Jacques-Olivier souhaite que nous parlions des perspectives d'achat de ces avions de transport russes. Les Iliouchine.

— Les Iliouchine 76, corrigea Plivinec en souriant.

Il était plutôt amusé d'entendre cette femme d'alcôve évoquer un sujet aussi trivial qu'une vente d'avions-cargos. En bon phallocrate, il avait quelques difficultés à accorder une quelconque crédibilité aux propos d'une femme. Il avait tort. Elle sortit de son sac à main une note imprimée, se pencha vers lui, posa une bise légère sur sa joue.

— Tout est là, mon cher ministre. Il a résumé la proposition dont il a été saisi. Si j'ai bien compris, c'est une affaire qui traîne depuis des mois, sinon des années, le constructeur souhaiterait accélérer le processus.

Dans ce dossier qu'il connaissait parfaitement, Plivinec était d'autant plus concerné qu'il avait personnellement pris la décision de le bloquer en commission interministérielle : l'acquisition d'avions russes aurait été une grosse pierre dans le jardin d'Airbus Industries, dont le siège était à Toulouse, tout près de sa circonscription électorale. Il posa une question d'apparence anodine :

— A-t-il réfléchi aux données politico-financières ?

Les doigts agiles de la jeune femme avaient maintenant atteint le niveau du sexe. Elle se pencha vers Plivinec et lui glissa à l'oreille :

— Trois pour cent, dont un pour moi.

Ernest Plivinec écarta la main fine et se leva.

— Je suis fatigué, j'ai une grosse journée demain.

Ils rentrèrent dans la Safrane ministérielle. Anne-Claire Ivanovna, dépitée, fut déposée devant chez elle, rue de Presbourg, tandis que le ministre rejoignait son appartement de fonction à Bercy, où l'attendait son épouse.

*

L'atterrissage du vol Swissair 102 de Zurich à New York avait été retardé de trois quarts d'heure en raison du trafic sur l'aéroport John Fitzgerald Kennedy.

Francesca avait voyagé en première, comme de coutume. Elle avait même réussi à dormir après le repas. Elle se sentait fraîche. Avant même que le McDonnel-Douglas MD 11 eût rejoint le terminal, elle avait appelé Donald J. Remini sur son téléphone mobile. Oui, il l'attendait à la sortie de la douane. Elle n'avait guère de temps, puisqu'elle repartait le jour même à Paris, par l'avion d'Air France de 22 h 50.

Le rendez-vous de ce jour revêtait une telle importance qu'elle devait être en pleine forme. En traînant sa petite valise à roulettes – son seul bagage – elle s'arrangea pour passer parmi les premiers au contrôle d'immigration. La préposée, une Noire obèse et revêche, jeta un œil vague sur le passeport. Francesca courut encore dans les longs couloirs, franchit sans problème la douane, et la porte en verre cathédrale dont les doubles battants s'ouvraient automatiquement.

Elle identifia sans difficulté Remini : elle n'avait jamais oublié la longue silhouette de ce cousin dont les yeux de braise avaient enflammé son adolescence. Un souvenir lointain. Déjà mort.

Il l'entraîna tout de suite vers une limousine interminablement longue, noire, vitres fumées, toit faussement recouvert de tissus : une Lincoln Executive Series.

Au lieu de prendre la *Freeway* en direction de New York, le véhicule suivit la *Shore Parkway* vers Coney Island.

— Où allons-nous ?

— Tchevine nous a fixé un rendez-vous dans un restaurant de Brighton Beach. Le Romanesky.

— Pourquoi fallait-il aller si loin pour rencontrer quelqu'un qui vit habituellement en Europe ? pesta Francesca en rectifiant son rouge à lèvres.

Remini lui expliqua que le Russe s'était mis ici à l'abri, car il avait trop d'ennemis de l'autre côté de l'Atlantique. Quelques jours plus tôt, il avait été victime d'une tentative de meurtre à Paris. Elle hocha la tête, peu convaincue de la nécessité d'un tel exil. Sa famille n'avait-elle pas tous les adversaires du monde, et les plus redoutables, et n'était-elle pourtant pas restée d'une fidélité absolue à sa terre, à son pays, qu'on ne quittait que par nécessité, et le moins de temps possible ?

Face aux sollicitations de Vic, qui était passé par l'intermédiaire de ses cousins new-yorkais, Tchevine avait imposé le rendez-vous de Brighton Beach.

Moins d'une demi-heure plus tard, la limousine quittait l'autoroute et entrait dans une des localités les plus bizarres d'une Amérique qui n'en est pourtant pas chiche. L'avenue principale longeait d'abord le front de mer, puis se faufilait sous le viaduc d'un métro aérien. Francesca constata avec stupéfaction que la plupart des enseignes étaient en caractères cyrilliques, ou dans un anglais approximatif. Un magasin ne se qualifiait-il pas de « Goum/General Store » ?

La Lincoln glissa jusqu'au bout de l'avenue, puis s'engagea en direction du centre-ville, et s'arrêta presque aussitôt devant le restaurant Romanesky. Francesca et Remini étaient attendus : une pléiade de jeunes types costauds aux visages de butor étaient en poste sur le trottoir. L'un d'eux se précipita pour ouvrir la portière, tandis que deux autres prenaient position, la main sur la crosse d'une arme glissée sous la ceinture. Ce spectacle singulier ne parut guère émouvoir les nombreux passants, souvent âgés, vêtus de pelisses et coiffés de chapkas de fourrure qui semblaient achetées dans un magasin moscovite.

— Brighton Beach, commenta Donald Remini, est la plus russe de toutes les villes américaines.

Devant la porte du restaurant, se tenait un homme jeune au visage sévère, enveloppé dans un manteau de fourrure. Francesca en comprit la raison dès qu'elle sortit de la limousine : elle fut frappée par le froid polaire qui régnait cet après-midi-là sur la région new-yorkaise. L'homme vint au-devant d'elle. Elle remarqua son pas lourd, chaloupé, tendit la main pour recevoir un baiser, mais son vis-à-vis ignorait manifestement cette pratique : il lui serra la main, un peu trop fort, en annonçant dans un anglais déformé par un abominable accent :

— Je suis Andrei Sergueievitch Tchevine. Où est M. Vincent ?

— Vicente ? il ne se déplace jamais.

— Pourquoi m'envoie-t-il une femme ? demanda-t-il encore avec une insolence teintée de mépris, sans l'inviter à entrer.

Francesca se voyait déjà en train de repartir. Donald Remini intervint :

— Miss McManus est la sœur de Vicente Minasola. Et elle est la personne mandatée par son frère.

— Je connais votre père, lâcha Tchevine en grimaçant.

Il consentit à laisser entrer les voyageurs. Le Romanesky n'était en fait qu'un immense hangar aux murs peints en noir. Au fond, une piste de danse et une estrade pour orchestre. Le reste du local était occupé par de très grandes tables noires, flanquées de chaises de couleur identique. Seules des lampes à abat-jour rouges jetaient une note de gaieté dans ce décor sinistre.

Tchevine s'assit sans même inviter ses hôtes à l'imiter. Ainsi était donc l'homme qui passait pour l'un des plus redoutables et dangereux chefs mafieux de la Nouvelle Russie, songea Francesca. L'homme avec lequel elle devait traiter aujourd'hui : l'allié de son père, mais aussi, lui avait fait savoir Vic, le plus mortel adversaire de leur associé russe, Rouslan Khamylov. Elle devait obtenir au moins la cessation provisoire des hostilités pour qu'il acceptât de rejoindre la coalition que Vic souhaitait créer.

On apporta de la vodka, des poissons séchés et des *molossol*, d'énormes cornichons que Tchevine se mit à manger avec voracité, tout en lançant :

— Vous préférez peut-être les olives ?

Il rit grassement en voyant le visage dégoûté de Francesca.

Elle détestait les cornichons, la vodka, et plus encore l'impolitesse. Elle se fit servir un verre d'eau, tout en observant dans la salle peu éclairée le curieux et lent ballet d'un certain nombre de personnes indistinctes.

— Tout d'abord, monsieur Tchevine, mon frère a un léger problème.

— Oh, oh. Un problème ?

— Les affaires que vous avez entreprises avec mon père. Nous souhaiterions être tenus au courant, toute initiative émanant d'un Minasola mettant en cause la famille tout entière. Chez nous, la solidarité n'est pas un vain mot. Si mon père s'engage, tout le monde s'engage, est-ce clair ?

Tchevine fut surpris par le ton autoritaire de Francesca qui lui donnait une dimension, une force inattendues. Il se replia en bon ordre :

— Ce sont des affaires que nous envisageons.

Il hésita un instant, avant d'étaler la vérité avec forfanterie :

— Votre père est sur un coup fabuleux, une affaire de fausse monnaie sans précédent, il m'a demandé de lui donner un coup de main pour voler quelque chose comme un tampon pour fabriquer des vrais billets. Enfin, de vrais faux, précisa-t-il en ricanant.

Cet homme était dangereux : il ne savait pas se taire. Il faudrait s'en souvenir, pensa Francesca. Mais il disposait de spécialistes dont Vic avait besoin. Des soldats, des vrais, pas seulement des agités dotés d'un pistolet. Son frère lui avait donné comme consigne impérative de rentrer avec l'accord formel de Tchevine pour lancer des actions qui étaient d'une toute autre envergure que celles de son père.

Malgré la rudesse de la discussion, l'affaire fut rondement menée : en deux heures, tous les détails avaient été réglés pour une prochaine entrevue, cette fois avec Vic. Il fut convenu que les Minasola choisiraient le lieu et l'heure du rendez-vous, et que Tchevine ne discuterait pas. Il s'inclina de bonne grâce, paraissant avoir compris l'intérêt de traiter avec la nouvelle génération des Siciliens. D'une certaine manière, ils étaient les *alter ego* de ces Nouveaux Russes entreprenants et dynamiques dont il se voulait le symbole.

La nuit tombait à peine lorsque Francesca et Donald sortirent du Romanesky. Le froid était encore plus dur, plus violent. Ils s'engouffrèrent dans la limousine qui démarra aussitôt, empruntant Ocean Parkway qui contourne Brooklyn par le sud-ouest, jusqu'au pont de Brooklyn. Dans le crépuscule glacé et d'une rare limpidité de cette journée de fin janvier, la dentelle de métal du célèbre ouvrage d'art s'inscrivait en surimpression sur la forêt de tours jaillissant de Manhattan. Elle soupira : en d'autres circonstances, elle serait bien restée quelques jours au Bedford Hotel, où elle avait si souvent séjourné par le passé. Même si elle était moins décidée que jamais à subir les caprices et les injonctions de son frère, les événements lui imposaient l'urgence.

La Lincoln s'insinua dans la circulation chaotique qui encombrait Canal Street, illuminée par d'immenses enseignes en caractères chinois, et tourna bientôt à droite dans Mulberry Street, une rue étroite au cœur de Little Italy, bordée, tout au long, de restaurants italiens. Le chauffeur s'arrêta devant Da Giordano. Donald Remini invita Francesca à le suivre :

— Nos amis nous attendent.

Elle se retrouva soudain en Italie : la lumière était plutôt fade et les serveurs parlaient sicilien, bien qu'ils eussent l'air américains. La salle avait été divisée par un paravent. Derrière, une vingtaine de personnes. « Rien que des hommes », remarqua-t-elle. Elle reconnut Pietro Santucci, l'avocat de Palerme, qui l'avait précédée pour préparer l'entrevue. Les autres, tous empâtés, avaient l'air repus, calmes. Vieillissants et embourgeoisés. Certains étaient très âgés. James Nicholls, un petit homme replet portant un chapeau de feutre noir à l'ancienne mode, se leva pour vitupérer contre le déferlement des *mobs* latinos, Portoricains, Jamaïcains et Colombiens. Les Italiens contrôlaient de moins en moins leurs domaines, grignotés par les mafias concurrentes. Qu'ils en soient réduits à défendre leurs territoires contre l'emprise de nouveaux clans était un très mauvais signe, songea la jeune femme.

« Même la mafia est mortelle », comme disait Sharon, sa mère.

Donald J. Remini et Pietro Santucci négociaient les termes du contrat que Francesca allait devoir parapher au nom de son frère : il s'agissait de l'acte final fondant la banque virtuelle imaginée par Vic. Elle aurait pour socle une holding inscrite au registre du commerce de l'État du Delaware, vrai paradis fiscal au milieu des États-Unis. Les organes de l'établissement seraient partout et nulle part, puisqu'ils n'existeraient que dans des mémoires informatiques. Elle approuvait totalement ce projet, espérant qu'il aiderait les Italiens à enfin abandonner leurs petits trafics pour se consacrer à l'essentiel : la spéculation monétaire, la prise de contrôle des fonds de pension et, à travers eux, d'énormes sociétés capitalistes, avec, pour objectif, le profit maximum pour un risque nul. Les hommes de l'assemblée étaient censés devenir les principaux actionnaires de la structure virtuelle. Remini et Santucci avaient fini de discuter. Donald exposa son projet. En fait, moyennant une forte rémunération, tous leurs partenaires américains avaient déjà signé des cessions de part en blanc. Francesca ramènerait les contrats cette nuit en Europe, pour les enfermer dans le coffre d'une banque de Lugano.

Après, il fallut sacrifier au rituel du dîner. Elle but un peu de vin, parce qu'il était italien, mais ne put toucher au plat de tagliatelles. Le décalage horaire – et l'entrevue avec Tchevine – l'avaient épuisée. À 20 h 30, sur un signe discret dont ils avaient convenu, Donald se leva et annonça qu'il leur fallait rentrer. Francesca salua à son tour l'assemblée d'un grand sourire.

La limousine les ramena à Kennedy Airport. Une assistante de Donald s'était déjà chargée des formalités d'enregistrement.

En s'installant dans le vaste fauteuil de cuir qui lui était réservé dans le Boeing 777 d'Air France, vol 009 pour Paris, elle soupira d'aise et accepta la flûte de champagne que lui tendait l'hôtesse. Sa journée avait été couronnée de succès. Vic serait heureux.

*

Son visage s'était un peu empâté, il avait pris de l'assurance, et pourtant David Strelli le reconnut tout de suite.

Malgré le costume sombre taillé sur mesure et une cravate assortie, un élément ne trompait pas : Mouloud Boukrane portait toujours des Converse. Il rejeta dans son dos le gros sac de sport qui lui servait de bagage, se dégagea d'un mouvement rapide et élégant de danseur de la foule des passagers qui, à Roissy 2, hall C, débarquaient du vol AF 321 en provenance de Boston – lequel avait une heure de retard.

Comme prévu, Mouloud Boukrane avait définitivement émergé de sa banlieue natale. D'une certaine manière, il était devenu la gloire des Beurs de la cité, le symbole d'un espoir, qui leur prouvait que la réussite était possible. Après la fin de son engagement dans l'armée – dans la foulée des événements de Paris – et l'achèvement de ses études universitaires, couronnées par un doctorat ès sciences, l'intervention de René Haller lui avait permis d'obtenir un poste de maître assistant de mathématiques théoriques à la faculté des sciences de Jussieu. Toujours à l'affût de talents prometteurs, les Américains l'avaient convaincu de passer un an au prestigieux MIT, le Massachusetts Institute of Technology à Cambridge, afin d'y donner un cours de mathématiques fondamentales.

Mais, quand David l'avait informé de l'état de Margaux, Mouloud n'avait pas hésité et s'était aussitôt libéré pour venir voir celle qu'il considérait comme sa sœur.

L'air soucieux, il se dirigea vers David. Les deux hommes se donnèrent une accolade appuyée, un *abrazo* à la latino-américaine. Strelli était toujours mal à l'aise face à ces marques d'affection, mais Mouloud avait su venir à bout des réticences de son ancien chef. Il avait encore cet air juvénile dont il usait pour charmer tant ses auditoires que les femmes, mais ses traits s'étaient affirmés, lui conférant une véritable distinction. Il avait même grandi et dépassait maintenant Strelli.

— Alors ? demanda-t-il en gardant la main sur l'épaule de son ami.

— Alors...

David ne sut que dire. Il préféra faire passer Mouloud devant lui, pour ne pas avoir à s'embarquer dans des confidences qui, de toute manière, ne rendraient pas compte de sa douleur.

Il avait garé sa moto devant le local réservé à la police aux frontières. Il tendit un casque à Mouloud.

— Désolé, mais je ne savais pas que tu portais le costume. Tu veux prendre un taxi ?

— Tu veux rire, non ?

Le jeune Beur enfourcha la moto d'un bond preste.

— Plus vite on y sera, mieux ce sera.

Il n'avait pour tout bagage que son sac de voyage, qui ne l'encombrait pas. Il glissa le bas de son pantalon dans ses chaussettes Tex Avery. Strelli sourit en lui tapotant le dos.

— Tu as beau te déguiser en cadre sup', tu ne changeras jamais.

— Pourtant, c'est pas faute d'essayer.

Malgré le ton qui se voulait léger, les deux hommes ne se sentaient pas d'humeur à rire. Mouloud referma la visière de son casque intégral et ferma les yeux.

Il pleura tout au long du chemin pour n'avoir pas à le faire en arrivant à l'hôpital Henri-Mondor.

Derrière la vitre, Margaux ressemblait à un gisant satisfait.

Mouloud était stupéfié, comme statufié par cet improbable et douloureux spectacle. Depuis plus de dix minutes maintenant, il ne pouvait détourner le visage. Strelli s'avança et lui prit le bras.

— Ne t'en fais pas. Le professeur Kachina-Barn affirme qu'elle ne souffre pas.

— Qu'est-ce qu'il en sait ? lança Boukrane, soudain véhément.

David soupira. Mouloud leva la tête au plafond.

— Excuse-moi... Je suis fatigué, je n'ai pas réussi à dormir, pendant tout le vol un bambin m'a hurlé dans les oreilles. Je ne voulais pas...

— Ne t'inquiète pas, je sais ce que tu ressens. Cela fait plus de dix jours que j'ai envie de briser cette vitre. De déchirer le voile qui me sépare d'elle.

— Je reste peu de temps, je dois voir ma banlieue, ma mère, les frères et sœurs, mon administration. Mais, avant tout, je suis là pour elle.

Il avait désigné la gisante du menton.

— Si tu as besoin de quoi que ce soit...

— Justement. Je vais quitter Paris quelque temps. Si tu pouvais venir la voir. Tous les jours.

— Fais-moi confiance. Je viendrai.

Ils rebroussèrent chemin après avoir contemplé encore quelques instants la jeune femme. Dehors, Mouloud aspira une profonde bouffée d'air.

— Et toi, comment t'en sors-tu ? demanda-t-il en regardant Strelli.

— Pas trop mal. J'ai trouvé un boulot. Officiellement en Suisse, mais en fait, c'est en Russie. Je pense que ça devrait marcher. Mais j'ai peur pour elle, tu comprends ?

— Moi aussi, j'ai peur pour elle. La seule chose qui me rassure, c'est que elle, elle n'a pas peur.

— Ouais...

— Crois-moi, David, elle se bat. Elle se bat parce qu'elle sait que tu l'attends.

Strelli ravala sa salive. Il aurait voulu avoir la même foi que Mouloud.

— Viens la voir, répondit-il seulement en tapotant sur le casque intégral.

— La Russie, c'est risqué ?

— Peut-être.

Mouloud comprit que David n'entendait pas se confier. Il n'insista pas et promit qu'il viendrait chaque jour. Son premier semestre au MIT s'achevait, et il avait décidé de prendre un mois de vacances. Il serait donc pleinement disponible.

— Mouloud ?

— Oui ?

— Parle-lui, raconte-lui des trucs, des théorèmes, des contes. Des conneries, mais parle-lui.

— En imitant ta voix ?

— C'est ça...

David baissa les yeux. Mouloud desserra le nœud de sa cravate.

— Eh, mon colonel ! Elle sera encore plus contente que tu reviennes. Alors déconne pas !

Et il serra Strelli dans ses bras comme l'aurait fait un grand frère attentif avant de laisser son cadet partir vers des horizons trop sombres.

22

— C'est ainsi qu'il me traite ? Moi, Don Nitto, le *capo della Famiglia Minasola* ?

Le vieux Sicilien se retourna. Son visage était exsangue. La bave lui coulait presque aux commissures des lèvres. En face de lui, Sharon, sa femme, se tenait immobile.

— Comprends-le, la détention a été très dure.

— La détention ? Quinze jours à peine dans une prison quatre étoiles ! Laissez-moi rire ! Et quand bien même aurait-il passé un siècle dans les latrines de la Rebibia, est-ce qu'il ne me devrait pas le respect ? Un fils ne doit-il pas le respect à son père ? *Porca miseria !*

Sharon ferma les yeux un instant. Elle voulut prendre Nitto dans ses bras, mais il recula avec rage. Il laissa encore échapper un chapelet d'insultes qui vouait Vicente aux gémonies.

— Cet infirme me doit le respect !

— Ne parle pas de mon fils comme ça ! rétorqua aussi violemment Sharon en revenant vers son mari, jusqu'à n'être plus qu'à quelques centimètres de son visage. Ne parle jamais plus de Vicente ainsi !

Don Nitto avait les yeux injectés de sang. Il voulut répliquer, mais comment aurait-il pu ? La seule réponse décente eût été une balle dans la tête de celle qui le toisait. Et il ne pouvait l'envisager, malgré sa haine.

Tchevine lui avait téléphoné de New York pour lui narrer l'entrevue avec Francesca, et la mise en garde de celle-ci. Depuis, il ne décolérait pas. Vicente, son propre fils, la chair de sa chair – la chair difforme de sa chair – avait osé l'humilier devant un étranger et il devait se taire ?

Sa respiration était haletante. Il fixa sa femme pendant un long moment. Elle ne baissait pas les yeux. Il recula d'un pas.

— Je vais le voir. Je dois le voir.

— Que veux-tu faire ?

— Reste en dehors de tout ça ! *Capice ?*

— Francesca...

Il la coupa d'un geste vif :

— Ne mentionne pas ce nom en ma présence. *Puttana !* Je suis encore le chef de cette maison ! Le chef ! Et j'entends y faire régner l'ordre à ma manière !

— Nitto, si tu touches à un cheveu de Vic...

— Tu oses me menacer ? Ici, chez moi ? Dans la demeure de mes parents et celle des parents de mes parents ?

Nitto s'était réfugié à Roccamena, le village d'où était issue sa famille, au pied des ruines du château de Maranfusa. Le village que son arrière-grand-père avait abandonné pour descendre à Palerme. Ils avaient sommairement aménagé la bicoque de son bisaïeul. Il n'avait pas la certitude d'être recherché, mais se méfiait, et espérait que la police ne le traquerait pas jusqu'ici, où il comptait sur la protection de ses voisins. Lesquels l'avaient, à dire vrai, accueilli avec une certaine indifférence – de fait, qu'était-il pour eux ? Un étranger, qui ne parlait même plus sicilien ?

— Tu ne seras en sûreté dans aucune demeure sur cette terre si tu touches à mon enfant !

Il ne lui répondit pas, l'écarta brutalement et sortit de la masure pour surgir dans la lumière blanche qui régnait sur les montagnes. Il détestait la montagne, surtout l'hiver, à cause du froid, de la pluie et de la neige. Il était un homme de la ville, de la grande ville.

Sur le pas de la porte, Sharon ne le quittait pas du regard. Il contempla l'horizon barré par les sommets âpres, décharnés. Le mal s'était insinué jusque dans sa famille, le mal s'était incarné dans son fils unique. Le mal avait contaminé sa propre fille, chérie entre tous. Il inspira profondément. Don Nitto Minasola : tel était le nom de l'aîné depuis plus de cinq générations. Pourquoi avait-il fallu que cette femme appelle son fils Vicente ? Vicente. C'était une faute, il en était puni, il haïssait son épouse de devoir souffrir pour ce choix. Mais il était bien décidé à combattre le mal, dût-il pour cela abattre l'un après l'autre, et à l'arme blanche, chaque membre de sa famille. Puis il songea qu'en vérité son fils lui ressemblait. Et c'était peut-être le pire des maux.

*

Les trois Lada étaient garées côte à côte sur un parking aménagé au coin de la place Maïakovski. Dans chacune des voitures, six filles étaient entassées. De très jeunes filles, serrées les unes contre les autres car, malgré le chauffage, elles avaient froid. Le thermomètre était déjà tombé à moins dix. Un peu en avant des véhicules, deux hommes en chapka, pelisse et bottes fourrées allaient et venaient en parlant, comme de simples passants. Parfois, une voiture s'arrêtait, le conducteur lançait des appels de phare, l'un des hommes s'approchait. Bref échange de paroles. Le conducteur tendait des billets. L'intermédiaire allait chercher l'une des filles. Tête baissée, celle-ci se laissait livrer sans ménagement à l'homme de passage, qui n'avait même pas le choix.

Le petit manège durait ainsi toute la nuit, toutes les nuits, partout dans Moscou où exerçaient plusieurs dizaines de milliers de prostituées. Des professionnelles, mais aussi des occasionnelles – des banlieusardes, qui arrondissaient ainsi leurs fins de mois. Faute d'hôtels où s'abriter, la pratique de la passe brève était cependant peu répandue, et il n'y avait pas assez d'étrangers audacieux pour fournir une clientèle suffisante aux péripatéticiennes. La vraie question, en fait, était de savoir où les Moscovites trouvaient l'argent pour s'offrir des prostituées à deux cents dollars la nuit.

Svetlana Mikhalva se faisait passer pour une occasionnelle. Elle opérait surtout sur les boulevards qu'elle arpentait des nuits durant, s'avançant parfois au milieu de la chaussée quand les affaires n'étaient pas bonnes, ouvrant son manteau pour montrer son corps simplement paré de sous-vêtements et offert à quiconque voudrait bien lui glisser cinquante dollars. Telle était l'exigence de son protecteur et ami, Rexhep Rekaliu, que tout le monde appelait le Boiteux.

Native de Kazan, la capitale mythique du Tatarstan, Svetlana, blonde, fragile et ravissante, avait dix-sept ans. Elle était arrivée à Moscou un an plus tôt, sans point de chute où déclarer sa résidence légale[1]. Elle avait erré dans les halls de gare, avant de fréquenter sur les « conseils » d'une copine, les boîtes de nuit à la recherche d'un homme. Elle avait ainsi rencontré Rekaliu au Fellini's, un établissement situé près du stade Lénine. L'Albanais l'avait convaincue sans mal de le

1. La Russie a maintenu l'obligation de déclaration de résidence dans un délai d'une semaine, et figurant sur le passeport (carte d'identité obligatoire), obligation imposée à l'époque communiste pour contrôler les flux de populations. Même les voyageurs sont soumis à cette exigence : ils doivent pouvoir présenter, lors d'un contrôle de police, la preuve de leur résidence dans un hôtel et leur billet de retour dans le pays d'origine.

raccompagner et, au prix de quelques coups et de menaces de dénonciation, de gagner sa vie dans la rue. Svetlana n'avait pas opposé une grande résistance : violée à de nombreuses reprises par des copains et des copains de copains pendant les camps de travail estivaux, elle ne prêtait guère attention à ceux qui voulaient user de son corps. Elle se touchait, seule, dans l'obscurité. Sa peau, ses muscles, ses os, ses cheveux. Toute cette chair, vouée au néant, n'était plus depuis longtemps qu'une enveloppe trop sale pour qu'elle daigne désormais en prendre soin. Déjà, à Kazan, elle taxait de petits présents les hommes qui souhaitaient coucher avec elle. Puis elle brûlait ces cadeaux en tremblant pendant des heures sans pouvoir s'arrêter. Alors son corps...

Rexhep la menait à la dure : il estimait qu'elle ne rapportait jamais assez d'argent. Qu'elle rentrait trop tôt, les poches vides, titubante d'avoir trop bu de vodka pour se donner un peu de chaleur dans le grand froid.

— L'hiver dure trop longtemps pour qu'on puisse se permettre d'interrompre les affaires ! grinçait-il sur un ton méprisant.

Il ne lui faisait jamais de cadeau. Parfois, il la gratifiait – tel était son mot – de sa sexualité pervertie.

— Ma queue, le voilà ton cadeau, putain ! riait-il en s'allumant une cigarette de contrebande, debout face au miroir dans lequel elle pouvait contempler leur obscène nudité.

« Très bien, songeait-elle. Un jour, je te brûlerai comme une merde, comme je le faisais avec la tourbe, à Kazan, il y a si longtemps. De ta chair viciée, il ne restera qu'un monceau de cendres. Très bien. »

Cette nuit-là le thermomètre était tombé si bas que les rues de Moscou étaient totalement désertées. Faute de clients, les restaurants avaient fermé dès 23 heures. À minuit, Svetlana avait décidé de rentrer. Elle frissonnait : même son épais manteau de vison lui tombant jusqu'aux chevilles ne la protégeait plus du froid. Elle prit le métro pour rejoindre le quartier de Koptevo. Au sommet d'un immeuble populaire, le Kosovar avait réuni en un seul trois appartements dont il avait chassé les occupants par la menace.

Quand elle arriva sur le palier, elle entendit le son de la télévision. Le proxénète regardait un match de football : Manchester United/Spartak de Moscou. Elle fila vers la salle de bains pour prendre une douche brûlante. Elle entendit Rekaliu pousser un juron et lancer sa bière sur le téléviseur. Le commentateur semblait effondré par la passivité de la défense moscovite.

— Svetlana !

Elle passa la tête par l'embrasure de la porte. Il était au bout du couloir, titubant légèrement.

— Oui ?

— Qu'est-ce que tu fous ici, bordel ? Tu te crois où ?

— Pas un client ! Sont tous au match, lâcha-t-elle avec lassitude.

Elle tournait à peine la tête quand ouvert à toute volée le battant de la porte lui frappa le nez de plein fouet. Elle poussa un cri, le sang jaillit, elle ouvrit la main en calice pour en arrêter le flot. Rekaliu se précipitait sur elle, lui serrait la gorge. Si fort qu'elle eut envie de vomir.

— Qu'est-ce que tu me chantes, connasse ?

— Non... S'il te plaît...

— Quoi ? Quoi ? Connasse ! On est en train de se faire mettre par ces putains de métèques d'Anglais et tu crois que les clients vont rentrer chez bobonne ? Ils vont vouloir se calmer dans ta chatte. Tu m'entends ?

Svetlana suffoquait. Rekaliu la rejeta en arrière et sa tête percuta le rebord de la douche. Il avança vers elle, en secouant sa main maculée de sang.

— Mais regarde-toi, bordel, tu crois qu'avec cette

gueule, tu vas sucer comme il faut ! C'est ça que tu crois ? Ton cul ne vaut même pas un rouble, pouffiasse !

Il se pencha, lui saisit les cheveux et lui releva le visage jusqu'à ce qu'elle ne puisse éviter son regard.

— Je veux que tu m'essores un bataillon de supporters frustrés avec ta petite bouche de grosse conne ! OK ? OK ?

— OK... OK.

Svetlana déglutit avec peine un mélange visqueux de sang et de glaire. Elle avait les yeux secs. Depuis Kazan, les larmes l'avaient abandonnée. Elle ne connaissait plus la saveur amère du chagrin ou de la peur. Elle avait érigé entre elle et le monde une barrière infranchissable. Mais ce soir, alors que le commentateur dans le salon s'enflammait pour une vaine contre-attaque, au fond de son corps gonflait une haine viscérale. OK ! OK !

— J'y vais.

— Tu devrais déjà y être, pauvre conne !

OK ! Il allait mourir, carbonisé comme une merde. Il allait se recroqueviller devant elle, viscères et sang mêlés. Peut-être, à la fin, lui pisserait-elle dessus comme l'avaient déjà fait tant d'hommes sur elle. Quand elle le dévisagea, son expression manifestait une telle violence que le Kosovar la relâcha un instant. Elle se dressa, face à lui. Il était déjà mort. Il n'existait plus.

— Ne me regarde pas comme ça !

Les dernières gifles ne la firent même pas souffrir, toute la douleur était concentrée dans le nez. Elle sortit de l'appartement, le cœur léger. Prête à affronter les supporters frustrés et la horde de ses propres démons.

Rekaliu la regarda traverser la rue. Il lécha les traces de sang sur sa main. Tout se délitait autour de lui. Il revint vers le centre de la pièce, donna un coup de pied au téléviseur. Il pencha la tête. Le gardien du Spartak venait encore de prendre un but. Il s'affala dans le fauteuil. La défaite annoncée de son équipe, la véhémence silencieuse de sa putain, l'attentat parisien contre Tchevine. Il était au cœur de remous mortels.

Depuis la rue de Prony, rien ne se déroulait comme prévu. Et il en était le seul conscient.

*

La salle applaudissait à tout rompre.

Ernest Plivinec affichait son plus brillant sourire, qui lui avait coûté cinquante mille francs chez le meilleur dentiste de Paris. Il était pourtant furieux. Ce stupide Pierre Durez, le délégué lyonnais de son club Politique et Progrès, s'était révélé incapable de remplir le salon Alizé de l'hôtel Frantour, à la gare de la Part-Dieu – et même en réduisant les dimensions de la salle grâce à des cloisons mobiles. Pour ce dîner républicain, on avait d'abord prévu de réunir trois cents convives. Mais bientôt, il avait été nécessaire de réduire ce nombre à cent soixante, soit vingt tables de huit. Six tables restaient désespéremment vides. Il est vrai qu'à mille francs le couvert, on peut ne pas se précipiter. Durez avait eu beau battre le rappel du ban et de l'arrière-ban de ses amis et relations, et même de sa famille, le résultat était plus que médiocre.

Le débat portait sur la nécessité d'une réforme fiscale. Plivinec militait pour la suppression des impôts directs, sur le revenu, sur la fortune, sur le chiffre d'affaires. Sans avoir l'intention d'appliquer ce programme s'il prenait un jour les commandes. Il attirait donc quelques râleurs conservateurs et traditionalistes, mais non les gros bataillons, et encore moins les industriels importants prêts à lui signer les chèques tous désirés.

Manifestement, malgré sa fonction de ministre des

Finances, sa personnalité n'était pas assez médiatisée. Homme d'État inconnu du grand public en dehors des limites de sa circonscription, il n'était décidément pas une vedette du Top Ten politique. Là était le problème !

Il fallait donc accélérer la cadence, sinon son projet risquait de tomber définitivement à l'eau. Bien qu'il s'en défendît en public, son club devait en effet constituer le noyau d'une formation beaucoup plus importante, un vrai parti, qui lui permettrait de faire prévaloir certaines idées à l'intérieur de la majorité. Et de se hisser beaucoup plus haut dans l'échelle du pouvoir.

Dans son cas, les méthodes classiques de collecte de fonds électoraux ne semblaient guère rentables : les cadres politiques qu'il avait réussi à convaincre de le suivre ne se montraient pas assez efficients pour soutenir le rythme nécessaire à une réussite rapide. Il lui faudrait encore ramer.

Heureusement, ses amis ne faisaient pas encore défaut. Tandis qu'il écoutait Durez développer les axes principaux des réformes proposées, Ernest Plivinec regardait avec affection Jacques-Olivier Lambert-Leroy assis au bout de la table d'honneur : le négociant avait mis son hélicoptère à sa disposition. Et il continuait à régler les frais de sa permanence parisienne, louée au nom de l'Association Action pour le Futur, fondée pour masquer le club et échapper aux règles drastiques qui régissent le financement des partis. Son regard se porta avec tendresse vers Anne-Claire Ivanovna, qui jouait les hôtesses et les utilités : le micro baladeur à la main, elle était prête à sauter sur le premier questionneur. Mais Durez avait été trop long, trop technique : les convives sincères et authentiques – ceux qui n'étaient pas venus par politesse ou pour faire tapisserie –, déjà peu nombreux, n'étaient pas assez sûrs d'eux ; ils n'osèrent pas poser de questions à M. le ministre des

Finances. Il fallait se rendre à l'évidence : sorti de sa fonction, il n'avait aucune audience.

Le dîner républicain fut expédié en deux heures.

À 22 heures, les plus pressés commencèrent à se lever, rapidement suivis par les autres. Le ministre et son proche entourage se retrouvèrent seuls devant les tables désertées. Un fiasco !

— À Grenoble, nous n'aurons pas ce genre de problème, monsieur le ministre, lança Durez, visiblement mal à l'aise.

— Vous pensez ? ricana Plivinec.

— Oh, absolument, et puis ce soir, n'oublions pas qu'il y avait un match de qualification en coupe d'Europe.

— Très intéressant ! Quelles étaient les équipes en compétition, Durez ?

— PSG contre la Sampdoria de Gênes, je crois.

— Vous croyez ?

Plivinec ravala sa salive et se passa la main dans la nuque.

— Et vous croyez que j'ai besoin en ce moment d'un commentateur sportif ? Vous le croyez vraiment ?

— Je...

— Durez ! Il n'y aura pas de Grenoble, ou de Valence, ou de Chambéry.

Soudain vulgaire, le langage relâché, le ministre proféra :

— On va pas remettre ça, non ? Ce soir, on a dépensé du fric, sous couleur d'en gagner.

Anne-Claire Ivanovna jeta un regard rapide à JO2L qui avait laissé s'épanouir un demi-sourire. Le personnel nettoyait et rangeait déjà la salle. Plivinec reprit, la rage à fleur de peau :

— La méthode n'est pas bonne. Cette prospection directe nécessiterait des années et des années de travail.

— Si vous permettez, monsieur le ministre, nous ne

disposons pas de militants en nombre suffisant, malgré les fidèles, bien sûr, pour nous lancer dans une telle entreprise.

— C'est exactement ce que je dis, rétorqua-t-il énervé. Il y a sûrement d'autres moyens pour résoudre nos problèmes d'argent. La bonne volonté militante ne suffit pas. Me suis-je bien fait comprendre ?

Durez hocha la tête tandis que le personnel les invitait à évacuer les lieux.

Plivinec était soucieux : il avait vraiment cru à l'avenir de son club – de son parti – et il voyait cette chimère se dissiper comme un brouillard matinal.

Il était trop tard pour rentrer à Paris en hélicoptère, mais le ministre entendait être de retour chez lui la nuit même. Lambert-Leroy proposa de louer une voiture que lui-même et Anne-Claire conduiraient. Le chef de cabinet pourrait remonter sur Paris le lendemain matin. Vite proposé, vite accepté, trois quarts d'heure plus tard, Hertz leur livrait à l'hôtel une Mercedes 300. À minuit et quart, ils quittaient Lyon. Au volant, Anne-Claire Ivanovna, précise, sûre d'elle, roulait à près de deux cents à l'heure, apparemment peu préoccupée des limitations de vitesse. Affalé sur la banquette arrière, Ernest Plivinec ruminait : l'échec de la réunion lui faisait mesurer le chemin à parcourir.

JO2L s'était penché par-dessus le dossier de son siège.

— Après tout, en France, tout peut se terminer avec de l'argent, non ? lança-t-il.

Le ministre grommela :

— Que voulez-vous dire ?

— Votre financement, nous pourrions le trouver avec les avions, mais vous n'avez toujours pas répondu à notre amie.

— Deux pour cent, dit-elle. Ça fait combien ?

JO2L fit mine de réfléchir.

— Quarante millions. En dollars, lâcha-t-il au ministre. Déposés dans une banque suisse, laquelle vous avancera en contrepartie à Paris les fonds nécessaires à votre action. En principe ce montage ne pose aucune difficulté juridique, puisque l'argent ne vient pas physiquement de l'étranger.

— Quarante millions de dollars, répéta Ernest Plivinec d'une voix rendue pâteuse par le demi-sommeil.

Ce serait un bon point de départ, et il faudrait qu'il gratte un peu pour conserver un petit pactole en Suisse, comme tout le monde. Se lancer dans la course présidentielle était une chose. Remporter la victoire, une autre !

Il s'endormit sans répondre. Anne-Claire Ivanovna avait encore accéléré, l'aiguille du compteur flirtait avec le deux cent trente : à ce train, ils atteindraient Paris vers 2 heures. Elle aussi avait mené à bien son petit calcul mental : vingt millions de dollars pour elle si elle réussissait à faire plonger le ministre. Elle sourit à Lambert-Leroy qui n'avait pas, lui, besoin de calculer. Des pactoles, il en avait amassé sous toutes les latitudes, et dissimulé dans tous les paradis fiscaux du monde.

23

À Sheremetievo, de l'autre côté de la vitre sale qui séparait la zone hors douane du territoire russe, un gros bonhomme aux yeux fendus comme ceux d'un Asiate brandissait une pancarte écrite en lettres latines maladroites : Orient Express Delivery. Il s'agissait sûrement de Victor Iourevitch Aksenenko, chef d'escale de la compagnie à l'aéroport.

Instinctivement, David Strelli s'était inséré dans la file des voyageurs de classe touriste, bien qu'il eût effectué le trajet Paris-Moscou en business class. Comme pour ses ex-collègues, toute arrivée à Moscou était une épreuve pour l'ancien officier des services spéciaux français. Il lui semblait que tous les policiers braquaient leur regard sur lui, que tous étaient membres du FSB [1], et qu'il ne pouvait échapper à leur surveillance sourcilleuse. Il avait été dressé pour lutter contre « ces gens-là ». Jour après jour, on lui avait inculqué qu'ils étaient les ennemis absolus, les suppôts du diable, et aujourd'hui encore, malgré la chute de l'empire soviétique, il avait du mal à les considérer comme des êtres ordinaires. D'autant plus que son dernier séjour ici avait sûrement laissé des traces.

1. Nom du service de sécurité et de contre-espionnage qui a remplacé le KGB dissous par le président Boris Eltsine en 1989.

Il ne cessait pas une minute de ressasser ses pensées. Dans une cabine, la jeune femme, un lieutenant des gardes-frontières chargé du contrôle, prenait tout son temps pour examiner les passeports. Sans doute pour énerver les arrivants qui pouvaient avoir quelque chose à se reprocher.

Ce fut enfin son tour. Le policier lui jeta un vague coup d'œil pour vérifier s'il ressemblait à sa photographie, puis tapota sur le clavier de son ordinateur pour chercher le nom de « Sorineau ». Elle ne le trouva pas, et pour cause : Strelli s'était fait établir, par des anciens du service, un parfait deuxième vrai faux passeport, dont le patronyme était tout à fait fantaisiste. Elle donna un discret coup de tampon – rouge – sur la dernière page du livret et le lui rendit. Strelli franchit le portillon en verre opaque. Il se dirigea vers Aksenenko et se présenta.

— Je vous aurais reconnu entre tous, dit le Russe en riant.

Il se lança aussitôt avec volubilité dans un discours confus, avec d'incessantes digressions que David ne comprenait guère, avant d'en arriver à l'essentiel : la cargaison de trente-cinq tonnes de titane que Strelli était chargé de convoyer était attendue depuis deux jours, mais elle n'était pas encore arrivée.

— Je suis à l'hôtel Belgrad. Vous allez m'y conduire, et j'attendrai que vous ayez du nouveau.

— Oh, mais du nouveau, nous en avons, répliqua le Russe avec un grand sourire découvrant des dents effroyablement gâtées.

Il tendit un fax qui stipulait que le responsable de la sécurité de OED devait se rendre immédiatement à Novossibirsk pour y prendre en charge la cargaison et la conduire vers la France. Toulouse, en l'occurrence.

— Toulouse ? Novossibirsk ? C'est une plaisanterie ?

— Je ne pense pas, répliqua Aksenenko avec un demi-sourire énigmatique.

Le chef d'escale retrouva non sans mal sa vieille Lada Samara stationnée sur la rampe menant aux arrivées. Il fila à toute allure vers le centre de Moscou. David regardait le paysage avec une certaine amertume : même si de larges plaques de neige subsistaient ici et là, sous le ciel clair de cette fin d'après-midi printanière, tout paraissait différent de son précédent séjour. Une sorte de bonheur primesautier semblait émaner des forêts encadrant l'aéroport, même les banlieues paraissaient moins sinistres, mais son cœur, lui, était beaucoup plus lourd. La glace ne recouvrait plus les trottoirs de Moscou, les hommes avaient remplacé leur chapka par une casquette, et les femmes allaient cheveux au vent.

Il ordonna à Aksenenko de l'attendre dans sa voiture. Personne ne le reconnut à l'hôtel, et aucun message ne l'attendait. Mais sa chambre était toujours au quatorzième étage, apparemment réservé aux Français. Il composa aussitôt le numéro de portable que Frances McManus lui avait laissé à la fin du dîner de Genève. « Au cas où... »

Il lui expliqua l'affaire du titane, l'obligation imprévue de filer sur la Sibérie. Elle fut d'une froideur sans pareil, comme si elle avait affaire à un étranger – et qui avait-il pu penser être pour elle ? – en lui rappelant les alinéas b et c de l'article IV du contrat. Elle raccrocha aussitôt, sans un mot de politesse. Strelli relut les passages cités et comprit, qu'à moins de résilier purement et simplement le contrat – et dire adieu aux dollars – il devait s'exécuter.

Il n'avait même pas ouvert sa valise. Il la traîna de nouveau derrière lui, reprit l'ascenseur, annonça au concierge qu'il renonçait à sa réservation et rejoignit Aksenenko.

— Bon, comment va-t-on à Novossibirsk ?

— En avion, répondit l'homme en tirant sur sa cigarette et en soufflant un énorme nuage de fumée. J'y avais pensé, d'ailleurs. J'ai pris une réservation et un billet. Le vol d'Aeroflot décolle dans trois heures de Vnoukovo, l'aéroport domestique. Nous avons tout juste le temps d'y arriver.

Le voyage lui parut durer une éternité. Il dormit difficilement, assailli par des images de Margaux qui chutait dans les escaliers du Goum.

Naturellement, il eût été trop simple que le semi-remorque chargé de titane – et qu'il devrait embarquer tel quel dans un Iliouchine de la compagnie – l'attendît à Novossibirsk. Pour une raison qu'il ne parvint pas à éclaircir, en raison des difficultés de communication – sur place les employés de la société de transit représentant OED s'exprimaient dans un anglais horrible –, le camion était bloqué dans une ville appelée Abakan.

— Au pied des monts du Sajan, vous savez, au bord du fleuve Ienneseï ! indiqua un petit bonhomme hirsute.

Comme si cette précision allait de soi.

Strelli repartit pour un vol d'une heure – quelques centaines de kilomètres – dans un Antonov hors d'âge, non pressurisé et non insonorisé. La fatigue se faisait de plus en plus douloureusement sentir.

Il réussit à localiser le camion sur le parking de l'aéroport. Un Renault AE 25h, immatriculé en France. Le chauffeur russe et le mécanicien français attendaient depuis une semaine les pièces de rechange pour la boîte de vitesses. Elles étaient arrivées le matin même et ils pensaient achever la réparation le lendemain. Ils accueillirent David Strelli avec joie.

— C'est un pays de fou, ici, grommela avec un superbe accent toulousain Marcel Galleac, le mécano.

— J'ai pu le constater, merci.

— Il n'y a rien de rien. Vous allez voir l'hôtel, monsieur...

— Sorineau. David Sorineau.

Le mécano hocha la tête en se roulant une cigarette.

— Eh bien, monsieur Sorineau, croyez-moi, mais même le pire des clodos n'en voudrait pas pour passer la nuit. Une grande isba, pleine de cafards et de puces et, pour bouffer, quelques saucisses et des patates, non, faut pas déconner !

— Mais la vodka est excellente, peut-être ? plaisanta Strelli.

— J'en ai marre de la vodka.

— Quand pouvez-vous reprendre la route ?

— Demain, monsieur.

— Parfait. Un avion nous attend à Moscou pour embarquer l'attelage.

— Dans un seul avion ?

— Eh, oui.

Strelli avait d'abord pensé faire venir un avion de Moscou à Novossibirsk, afin d'y charger le semi-remorque. Mais, après de vains et difficiles palabres, la direction moscovite avait opposé son veto : trop cher, trop long. Prévu de longue date, le transport en semi-remorque jusqu'à la capitale russe ne pouvait être remis en question. Galleac avait rassuré Strelli.

— Moscou est à deux mille huit cent cinquante bornes. En roulant à une bonne allure, nous pouvons y être en moins de trois jours.

— Très bien. On est mercredi, cela nous fait arriver samedi soir.

— Peut-être même en début d'après-midi. Si nous ne rencontrons pas d'obstacles.

David transmit l'information à Aksenenko par téléphone portable, lui demandant de prévoir un vol Moscou-Toulouse pour la nuit du samedi au dimanche. Puis il se tourna vers le chauffeur, Dimitri Kanskovitch, qui baragouinait l'anglais. Il lui commanda de louer une voiture, ou n'importe quel engin.

— Ils n'ont que des jeeps, ici. Vous avez une arme ?

Non. Strelli n'était pas armé, naturellement.

— Je vais vous trouver quelque chose. Ici, pas question de circuler sans quincaillerie.

Le soir même, David disposait d'une grosse jeep Gaz, avec un chauffeur, ainsi que d'un fusil d'assaut Kalachnikov, et se voyait de surcroît gratifié d'une chambre à l'hôtel. Plus exactement, l'hôtelier ajouta un matelas dans la pièce qu'occupaient déjà le conducteur du camion et le mécanicien. Malgré cet hébergement plutôt précaire, les trois hommes passèrent une excellente soirée.

Avant de s'endormir, David demanda au mécanicien :

— Expliquez-moi un peu cette affaire de titane. Que foutons-nous ici ?

— Le titane ? On ne vous a pas dit ?

— On m'a seulement demandé de veiller à la sécurité. Ça sert à quoi ?

— Airbus, répondit sobrement Galleac.

— Airbus ?

— Oui. Bord de fuite des ailes, habillage des sorties de réacteur, protections contre la chaleur.

— D'accord. Mais pourquoi venir le chercher ici ?

— Nous venons de plus loin encore. De la frontière mongole. Parce que les seuls producteurs au monde du titane sont ce foutu pays de merde, et les États-Unis. Les Américains voulaient vendre trop cher pour gêner la production des Airbus, donc l'Aérospatiale a toujours acheté le titane ici. Même à l'époque communiste.

David digéra cette étonnante révélation en acceptant le verre de vodka que lui servait le mécano : pour une fois, il avait besoin d'alcool pour se remonter le moral.

Titane. Airbus. Décidément les affaires d'Orient Express Delivery lui semblaient de plus en plus singulières.

Vers l'ouest, dans la lumière limpide du matin, Strelli pouvait apercevoir les hauteurs majestueuses et toujours enneigées du mont Altaï, aussi élevé que le mont Blanc. La soirée avait été trop arrosée, pensait-il, alors qu'il somnolait à la place du passager dans la jeep, sur la route étroite et en mauvais état qui remontait vers le nord, à travers les contreforts des monts Sajan. Il songeait encore qu'il aurait dû se méfier plus, ne pas s'engager dans cette aventure : que faisait-il au milieu de ces collines désolées couvertes d'une steppe rase ? Pas un chat, pas un village à l'horizon. Rien que la monotonie infinie d'une route vide.

Il ne pouvait même pas parler avec le chauffeur, Ivan, qui ne connaissait que le russe.

Le semi-remorque roulait à vingt mètres derrière eux. Aussi près que possible. Compte tenu de l'épouvantable état du réseau routier russe, et de sa totale insécurité, Strelli en était arrivé à la conclusion fataliste que l'opération équivalait à un coup de poker. Face à des tricheurs. Ivan, le conducteur, se contentait d'embrasser à intervalles réguliers un crucifix en bakélite sur lequel il avait collé un petit soldat de plomb.

Ils parvinrent sans problème à Novossibirsk, le soir. Ils y trouvèrent même des chambres décentes dans l'unique véritable hôtel de la ville, le... Novossibirsk. Strelli souffla : ils rentraient dans un monde plus civilisé, ils emprunteraient désormais une autoroute, l'une des plus fréquentées de Sibérie. Il se sentait moins inquiet. Alors qu'il se dirigeait vers l'hôtel après avoir parqué les véhicules, Strelli demanda à Dimitri Kanskovitch pourquoi Ivan ne cessait d'embrasser son crucifix. Le chauffeur lâcha avec un demi-sourire :

— Un ami lui sauver la vie à Kaboul. Et il être mort. Depuis, Ivan croit plus en Dieu. Il pense que ami le protège toujours. Pourquoi pas, hein ?

— Pourquoi pas ? répéta Strelli en souriant à Ivan.

Ils repartirent à l'aube, roulant à vive allure sur le ruban bétonné, en relativement bon état. Vers la fin de l'après-midi, alors qu'il somnolait, David fut soudain réveillé par une rafale de pistolet-mitrailleur. Il se redressa vivement, se retourna. Le Renault était immobilisé en pleine voie. Des hommes couraient sur la route, armes brandies. Un coup de feu, tiré par un fusil à pompe, depuis la cabine. Un agresseur s'effondra. Les autres se replièrent dans le bois de bouleaux qui s'étendait au-delà du bas-côté. David sauta de la jeep, tiraillant lui aussi pour dégager le terrain. Il était excité. Il se souvint de l'embuscade, en Somalie quand Etxe était encore à ses côtés [1]. Des balles sifflaient autour de lui, il n'en avait cure. Il retrouva ses instincts de soldat : il avait un boulot à effectuer, rien d'autre ne pouvait le préoccuper. Il sentit une présence à ses côtés : d'un coup d'œil, il reconnut Dimitri Kanskovitch qui, Kalachnikov au poing, lâchait de courtes rafales.

Dans le bois, ce fut bientôt le silence. Les armes s'étaient tues. Les deux hommes avancèrent avec prudence entre les arbres.

Les assaillants avaient été laminés par leur professionnalisme. Ils découvrirent six corps, presque alignés côte à côte, ensanglantés, vêtements en lambeaux et membres déchiquetés. Kanskovitch se pencha, arracha les chaînes et les croix des agresseurs. Il fouilla rapidement les poches, récupéra quelques billets froissés. Des dollars.

Puis les deux hommes revinrent vers la route. Ivan,

1. Voir *23 heures pour sauver Paris*, mêmes auteurs, Éditions de l'Archipel, 1998.

le chauffeur de la jeep, avait été tué à son volant. Kanskovitch tendit à Strelli le crucifix du mort, ramassé sur le plancher du véhicule.

— Ce n'est pas à moi, murmura Strelli.

— Je sais. Mais toi dernier à avoir vu lui vivant. À toi son porte-bonheur. C'est comme ça qu'on faisait en Afghanistan dans mon régiment. Lui c'était Christ, moi, c'est toujours Lénine, lâcha-t-il en brandissant un médaillon du père de l'Union soviétique.

Strelli glissa le crucifix dans la poche de son blouson.

— Il faut avertir la police, dit-il dans un souffle.

Kanskovitch éclata de rire comme s'il s'agissait d'une plaisanterie.

— Je savais pas que compagnie Moscou aimait touristes. Crois-moi, oublie la police, si tu veux arriver Moscou avant demain.

Strelli n'insista pas.

Ils revinrent vers le Renault. Galleac se tenait le bras en gémissant. Du sang perlait à travers le tissu de sa chemise.

— Putain, je vais crever. Je vais crever !

David se pencha, arracha le vêtement, et rassura le mécano : bien que l'épanchement de sang fût important, la balle avait seulement effleuré le gras de l'épaule. Il découvrit dans la boîte à gants une trousse de secours et pansa Galleac, qui avait retrouvé un semblant de sourire.

Il put enfin souffler. Regarda sa montre : 8 h 45. L'embuscade avait peut-être duré trois minutes. Dimitri inspectait le camion, d'abord en se lamentant en raison du nombre d'impacts. Puis en souriant : ils avaient eu de la chance, aucun élément mécanique vital n'avait été atteint. En revanche, la jeep était hors d'usage, une rafale ayant crevé le radiateur dont l'eau s'était écoulée sur la chaussée. Strelli grimpa dans le Renault aux côtés de Kanskovitch et Galleac, Kalachnikov en travers des cuisses, index sur la queue de détente.

Le semi-remorque redémarra. Personne n'était venu à leur secours. Dimitri expliqua qu'ils avaient sûrement affronté une bande de modestes racketteurs, des bandits de grand chemin au petit pied. Tout à coup, les dollars amassés sur son compte en banque semblèrent à Strelli dérisoires. Il pouvait maintenant imaginer le pire, il comprenait qu'il opérait lui-même au cœur du chaos. Il pensa à Margaux et, pour la première fois, il eut vraiment envie de pleurer.

*

Au téléphone, Jean de Bellifont avait proposé de changer leur programme habituel :

— J'ai envie d'examiner les livres chez le bouquiniste à l'entrée du passage Choiseul. Bon plan, tu ne trouves pas ?

Dimitri Taline avait été un peu surpris, parce qu'il ne lui semblait pas que son ami pût s'intéresser à ce genre d'objet. Mais puisqu'il en manifestait le désir...

Tôt le matin, il n'y a pas grande foule dans le passage, un des lieux curieux de Paris : une rue couverte, bordée de commerces souvent désuets, offrant des jouets insolites, des lingeries féminines plus que coquines, ou encore des costumes de théâtre.

Le haut fonctionnaire attendait le magistrat devant la grille fermant le passage du côté de la rue Saint-Augustin.

— Pourvu qu'on fouine un peu, dit-il, on trouve toujours quelque chose.

Et il lui tendit une photocopie que Taline glissa aussitôt dans la poche intérieure de son imperméable.

— Comme tu semblais t'y attendre, en regardant dans les papiers de Plivinec, en son absence...

— Ah ? Tu as fait ça ?

— Tu me l'avais demandé, non ? J'ai découvert un document étrange. Incidemment, mon ministre s'est superbement planté ce week-end, à Lyon.

— Ah ? dit Taline. C'est-à-dire ?

— Une réunion politique qui s'est déroulée devant trois pelés et quatre tondus.

— Il ne sera pas le premier auquel ça arrive !

— Non, mais le brave homme a pu mesurer combien est long et pavé de mauvaises intentions le cheminement de la politique.

Taline prit familièrement le bras de son ami. Ils se penchèrent vers l'étal qu'arrangeait un bouquiniste. Il y avait moins de livres anciens que d'ouvrages d'art ou encyclopédiques, revendus à des prix bradés. Le magistrat en consulta longuement un, consacré à l'aviation militaire entre les deux guerres : dans sa jeunesse, il avait fabriqué des maquettes et avait exploré passionnément le monde des avions anciens.

— Il est d'ailleurs question d'avions.

— Oui, je vois, répondit Taline, croyant que Bellifont évoquait le livre.

— Non, je parle de notre problème.

— C'est-à-dire ?

— Dans le tiroir de Plivinec, j'ai dégoté une note assez curieuse, à propos des propriétaires d'une compagnie d'aviation. Elle était glissée dans une masse de documents sans intérêt.

— Une compagnie d'aviation ?

— Suisse. L'Orient Express Delivery, compagnie de cargos, dont le siège social est fixé dans une zone industrielle de Neuchâtel. Cette note émane de notre attaché commercial à Berne qui affirme que les propriétaires seraient des mafieux russes et italiens associés.

— Ah ?

Dimitri Taline se méfiait de ce genre d'affirmation. Dans les milieux « bien informés », la mode imposait de voir des mafieux russes un peu partout. Il avait lu à ce propos un long rapport des Renseignements généraux suggérant l'implication d'importants hommes d'affaires français dans le développement de liens particuliers avec les mafias russes. De même, voyait-on des Russes apparaître dans de nombreuses transactions immobilières. Mais, jusqu'ici, aucun élément concret n'avait permis de porter des accusations précises. Il en fit l'observation à Bellifont.

Les deux hommes marchèrent un long moment. À droite, dans un petit bistro, ils s'arrêtèrent pour boire leur rituel café matinal. Le téléphone portable de Bellifont sonna. Il prit la communication et répondit avec déférence qu'il arriverait dans moins d'une heure. Puis il éteignit son appareil.

— Plivinec, dit-il comme pour s'excuser.

— Oui, j'avais compris.

— Depuis cette affaire de Lyon, il est devenu totalement insupportable. Il convoque tout le monde et n'importe qui sans arrêt, et pour rien.

— Et tu tires quelle conclusion de cette note ?

— Les éléments sont plus précis que tu ne l'imagines. Les associés en question sont une société Caucaz-Neft pour les Russes, P & R pour les Italiens. J'ai demandé à la DNRED[1] de s'informer discrètement. C'est un peu compliqué, naturellement, comme toujours.

Il but son café, pour une fois délicieux. Depuis un

1. Direction nationale des recherches et enquêtes douanières, amorce d'une véritable police financière en France. La procédure y est effectuée par des policiers détachés auprès de cette structure mais aussi, désormais, de douaniers OFJ. La DNRED dépend de la direction des Douanes, donc du ministère du Budget, lui-même placé sous la tutelle du ministère des Finances.

voyage en Colombie, il était devenu particulièrement exigeant.

— CaucazNeft est une société de portefeuille installée à Aruba, très proche d'anciens du KGB. Quant à P & R, c'est un acronyme signifiant Palermo et Remini, dont l'un des associés s'appelle Minasola.

Dimitri Taline coupa brutalement Bellifont :

— Minasola ?

— Oui, un problème ?

— Au contraire : je connais ce nom. S'il s'agit du même, c'est celui d'une famille parfaitement mafieuse de Palerme. Je travaille déjà sur ce dossier.

— Il faudra vérifier.

Le haut fonctionnaire digérait l'information. Il posa sa main sur le bras de son ami.

— Bon, reprit-il, pour compléter, je peux te préciser que la patronne de la boîte est une certaine Frances McManus.

— Puisque nous y sommes, nous pouvons inférer que derrière ce nom américain doit se cacher la fille Minasola. Francesca Minasola. McManus est le nom de sa mère.

— Ce n'est pas tout : je vais encore t'en raconter une bien bonne. À la note de l'attaché commercial de Berne était agrafé un mémo concernant le recrutement récent, par cette compagnie, d'un directeur de la sécurité. Un officier français en disponibilité, le lieutenant-colonel David Strelli. Le mémo a tout l'air d'un blanc des RG. Ou bien Plivinec avait déjà commandé une enquête, ou bien l'information est remontée toute seule jusqu'à lui. L'attaché de Berne a peut-être même travaillé à la demande du ministre.

À son tour, Dimitri Taline était sidéré, au point d'en avoir le souffle coupé. Il avait tellement blêmi que Jean de Bellifont s'inquiéta.

— Quelque chose ne va pas ?

— Ce n'est pas possible !

— Quoi ? Qu'est-ce qui se passe ?

— Tu n'as jamais entendu parler de Strelli, peut-être ?

Bellifont fit une moue négative. Taline rappela rapidement le rôle fondamental de David Strelli dans les événements de Paris, quelques années plus tôt.

— Lui, c'est la DGSE.

— Merde, tu crois que...

Bellifont laissa sa question en suspens. Il échafauda quelques hypothèses. La plus crédible lui parut être une formidable infiltration tentée par les services spéciaux. Il développa son propos.

— Peut-être as-tu raison, reconnut Taline. Mais pourquoi Strelli apparaît-il sous son vrai nom ?

— Sans doute imagine-t-il que nul ne remontera jusqu'à OED.

— Non, non. Impossible. Pas le genre de la DGSE. Ils sont cons, mais quand même. Et Strelli est un type trop prudent, trop au fait du monde clandestin pour ignorer que de telles informations ne restent pas longtemps sous le boisseau.

— Alors ?

Taline, à son tour, esquissa une moue d'incertitude. Ils convinrent qu'il allait faire effectuer une recherche discrète, mais officielle, pour dénouer ce sac de nœuds. Il fallait aussi placer l'officier sous surveillance, aussi discrètement que possible. Strelli, le héros de l'affaire de Paris, en affaire avec des mafieux russes et italiens. Il n'y croyait toujours pas. Impensable. À moins que l'officier ignorât qui étaient ses patrons.

*

Ils s'étaient retrouvés une heure plus tôt devant la chambre où dormait toujours Margaux. Antonin venait deux fois par semaine voir la jeune femme. Le lundi précédent, elle avait croisé Mouloud Boukrane qui lui avait indiqué que David serait là pour le week-end. « Il rentre de Russie. » Elle n'avait pas eu besoin de l'appeler pour savoir quand il passerait à Mondor : chacun des trois jours qu'il était resté à Paris, il était venu à l'hôpital et, une heure durant, était resté planté devant la vitre.

David parlait à Margaux, à voix basse, comme dans une église. Il lui racontait sa semaine, lui livrait en détail ses pensées, dévoilait sans pudeur ses angoisses. Il se conduisait comme si elle pouvait réagir.

Tout à l'heure, Josée Antonin l'avait surpris tandis qu'il murmurait au micro. Elle était restée à distance pour ne pas déranger. Elle le trouvait à la fois attendrissant et pitoyable. Quand enfin il avait relevé la tête, elle s'était approchée. Elle avait contemplé la malade quelques instants, puis avait dit simplement :

— Allons.

Ils s'arrêtèrent à la cafétéria, hantée en ce milieu d'après-midi par quelques éclopés chroniques. Ils restèrent debout devant le bar. Une serveuse s'enquit de leur commande.

— Café, sans sucre, grogna-t-il, encore sous le coup de l'émotion.

— Tu as mauvaise mine, soldat ! Tu devrais surveiller ta santé.

Il lui sourit d'un air un peu las.

— Le boulot, ça va ?

David but une gorgée de café, se brûla la langue, hocha la tête.

— Comme ça.

— Ce qui veut dire ?

— Pas facile. Cette compagnie avait bien besoin d'un spécialiste. Les Russes sont vraiment trop fantaisistes, ils ont un peu tendance à faire n'importe quoi au niveau sécurité. Tiens, la semaine dernière, on a encore eu un accrochage sur un convoi de titane.

Josée Antonin ouvrit de grands yeux noirs et Strelli lui raconta brièvement l'affaire de Novossibirsk.

— Tu t'es entendu ? Tu es complètement fou ! Écoute-moi, David !

Elle lui saisit le bras en le fixant droit dans les yeux. Il détourna le visage.

— C'est pas de la « sécurité », ton job ! C'est un putain de suicide ! Cette Frances McManus, dont tu m'as parlé, qu'est-ce que tu sais d'elle ?

— Rien. C'est la chef. Je la vois peu. J'exécute les ordres. Je ne sais rien faire de mieux, lâcha-t-il avec une certaine violence.

Antonin avala son café. Il était froid et dégoûtant. La contrariété se lisait sur son visage, comme si elle avait eu en face d'elle un adolescent inconscient. Mais que pouvait-elle dire ?

— Et vous, ça roule ?

Elle ricana.

— Moi ? Non, ça va pas. Mon meilleur officier est là...

Elle tendait le bras vers le couloir qui menait à la chambre de Margaux.

— ... et toi, tu me dis que tu joues les kamikazes façon Michel Strogoff du pauvre, et tu voudrais que ça aille ?

— Je pensais au boulot.

— Ne m'en parle pas ! C'est à croire qu'ils sont tous devenus hystériques comme des gonzesses !

Strelli sourit malgré lui. Le langage de Josée Antonin était toujours aussi fleuri et brutal. Sur le parking, tout en marchant vers sa voiture, elle parlait boutique à bâtons rompus, expliquant qu'elle était chargée de suivre une livraison contrôlée de drogue – peut-être un gros tas d'héroïne –, mise sur pied par les Stups.

— Les gros bras de l'Office central[1], tu vois le genre. Excellents pour la conception, mais pour la pratique c'est nettement moins bien. Ils ont baptisé la machinerie Victor H. « Victor » pour victoire, « H » pour héroïne. Enfantin.

Elle haussa les épaules.

— Le nom de code, la façon de procéder, l'enjeu, tout est absurde. Un officier de liaison de l'Office à Ankara nous a mis sur une piste : selon lui, deux tonnes d'héroïne expédiées par bateau pour le compte de la mafia turque de Trabzon, sur la rive ottomane de la mer Noire, jusqu'à Vama, en Bulgarie, vont être transférées sur une péniche qui doit remonter le Danube.

— Une péniche sur le Danube, ils ne risquent rien ? demanda David Strelli qui ne s'était guère intéressé au trafic de drogue.

— Non, le Danube est une voie d'eau internationale, il est interdit aux polices riveraines de contrôler les chargements.

— Merveilleux.

— Comme tu le dis, soldat.

Josée Antonin était à présent assise au volant de sa Renault Laguna de service. Elle parlait très vite, d'une voix un peu automatique, comme sous hypnose. Strelli l'écoutait à peine. Il pensait encore et toujours à Margaux.

— Une péniche, et le train pour éviter la Serbie, puis encore une péniche en Autriche, et en Allemagne. Le Danube, le canal Danube-Rhin. Et tout au long, des flics français qui regardent passer, pour un peu, ils le protégeraient, ce foutu chargement ! Point final, le vieux port de commerce de Metz. Deux tonnes, entre

1. Référence à l'OCRTIS, Office central de répression du trafic illicite des stupéfiants.

un et deux millions de francs au détail. C'est beaucoup. Dis donc, si je t'emmerde, il faut me le dire !

— Non, non. Bon, c'est une affaire qui roule, non ?

— Si on veut, maugréa Antonin. Je suis chargée d'assurer la sécurité de l'environnement du port, dans les jours qui précèdent l'arrivée de la péniche, mais ce n'est pas vraiment notre boulot, et je n'aime pas ça.

Elle tourna la clé de contact, le moteur démarra en douceur. Appuyé à la fenêtre ouverte, David jugeait que, comme toujours, la commissaire dramatisait :

— Des livraisons contrôlées, ce n'est pas la première fois, non ?

Elle haussa les sourcils. Oui, des chargements illégaux suivis à la trace pour les saisir là où ça faisait le plus de bruit dans les journaux, elle connaissait. Trop, même ! Et jamais elle n'en avait vu l'intérêt du strict point de vue policier.

— Le ministère de l'Intérieur veut une action d'éclat. Une énorme prise de drogue bien médiatique. Comment, pourquoi, ils ne se posent pas de questions. Mais nous, les flics, on est sur le terrain. On arrête quelques sous-fifres, mais les commanditaires disparaissent dans la nature.

— En gros, du mauvais cinéma, appuya Strelli.

— Oui. En plus, évidemment, comme toujours, tout le monde se tire dans les pattes. Les douaniers ont eu vent du projet, ils sont furieux, ils affirment que ce genre de manipulation est leur spécialité.

Elle enclencha la première, donna quelques coups d'accélérateur à vide, sans embrayer, plus pour manifester sa mauvaise humeur que par nécessité.

— En tout cas, le week-end prochain, tout ça sera fini. Si tout se passe bien. Allez, bonne route, soldat !

Strelli hocha la tête. Elle embraya, fila en trombe. Il regarda la Laguna naviguer dangereusement dans le parking trop plein, puis disparaître dans un nuage de poussière.

Il remonta vers la chambre de Margaux. Il voulait encore lui parler, lui dire combien elle lui manquait. Lui crier sa douleur. Mais aucun mot ne lui vint en voyant le corps inanimé. Il redescendit une demi-heure plus tard, croisa le professeur Kachina-Barn qui sut, une nouvelle fois, se montrer confiant et apaisant.

Mais David n'avait plus confiance. Et il était loin d'être apaisé.

Le soir même, après un rapide et triste dîner avec Mouloud, il prenait un avion pour Moscou.

*

Don Vicente avait pris ses habitudes près de la piscine couverte, car il aimait les immenses et très détaillées mosaïques représentant des scènes bucoliques et – légèrement – érotiques, inspirées des fresques de Pompéi, qui habillaient le mur du fond. Les trois autres côtés du bassin étaient bordés par un portique constitué d'authentiques colonnes antiques, supportant la structure mobile de métal et de verre du toit.

Organisée autour d'un double patio, l'architecture de la maison était inspirée des grandes villas romaines. Au centre du patio principal clapotait l'eau d'une fontaine sculptée du Ier siècle av. J.-C. Volée dans les ruines d'Herculanum, l'œuvre d'art avait abouti par des filières secrètes au cœur du palais construit en Corse par Jacques-Olivier Lambert-Leroy.

Pietro Santucci s'entretenait avec Vic des dernières mises au point de la banque virtuelle. Le recrutement d'un excellent informaticien chargé de concevoir le système de sécurité de la banque enchantait Vic. Ce spécialiste était en fait un hacker, parmi les meilleurs, recherché par le FBI sur tout le territoire américain. Il avait réussi à s'échapper et à se réfugier dans l'archipel de Tonga, en plein Pacifique.

— J'aimerais rencontrer ce petit génie.

— Il est très parano, il nous a fallu trois mois pour le contacter. Je ne suis pas certain qu'il veuille quitter son île de paradis.

— Dommage. Vous avez eu Khamylov ?

— Pas personnellement, mais Alexei Fiodorovitch Tretiakov est tout à fait d'accord pour vous rencontrer. Il a proposé trois dates.

Santucci les donna à Vic qui réfléchit un instant avant d'imposer une quatrième date.

— Nous verrons si ce Tretiakov consent à se plier à nos exigences, dit-il en buvant une gorgée de Campari.

Santucci se retourna. Vêtu d'une combinaison noire, visage masqué par une cagoule, attitude arrogante, un garde s'approcha des deux hommes.

— Un homme s'est présenté à l'entrée de la propriété sans s'être fait annoncer. Il insiste pour voir ce monsieur. Il a bien précisé : celui qui se déplace dans un fauteuil d'infirme.

Un simple mouvement du menton pour désigner Vic.

— Nous n'attendons personne, n'est-ce pas ? demanda Don Vicente en reposant son verre.

— L'individu dit s'appeler Don Nitto Minasola.

Don Nitto ? Son père ? Comment le vieux savait-il qu'il était ici ? En venant, ne désignait-il pas clairement la présence dans cette maison d'une personnalité importante ? La démarche était d'autant plus dangereuse que le refuge n'était pas absolument sûr. Il tapota nerveusement sur le rebord de la table. Santucci s'attendait a un éclat, mais à son grand étonnement Vic sut garder son calme. Il posa son index sur les lèvres, réfléchit à l'attitude à adopter, puis lança sèchement au garde :

— Dites à ce monsieur d'attendre quelques minutes. Que l'on opère des vérifications.

Sa première intention était d'imposer une attente humiliante à son père.

— Croyez-vous cette rencontre opportune ? osa Santucci.

— Il faudra bien crever l'abcès un jour ou l'autre, n'est-ce pas. Aujourd'hui me semble idéal.

En voyant le rictus méchant déformer le visage de l'infirme, Santucci eut peur.

Le cagoulé fit avancer Don Nitto Minasola dans le salon d'hiver, dont les grandes baies s'ouvraient sur la mer, aujourd'hui d'un bleu presque clair sous le doux soleil du printemps. Le vieil homme ne daigna pas s'asseoir. Il détailla avec une répugnance manifeste les éléments du décor, des statues de marbre antiques aux tableaux d'inspiration pieuse dont, malgré son inculture, il ne pouvait ignorer la grande qualité. Tout dans cette villa le révulsait. Le repaire nauséeux d'un nouveau riche, voilà ce qu'avait choisi son fils pour tanière. Sharon lui avait révélé la cache de Vic lorsqu'il avait menacé d'extorquer l'information à Francesca par n'importe quel moyen.

Il ravala un crachat en entendant le moteur du fauteuil roulant derrière lui. Il se retourna. Vic portait un costume noir et une chemise blanche ouverte. La captivité l'avait un peu amaigri, mais son regard traduisait toujours la même morgue insolente. D'un geste méprisant de la main, il congédia Santucci. Les deux hommes cagoulés se placèrent en retrait.

— Tu as donc plus confiance dans les Corses que dans ta propre famille, attaqua avec aigreur Don Nitto en toisant son fils.

— Je n'ai confiance en personne. En personne.

— C'est triste. Moi, j'ai toujours eu confiance en

mon père, et je n'ai jamais eu à m'en plaindre. Bien au contraire.

— Les temps changent.

— Soit ! Mais une chose ne change pas : je ne tolère pas qu'on vienne me dicter ce que j'ai à faire. Je suis encore le chef du clan et ce n'est pas un petit morveux dans ton genre, une moitié d'homme, qui fera la loi.

Le visage de Vic tressaillit. Il parvint à se contenir et éclata d'un rire nerveux, artificiel.

— Une moitié d'homme. Je vois que Don Nitto sait toujours manier l'injure, mais pour le reste... Si je considère son cerveau, ce n'est même pas d'une moitié d'homme dont on devrait parler !

— Comment oses-tu, toi qui n'es qu'un porc se roulant dans la boue puante !

Don Nitto s'était rué en avant avec colère, levant la main vers le visage de son fils. Il retint son geste en voyant Vic brandir un pistolet qu'il avait caché sous la couverture masquant ses jambes mortes.

— J'ai accepté de recevoir Don Nitto, justement parce qu'il passe encore pour le chef. Mais Don Nitto doit réfléchir. Je suis prêt à me défendre contre quiconque mettra en cause mon intégrité physique autant qu'économique. Assieds-toi !

Il avait haussé le ton, l'arme toujours pointée vers son père qui se laissa tomber dans le premier fauteuil.

— Don Nitto veut sans doute savoir pourquoi j'ai fait contacter Tchevine. Très bien ! Ce projet de fausse monnaie, je suis désolé de le dire, c'est...

Il fit un geste qui signifiait « moins que rien ». Le vieux Sicilien ne le lâchait pas des yeux. Il grogna entre ses dents :

— Tu sais comment j'ai payé tes études à Palerme et à New York ? Avec quel argent ? Est-ce que tu le sais ? Comment je vous ai donné à manger, à toi et à ta sœur, quand vous n'étiez que deux gosiers affamés et hurlants ? Quand j'aurais dû vous écraser sous mon talon !

— Oui, je le sais. Je sais aussi ce que tu dois aux McManus et ce que les McManus doivent aux Minasola, mais je ne suis pas là pour parler d'affaires de famille. Tout ça, c'est le passé, le passé ! Le temps de la fausse monnaie est révolu. Don Nitto Minasola est une force du passé...

Il agita son pistolet.

— ... Que tu le veuilles ou pas, tu n'es plus dans la course. Moi, si. Ton histoire avec cet abruti de Russe, ça fait courir trop de risques au clan !

— Parce que ton arrestation par les hommes de Caselli, c'est la prospérité du clan, c'est ça que tu m'expliques ! Moi, jamais je ne me serais laissé avoir comme toi ! Jamais. Jamais je n'aurais eu besoin de femmes pour me libérer ! Jamais ! Tu es peut-être le futur, mais tu sens la mort, mon fils ! Tu pues le cadavre !

Don Nitto se leva d'un bond qui fit sursauter Vic. Il se dirigea vers la sortie. Son fils le suivait du regard.

— Je ferai ce que j'ai décidé. Avec qui je l'ai décidé. Et tu peux aller en enfer !

— Ton projet est voué à l'échec. Renonce !

« Ou crève ! », songea-t-il en observant d'un œil distrait Don Nitto Minasola quitter la pièce sous la garde des deux hommes en noir. Il traînait les pieds, le dos courbé sous le poids des ans.

Lui aussi puait le cadavre.

24

Les conditions climatiques étaient un peu moins rudes que lors de son premier séjour, au milieu de l'hiver : certes, il neigeait encore presque chaque nuit, mais la neige fondait le matin. Strelli avait retrouvé Moscou, où ses nouvelles fonctions l'appelaient, sans plaisir, et même avec appréhension. Il n'avait cependant pas peur, mais il se méfiait de cette ville et de ses habitants. Il était convaincu qu'ici, et nulle part ailleurs, il trouverait l'homme qui avait tenté d'assassiner Margaux.

Il avait repris une chambre à l'hôtel Belgrad, toujours au quatorzième étage, d'où il pouvait voir les toits de la ville, et les collines sur lesquelles se dressaient au loin les grandes HLM de la banlieue.

Malgré le risque et le soupçon qui le taraudaient, il avait rappelé le père Stefan. Il lui semblait que la rencontre avec le pope d'Ivanovogara remontait à des années. Au téléphone, l'homme d'Église ne lui parut pas le moins du monde embarrassé : était-il au courant de l'incident de la place Rouge ? Il proposa à Strelli de l'emmener le soir même dans une boîte de nuit où se retrouvait le tout-Moscou.

— Cent dollars l'entrée, avait-il précisé. C'est le tarif. Plus les consommations. Je viendrai vous chercher avec Ivan, mon chauffeur, les taxis sont trop dangereux pour les gens comme vous.

La rigoureuse ponctualité du pope surprit David.

— Vraiment, vous entretenez d'étranges idées à propos des Russes, observa le père Stefan en riant. Je ne parle pas simplement de vous. Ce n'est pas parce que nous donnons la priorité à l'âme que nous devons conjuguer impolitesse et retard !

La vieille Volga roula longtemps sur des avenues immenses, se glissa le long d'un stade et s'arrêta devant une palissade de chantier. Quelques grosses voitures, des 4 x 4 américaines ou allemandes pour la plupart, étaient stationnées à proximité, chauffeurs aux volants. Strelli suivit le religieux dans une sorte de passage couvert, compliqué comme un labyrinthe, puis déboucha devant une petite porte blindée s'ouvrant dans un bâtiment d'apparence industrielle. Aucune enseigne : ne venaient ici que les initiés. Deux hommes costauds au crâne rasé – ils ne portaient même pas de chapka – postés de part et d'autre de la porte sourirent au père Stefan, qui devait être un habitué. David se demanda ce que pouvait bien venir faire un pope dans un lieu plutôt louche.

— Ce sont en quelque sorte mes paroissiens, répondit le père Stefan, bien que Strelli n'ait pas exprimé à haute voix ses interrogations. Je m'occupe de leur âme et, ici plus qu'ailleurs, ils en ont bien besoin.

Ils descendirent un escalier dont les murs étaient tapissés de rouge et débouchèrent dans une grande salle peu éclairée, une sorte de caverne dont le volume était découpé par des colonnes en béton et des cloisons en bois. Plus loin, les flashes multicolores des lampes à éclats figeaient d'instant en instant les silhouettes déhanchées de danseurs, qui s'agitaient sur la musique assourdissante d'un heavy rock metal particulièrement violent. Autant que Strelli pût en juger, les danseuses, au maquillage exagéré, étaient aussi peu habillées que possible : par intermittence, sous l'éclairage cru, on apercevait sous des voiles transparents des seins, des fesses. Certains hommes étaient torse nu. Dans les alcôves, éclairées par des bougies plantées dans des bouteilles ou des verres, des couples enlacés gloussaient trop fort.

Un jeune homme mince s'était porté au-devant des arrivants. De multiples boucles d'argent lui perçaient les lèvres et le nez. Il baisa l'anneau du père Stefan qui le bénit à la façon orthodoxe, index et majeur joints. Il les conduisit, au bout du bar, dans une alcôve tendue de velours – rouge, toujours – d'où l'on pouvait tout voir sans être vu. Une serveuse – très jeune, presque une enfant – s'approcha pour prendre la commande : elle ne portait ni blouse ni soutien-gorge et sous son tablier de soubrette, un string de cuir noir mettait en valeur ses fesses cambrées. Elle agitait ses très jolis seins sous le nez des convives en attendant leur choix. Elle repartit en dandinant de la croupe comme si sa vie en dépendait. Et peut-être était-ce le cas, pensa Strelli qui ne goûtait guère ce genre d'endroit.

— C'est une annexe de la Loubianka ? grinça-t-il en se calant dans le fauteuil.

— Vous avez de l'humour, c'est bien. C'est une qualité qui se perd dans notre monde, lâcha le pope en étendant le bras vers les danseurs. C'est ici que l'on rencontre les « Nouveaux Russes », cher monsieur. Et mes ouailles. Des « biznessmen », comme on dit ici. D'honnêtes commerçants, attention ! Ne vous méprenez pas. Athlètes, *bikïa*, vétérans d'Afghanistan, anciens fonctionnaires, grands ou petits, recyclés dans les affaires.

L'attention de Strelli fut un instant captée par la serveuse qui revenait avec les consommations, Coca Light pour le pope, et eau gazeuse Crystal pour lui.

— Ils viennent y dépenser sans mesure tout ce qu'ils ont gagné. La formule en français est, je crois : l'argent leur brûle les doigts. Regardez bien : vous ne verrez ni un rouble, ni une carte de crédit. Ici, la monnaie locale est le dollar.

— Vous êtes certain de leur honnêteté ? dit David en buvant une gorgée d'eau pétillante.

— Je ne m'occupe que de leurs âmes, mon cher. Et comprenez-moi un peu. Vous ne pouvez pas imaginer comme les routes sont devenues dangereuses.

Il fut interrompu par un client venu lui présenter ses respects avec une componction qui stupéfia David. Devant le pope, ils s'écrasaient tous comme si celui-ci était Dieu lui-même ! Il en fit la remarque. Le père Stefan sourit en se lissant la barbe.

— C'est normal, ne suis-je pas le représentant de Dieu ?

Évidemment.

— Mais je ne vous ai pas amené ici pour vous donner une vision oblique de la nouvelle société russe. Si j'ai bien compris, vous avez un problème à résoudre.

Strelli se redressa, soudain mal à l'aise. Son « guide » brûlait les étapes.

— Qu'en savez-vous ?

Le père Stefan haussa imperceptiblement les épaules.

— Allons, monsieur Strelli, m'auriez-vous seulement rappelé pour une confession ?

La musique était maintenant douce et sirupeuse, un genre de blues réinterprété par des musiciens slaves. Sur la piste de danse, les couples glissaient, ondulaient, comme s'ils se préparaient à faire l'amour en public. David sursauta quand le père Stefan lui posa la main sur la sienne.

— Je sais beaucoup, beaucoup. Nous sommes donc venus ici pour que vous puissiez en savoir, vous aussi, un peu plus.

Il rappela la serveuse, lui glissa un mot dans l'oreille en tendant la main vers ses fesses. Le regard de Strelli l'arrêta avant qu'il ne les lui tripote. La fille hocha la tête, s'esquiva, avant de revenir quelques instants plus tard accompagnée d'une ravissante et très jeune femme, simplement vêtue d'une robe transparente qui ne cachait rien de son corps. Décidément, ici, la tenue d'Ève semblait être le costume local.

— C'est Svetlana, et elle parle plutôt bien le français. Elle a appris au lit, c'est la meilleure manière, dit-on. Ce soir, elle est en congé, son homme est en voyage. J'ai pensé qu'il vous serait agréable de finir la soirée avec elle.

Strelli manifesta ouvertement qu'il n'avait pas l'intention de passer la soirée avec cette fille. Ni d'ailleurs avec une autre. Le père Stefan était au comble de l'amusement :

— Mais si, mais si, il faut vous laisser faire, vous verrez, vous apprendrez des choses. Et d'autres ! Mon chauffeur va vous accompagner tous les deux chez elle. Puis il vous attendra le temps qu'il faudra.

— Et vous ?

— Ils se battront tous pour avoir l'honneur de me reconduire.

Son regard démentait l'allégresse de son sourire. David comprit qu'il valait mieux suivre l'injonction. Svetlana alla chercher ses affaires et se représenta vêtue d'un vison lui tombant jusqu'aux pieds, valant sans doute une fortune. David grimaça avant de saluer le pope.

Quel jeu étrange jouait-il ? À l'éclairage public, de plus en plus rare, il réalisait que la Volga roulait vers la banlieue. Il était assis sur un bout de la banquette arrière tandis qu'au milieu, Svetlana avait ouvert son manteau et découvert des cuisses magnifiques. S'il n'avait pas été ce qu'il était... Si on ne l'avait pas averti qu'ici ces femmes étaient toutes vérolées jusqu'à la moelle... Si Margaux n'était pas en train de dépérir sur son lit d'hôpital...

Ivan s'arrêta soudain au pied d'un immeuble HLM décrépi.

— *Gute night, gospodine*, lâcha le chauffeur dans un curieux sabir.

Svetlana le tira par la main, avec une certaine tendresse, lui sembla-t-il.

— J'ai amie qui prête son maison pendant que travaille. Nous avons toute nuit.

L'accent et les fautes donnaient du charme à son français.

Le hall était encore plus délabré que la façade, avec les boîtes aux lettres défoncées, les tags maculant les murs. Un chat noir fila entre ses jambes. Il sursauta parce qu'il avait eu l'impression que c'était un rat.

— Yen a aussi. Gros, comme ça, dit Svetlana.

Elle montra les escaliers.

— Huitième. Ascenseur cassé.

Elle se lança hardiment à l'assaut des marches. Comme il n'y avait pas d'éclairage, elle lui avait pris la main pour le guider. Ici, l'insonorisation était un concept apparemment inconnu : malgré l'heure avancée, mille bruits se croisaient. Télévisions, cris, rires, soupirs. La nuit. Elle s'essouffla rapidement, s'accrochant à son bras pour se reposer et en profitant pour s'approcher d'un peu trop près.

— Comment tu fais ? Toi jamais fatigué ?

— L'entraînement, répondit-il, laconique.

Ils débouchèrent enfin sur le palier du huitième. Elle alluma son briquet pour s'orienter et il aperçut une longue théorie de portes en bois aux peintures écaillées.

Elle se dirigea vers le fond, ouvrit une serrure, alluma un commutateur. L'appartement, en réalité un minuscule studio, était occupé en presque totalité par un matelas recouvert d'une grosse couette. Rouge. Elle alluma une lampe de chevet, abat-jour également rouge, et éteignit le plafonnier.

— Asseyez-vous, dit-elle. Je me prépare.

Elle passa dans la salle de bains. Il regarda autour de lui : aucun fauteuil, pas de chaise, il ne pouvait s'asseoir que sur le matelas. Malgré la pénombre, il découvrit que l'un des murs était presque entièrement couvert d'icônes, des Vierges à l'Enfant, et encore des Vierges à l'Enfant. Des reproductions de toutes les plus belles icônes orthodoxes.

— Comment toi t'appelles ? demanda la jeune femme en rentrant dans la pièce.

— David.

Elle était maintenant habillée normalement. Blouse de coton blanc brodée au col, jeans. Il la trouva beaucoup plus jolie ainsi. Peut-être même plus troublante dans son extrême jeunesse. Il jaugea son âge : dix-sept ans, voire seize. Elle vint s'asseoir sur le matelas, les jambes pliées en tailleur, si près de lui qu'il percevait sa chaleur. Et comme des vibrations.

— Le père Stefan m'a dit que je peux parler à toi, je sais choses, et toi, tu peux aider.

Elle posa la main sur le genou de David. Il ne la repoussa pas.

— D'abord, promettre aider. Oui ?

— Oui, bien sûr. Si je le peux.

— Alors, ton prochain départ Moscou, tu m'emmènes avec toi ?

Il réfléchit rapidement. De toute manière, la réponse ne l'engageait pas.

— Oui.

— Toi promettre ? Juré ?

Il promit. Elle l'embrassa. D'abord sur la joue puis elle glissa vers ses lèvres.

Il fut surpris par la générosité de sa langue, avant de la repousser avec calme.

— C'est inutile, Svetlana. Je n'attends pas ça. Le père Stefan m'a dit que tu avais des informations qui pourraient m'être utiles.

Il pensa avoir parlé trop vite pour qu'elle l'eût compris. Mais elle le rassura.

— Toi reçu messages. Hôtel, et chez toi, Paris.

— Oui...

— Ta femme hôpital Paris, avant blessée à Moscou.

— Oui...

Il lui semblait qu'il allait trembler. Impatience, émotion. Elle se colla un peu plus contre lui, comme si elle désirait vraiment le séduire. Il n'osait plus bouger de peur d'arrêter ses confidences : il savait que le moment où quelqu'un commence à parler est extrêmement fragile, que la moindre fausse manœuvre peut tout bloquer.

— Je sais qui fait messages.

Elle marqua un temps d'arrêt, comme pour savourer son effet et plongea ses grands yeux verts dans les siens. Il ne cilla pas.

— C'est père Stefan, pour ami lui. Celui ami sait qui attaquait vous, ta femme, sur place Rouge. Celui ami dit c'est Tchevine.

Ses révélations étaient trop rapides, comme si elle les avait apprises par cœur. Strelli pensa à Margaux. Au Boiteux.

— Tchevine ? Connais pas.

— Si, si, toi connais.

Cette fois, elle s'était carrément couchée sur lui, les mains plaquées sur sa poitrine, et passées sous sa veste. Il se tenait toujours droit, évitant le moindre laisser-aller.

— Toi très fort, constata-t-elle.

Il soupira. Pourquoi le pope ne s'était-il pas chargé lui-même du message ? Il se recula un peu.

— Non, je ne connais pas de Tchevine. Qui est-ce ?

Elle réfléchit un instant, avant de répondre à côté de la question.

— Mon homme a vendu moi. Veut plus de moi, il dit je travaille pas assez dur. Vendue pour Allemagne. Eros Center, toi connais ?

— Tchevine, c'est ton homme ?

Elle confirma d'un signe de tête. Elle était maintenant occupée à déboucler la ceinture de Strelli.

D'un geste net, il lui repoussa la main. Elle lui sourit comme si tout ce qu'elle disait, tout ce qu'elle faisait, n'avait pas la moindre importance.

— Il boite, n'est-ce pas ? Grand, décharné.

Elle hocha la tête. Une lueur de peur dans le regard. Mais il ne s'en aperçut pas ; il était trop préoccupé par ses questions. Comment pouvait-il être sûr qu'elle ne jouait pas un jeu ?

— Où on le trouve, cette ordure ?

— Ordure ? dit-elle. Quoi veut dire ? Toi vouloir tuer Tchevine ?

— Il faut que tu me dises où je peux le trouver. Et ensuite, je t'aide. Je t'emmène en Europe. À Paris. Je te trouverai un boulot, si tu me dis où je peux trouver Tchevine, tu me comprends ?

Il parlait trop vite, les mots jaillissaient en rafale. Il lui aurait promis la lune pour qu'elle lui donne une information crédible.

— Oui, oui.

Elle sourit comme une gamine heureuse.

— Toi veux devenir mon nouvel homme ?

Il ferma les yeux. Se demanda s'il ne devait pas se lever tout de suite et partir.

— Te dirai demain soir. Rendez-vous rue Arbat, entrée côté boulevard, 19 heures.

Svetlana ouvrit la braguette de l'ex-agent et lui dégagea le sexe pour le prendre dans sa bouche avec une dextérité et une rapidité qui l'étonnèrent. Il se dégagea avec brutalité. Elle le regarda avec étonnement. Son corsage ouvert laissait voir ses seins.

— Pourquoi ? Je demande pas argent. Toi gentil, c'est tout.

Il était debout, la dominant de toute sa hauteur.

— Demain, 19 heures !

Il n'arrivait pas à se défaire de l'idée qu'il était manipulé, enfermé dans des manigances complexes. Qui en était l'auteur ? Svetlana, étalée sur le dos, lui souriait.

— Pour le compte de qui le pope travaille-t-il ?

Elle soupira et se leva à son tour. Elle avait compris que le moment crucial était passé, qu'elle n'obtiendrait plus rien de cet homme, ce soir.

— C'est vieux, je crois.

— Vieux ?

— L'homme, vieux. Ancien général de police, je crois.

— Tu connais son nom ?

Elle secoua la tête.

— Non. Pas de nom.

Elle passa dans la salle d'eau attenante. Il l'entendit uriner, tirer la chasse d'eau. Quand elle revint dans le studio, elle était de nouveau en tenue de travail, qu'elle lui montra en ouvrant son manteau de vison : porte-jarretelles et string noirs, rien d'autre.

— Ça te plaire ?

Il ne répondit pas. Elle referma sa fourrure, avec l'air de dire : « Tu as bien tort de ne pas en avoir profité. »

Tchevine, un vieux général de police. Il ne pourrait pas quitter Moscou tant qu'il n'aurait pas obtenu des éclaircissements sur eux.

Le père Stefan le guidait dans ce labyrinthe, mais il ne savait ni vers qui, ni pourquoi. Travaillait-il pour l'un des deux hommes dont Svetlana lui avait parlé ? Mentait-elle lorsqu'elle disait ne pas connaître le nom du vieux ? Un sacré merdier, pensa-t-il avec amertume. Il aurait mieux fait de ne jamais revenir à Moscou. Mais il n'allait pas reculer maintenant, il ne pouvait plus. Les nécessités de la traque l'empêchaient d'abandonner : il devait à Margaux d'aller plus loin.

*

Strelli avait passé la journée dans un hangar de fret de Sheremetievo à contrôler, une à une, des caisses de pièces détachées pour des automobiles Lada réexpédiées en Belgique par Orient Express Delivery. Sa principale tâche comme chef de la sécurité était d'éviter à tout prix des objets non prévus dans le manifeste d'accompagnement, glissés par une personne malveillante pour saboter l'envoi. Ce travail harassant avait pris fin vers 19 heures et son chauffeur l'avait ramené à l'hôtel Belgrad.

Il éprouvait toujours la même surprise inquiète en voyant la nuée de vigiles à l'entrée. Avec leurs mines patibulaires et leurs regards torves, ils ressemblaient plus à des malfrats qu'à des gardes. Maintenant connu, David franchit le premier barrage sans encombre. Un deuxième filtre avait été établi à l'entrée intérieure du *lobby.* Cette fois, il fallait montrer le document prouvant que l'on était un client de l'établissement. Un chasseur en uniforme, à l'allure plus civilisée, lui ouvrit le passage. Un coup d'œil à droite, vers le bar. Il se serait bien rafraîchi d'une bière ou d'un Perrier, mais devant le comptoir tous les tabourets hauts étaient occupés par de superbes jeunes femmes habillées de façon trop voyante : bataillon de prostituées prêt à conquérir les faveurs des « biznessmen » occidentaux en quête d'amours tarifées.

David préféra monter directement dans sa chambre, au quatorzième. Il appela la réception : pas de message. Il décida de s'allonger un peu avant le dîner. Le téléphone sonna cinq fois avant qu'il ne décroche. Il s'était bel et bien endormi. À l'autre bout du fil, une voix d'un homme, jeune lui sembla-t-il, lui annonça dans un anglais presque sans accent qu'il était attendu au bar.

— Sur le côté, puisque les femmes occupent tout le terrain, précisa l'inconnu en riant.

— À quel sujet ? demanda Strelli d'une voix pâteuse.

— Margaux Vifaret, répondit l'autre en raccrochant aussitôt.

Du coup, Strelli se réveilla. Il se rafraîchit le visage et fila vers l'ascenseur qui, comme d'habitude, tarda. Parvenu dans le *lobby*, il parcourut l'espace d'un regard circulaire, avant de repérer un homme d'une trentaine d'années qui lui adressait un sourire. Il s'avança vers lui d'un pas décidé.

— Je suis fatigué, j'ai beaucoup trop travaillé pour écouter des conneries, alors dites ce que vous avez à dire ! lâcha-t-il, à cran.

— C'est vous qui voulez quelque chose, monsieur. Je m'appelle Alexei Fiodorovitch Tretiakov. Et vous, Strelli.

Le Sibérien l'observait avec un air détaché qui pouvait signifier tout et son contraire. Il l'invita à s'asseoir et lui proposa un bourbon, un Jack Daniel's, comble du luxe en Russie.

— Je ne bois pas d'alcool. Et qui vous a dit que je désirais quelque chose ?

— Nous avons beaucoup d'amis. Ici et là. Nous

aimerions vous compter au nombre de nos amis, monsieur Strelli. Vraiment.

— J'ai suffisamment d'amis. Merci. Et au revoir.

Il se leva, mais Tretiakov le retint par la manche de sa veste.

— Tss, tss. Un peu plus de convivialité entre amis. Nous connaissons le nom de l'agresseur de votre... Comment dit-on déjà, fiancée ?

Strelli se rassit.

— Ah oui, moi aussi.

— Oh, en êtes-vous sûr ?

Il ne répondit pas. Peut-être Svetlana lui avait-elle menti. Comment savoir ?

— Vous savez, nous travaillons dans la même branche, continua Tretiakov. Je veux dire, nous avons des intérêts communs.

— Non. Je ne crois pas.

L'idée de Khamylov de diriger le Français sur Tchevine avait semblé à Tretiakov un peu sommaire. Il estimait plus judicieux d'exploiter la détresse de cet homme. Jamais jusqu'alors il n'avait agi ainsi, de sa propre initiative, sans en référer au vieux général.

— Ne soyez pas si péremptoire, reprit-il. Nous avons besoin de vos informations comme vous avez besoin des nôtres.

— Mes informations ?

— Oui. Nous savons que vous êtes bien renseigné dans certains domaines qui nous intéressent.

— Vous savez mal.

— Peut-être que oui, peut-être que non. Dans nos affaires, la concurrence est rude, vous me comprenez ? Les Turcs, les Russes, les Italiens aussi. Comment appelez-vous maintenant l'espionnage industriel ? L'intelligence économique, non ? Enfin, les délices de la mondialisation, je ne vais pas vous faire un dessin. Si vous pouviez nous aider à débroussailler les chemins qui conduisent vers les marchés, d'une manière ou d'une autre, nous vous en serions très reconnaissants. Par exemple nous pourrions vous emmener jusqu'à l'agresseur de votre fiancée.

— Je ne sais rien, je vous le répète !

— Vous avez pourtant beaucoup appris. Bulgarie, Autriche, Russie, vous êtes un grand voyageur et un grand voyageur en sait toujours beaucoup, parce qu'il voit tout.

— Je n'ai rien vu. Désolé.

Strelli avait d'autant moins de mal à discerner les intentions de ce Tretiakov que celui-ci n'en faisait pas mystère. Ainsi ont toujours opéré les Russes, pensa-t-il : après une longue phase d'observation secrète, quand ils estiment leur cible coincée, ils émettent soudain des propositions, avec la dernière brutalité. Il choisit la seule manière de bien réagir : se fâcher. Et en prenant le parti de tutoyer son interlocuteur, afin de souligner sa colère.

— Je vais te dire une chose, mon vieux : qui que tu sois, je m'en fous ! Le nom de l'agresseur de Margaux, tu peux te le garder ! D'accord ? Et celui de Margaux, tâche de l'oublier, dès ce soir ! Je n'ai pas besoin de toi pour mener ma vie !

Strelli se leva et traversa le *lobby*. Tretiakov le regarda monter dans l'ascenseur. Il vida son bourbon d'une lampée, non sans relever le clin d'œil de l'une des jeunes putes qui l'observait depuis trois minutes. Elle était très jeune, ravissante, elle avait de la classe.

Strelli se montrait plus rétif qu'il ne l'avait prévu. Il fallait le faire céder. Pour y parvenir, il devait utiliser les grands moyens. Simples, au demeurant. Si simples qu'il éclata de rire en refermant sa veste de cuir et coiffant sa chapka. La jeune pute crut que ce rire lui était adressé. Elle glissa de son siège pour se rapprocher de lui. Il la repoussa sans ménagement, à la fois par principe et par hygiène.

Alexei Fiodorovitch Tretiakov ne couchait pas avec les prostituées.

25

En se rasant, Strelli se remémorait les paroles de Tretiakov, puis, par association de pensées, celles de Josée Antonin. Les mots amicaux de Mouloud. Les sentences d'Haller. Et il en arrivait toujours à la conclusion qu'il lui manquait l'avis de Margaux. Elle seule aurait pu le délivrer de ce cauchemar.

La veille, en quittant le Sibérien, il avait seulement fait semblant de remonter dans sa chambre. Arrivé à l'étage, il était redescendu par l'ascenseur de service, pour suivre l'homme qui sortait de l'hôtel Belgrad. Il avait réussi à le rattraper en passant par l'accès de service. Il avait vu sa haute silhouette mince traverser la Smolenskaïa, plonger dans le passage souterrain permettant de franchir le boulevard de ceinture. Il était encore à vingt pas de lui lorsque Tretiakov était passé devant le ministère des Affaires étrangères. Il était toujours à ses trousses lorsqu'il s'était engagé dans la rue de l'Arbat, avait tourné dans la première rue à gauche, une voie piétonnière où des marchands à la sauvette tentaient de vendre aux passants leurs humbles marchandises. Strelf avait été distrait par un jeune homme qui venait de le bousculer. Quand il avait relevé les yeux, Tretiakov avait disparu. Il constatait une nouvelle fois qu'une filature menée par une seule personne est impossible. Il était rentré à l'hôtel, puis avait dîné rapidement au Dionysos, le restaurant grec, avant de remonter se coucher.

La moussaka et les champignons lui restaient sur l'estomac. Il se regarda dans le miroir et se trouva une sale tête. Il achevait de s'habiller quand le téléphone sonna. Svetlana avançait le rendez-vous de 19 à 13 heures.

— Et plus rue de l'Arbat, mais chez père Stefan.

— À Ivanovogara ? C'est à mille bornes. Et je ne peux pas y aller seul !

— Oui, pas problème, chauffeur viendra te chercher.

— Pourquoi là-bas ?

— Moi lui dire au revoir avant mon départ. D'accord ?

— OK ! répondit Strelli.

Elle raccrocha. Il était embarrassé. Quelque chose n'allait pas et il ne savait quoi. Toujours bizarres, les Russes ne cessaient de changer de cap avec brusquerie, sans prévenir, sans s'expliquer. Il avait aussi perçu dans la voix de la jeune femme comme de la crainte. Ou était-ce la fébrilité : ne lui avait-il pas promis de la faire embarquer sur un vol pour la France contre l'adresse de Tchevine ? La liberté contre « son homme ». Tchevine. L'entrevue avec Tretiakov, enfin, continuait à le plonger dans l'expectative : plus la perspective de rencontrer le supposé agresseur de Margaux approchait, plus il doutait de la véracité des informations qui lui parvenaient. Il devait éclaircir tout ça. Le père Stefan, Svetlana, Tretiakov, le « Vieux ». Trop de bonnes volontés pour être honnêtes. Il allait faire parler le pope et la jeune femme, confronter leurs déclarations.

À midi exactement, Ivan se fit annoncer à la réception. Toujours cette coquetterie de précision affichée par le père Stefan. La Volga ecclésiastique franchit la

Moskova par le pont Borodine pour rattraper le Koutouzovprospekt par Dorogomilovskaïa. Cette fois, l'avenue géante était dégagée, la chaussée sèche, et Ivan put rouler vite, parcourant en moins d'une demiheure les trente-cinq kilomètres de cette artère sans feu rouge. Puis, après l'échangeur et un bout de boulevard périphérique, il descendit la rampe en direction de la forêt. En bas, les miliciens vérifièrent le permis de circuler dans la zone interdite, apposé sur le pare-brise. Après un coup d'œil suspicieux à Strelli, ils les autorisèrent à passer. La Volga rejoignit la route étroite maintenant familière à David.

« La route qui n'existe pas. »

Les mots du pope lui revenaient en mémoire au fur et à mesure que la Volga s'enfonçait dans un sous-bois déjà printanier. La neige avait fondu, les rayons de soleil filtraient entre les branches de sapins et de bouleaux entremêlées. Il pensa que l'endroit était vraiment beau et que les maîtres du pays – des Romanov aux tsars rouges – savaient vivre.

Les bulbes dorés et le clocher pourpre se profilèrent derrière l'entrelacs des arbres, qui formaient comme une grille compliquée sur fond de ciel bleu tendre. La voiture s'arrêta devant le porche donnant accès à l'enceinte de l'église. Strelli mit pied à terre, huma l'air frais et odorant. Tout était d'une sérénité parfaite, pensa-t-il.

Ivan le regardait sans bouger.

— Vous ne descendez pas ? demanda-t-il en retenant la portière.

— Non, père Stefan dire moi aller chercher documents pour lui, centre Moscou.

— Ah ?

Strelli dévisagea le sourire neutre du chauffeur, mais il n'y lut rien.

— Vous allez, père Stefan attendre vous.

Strelli claqua la portière et laissa partir la voiture. Il poussa le portail, entrouvert, et se dirigea d'un pas alerte vers la grande isba traditionnelle, à gauche, qui abritait le presbytère. En trois enjambées, il franchit le petit escalier de bois menant à la porte d'entrée. Elle était ouverte.

Il appela. Pas de réponse. Mais il entendit un gémissement. Il pensa rebrousser chemin. Il ne portait pas d'arme, aucun moyen de se défendre en cas de danger. Il pénétra pourtant dans l'antichambre, nota la présence de manteaux sur les patères : les occupants devaient être là. Il se glissa jusqu'à l'embrasure de la grande salle commune lambrissée de bois clair. Il tendit le visage et vit tout de suite la mare de sang sous le grand poêle de faïence verte. Aux aguets, il avança lentement, saisissant au passage un tisonnier, par réflexe. Le gémissement se fit plus fort. Un pas de plus...

Svetlana, blouse arrachée, était allongée au sol, une large blessure béante sous le sein gauche, d'où coulait encore du sang. Elle haletait doucement. Il se pencha vers elle. Elle souleva les paupières avec difficulté, ses yeux étaient déjà ternes, vitreux. Elle tenta d'ouvrir la bouche. Aucun son ne sortit.

Il se redressa, cherchant un téléphone et avisa une petite porte entrebâillée, d'où filtrait un rai de lumière. Il appela.

— Père Stefan ?

Aucune réponse. Il poussa la porte avec le tisonnier.

Le pope était pendu à une poutre, la gorge tranchée. Sous ses pieds, le corps de sa femme, Olga, jupe relevée, ventre fendu, viscères débordants. Les tueurs avaient dû la violer avant de la massacrer. Strelli vomit un grand jet de bile. Plus loin, dans la pénombre, trois autres cadavres : les filles du couple, également égorgées. Il recula d'un bond. Il sentit une présence derrière lui, mais n'eut pas le temps de se retourner. Violent coup à la nuque. Il perdit conscience.

D'abord un intense mal de tête.

Puis les paupières qui tardent à se soulever.

Strelli réussit enfin à ouvrir les yeux, péniblement. Il ne reconnut pas les lieux plongés dans l'ombre, toussa, la gorge sèche. La conscience lui revenait, sans qu'il pût encore déterminer où il se trouvait. Depuis combien de temps était-il là ? Il fut ébloui par une puissante torche électrique Maglite braquée sur lui. Il souleva le bras pour la détourner, mais on lui saisit avec violence le menton. Le faisceau de lumière éclairait maintenant une photo Polaroïd placée à quelques centimètres de ses yeux : l'épreuve montrait un homme, pantalon baissé, couteau à la main, couché sur une femme à demi dénudée, les cuisses écartées. Une scène de viol sadique.

Échappant à la prise qui le paralysait, il bondit. Il venait de se reconnaître. Et la femme était Olga, étalée sur le sol, éventrée, telle qu'il l'avait découverte. Il tâta sa chemise : elle était imprégnée de sang durci. Il sentit dans son dos le canon d'une arme. Derrière la lampe qui le rendait aveugle, un rire légèrement sardonique fusa.

— Bonjour, Strelli, aujourd'hui pas de fête. Mais du sang et des chairs déchiquetées.

Il lui fallut peu d'efforts pour reconnaître la voix de Tretiakov. Celui-ci abaissa la lampe, balayant les cadavres épars, le pope – qui avait été détaché de la poutre –, la femme, les filles.

— Vous vous souvenez de notre petite conversation, n'est-ce pas ?

Strelli ne répondit pas.

— Ne vous méprenez pas, dans cette pénible affaire

tout vous désigne comme le meurtrier. Voyez ces photos.

Il montra d'autres Polaroïds, pris sous d'autres angles, plus serrés, le visage de Strelli touchant celui d'Olga.

— La police n'aura aucun mal à vous identifier.

En guise de réponse, David serra les lèvres, puis siffla :

— Allez vous faire foutre !

— Allons, allons, pas de grossièreté. Nous parlons entre amis. Entre gens de bonne volonté. Il faudrait quand même que vous collaboriez, non ? Vous voyez ?

— C'est un montage.

— Nous le savons aussi bien que vous. Mais pas les policiers. Ne m'obligez pas à être désagréable. Est-ce que votre arrestation – ou même votre mort – rendra la vie à ces gens qui, permettez-moi de vous le dire, vous menaient en bateau ? Ils voulaient obtenir des avantages, des passe-droits, ils n'avaient rien à offrir. Oh ! Je pressens la question : pourquoi les avoir tués ? Simplement parce qu'ils ont tenté de nous tromper, nous aussi.

— Une femme et des enfants, c'est barbare, inutile !

— Pas de témoins, marmonna le Sibérien dont les paupières voilèrent les yeux trop clairs.

Strelli laissa sa tête aller contre le mur. À présent, il voyait plus nettement. Il suivit le ballet de quatre ou cinq personnes autour de lui. Au milieu, la silhouette mince de celui qui se faisait appeler Tretiakov.

— Nous vous souhaitons une agréable coopération. Faites un geste et nous vous le rendrons.

Strelli n'avait vu la prostituée, le pope et sa famille qu'une seule fois et s'il ne se sentait pas engagé envers eux – même s'il en doutait en considérant les paroles de ce fou –, il espérait seulement qu'ils avaient peu souffert. Désormais, pour lui, l'impératif immédiat, catégorique, était de sauver sa peau. Que pouvait-il tenter pour que cesse ce cauchemar ? Avait-il seulement une chance de s'en sortir ? À l'hôtel, ce Tretiakov avait mentionné les Russes, les Turcs, les Italiens.

OK ! Ils attendaient quelque chose. OK ! Il allait leur donner n'importe quoi, une information sans importance pour lui, mais qui pouvait peut-être le sortir de cet abominable traquenard. Il jouait son va-tout. Il se souvint de la livraison contrôlée de drogue dont lui avait parlé Josée Antonin. En révélant l'affaire, après tout, il pouvait provoquer une guerre des gangs... Et tant pis pour les policiers ! Nul ne saurait jamais d'où était venue la fuite. Et il y allait vraiment de sa survie. Cette nécessité effaça ses scrupules.

Il lâcha d'une voix blanche et saccadée :

— Les Turcs livrent à Metz, ce week-end, un chargement. De l'héroïne, je crois.

Tretiakov sourit, satisfait, et se tourna vers l'un de ses acolytes :

— Metz. C'est sans doute l'héroïne que les hommes de Tchevine nous ont piquée en Turquie. Vois ça avec nos gars à Istanbul !

L'homme sortit de la pièce. Tretiakov se tourna vers son prisonnier pour lui demander confirmation.

— La livraison est pour Tchevine, n'est-ce pas ?

— Aucune idée. Je n'en sais pas plus. Démerdez-vous !

Tretiakov lui décocha une gifle qui lui déchira la lèvre supérieure.

— Restez poli, monsieur Strelli.

— Les Polaroïds !

— Bien sûr, une fois que nous aurons vérifié.

Il lui tendit un papier. Quelques mots tapés à la machine : Andrei Sergueievitch Tchevine, 124, rue de la Faisanderie, Paris ; Brighton Bayview Building, appartement 15043, Brighton Beach, État de New York ; 39 Leipziger Strasse, Berlin.

— Vous n'en avez pas une à Moscou ? osa Strelli, soudain arrogant.

— M. Tchevine ne se sent pas bien dans son pays. Ah, j'oubliais : il est habituellement escorté par Rexhep Rekaliu, un dingue. Méfiez-vous ! Une saleté de proxénète...

Il tourna la tête vers le corps de Svetlana que l'on apercevait dans l'autre pièce par la porte ouverte.

— ... Nous l'avons privé de son gagne-pain.

Strelli ne put s'empêcher de vomir une bile brûlante, que son estomac rejeta à grands renforts de crampes douloureuses.

Il vit le Sibérien faire signe à l'un de ses sbires qui sortit une seringue d'une trousse, approcha l'aiguille de son cou. David fut certain qu'il allait mourir. Il en éprouva une sorte de bien-être. Plonger enfin dans la même nuit que Margaux.

*

Transport de prestige pour mission de prestige.

Le ministère des Finances avait affrété un Airbus A 340 transcontinental d'Air France pour le voyage en Russie. La cabine avait été divisée en deux. La première classe avait été doublée pour recevoir à l'avant le ministre et les membres de son cabinet, les principaux invités occupant la section intermédiaire. Quant aux journalistes, ils devaient se contenter de la classe touriste. À la disposition des fauteuils près, le traitement de tous les voyageurs était identique : champagne avant le décollage, déjeuner fin servi par un personnel renforcé. Et autorisation de fumer en bout de carlingue.

Donc, l'apparat des grands déplacements : on ne faisait pas beaucoup mieux pour les voyages officiels du Premier ministre. René Haller en avait d'ailleurs fait l'observation à Ernest Plivinec.

— Il faut impressionner les Russes ! avait rétorqué ce dernier. Ils achètent des Boeing 777 et des Iliouchine 96 pour les long-courriers, nous devons démontrer les capacités de nos gros Airbus. Même si le marché russe est encore en devenir, il sera demain sans limite. Pensez donc, pratiquement toute la flotte de la compagnie Aeroflot est à renouveler.

— Mais cinquante journalistes est-ce vraiment utile ?

Plivinec conservait un amer souvenir du dîner républicain de Lyon. Il avait engagé un nouveau chargé de communication, Jo Thual – journaliste indépendant dans la presse économique –, qui avait concocté un solide « plan média ». Ce voyage à Moscou en était la première concrétisation : les contacts à nouer dans la capitale russe avaient moins d'importance que la satisfaction des envoyés spéciaux de la grande presse française entraînés dans l'aventure. Plivinec devait prendre une stature nationale que seuls les journalistes étaient susceptibles de bâtir.

— Plus qu'utile, monsieur le Premier ministre. Indispensable. Quand je reviendrai de Moscou avec des contrats qui feront la une de la presse, toute la majorité en bénéficiera.

Haller avait hoché la tête, plus sceptique que son ministre. Au prochain remaniement ministériel, il lui faudrait songer – en évitant trop de casse à l'intérieur du parti – à le renvoyer dans sa chère circonscription toulousaine.

L'Airbus atterrit avec un peu de retard. À 16 h 22, la nuit tombait déjà sur l'aéroport de Scheremetievo et Jean de Bellifont fut frappé par les lumières rares et faibles, par les miliciens qui semblaient ne pas avoir changé depuis l'ère soviétique. Ils furent accueillis en grande pompe dans le salon d'honneur. Trois équipes de télévision opéraient : ORT, la première chaîne russe, TF1 et France 2, dont les équipes techniques semblaient fraterniser. Bellifont constata que JO2L était dans les meilleurs termes avec le journaliste russe chargé de couvrir l'événement.

Y avait-il collusion – entente secrète – entre le patron d'AgrImEx et ses partenaires moscovites aux dépens de l'État français ?

La connivence lui parut encore plus évidente pendant le cocktail à l'hôtel Rossia, un immeuble géant dressé à proximité du Kremlin, sur l'emplacement de l'antique Kitaï Gorod. Alors que les autres Français restaient peureusement les uns avec les autres, ne cherchant pas à se mêler aux officiels russes, Lambert-Leroy évoluait avec une aisance parfaite. Il était suivi pas à pas par Anne-Claire Ivanovna, toujours aussi élégante, chevelure superbe, yeux curieusement fendus, presque asiatiques. Ce détail de sa physionomie frappait maintenant Bellifont : il expliquait en partie l'étrange fascination qu'elle exerçait. JO2L l'attira vers le haut fonctionnaire.

— Vous vous souvenez d'Anne-Claire Ivanovna, ma collaboratrice ?

Et comment donc ! Depuis plusieurs semaines maintenant, il consignait tout ce qu'il pouvait découvrir sur la jeune femme.

— Absolument, nous nous sommes déjà croisés, me semble-t-il.

Elle glissa un sourire à peine poli, en tendant la main comme un homme.

— Bonsoir, dit-elle.

Elle avait une jolie voix claire, fraîche, presque flûtée. Elle s'apprêtait à se détourner quand JO2L la retint par le bras.

— Tu sais que notre ami M. le comte Daumas de

Bellifont est l'une des personnalités les plus importantes de l'entourage ministériel.

Le sourire de la femme s'élargit, devint plus intéressé. Oui : plus intéressé que chaleureux, nota Bellifont. En même temps passait dans son regard une lueur indéfinissable. Troublée, comme empreinte d'angoisse.

— Vous appréciez le séjour ? demanda Bellifont en jetant un regard à JO2L.

— Elle est ici comme interprète privilégiée du ministre, répondit le financier. Vous saviez naturellement qu'Anne-Claire est d'origine russe, non ?

— Je suis née en France, mais mon père était russe. J'ai dû choisir à ma majorité, et j'ai opté pour la nationalité française, voilà, précisa-t-elle en riant. Mais j'apprécie toujours l'arôme de la vodka.

Le haut fonctionnaire resta impassible. Ces deux-là tentaient à l'évidence d'apprendre ce qu'il savait, et il n'était pas question d'entrer dans leur jeu.

Il s'excusa et s'éloigna vers le buffet où plaisantaient hommes de cabinet et journalistes.

Le lendemain matin, un petit déjeuner de travail avait été organisé à l'hôtel Metropol avec le dénommé Khamylov. Ils virent arriver un minuscule bonhomme chenu, au pas hésitant, flanqué d'un grand jeune homme, tous deux étroitement encadrés par trois gardes qui semblaient sortir d'un concours de lutte gréco-romaine. Très déférent, Lambert-Leroy fit les présentations :

— M. le ministre des Finances, Ernest Plivinec, M. son conseiller pour les affaires internationales, le comte Daumas de Bellifont, Mme Anne-Claire Ivanovna, interprète, M. Rouslan Khamylov, fondé de pouvoir des usines de construction aéronautiques Iliouchine à Tachkent, et M. Alexei Tretiakov, secrétaire général de la compagnie Orient Express Delivery.

La cérémonie n'en finissait pas. Et chacun de se saluer avec solennité et complaisance, de répondre par des sourires hypocrites à des révérences qui ne l'étaient pas moins. Ainsi en allait-il de la diplomatie et des négociations de haut niveau. Bellifont était surpris qu'aucun membre du gouvernement russe n'eût été convié. Il ne connaissait aucun précédent à cette situation : jamais un ministre n'avait été reçu quelque part en Russie hors de la présence d'un officiel, au moins de rang égal. La visite avait-elle un caractère privé ou un objectif dissimulé ? Les soupçons du haut fonctionnaire s'en trouvaient renforcés, et il se sentait mal à l'aise, embarrassé, conscient qu'il risquait de donner une crédibilité politique à cette rencontre par sa seule présence.

On s'installa autour de la table du « petit déjeuner » avec, à profusion, thé – tiré d'un somptueux samovar ancien –, café, croissants, fruits, caviar, blinis, vodka. Au milieu, un immense bouquet de fleurs exotiques. Les serveurs, costumés en paysans russes, évoluaient en silence, tandis qu'un orchestre de balalaïkas interprétait en sourdine quelques mélodies traditionnelles, plus ou moins modernisées. En bref, rien n'était trop fastueux.

On mangea. Sans parler, pour profiter de la musique. Le vieux Russe picorait son caviar en avalant vodka sur vodka, son assistant buvait exclusivement du café, Ernest Plivinec s'empiffrait de caviar – du béluga gris, naturellement – qu'il arrosait de jus d'orange. Anne-Claire savourait la vodka, à petites gorgées, sans manger. JO2L avait jeté son dévolu sur des petits pains au pavot et des croissants qu'il trempait dans son café trop chaud.

Quand chacun fut repu, Jacques-Olivier Lambert-Leroy fit signe à l'orchestre de s'arrêter et se leva.

Contrarié de ne pouvoir poursuivre sa dégustation de caviar, Plivinec s'essuya la bouche en soupirant.

— Chers amis, attaqua le négociant, nous sommes réunis pour mettre la dernière main à l'un des accords les plus importants qui aient jamais été envisagés pour renforcer les liens entre la France et la Russie, depuis que ce beau pays est revenu parmi les démocraties. Il s'agit de permettre à l'armée de l'air française de faire à la fois de grandes économies et de se libérer du joug industriel américain, par l'acquisition d'un nombre significatif d'appareils de transport d'assaut Iliouchine 76. Notre ami le général Rouslan Shamilovitch Khamylov, l'un des dirigeants des usines Iliouchine de Tachkent, prévoit que dans un délai raisonnable seront menés à bien les essais d'une version remotorisée de l'appareil, dotée d'une avionique aux normes occidentales, ce qui permettra la relance de la chaîne de montage. Il est évident que la France devrait participer au financement de l'opération, ces crédits venant en déduction du montant définitif du contrat.

Anne-Claire Ivanovna traduisait à l'oreille du général. Tretiakov griffonnait sur des papiers. Jean de Bellifont, lui, n'avait pas besoin de prendre des notes car il se souviendrait longtemps de cette rencontre : ce qu'il craignait était arrivé. Par la voix de JO2L, les Russes cherchaient à faire financer par l'État français la relance du vieil Iliouchine. Certes, les Américains perdraient le marché des Hercules C 130, mais le consortium européen Airbus serait la principale victime de l'opération. Il avait déjà exposé cent fois le problème à son ministre, mais Ernest Plivinec semblait avoir oublié ses explications. Un hochement de tête, une cuillerée de caviar, un hochement de tête, une cuillerée de caviar.

Il se souvenait de ses interrogations, qu'il partageait avec Dimitri Taline : quel était pour Plivinec l'enjeu réel de ce marché où il sacrifiait allégrement les intérêts de la France, de l'Europe, et de ses propres administrés ? Jacques-Olivier Lambert-Leroy lui adressa à travers la table un sourire carnassier, vainqueur. Il baissa les yeux, entrevoyant désormais la réponse : la livraison prévue portait sur quarante appareils, à quarante millions de dollars pièce, plus dix millions de dollars pour la modernisation. JO2L toucherait certainement une commission sur cette transaction. Comme toujours ! Peut-être entre cent et deux cents millions de dollars. Restait un point à éclaircir : pour quel montant Plivinec était-il prêt à spolier l'industrie française en abusant de sa fonction ? À combien avait-il estimé sa sale besogne ? Bellifont trembla légèrement lorsque Tretiakov remit au ministre un portefeuille ouvert. Il s'approcha et tenta de lire par-dessus l'épaule de Plivinec. Mais le texte était rédigé en russe.

— Il ne faut pas signer ça, glissa-t-il à l'oreille du ministre. Vous n'en connaissez même pas le contenu.

Lambert-Leroy s'interposa et observa sur un ton ironique :

— Mais si, voici la traduction du document. Ce n'est rien d'autre qu'une lettre d'intention protocolaire, sans effets juridiques. Vos services formaliseront ensuite l'accord définitif.

— Monsieur le ministre, lança Bellifont d'une voix à la dureté inattendue. Je vous déconseille formellement de signer ça, je vous le répète.

— Écoutez, mon cher de Bellifont, ce n'est peut-être pas le moment de faire votre numéro.

Le haut fonctionnaire rougit légèrement. De colère.

— Je ne peux pas cautionner ça, lâcha-t-il dans un souffle.

Plivinec afficha une grise mine, parut un instant incertain de sa décision. À ses côtés, JO2L fit une moue, indiquant que l'incident ne pouvait porter à conséquence. Une signature et le financement de son parti était garanti. Alors les atermoiements d'un haut fonctionnaire... Ils en avaient déjà parlé à plusieurs reprises. Juste une signature. Le visage du ministre s'éclaira.

— Je peux ne pas suivre votre avis, Bellifont. Et je ne le suivrai pas. Pour le reste, nous verrons à Paris.

Il signa d'une main ferme les deux documents qui lui étaient présentés. L'un pour lui, l'autre pour le général.

Jean de Bellifont quitta la salle du petit déjeuner avant tout le monde, croisant les cameramen de ORT, et de TF1 qui entraient pour réaliser un reportage sur la cérémonie. JO2L et ses « amis » russes avaient décidément tout prévu.

*

Strelli avait cru mourir, mais il se retrouvait couché dans la rue, à quelques mètres de son hôtel où ses agresseurs l'avaient abandonné. Quand il ouvrit l'œil, il vit un rat s'approcher de lui. Il inspecta ses vêtements fripés, maculés de sang. Il ressemblait à l'un de ces innombrables pochards qui encombrent les rues de Moscou. Il ne parvenait pas à croire aux vagues souvenirs qui lui revenaient. Il s'assit, dos au mur, souffla longuement. Il tâta la poche intérieure de son veston, en sortit son portefeuille : rien ne manquait, ni les deux passeports – le vrai et le faux – ni les cartes de crédit, toutes à son patronyme d'emprunt, ni les roubles, ni les dollars. Dans une poche extérieure, il sentit la présence, inhabituelle, d'un document en carton. Une photo Polaroïd, de la série macabre : lui, couché sur le dos, à côté du cadavre d'Olga. Il déchira l'épreuve d'un geste d'horreur, en dispersa les fragments sur le trottoir, avant de les récupérer. Il jeta un œil alentour. Personne ne l'avait vu.

Il avait survécu, mais il était désormais la cible d'un atroce chantage. Et il allait devoir organiser sa vie sous le poids de cette contrainte.

Il voulut appeler Antonin. Mais que pouvait-elle faire pour lui ? Rien ! Il frappa le mur de son poing nu et s'arracha la peau, sans ressentir de douleur. Tretiakov le tenait. Gagner du temps ! Il marcha vers l'hôtel, en titubant légèrement comme s'il était encore sous l'effet du narcotique. Quand il entra dans l'établissement, plusieurs têtes se retournèrent. Un groom vint vers lui et lui demanda s'il voulait que l'on appelle la police. Strelli sursauta et arrêta le jeune homme d'un geste. Non ! Pas la peine. Il avait juste un peu abusé de la vodka le soir précédent. Il allait parfaitement bien.

Il monta dans sa chambre et vomit encore dans le lavabo. Lorsqu'il croisa son visage dans le miroir, il crut voir un mort vivant. Après tout, il était bien un mort vivant. Un sursitaire que Tretiakov, en un seul mouvement, pouvait envoyer par le fond. Il s'allongea sur le lit, harassé. Les clichés Polaroïds se mêlaient aux visions des trois gamines massacrées. Il vomit encore. De peur et de découragement. Le suicide pouvait être une solution. Oui, la solution. Mais si Margaux revenait de son coma, qui pourrait lui expliquer ce geste ? Qui ? Il se leva et fit les cent pas dans la chambre. Il n'avait pas le droit de l'abandonner. Depuis tant de semaines maintenant, elle aussi, dans le silence de Mondor, luttait pour revenir vers lui. Il n'avait pas le droit d'être lâche. Il lui fallait contre-attaquer. Dans un premier temps, faire comme s'il jouait le jeu.

Son téléphone mobile sonna. Victor Iourevitch Aksenenko, le chef d'escale d'OED à Sheremetievo, lui demandait s'il avait consulté récemment sa messagerie téléphonique.

— Désolé, je n'en ai pas eu l'occasion.

— Mais bordel, qu'est-ce que vous branlez ! Ça fait douze heures qu'on vous a envoyé un message !

David bredouilla de vaines explications. L'homme s'énervait. La direction exigeait efficacité et ponctualité de la part de ses employés. Il devait écouter l'annonce au plus vite et exécuter les ordres. Strelli acquiesça. Raccrocha. Il inspira profondément et ferma les yeux pour ne pas voir ses larmes dans la vitre derrière laquelle s'étendait Moscou.

26

Sur l'autre rive du canal de la Moselle, le reflet du clocher baroque éclairé *a giorno* de l'église Saint-Simon semblait surgir de l'eau noire. Sinon, pas une ride, pas un rai de lumière sur le bassin du vieux port de commerce. Le commissaire principal Jos-Karl Kessler, chef de groupe à l'OCRTIS, écoutait la nuit, mais à cette heure avancée, on n'entendait qu'un bruit de fond sourd monter de la ville de Metz.

Sur le quai, pas un mouvement.

En combinaison noire et cagoule, Kessler était accroupi derrière un bosquet d'arbustes, à l'entrée du pont du canal. De là, rien ne pouvait lui échapper. Il ajusta de nouveau ses jumelles à vision nocturne pour examiner en détail le grand portique métallique, dressé naguère pour raccorder les silos à grains aux péniches. Dans la lumière verte des écrans, pas un seul détail ne lui sembla suspect. Il bâilla, regarda l'heure à sa montre fluorescente : 3 h 25. Encore deux heures cinq à attendre. Le top avait été fixé à 5 heures, juste au lever du jour, quand la nuit devient grise et que les veilleurs s'endorment.

Soudain, le vent se leva. Des papiers et des feuilles mortes s'envolèrent. Kessler crut voir un mouvement dans le passage sous le silo. Puis rien. Une illusion ? Un chat errant ?

À trois cents mètres, au pied de bâtiments industriels délabrés, sur les murs, à demi effacé, le sigle à triple flèche de la SCAC ; une rame de wagons transporteurs de grain abandonnés, une locomotive diesel hors d'âge, une pelleteuse oubliée. Et, battant pavillon serbe, la péniche de deux mille tonnes *Astra*, amarrée le long du quai désert. Personne ne s'était encore montré sur le pont depuis qu'elle avait accosté, à la tombée de la nuit. Ni marin, ni capitaine. Un bateau fantôme.

Le commissaire Kessler était arrivé à la fin du voyage. Depuis six mois, il n'avait eu que cette affaire en tête : il avait exploité le renseignement fourni par leur officier de liaison à Ankara. Sous l'autorité du patron de l'Office – le commissaire Hugues Gilli – il avait conçu l'opération « Victor H ». De Varna sur la mer Noire jusqu'en Lorraine, en passant par la Roumanie, la Hongrie, l'Autriche et l'Allemagne, avec son groupe, il avait suivi l'*Astra* à la trace. Il était parvenu à réunir toutes les forces nécessaires, deux groupes de l'Office, les RG de Paris et de Metz, et des gardiens de la paix prélevés sur les effectifs de la capitale lorraine. Et une ambition : frapper les mafias impliquées dans ce trafic d'un coup qui pouvait être décisif. Mais maintenant, alors qu'ils avaient toutes les chances d'encaisser les dividendes de leur travail, Kessler en venait à douter du bien-fondé de cette machinerie géante.

Ses troupes encerclaient le port : les hommes des RG étaient en couverture le long de l'autoroute, avec pour mission de surveiller la voie rapide ; le deuxième groupe de l'Office bloquait le fond du port, et les fonctionnaires de son propre groupe étaient disposés légèrement en retrait sur la chaussée en talus, au sud du port. Parlant au « fond de sa main » dans son micro miniature, il adressa un bref message de routine au groupe de policiers qui s'étaient positionnés sous les arbres dans Belle-Isle, l'île située entre les deux bras de la Moselle : ils appartenaient à une unité d'intervention de la police de Metz qui bouclait la rive est au cas où le déchargement serait tenté de ce côté. Mais Kessler était presque certain que les convoyeurs choisiraient la solution de facilité : il était bien plus aisé et plus rapide de procéder au débarquement des deux tonnes d'héroïne sur le quai que de perdre du temps en empruntant le fleuve. Deux tonnes d'héroïne, quand même ! En vingt ans, il n'avait jamais entendu parler d'une telle quantité de cette saloperie de dope.

Curieusement, aucun membre de l'équipe d'intervention ne vit la camionnette bleu marine s'engager à 4 h 35 sur le petit pont franchissant l'autoroute, puis dans la contre-allée longeant la face arrière du grand silo à blé. Le véhicule se glissa dans le tunnel sous l'édifice et s'y s'arrêta. Kessler fut alerté par un reflet de lumière qui lui parut insolite. L'équipe de réception arrivait. Nouveau message dans le micro :

— À tous, attention, du monde.

Il pouvait parler en clair, tout était instantanément crypté par les logiciels du réseau Acropol.

Son cœur battait au ralenti comme celui d'un coureur de fond. Il resta immobile pendant trois longues minutes. Il était calme, presque heureux. D'un geste, il appela le technicien chargé des interceptions radio qui, par ses lèvres pincées, lui fit comprendre que les autres maintenaient un silence total. Dans ses jumelles infrarouge, il aperçut des ombres vêtues de noir se glisser le long du portique, cherchant à se confondre avec les montants métalliques, puis avec la coque brune de la péniche. Ils étaient devenus pratiquement invisibles.

À l'autre bout du port, longeant la voie de chemin de fer, un semi-remorque s'approcha et vint se garer le long du bateau. Un homme de grande taille et à la carrure impressionnante sauta sur le quai. Sur le pont de la péniche surgirent deux silhouettes, treillis rangers et fusil-mitrailleur en bandoulière, qui firent glisser une passerelle.

Jos-Karl Kessler regarda sa montre : 4 h 42. Malgré tous ces mouvements, le top serait donné à 5 heures, car le déchargement des deux tonnes de drogue risquait encore de prendre un bon moment, surtout si l'équipe d'en face était si peu nombreuse. Il révisa son jugement en voyant descendre du camion trois manutentionnaires, en débardeur malgré la fraîcheur de la nuit, et qui portaient des lunettes de soleil comme s'ils avaient été en plein jour. Ils grimpèrent sur la péniche. Celui qui semblait être le chef était resté à terre pour surveiller les opérations. L'un des manœuvres avait sorti du camion un diable qu'il conduisit au bord du quai. Sur la péniche, on avait ouvert l'une des soutes et deux projecteurs avaient été allumés, conférant à la scène une dimension fantasmagorique. Tout s'animait à présent, comme dans un théâtre de marionnettes silencieuses. Effervescence, agitation, allées et venues. On déchargea d'abord du bois de charpente.

Aux côtés de Kessler, le lieutenant Charline Duvignaud – dont c'était la première opération – trépignait d'impatience. Revolver à la main, elle était prête à bondir, sans doute comme tous ses collègues. Dans ses jumelles, le commissaire vit des caisses marquées Olive Oil se faire déposer une à une par un treuil sur le diable. À ce rythme, estima-t-il, ils finiraient dans une demi-heure. Il avait été prévu d'intervenir lorsque la drogue serait entièrement déchargée. Juste à l'heure. 4 h 52, pensa Kessler.

En bas, quand toutes les caisses furent dans le semi-remorque, les hommes se détendirent. On les entendait plaisanter. Seul le chef restait silencieux et ne se mêlait pas à eux. Ses regards circulaires traduisaient inquiétude et nervosité.

Il alluma une cigarette. Dans le bref éclat de lumière surgit un visage entièrement vérolé, rendu à la pénombre par l'extinction de la flamme.

4 h 59' 30". Kessler fit craquer ses doigts. Il regarda une nouvelle fois sa montre : dans dix secondes, il allait donner le « top action ». Il porta un sifflet à ses lèvres, redressa la tête pour observer une dernière fois le manège. S'il n'avait pas eu à jouer l'un des premiers rôles, il se serait cru dans une salle de théâtre, aux premières loges. Il avait déjà conduit des opérations de cet ordre, des dizaines. Mais aujourd'hui, il avait devant lui deux tonnes de drogue, c'était énorme. Bel effort. Les félicitations des supérieurs. Peut-être une décoration. La une de la presse. Il laissa un sourire filer sur ses lèvres. Deux tonnes. Moins de 1 % de la drogue qui échouait sur le territoire. Don Quichotte, c'était lui, à la poursuite de moulins à vent. Son sourire se transforma en grimace triste.

Il fallait à présent entrer en scène. Il prit son souffle pour lancer l'ordre.

Il n'en eut pas le temps. Une gigantesque détonation monta dans la nuit. Sur le quai, le chef parut aussi stupéfait que le policier, il se retourna, juste avant d'être fauché par une rafale qui le cloua à la péniche. Un sifflement ! Une roquette toucha de plein fouet le bateau. Un homme en émergea, cheveux et vêtements en feu, hurlant à la mort. Il sombra comme une masse dans l'eau boueuse du fleuve. Du tunnel franchissant le silo, de derrière les wagons, la pelleteuse, la locomotive, surgissaient des ombres qui tiraient, posément.

Le commissaire Kessler s'entendit hurler dans le talkie-walkie :

— Surtout, ne bougez pas !

Trop tard. Des policiers émergeaient de leur cachette, tirant à leur tour à qui mieux mieux. On entendait le bruit des moteurs des Zodiacs de l'équipe qui arrivait de Belle-Isle. Bientôt, le vieux port ne fut plus qu'un champ de tir grouillant d'ombres éclairées fugitivement par des explosions. Certains des trafiquants se dispersaient sur le quai, avant de tomber, cassés par les tirs de pistolets-mitrailleurs. Kessler aperçut des éclairs, là-haut, sur le grand portique qui surplombait le quai. Il ajusta son 357' Magnum, tira deux fois, comme à l'exercice. Les éclairs partirent vers le ciel et une ombre chuta en criant. Choc mat de la chair sur le toit du semi-remorque. Près du commissaire, une ombre se redressa, tourna sur elle-même comme une toupie folle et bascula vers les eaux noires de la Moselle par-dessus la rambarde métallique du pont.

« Qu'est-ce que c'est que ce bordel ! », pensa-t-il en se repliant de l'autre côté de la route.

Il ordonna à ses hommes de se mettre tous à l'abri. Devant lui, le feu dévorait la péniche. Dans la nuit, une odeur âcre de bois et de poudre. Les policiers venant par le fleuve débarquèrent sur le quai, rampant pour progresser. Du côté des adversaires, le feu était moins nourri. Dans le semi-remorque, l'un des agresseurs hurlait en déchargeant sa Kalachnikov. Une grenade défensive le fit taire.

La fusillade s'arrêta aussi brusquement qu'elle avait commencé.

Un silence de plomb était retombé sur le décor sinistre et glauque du vieux port, que révélait à présent une aube grise et pluvieuse. Au loin, on entendait des sirènes de police et de pompiers. Le commissaire Kessler attendit quelques instants avant d'ordonner une approche prudente en direction du quai. Il déboula lui-même du talus. Le pavé était jonché de corps. Il allait commencer les identifications quand un grand cri l'avertit :

— La péniche !

Il eut juste le temps de se jeter à l'abri dans le tunnel du silo. Une immense flamme sulfureuse jaillissait de l'*Astra*, précédant de quelques instants une énorme explosion qui déchiqueta la coque. Le souffle plaqua le policier au sol. Quand il put se relever, contusionné, il constata que le bateau avait coulé, l'ossature métallique du portique de chargement s'était effondrée et le semi-remorque finissait de brûler avec son chargement d'héroïne.

Définitivement perdu.

Du bassin venaient d'être retirés les corps du lieutenant Charline Duvignaud et de deux trafiquants. Les policiers recherchèrent et alignèrent les autres cadavres. Dix-huit en tout, dont deux officiers des RG partis à l'assaut sans mesurer le danger.

Agissant comme un automate, le commissaire Kessler appela l'état-major de la police urbaine. Puis le commissaire divisionnaire Gilli. Des ordres furent donnés pour boucler le secteur : bien que leurs véhicules eussent été retrouvés abandonnés à quelques centaines de mètres, des assaillants avaient peut-être réussi à s'esquiver.

La fouille des cadavres permit d'obtenir de nombreux renseignements. Il apparaissait clairement que deux équipes distinctes s'étaient affrontées. Les policiers eurent la surprise de découvrir que certains portaient sur eux leurs pièces d'identité : presque toute l'Europe orientale y passait, des Turcs, des Bulgares, des Roumains, des Serbes, deux Russes, deux Tchétchènes.

« Toutes ces informations ne sont bonnes que pour les archives », pensa Jos-Karl Kessler qui n'arrivait pas à quitter la scène du carnage. Il pleurait en observant les hommes du groupe criminel du SRPJ et de la police scientifique relever les moindres indices. Il ne comprenait toujours pas comment l'opération Victor H avait pu se transformer en un si cruel fiasco.

Une Bérézina dont aucun ministre ne se vanterait.

*

Chaque matin Vic Minasola avançait son fauteuil roulant au bord de la piscine, près d'une vaste table sur des tréteaux où il entassait ses dossiers et son matériel de bureau – l'ordinateur utilisé par son assistante, ses trois téléphones, tous branchés sur le réseau satellitaire Globalstar.

Le propriétaire des lieux, Jacques-Olivier Lambert-Leroy, avait laissé la libre disposition d'U Castello di a Mare à son étrange invité qu'il ne tenait pas à fréquenter. Il appréhendait ses brusques crises de rage qui n'épargnaient personne. En outre, il eût été risqué de se montrer dans la presqu'île de Punta di Sponsaglia. Certes, en Corse, les policiers étaient totalement absorbés par leur chasse aux sorcières contre les indépendantistes, mais on ne pouvait pas savoir s'ils n'allaient pas, un jour ou l'autre, s'intéresser aux occupants de l'île considérés comme proches de la mafia italienne.

Don Vicente recevait qui il voulait. Il recommandait à ses visiteurs d'emprunter les lignes aériennes régulières, en variant les aéroports d'arrivée : Bastia, Ajaccio ou Figari. Ils étaient accueillis par le représentant local d'une quelconque compagnie de location automobile, qui les remettait entre les mains de « correspondants » : en fait, des sympathisants des divers mouvements indépendantistes plus ou moins retirés des affaires politiques et recyclés dans la protection des personnalités. L'entrevue programmée avec l'hôte attendu était de la plus extrême importance. Il devait obtenir sa pleine collaboration pour accomplir son funeste projet.

En cet orageux mardi de printemps, Alexei Fiodorovitch Tretiakov avait quitté très tôt l'hôtel Hilton-Orly pour attraper le vol AF 7580 atterrissant à 8 h 55 à Bastia, l'aéroport d'accueil. Le trafic était tel à Orly-Ouest que l'Airbus A 320 avait décollé avec une demi-heure de retard. Tretiakov fut accueilli par le représentant d'Avis, qui lui indiqua qu'une voiture avec chauffeur avait été réservée à son nom. Au volant d'une Peugeot 306 cabriolet, l'attendait un jeune homme à l'expression hermétique, crâne complètement rasé. Tretiakov songea que, dans le genre inquiétant et patibulaire, il n'avait rien à envier aux *biky* russes.

— Dume Poggio, annonça-t-il. Vous pouvez conduire si vous voulez, mais j'ai mission de ne pas vous lâcher d'une semelle.

Tel était le contrat conclu à Paris entre son groupe et le représentant de la société CaucazNeft. Poggio désapprouvait ce type de tâche, mais il obéissait : il avait appris à ne jamais transgresser les ordres. Tretiakov posa son mince bagage dans le coffre. Poggio engagea la voiture sur la route du littoral. Il conduisait sans un mot et, bien que surpris par ce mutisme, le Sibérien n'exprima pas son désappointement tant il était absorbé par le paysage paradisiaque. À droite, une ligne de montagnes, aux sommets encore enneigés, à gauche, la mer dont on apercevait par moments les flots d'un bleu profond. À l'horizon, vers l'est, d'autres montagnes semblaient surgir de la Méditerranée.

— Isola d'Elba, commenta sobrement Poggio en réponse à la question de son passager. Prison de Buonaparte.

— Napoléon ?

— Oui.

La réplique fut si sèche que Tretiakov renonça définitivement à toute conversation. Malgré une route étroite et sinueuse, Poggio roulait très vite. Parfois, il échangeait quelques propos avec de mystérieux interlocuteurs par l'intermédiaire d'une radio CB. Bien qu'il connût l'italien, Tretiakov ne saisissait pas un traître mot de la langue utilisée. L'homme allait jusqu'à s'arrêter quelques minutes sur une aire de stationnement en bordure de la route, ne repartant que sur un signal radio. Ils roulèrent ainsi trois heures, passèrent au large d'une ville – Tretiakov lut seulement sur un panneau indicateur : « Porto Vecchio ». La route était maintenant tracée dans une plaine étroite s'étendant entre des montagnes, au nord, et une chaîne de collines qui la séparait de la mer, au sud. Poggio obliqua brusquement vers la gauche, sur une voie mal goudronnée, puis simplement empierrée, qui s'insinuait dans un maquis épais.

Une barrière. À droite et à gauche, une clôture électrifiée. Tretiakov en avait trop vu dans sa vie pour ne pas identifier immédiatement la nature de l'installation. D'une guérite sortit un homme en treillis noir, cagoule noire, fusil d'assaut M 16 négligemment rejeté dans le dos. Sur la poitrine, il portait un écusson rond représentant un tireur à genoux, cagoulé, tenant une Kalachnikov, entouré d'une devise : *Vince per campa corsu*[1].

Sans excès de zèle, le garde vérifia l'identité de Poggio et de Tretiakov. Le cabriolet fut autorisé à reprendre la route qui filait droit sur la mer. Ils ne découvrirent la maison tapie dans les rochers qu'au dernier instant. Il fallut franchir un nouveau poste de garde, tenu également par un homme cagoulé et tout aussi silencieux que le premier. Il portait un fusil d'assaut ultramoderne que Tretiakov identifia avec sur-

1. Il s'agit du slogan d'origine du FLNC, le mouvement indépendantiste corse.

prise : il s'agissait d'un HK G36E seulement en service – en principe – dans l'armée allemande.

Il était midi et demi. Un maître d'hôtel se porta au-devant d'Alexei Tretiakov.

— Don Vicente vous attend. Avec impatience.

Vic exprima son mécontentement quand son hôte lui fut amené au bord de la piscine.

— L'avion était en retard, rétorqua Tretiakov.

Il ne craignait personne, même pas les mafieux siciliens colériques : il n'était pas pour rien fils et petit-fils de bagnard, élevé à la dure au fin fond de la Sibérie. Et il n'était pas disposé à supporter la conduite d'enfant gâté de Minasola, fût-elle due à sa terrible infirmité.

— Soit. Mais nous n'avons guère de temps. À moins que vous ne dormiez ici cette nuit.

— Non, j'ai une réservation sur un vol qui part à 20 h 50 d'Ajaccio.

— Dans ce cas...

Vic agita une sonnette. Le maître d'hôtel s'empressa de les servir. Charcuteries locales, langouste, fromage de chèvre et fruits. Et du vin de Sartène. Ce menu lui parut incomparablement exotique, mais il ne fit aucune remarque. Minasola, pour sa part, se contenta d'une salade et de langoustines. Ils mangèrent en silence, puis le Sicilien attaqua :

— Je suis extrêmement fâché. Tous ces morts, ces massacres vont à l'encontre de nos intérêts. Je veux bien travailler avec vous, mais il me paraît nécessaire que vous fassiez taire vos rivalités.

— J'observerai, Don Minasola, qu'il vous a également fallu, à votre heure, mettre de l'ordre dans vos histoires « familiales », n'est-ce pas ?

D'un geste négligent de la main, Vic balaya la critique.

— Je vous parle du présent. Laissons le passé aux historiens. Les risques sont désormais trop grands.

Aucun d'entre nous, vous m'entendez, aucun, ne peut espérer vaincre ainsi.

— Nous ne recherchons pas la guerre, croyez-le bien, mais certains de nos concurrents sont guidés par des comportements primitifs. Nous devons nous défendre, voilà tout.

— À vous de leur faire entendre raison. Avec célérité. La réussite de mon projet est au prix de la paix.

Tretiakov ne vit pas venir la crise : Don Vicente s'enflamma soudain et, d'une voix puissante, comme s'il haranguait une foule, il lança :

— Nous avons partie liée avec vous, les Russes. Comprenez-vous que tous ces hommes qui prétendent représenter l'ordre et la loi nous humilient, nous rabaissent, refusent de nous laisser notre place ? Considérez la position qui vous est désormais faite dans le monde, alors que vous êtes les plus grands, les plus riches, les plus industrieux. Ils vous ravalent au rang de valets, de bouffons, vous êtes devenus leurs auxiliaires, de simples auxiliaires, et si vous refusez d'aller dans leur sens, ils vous refusent l'argent, ils vous coupent les crédits du FMI [1].

Tretiakov comprit que Minasola faisait allusion aux « gnomes » – comme il les appelait – de Wall Street et de la Banque centrale européenne à Francfort, aux chiens du président américain, et aux pathétiques histrions de la Commission européenne. Il écoutait en évitant de laisser paraître ses sentiments. Il était depuis longtemps habitué aux fols emportements de Khamylov, mais la démence manifestée par l'infirme lui paraissait d'une autre dimension. Il songea qu'il avait été imprudent de venir ici, seul, sans possibilité de

1. Fonds monétaire international.

retraite. Si l'envie lui en prenait, Minasola pouvait le faire abattre sur-le-champ.

— Ils veulent nous tuer, nous chasser de la Terre. Ils nous traitent comme des banlieusards ! Vous, les Russes, et aussi les Tchétchènes, les Caucasiens, les Turcs, les Afghans, les Siciliens, les Corses et les Sardes. Mais c'est nous qui les effacerons de l'univers. Nous irons tous ensemble à la bataille. Et nous vaincrons ! S'il le faut, et il le faut désormais, nous incendierons le monde pour les faire céder. Et nous n'hésiterons pas à tuer les chefs, au contraire. Rappelez-vous Milosevic...

Tretiakov était de plus en plus mal à l'aise. Il jeta un regard sur sa droite. L'un des gardes du corps semblait subjugué par la logorrhée de son chef. Sans doute n'avait-il jamais entendu pareille diatribe.

— La tragédie de Serbie démontre que seule la mort ignominieuse des chefs a valeur d'exemple. Même face aux assauts les plus massifs, tant que les chefs sont là, les populations résistent. Nous, nous mènerons l'opération inverse. Tuer les chefs pour faire céder le peuple.

Au fur et à mesure de son discours, Vicente Minasola gesticulait davantage, se redressait sur son fauteuil : pour un peu, il se serait mis debout. Son visage déformé par la violence et la haine, ses lèvres crispées, son regard halluciné et sa peau blême lui donnaient l'apparence d'un spectre. Tretiakov s'était reculé : il n'avait, lui, aucun compte à régler avec le monde, seulement des affaires à mener.

Khamylov l'avait mandaté auprès de Vicente Minasola pour reprendre la main face à Tchevine dans l'alliance avec les Siciliens. Le management de la compagnie Orient Express Delivery était une affaire qui marchait. Francesca Minasola était une femme sérieuse et, malgré sa dureté, il était possible de négocier avec elle. Elle était surtout saine d'esprit. Il n'en allait pas de même de son frère. Tretiakov avait alerté son patron sur les sombres rumeurs courant à son propos. Mais le vieux général n'avait rien voulu entendre. Il avait décidé une fois pour toutes d'entraîner coûte que coûte les Siciliens dans son combat. Le Sibérien voyait maintenant que Khamylov était aussi aveuglé par sa passion mortelle que l'homme qui lui faisait face. Il devait trouver une issue. Ne pas se plier aux diktats fous de Minasola sans pour autant l'humilier par un refus qui aurait sans doute – il en était convaincu en regardant Vic pointer l'index dans sa direction – signifié sa mort. Or son intention était bel et bien de ressortir de ces lieux la tête haute. Et sur les épaules.

Il laissa Minasola se calmer, revenir à des préoccupations plus prosaïques. Il termina son excellent déjeuner. Malgré ses premières réticences, il appréciait le vin de Sartène, ce blanc avec un étrange arrière-goût de pierre à fusil. Comme prévu, Don Vicente s'apaisa peu à peu et exposa ses *desiderata* :

— Nous avons un gros travail à faire pour mener à bien l'opération que je vous propose. Mes Siciliens ne sont guère efficaces en dehors de l'île, sauf pour des actions individuelles. Vous les Russes, vous disposez de soldats aguerris par vos dernières campagnes en Asie et dans le Caucase.

— Des soldats, mais qui n'ont plus d'argent. Qui crèvent littéralement de faim, nuança Tretiakov.

— Justement. La faim est un excellent moteur pour la révolte. Ils n'attendent qu'un signe pour agir. Je dois répartir des commandos sur toute l'Europe.

Tretiakov envisageait le pire.

— Voici quelles sont nos cibles, assena Vicente en tirant une carte d'Europe du fatras de papiers entassés sur la table.

Le Sibérien eut l'attention distraite par un moineau qui picorait des miettes à ses pieds. Plus loin, on entendait les trilles d'un merle. Minasola pointa des villes entourées d'un rond rouge : Berlin, Bruxelles, Francfort, Strasbourg, Paris. Tretiakov se crut en plein cauchemar quand il l'entendit lui murmurer :

— Paris, ce sera l'arche de la Défense, et j'ai besoin d'un de vos avions pour ce faire. Mais le clou, ce sera Versailles. Versailles...

— Versailles ? sursauta le Sibérien.

— La galerie des Glaces, vous connaissez, n'est-ce pas ? Le joyau de l'architecture mondiale, de tous les temps, toujours copié, jamais égalé, même par vous, les Russes.

— Que voulez-vous dire ?

— Trop tôt pour le détail, marmonna Minasola, comme saisi de torpeur.

Il se réveilla, tenta de se redresser. Tretiakov s'attendit au pire. Mais Vic parla d'une voix onctueuse, très étonnante, presque enfantine :

— Il y a un préalable. Il faut la paix entre ce Tchevine et votre général. Nous avons besoin de vos talents, mais pas de vos chicaneries.

De nouveau cassant.

— Vous saurez être convaincant.

Tretiakov n'aimait pas le ton comminatoire du Sicilien. Mais il était à sa merci. Vic le fit sursauter en criant de nouveau, sans colère, mais avec exaltation :

— Je veux des soldats, des avions, des hélicoptères, des armes. Tout ce que vous avez.

— Qui vous dit que nous possédons cela ?

— Je le sais. Vous avez tout volé aux armées soviétiques avant leur effondrement, je le sais, je le sais !

— Ces moyens ne sont-ils pas disproportionnés ?

— Vous n'avez pas compris ! susurra-t-il de nouveau, d'une voix aussi démente que veloutée.

Il se pencha vers son invité. Son regard brillait de fièvre contenue. Dément, il hurla :

— Il faut tous les détruire. Tous !

Et il prit aussitôt congé comme si cette dernière déclaration l'avait épuisé.

Tretiakov avait bien enregistré le message insensé : « Il faut tous les détruire ! » Le monde à feu et à sang, tel était le rêve du Sicilien. Tandis que Dume Poggio roulait beaucoup trop vite sur les rudes routes de montagne en direction d'Ajaccio, il ressassait ces idées. Convaincre Khamylov du bien-fondé des idées développées par l'infirme ne serait pas difficile : la même rage malade liait ces deux hommes. Le vieux général était un mort vivant qui n'attendait plus que sa tombe dans les montagnes tchétchènes, mais il ne se résignait pas à passer la main, à lui remettre les clés de son empire. Il ne ferait pas un geste en sa faveur. Il en était tout simplement incapable. Khamylov haïssait les hommes, il était prêt à emporter le monde entier dans le gouffre. Minasola était de la même eau. Quant à Tchevine... Un fou furieux qui n'était jamais sorti de ses cauchemars éveillés d'ancien forçat.

Alexei Fiodorovitch Tretiakov était trop sain d'esprit pour se laisser emporter par ces diables dans leur enfer. Il avait réussi à s'évader du monde pâle de la Sibérie, frappé par la malédiction du bagne. Il était trop jeune, trop vigoureux, trop imaginatif pour ne pas tracer sa propre route.

Il alluma une cigarette. Il devait abattre son jeu : organiser ces haines stupides entre les trois hommes pour servir ses propres desseins. D'abord, contacter Francesca Minasola. Il tira une bouffée et laissa son regard se perdre dans les reliefs tourmentés des montagnes qui mouraient dans le tumulte de la mer. Son heure était venue. Il tenait là une chance unique de devenir plus fort que ces trois fous réunis. Car, il s'en faisait la promesse, ils seraient bientôt réunis. Dans la mort !

*

David Strelli résidait maintenant de façon quasi permanente à l'hôtel Belgrad, à Moscou. Les messages, conseils, injonctions lui parvenaient là, en clair, sous la forme d'instructions – le plus souvent très laconiques – laissées sur sa messagerie électronique. Il avait reçu instruction de se rendre à Ancône pour veiller au transfert d'une cargaison sensible. L'origine géographique de l'ordre était indéterminable. Mais un code chiffré spécifique – 92AX65B – authentifiait l'envoyeur. Dans le cas précis, il lisait sur son ordinateur : « Ancône, mercredi 14 h, détails sur place. »

Depuis Moscou, le trajet était malcommode. D'abord un vol direct par Alitalia jusqu'à Malpensa, le nouvel aéroport de Milan, où il eut tout juste le temps d'attraper à 13 h 40 la liaison pour Ancône, toujours par la même compagnie.

Là, un employé indiqua qu'il était nécessaire d'aller en mer pour examiner le chargement et les modalités de transfert. Une vedette rapide les conduisit jusqu'à une grosse barge ancrée à deux miles au large. Ils grimpèrent à bord en utilisant une échelle de corde. Un gardien les accueillit avec volubilité avant de les mener dans la cale où étaient entassés des monceaux de caisses en bois.

— Vous avez les papiers de connaissement ? demanda Strelli par routine.

Le gardien détourna la tête un instant.

— Ils n'ont pas encore été établis. D'ailleurs, aucun transitaire n'a été désigné.

— Normal, puisque le transport doit être assuré par ma compagnie aérienne.

— Vous allez embarquer ces caisses dans des avions ? s'étonna le premier homme.

— Et pourquoi pas ?

Les deux autres se regardèrent comme s'ils avaient affaire à un fou.

— Ne s'agit-il pas de vieux métaux ? demanda Strelli, soudain inquiet.

— C'est ce qu'affirme le certificat des douanes. Mais regardez, lâcha le gardien en soulevant le couvercle d'une caisse.

Il ouvrit un sac plastique. Nul besoin d'être un grand spécialiste pour reconnaître un corps de mine, et David en avait vu assez dans sa vie pour ne pas avoir à hésiter.

— Qu'est-ce que c'est que ce bordel ? Personne ne m'a prévenu.

Les deux hommes parurent gênés.

— Vous êtes bien le spécialiste sécurité de la compagnie ? Nous, on exécute les ordres, hein ! Mais c'est à vous seul de prendre la décision d'assurer ce transport.

— Exact, fulmina Strelli. Exact.

Des mines. Il fit vider la totalité de la caisse. Elle était pleine de mines antipersonnel actives, c'est-à-dire chargées d'explosifs. Il les examina de près, car il n'avait jamais vu ce modèle particulier, doté d'une petite charge supplémentaire à la base. Pour les faire bondir.

— Je ne vois pas les détonateurs.

Le gardien braqua l'index dans une direction virtuelle.

— Les détonateurs, là-bas.

— C'est-à-dire ?

— Dans l'autre barge. La *Tico*. Ici, c'est l'*Adria*. Adriatico, *mar Adriatico*, vous comprenez ? dit-il avec un large sourire.

David n'apprécia pas ce stupide trait d'humour. Il pensait au chargement. Des mines antipersonnel, dans un avion. Ils étaient fous. Il dégaina son téléphone portable attaché à sa ceinture, composa un numéro. Direction la Suisse, un appartement de la banlieue de Genève. La sonnerie électronique ne tinta que deux fois.

— *Pronto*. Miss McManus.

— Strelli. Je suis à Ancône.

— Oui, et alors ?

— Je viens de découvrir le chargement. Impossible dans un avion.

— Je ne vous demande pas votre avis.

La voix, autoritaire, ne pouvait cacher un certain agacement.

— Et moi je vous le donne, madame. Vous me confiez une responsabilité, je l'exerce.

Un silence, qui lui parut long.

— Vous êtes vraiment très imprévisible, Strelli. Venez, nous allons régler ça.

— Attendez, je suis à Ancône, et...

— Louez un appareil privé. N'ayez crainte, nous payons.

David était vraiment furieux : Frances McManus se fichait de lui. Il n'avait pas l'intention de laisser passer l'occasion. Si la direction de la compagnie Orient Express Delivery attendait de lui qu'il serve d'alibi à des saloperies, il n'en était pas question. Trop de choses lui échappaient depuis les meurtres de Moscou. Trop ! Ce trafic de mines antipersonnel était la goutte d'eau qui faisait déborder le vase. Il était déterminé à présenter sa démission à cette jeune idiote qui avait cru le mener par le bout du nez comme un larbin.

Le temps de rentrer à terre, de filer à l'aéroport et de louer un avion-taxi, un petit jet léger, il lui fallut trois heures pour quitter Ancône. Une heure plus tard, le pilote demandait l'autorisation d'atterrir à l'aéroport de Genève-Cointrin. Frances McManus lui avait fixé rendez-vous dans sa suite de l'hôtel Richemond.

Il fut étonné de la découvrir en jeans et veste de cuir Gucci sur une blouse en soie sauvage vieux rose. Elle l'écouta à peine lorsqu'il parla de démission et se contenta d'afficher un sourire ambigu. Elle servit deux verres de cognac en le regardant comme s'il était une bête curieuse ou, plutôt, une espèce en voie de disparition.

— Votre démission ? Mais cher ami, très cher ami, je pense ne pas avoir été assez claire. Vous n'avez plus la faculté de reculer. Un peu de cognac ?

— Je ne bois pas d'alcool.

Elle avança vers lui jusqu'à n'être qu'à quelques centimètres de son visage. Grâce à ses talons aiguilles – Gucci également –, elle était à sa hauteur.

— Nous avons beaucoup investi sur vous, cher ami, et vous êtes entré dans notre jeu encore un peu plus que vous ne l'imaginiez. Vous nous avez déjà rendu de fiers services.

Elle lui posa la paume de la main sur la poitrine. Il se dégagea.

— Je n'ai pas fait quatre heures de voyage pour un verre de cognac. Ma décision est prise. Adieu, miss McManus !

Il marcha vers la porte. Francesca déposa son verre sur un guéridon.

— À propos, cher ami. Ce convoyage du titane... Nos partenaires tiennent à vous remercier pour votre efficacité, votre sang-froid. Des remerciements très personnels.

Il avait la main sur la poignée. Il s'arrêta, se retourna lentement, pressentant un nouveau danger. Elle arborait une expression radieuse. Il crut discerner dans ses yeux noirs une lumière particulière, une douceur inattendue.

Mais lorsqu'elle ouvrit la porte intérieure qui séparait le salon de la chambre, Strelli se crut au bord de l'arrêt cardiaque : cet homme enveloppé dans un peignoir d'éponge blanc qui venait d'apparaître, il ne pouvait pas ne pas le reconnaître. Moscou ! Ivanovogara. Il était toujours aussi beau, les cheveux blond foncé, l'œil bleu et franc, l'expression toujours aussi claire. L'être de lumière. Lucifer incarné ! L'homme de Moscou. Le tortionnaire, le meurtrier du pope, d'Olga, des enfants, de Svetlana.

— Alexei Fiodorovitch Tretiakov, vice-président d'Orient Express Delivery, David Strelli, alias Sorineau, chef de la sécurité de notre compagnie, fit Francesca, comme s'il s'agissait de simples mondanités.

Strelli réfléchissait aussi vite qu'il le pouvait. Il était d'un naturel trop courageux pour ne pas faire face, alors que la meilleure solution eût été de fuir. Il était coincé.

— Nous nous sommes déjà rencontrés, dit doucement Tretiakov dans un excellent français, en s'avançant vers David. Permettez-moi en effet de vous remercier pour votre sang-froid. La bonne exécution de ces convoyages de titane est de la plus haute importance pour nous. Le constructeur d'avions français est un très vieux et très excellent client, et nos relations commerciales ne peuvent subir les aléas de l'insécurité en Sibérie, n'est-ce pas ?

— Vous voyez, nous savons marquer notre reconnaissance, à condition que les contrats soient strictement respectés, ajouta Francesca. Alors vous allez sûrement retourner à Ancône, régler cette question, n'est-ce pas ?

— Et si je refuse ? tenta Strelli.

Debout devant la baie vitrée, en retrait, Tretiakov se versa un verre de cognac en le dévisageant.

— Cette femme, que vous paraissez tant aimer au point de commettre mille folies pour elle, n'est-elle pas hospitalisée dans un établissement de la banlieue parisienne ?

Il fit mine de consulter un papier sorti de la poche de son peignoir.

— Hôpital Henri-Mondor à Créteil, n'est-ce pas ? Chambre 327. Il serait malheureux que son état empire, ne croyez-vous pas ?

Il but une gorgée d'alcool.

La menace n'était même pas voilée. Francesca, qui arpentait le petit salon, s'approcha par-derrière de Tretiakov qu'elle enlaça avec tendresse. Par-dessus son épaule, elle observait Strelli.

— Donc, tout est réglé, je crois. Pour le transport des mines, nous choisirons d'utiliser un Boeing 707. S'il y a de la casse, ce ne sera pas une grande perte. Prenez toutes les mesures nécessaires pour assurer la livraison.

— Destination Dujambé, précisa Tretiakov en posant sa main sur celle de Francesca.

— Oh, cher ami, nous ne vous obligeons même pas à convoyer cette marchandise. Revenez à Genève me rendre compte dès que tout sera en route.

Strelli tentait de déchiffrer les intentions de ce couple diabolique, mais entrevoyait seulement avec horreur et dégoût l'engrenage dans lequel il était entraîné. Il allait sortir quand Tretiakov lança :

— Monsieur ! Vos renseignements nous ont également été d'une aide précieuse. Je me permets d'insister.

Le Sibérien lui tendit une enveloppe fermée. David prit le pli, avec précaution, il avait l'impression que l'objet était en acier, chauffé à blanc.

— Ouvrez donc. C'est une petite prime

David découvrit d'abord un gros paquet de *greenbalcks* [1], des coupures du nouveau modèle. Une brève palpation lui permit d'évaluer la somme à au moins

1. Désignation argotique des coupures en dollars.

cinq mille dollars. Au milieu de la liasse, quelques morceaux de ce qui paraissait être du carton. Il regarda. Les Polaroïds. Les horreurs du presbytère, à Ivanovogara. Ses yeux étincelèrent, il allait réagir avec violence quand Tretiakov lui fit signe de se calmer.

— Croyez en notre sincère amitié, comme vous pouvez le constater. Évidemment, nous avons encore en main quelques autres prises de vue. Juste ce qu'il faut pour vous tenir tranquille, jusqu'au plein accomplissement de vos diverses missions.

Dans le crâne de David, les mots de Tretiakov résonnaient comme des coups sur la peau d'un tambour : « Vos renseignements nous ont également été d'une aide précieuse. »

— Il est évident que nous veillerons à ce que vous disposiez d'une pleine liberté de mouvements.

La liberté surveillée, voilà ce que lui offrait avec cynisme le Sibérien ! Devant son expression sidérée, Francesca éclata de rire :

— N'êtes-vous pas des nôtres, maintenant, cher ami ?

Oui, d'une certaine manière, il était des leurs. Et il en était accablé. Il les laissa rire et parcourut le couloir vers les ascenseurs comme un automate. Il devait appeler Josée Antonin, tout lui révéler. Elle seule pouvait lui trouver une issue de secours.

De retour à Cointrin, l'aéroport de Genève, David entra dans une cabine téléphonique. En face de lui, au-dessus d'un comptoir d'enregistrement de la Crossair, une pendule digitale indiquait 22 h 10. En composant le numéro de téléphone, il s'aperçut que sa main tremblait. De rage et de désarroi. La sonnerie lui semblait assourdissante et il fut soulagé quand on décrocha.

— Josée Antonin à l'appareil.

— Josée, c'est David.

— Où êtes-vous, bordel ! Où ?

— Ça n'a pas d'importance. Il faut...

— Attendez, Strelli, l'interrompit Antonin. Comment ça « pas d'importance », mais vous rendez-vous compte de la situation ? Oui ou merde ?

Il perçut au voussoiement une franche colère, inhabituelle. Autour de lui, les passagers allaient et venaient comme dans une ronde infernale. Soudain, il pensa qu'il fallait redouter le pire.

— Que se passe-t-il ?

— Ce qui se passe ? Vous n'êtes pas au courant ?

— Quoi ? Au courant de quoi ?

— Le carnage de Metz.

— Quel carnage ?

— Vous ne lisez pas les journaux ou ça vous amuse de faire l'abruti ?

— Je ne suis pas en France, je n'ai pas les journaux.

— Oui, j'ai vu, vous êtes à Genève, non ?

Il n'avait pas pensé que le numéro d'appel s'inscrivait en clair sur son combiné téléphonique. Elle lui raconta en quelques mots la tragédie de Metz. Dix-huit morts, dont trois policiers. La livraison contrôlée avait tourné au massacre de la Saint-Valentin[1].

— Et un de mes collaborateurs en plus, vous vous rendez compte ?

Metz. La livraison d'héroïne. Bon sang ! Il crut qu'il allait exploser. Il n'avait jamais imaginé que cette information déboucherait sur un tel carnage. Il s'efforça de garder son sang-froid. Il demanda de nouvelles explications, mais elle ne répondit pas. Elle criait si fort qu'il dut éloigner l'écouteur de son oreille.

— Bon, Strelli, malgré l'amitié que j'ai eue pour vous, je dois vous dire que ça suffit.

1. Allusion au plus célèbre des règlements de comptes entre mafieux américains, dans les années 30.

« L'amitié que j'ai eue ». Il frissonna.

— Écoutez, Josée...

— Non, c'est toi qui m'écoutes, soldat ! rugit-elle en reprenant le tutoiement. Je t'ai parlé de cette opération, oui ou merde ?

— Oui, bon et alors ? s'énerva Strelli.

— Et alors ? Avec tes relations professionnelles du moment, rien ne t'a échappé, soldat ? Rien ?

— Attendez, vous n'êtes pas en train de me soupçonner de...

— De trahir ma confiance : absolument. Depuis l'autre soir, je le craignais. Maintenant, j'en suis sûre.

Elle soupira violemment. Il l'entendit allumer une cigarette.

— Margaux ne va pas bien, dit-elle tout à trac.

Il sentit comme un glaive lui transpercer le cœur. Il ravala sa salive. À son tour de garder le silence. Il n'y pouvait rien. Il regardait les voyageurs virevolter dans le hall d'enregistrement. Il aurait voulu se joindre à eux, filer sur Paris. Impossible, il ne pouvait plus revenir en France sans garantie solide.

— Soldat, laisse-moi te dire une chose : tu es dans la merde ! Un superbe tas de merde bien immonde. Tous les services vont se lancer à tes trousses. Ils ont la haine, tu entends ? Ils vont tous te chasser à courre pour attraper le responsable de ce massacre.

— Je n'y suis pour rien, bordel ! Attendez que je vous dise...

— Quoi ? Dire quoi ? Je me suis renseignée, mec : le Parquet va sûrement ouvrir une enquête préliminaire pour association de malfaiteurs. Contre X. Mais on remontera tout de suite à toi. Tu me fous aussi dans une merde terrible.

— Ils n'ont aucune preuve. Et je n'ai rien dit, Josée.

— Tu en es certain ? Parce que moi, je sais ce que je t'ai raconté, soldat, j'ai été conne, j'en conviens ! Je dois faire avec. Mais je te garantis que je ne couvrirai plus tes pitreries minables !

Un long et pénible silence suivit. Strelli étouffait dans cette cabine de verre, il sentait de grosses gouttes de sueur couler sur son visage, dans son cou. Maintenant sur le qui-vive, il regardait autour de lui pour voir si personne ne le surveillait. Il s'en voulut de cette paranoïa. Josée Antonin n'avait pas eu le temps de donner l'alerte pour opérer sur le territoire suisse, il lui fallait saisir la DGSE. Il était bien placé pour savoir qu'un certain délai – plusieurs heures – était nécessaire. Mais la discussion était dans l'impasse, il était inutile de la prolonger. Alors qu'elle continuait à le tancer, il lui coupa brutalement la parole :

— Écoutez-moi un instant, madame la commissaire. Je vais raccrocher, mais avant je dois vous dire pourquoi je vous ai appelée. Je détiens des informations capitales, je voulais vous les communiquer.

Mais Josée Antonin continuait à fulminer sans l'entendre.

— Je vous rappellerai quand vous serez plus calme.

— Tu te fous de moi, ou quoi ? beugla-t-elle. En ce qui me concerne, je ne pourrai plus te protéger. Et pour être franche, je n'en ai plus envie. Pour moi, maintenant, tu n'es rien d'autre qu'un doulos, une balance de mille merdes.

Il coupa la communication. Il devait se débrouiller seul puisqu'elle ne voulait rien entendre.

Il reposa le combiné téléphonique sur son étrier, récupéra sa carte de crédit et resta un long moment immobile. Il fut tiré de son songe par une femme qui frappait à la vitre pour réclamer la place. Il sursauta, s'excusa. Il ressortit du hall afin de rejoindre la salle d'embarquement réservée à l'aviation d'affaires. Il était 22 h 33, l'avion-taxi pourrait décoller dans une demi-heure, il serait de retour à Ancône vers 1 heure du matin. Il lui faudrait réserver une chambre depuis l'avion. Il commençait à se lasser de cette éternelle errance. Mais, coincé à Genève, à Moscou ou à Paris, il ne voyait pas comment écarter les mâchoires de l'étau qui l'enserraient inexorablement.

27

Depuis l'attentat de la rue de la Faisanderie, Andrei Tchevine refusait de remettre les pieds en Europe. C'est pourquoi Don Nitto, bien qu'il n'appréciât pas de s'éloigner de Palerme, avait pris le risque de quitter son repaire et de venir à New York afin d'obtenir l'accord définitif de l'ancien forçat pour monter le vol de l'hologramme. Pour échapper à la surveillance des policiers, le voyage avait été compliqué : un ferry de Catane à Naples, l'avion d'Alitalia jusqu'à Francfort, et le vol régulier de la Lufthansa jusqu'à New York.

Tchevine reçut son hôte dans sa suite de l'hôtel Mayflower, dont les fenêtres ouvraient sur Central Park. Il avait pris soin de recruter à Brighton Beach un compatriote russe polyglotte pour assurer la traduction en italien.

— Votre fille ne semble pas apprécier nos arrangements, laissa tomber avec mépris Tchevine en saluant Don Nitto.

— Avez-vous des enfants ?

— Des enfants ? Non, Dieu m'en préserve.

— Exactement. Ils sont vos ennemis les plus intimes, parfois. Ma fille est ma fille et n'a rien à dire concernant mon business.

— Et Vicente Minasola ?

— On m'avait laissé entendre que vous ne craigniez

personne. C'est la raison pour laquelle je vous ai contacté, Tchevine.

— Dois-je craindre votre fils ?

— Moins que son père, peut-être, dit en riant Don Nitto.

Tchevine éclata à son tour de rire. Le Sicilien en avait assez de ces stupides questions. Il piaffait d'impatience, voulait en arriver à l'essentiel. Malgré cette entrée en matière peu amène, il eut la surprise agréable de constater qu'en réalité son interlocuteur n'entendait discuter que des préparatifs, sans remettre en cause le principe de l'opération elle-même.

Il sortit un dossier qu'il tendit au Russe.

— Ça doit se passer à Clermont-Ferrand, dans le centre de la France. Tout est là. Plan de l'aéroport. Avion prévu pour le vol. Nombre exact de vigiles. Ce sera facile.

— Ce n'est jamais facile.

— Je veux dire, facile pour des hommes entraînés comme les vôtres.

— Ils sont les meilleurs, Don Nitto. Des anciens de Tchétchénie, qu'espérer de mieux ?

— Sont-ils déjà opérationnels ?

— Dès le versement de l'argent sur mon compte, ils partiront s'entraîner en Angleterre. C'est bien, l'Angleterre, ricana Tchevine, passée la douane, plus personne ne s'occupe de vous.

— En êtes-vous sûr ?

— Évidemment ! Ils y attendront mon feu vert pour débarquer en France.

— Bien, très bien.

— À moi, vous pouvez faire confiance, je ne suis pas de la famille.

Il rit de nouveau. Un rire grinçant. Don Nitto apprécia peu la remarque, mais se contenta de se caler dans son fauteuil. Il se fit servir un peu de café. Quand l'opération serait achevée et qu'il serait en possession de l'hologramme, il ferait abattre Tchevine. C'était facile : comme le disait lui-même le Russe, « il n'était pas de la famille ». Il pensa à Vicente, à la haine qui était pour son fils comme une seconde peau. Si le jeune homme n'avait pas été de la famille, il aurait été également facile de s'en débarrasser : un infirme. Un pauvre type. Un pauvre type sur un fauteuil roulant, cloîtré dans une villa ouverte à tous. La protection des Corses était ridicule. Ridicule. Un commando de cinq hommes et Don Nitto effacerait de la surface de la terre ce cancrelat. Mais c'était son fils et jamais Sharon ne le lui pardonnerait. D'un geste de la main qui surprit Tchevine, il effaça ces pensées qui le minaient depuis trop longtemps maintenant. L'un des gardes du corps du mafieux avait posé la main sur son arme.

— Ce n'est rien, un moucheron ! Il faudra opérer en moins de trois minutes. Après, il sera trop tard.

— Selon nos simulations, nous bouclerons l'affaire en deux minutes trente. En prime, nous entrerons dans le *Livre des Records*, fanfaronna Tchevine en allumant un Davidoff Spécial R.

Il en savoura l'arôme avant de se pencher vers Don Nitto.

— Nous serons équipés de *riotguns*.

Il récita les spécifications techniques des armes comme s'il s'agissait d'un bordeaux millésimé :

— Des *shotguns* M. 870 de Remington à double canon superposé, modifié Expert Model de Scattergun Technologies. Des outils d'enfer, parfaits pour ce genre de boulot. Les armes automatiques classiques sont trop dangereuses dans un avion. Nous allons faire un peu de spectacle.

— Je n'en attends pas tant, Tchevine. De l'efficacité pure et simple me suffira.

— Ah, vous la vieille garde, vous êtes des lions,

mais vous êtes trop pessimistes. Si nous pouvons nous amuser, pourquoi nous priver ? Bon, je vous explique : dès l'atterrissage, nous entrons en force dans l'appareil. Vous m'avez dit où ?

— Clermont-Ferrand.

— Bien. Et nous contraignons le commandant de bord à redécoller puis à prendre la direction que nous lui fixons. Pas plus difficile.

Il claqua des doigts. Une pichenette.

— Et...

— Et ?

— Rien. Après, le pilote pose l'avion où nous lui ordonnons.

— Vous tuez l'équipage ?

— Pourquoi cette question ?

Don Nitto songea que le Russe était un imbécile, trop passionné. Il planifiait le vol de l'hologramme comme on prépare un tour de manège. Pour lui, cette affaire était primordiale dans sa lutte contre Vic. S'il parvenait à ses fins – et il y parviendrait, mais oui, tout cela n'était qu'un boulot de gamins, l'assurait encore et encore Tchevine, volubile comme s'il était sous coke –, il retrouverait auprès de ses pairs la place qui avait été la sienne et que son fils lui avait usurpée.

*

Comme la plupart de ses collègues du Pôle financier, le premier substitut Taline acceptait mal l'exil rue des Italiens. En dépit du confort qui leur avait été offert par le tribunal de Paris, il regrettait les locaux anciens, sinistres et étroits du palais de justice. Il en voulait au juge Èva Joly d'avoir, sous prétexte de modernité, mené cette bataille pour leur déménagement.

« Comme si la justice avait vraiment besoin d'être moderne », pensait-il.

Il avait conservé l'essentiel de ses habitudes dans l'île de la Cité, autour du Palais, et on ne le voyait que rarement dans les brasseries industrialisées du boulevard des Italiens. Il fréquentait donc les quelques restaurants – Le Soleil d'Or, Le Caveau du Palais, La Rose de France – où il retrouvait, comme naguère, ses collègues magistrats, les policiers et les avocats. Tout un microcosme bien calfeutré. Dimitri appréciait particulièrement La Rose d'Or, ce bistro de la place Dauphine, tenu par un original amusant et un peu maniéré, le sieur Cointepas. Il y revenait le plus souvent possible, nettement plus à l'aise qu'au Gramont ou dans les brasseries industrialisées du boulevard des Italiens.

Quand Bellifont l'avait appelé pour rendre compte de son voyage en Russie, Taline l'y avait convié. Il avait réservé la minuscule salle à gauche pour pouvoir parler plus à l'aise.

Il ne s'attendait guère aux conclusions accablantes de son ami des Finances :

— J'ai tout vu, tout compris. J'ai désormais la certitude que Plivinec est en train de se faire acheter.

— Acheter ?

— Lambert-Leroy est, comme nous l'imaginions, l'opérateur principal. Ivanovna fait office de cheval de Troie auprès du ministre. J'ai tout tenté pour éviter que celui-ci ne plonge, mais, apparemment, il a d'excellentes raisons d'aller droit dans le mur.

Jean de Bellifont était si en colère qu'il ne mangeait pas. Le patron observait d'un œil attristé les œufs en meurette refroidir.

— Bois un peu pour te remettre, lui conseilla Taline en remplissant son verre d'un excellent bordeaux.

Un château-figeac, 1994 : le restaurateur avait fait l'article sur ce vin qu'il était en train d'essayer.

— C'est tellement contraire à tout ce que je pense du service de l'État, mon cher. Le mot « service » a un sens : nous sommes les serviteurs du peuple, pour éviter l'emprise des profiteurs. Je suis furieux d'avoir tout vu sans rien pouvoir faire. J'ai décidé de retourner dans mon corps d'origine, à la Cour des comptes. Avec Pierre Joxe[1], je ne risque pas ce genre de déconvenue.

— Il faudrait que tu restes au ministère le temps d'obtenir tous les détails, non ?

Bellifont avala son verre d'un trait, si vite qu'il fut pris d'un léger étourdissement. Il reprit son souffle.

— J'ai pratiquement tous les détails. Tout tourne autour de ces avions Iliouchine. Les Russes veulent en vendre quarante à la France.

— Donc Plivinec ?

— Donc Plivinec ! J'ignore pour quel pourcentage exact, et où. À vous de jouer, les juges et les flics. Article 40. Obligation de dénoncer les faits délictueux venus à ta connaissance.

— Tu me pousses à ouvrir une enquête préliminaire ? Le ministre sera tout de suite au courant.

— Et alors ?

— Certes. Donc, tu ne veux plus jouer les taupes.

— Je ne supporte pas bien ce rôle.

— Nous n'avons pas encore tout, c'est dommage.

— Tu devrais te souvenir que le mieux est l'ennemi du bien. Le procureur Pierre Truche[2] a passé sa vie à le répéter, en l'appliquant aux procédures judiciaires :

1. Ancien ministre de l'Intérieur, puis de la Défense, puis président de la Cour des comptes. C'est un protestant, réputé pour sa rigueur extrême.

2. Spécialiste des affaires financières, Pierre Truche a été notamment procureur général à Lyon, puis à Paris, avant de devenir procureur général puis président de la Cour de cassation. Il a été le précurseur et le grand théoricien des poursuites pénales en matière financière. Il est également l'auteur d'un curieux ouvrage, *L'Anarchiste et son juge*, consacré à Santo Caserio, le meurtrier du président Sadi Carnot.

elles ne doivent pas être prolongées à l'infini sous prétexte de perfectionnisme, l'essentiel est d'envoyer les délinquants en prison. Tu devrais en être convaincu. Nous savons largement à quoi nous en tenir sur ce Khamylov et sa compagnie d'aviation.

Le premier substitut Taline s'arrêta soudain de manger, toujours sous l'œil réprobateur du sieur Cointepas qui supportait difficilement que l'on ne goûtat pas sa cuisine jusqu'à la dernière miette.

— Au fait, l'affaire de Metz : j'ai du nouveau.

— Vraiment ? dit de façon distraite Bellifont qui ne se sentait guère concerné par cet événement, dont les journaux parlaient depuis trois jours.

— Parmi les cadavres, du côté des mafieux, on dénombre un Turc, deux Bulgares, quatre Russes, un Tzigane roumain.

— C'est *Jeux sans Frontières*, ironisa Bellifont.

Taline le regarda comme si la plaisanterie était hors de propos.

— Si on veut. En tout cas, la crème. Certains connus des services de police dans leurs pays, d'autres non. Et pour finir deux Caucasiens.

Le sieur Cointepas, moustache au vent, servit d'autorité aux deux amis des armagnacs pour qu'ils reprennent un peu leurs esprits. Tajine but son verre cul sec : ses origines russes remontaient parfois à la surface. Jean de Bellifont s'en amusait fort.

— Comment en être sûr ?

— Ils avaient encore leurs passeports russes sur eux. Le SRPJ [1] de Nancy a demandé à Moscou des informations à titre informel. Alors écoute ça : ces types sortaient de l'entourage immédiat de Khamylov.

1. Service régional de la police judiciaire.

Bellifont dressa l'oreille. Tout à coup l'affaire l'intéressait.

— Attends. Khamylov ? Et sur ce Frelli ?

— Strelli, reprit Tajine.

— Oui, enfin bon, l'ex de la DGSE. Il est toujours à leur service, non ? Tu as des éléments ?

Le magistrat hocha la tête pour appuyer son propos. Il alluma un petit cigarillo.

— Tu t'es remis à fumer ?

— On ne change pas. Donc, Strelli : c'est là que ça devient étonnant. Pas plus tard qu'hier, j'ai vu passer une note, à son propos. Certains flics des RG le soupçonnent d'avoir balancé à ses nouveaux patrons un gros tuyau concernant Metz.

— Trahison ? interrogea Bellifont.

— On n'en sait encore rien. J'ai déjà lancé une investigation. Antonin n'a pas l'air très à l'aise, si tu veux mon avis.

— Antonin ?

— Josée Antonin, une sous-directrice des RG. Ancienne copine de Strelli. Elle a peut-être de bonnes raisons de le suspecter.

Ils convinrent que Dimitri Taline ferait accélérer l'enquête, discrète mais officielle, qu'il avait lancée depuis quelques semaines pour débrouiller ce sac de nœuds. Il fallait aussi retrouver la trace de Strelli, le placer sous surveillance, aussi secrètement que possible. Le magistrat songea qu'il eût été préférable que ce lieutenant-colonel perdu ait été éliminé. Radicalement.

*

Au volant de sa BMW 3.16, le colonel Wilfrid Picot n'eut aucun mal à trouver son chemin. Au nord-est de Beauvais, dès la sortie de l'autoroute de Calais, l'accès à l'aéroport de Beauvais/Tillé par la N181 est parfaitement balisé. Il était 13 h 12, un Boeing 737 se posait. Le colonel lut sur le fuselage : « RyanAir ». Depuis plusieurs années, l'ancienne base militaire avait été transformée en plate-forme aéroportuaire, avec une piste allongée et renforcée pour recevoir les gros porteurs. Certaines compagnies marginales – outre la RyanAir irlandaise –, telles Premiair ou Air Héliades, y avaient fixé leur escale française. On prenait le car boulevard Gouvion-Saint-Cyr, devant le James Joyce Club, à côté de l'hôtel Méridien. Une heure de route, cinquante francs. Puis, de Beauvais, on pouvait rejoindre Glasgow ou Dublin pour trois cent cinquante francs. Imbattable. Malgré tout, le site restait discret. Et il présentait quelques avantages majeurs : les environs étaient peu peuplés, les défenseurs de l'environnement rarissimes et le trafic encore modeste, même pour le fret. On pouvait y mener certaines activités pratiquement interdites en proche région parisienne, comme des essais de nouveaux avions pour démonstrations.

Deux ans plus tôt, le colonel Picot avait quitté l'armée de l'air où il était affecté au Centre d'essai en vol de Brétigny. Il était désormais un jeune retraité, et même un grand-père qui gâtait au-delà de toute mesure sa petite-fille et ses deux petits-fils. Plutôt petit et rondelet, jovial et aimable, il ne payait guère de mine. Mais, dans son domaine, il était un as dont les avis bénéficiaient d'une autorité sans partage. Que ses commanditaires fussent une administration ou une société privée, il était royalement payé, car il s'autoassurait : s'il cassait du bois, selon l'expression ancienne, il renonçait à toute forme d'honoraires. Dans la pratique, il intervenait toujours à la demande et apparaissait surtout quand les officiels ne tenaient pas à se manifester ouvertement. C'était pourquoi le ministère de la Défense l'avait missionné, sur les instances du ministre des Finances, afin de procéder aux essais d'un avion-cargo qu'Iliouchine proposait à l'armée française.

Le colonel n'ignorait rien de l'Iliouchine 76, dont il avait tenu le manche à plusieurs occasions, parfois dans des conditions difficiles, voire limites. Il considérait l'appareil comme une machine remarquable, parfaitement adaptée aux besoins militaires, particulièrement de l'armée soviétique – en son temps – en raison de sa rusticité et de sa robustesse. Contrairement à son successeur l'Antonov 124, qui s'était révélé fragile et d'entretien délicat – il fallait changer les moteurs toutes les six cents heures –, l'Iliouchine pouvait passer pour le camion bon à tout faire de l'Armée rouge. Les seuls accidents répertoriés étaient dus à de graves fautes humaines : certains évoquaient des pilotes imbibés de vodka ou des vérifications approximatives du niveau des réservoirs.

Son énorme consommation était d'ailleurs le point faible de l'appareil. Wilfrid Picot était donc particulièrement intéressé par l'essai d'une version rééquipée de moteurs occidentaux, les inévitables CFM 56 de la SNECMA/General Electric. Il avait défini un programme de quinze jours pour mener les essais. Si son rapport était favorable, la certification ne serait qu'une formalité.

La machine était déjà là, un peu à l'écart, avec ses ailes ployées vers le sol, et ses ailerons arrière en T, au sommet de la dérive, comme tous les avions à ailes hautes.

En tournant autour, afin de déceler les modifications introduites par rapport aux modèles qu'il connaissait, Picot se demandait pourquoi les autorités françaises tenaient tant à reprendre l'examen de l'appareil, dont l'acquisition avait déjà été écartée au début des années 90. Il lui faudrait éclaircir cette question avant de se prononcer.

Un grand type balourd, escorté de trois personnes, se présenta sèchement avec un accent du Midi :

— Lambert-Leroy, je suis chargé des intérêts d'Iliouchine pour l'Union européenne. Voici M. Tretiakov, le représentant du constructeur, monsieur Vlaschestlav Rossiokov, ingénieur d'usine, M. Andrei Kaganovitch, ingénieur et pilote d'essai, que vous pourrez utiliser comme copilote.

On lui fit grâce des autres noms et prénoms : le navigateur et son adjoint, le chef mécanicien, le radio. On n'en finissait pas : six membres d'équipage technique, c'était déjà trop pour un appareil en service dans les armées occidentales. Sans compter le chef de soute et les manutentionnaires embarqués.

Il grimpa à bord pour poursuivre l'inspection. D'abord le niveau bas, la cabine de navigation située dans le nez transparent. Le long d'une paroi, un grand tableau électrique vieillot, quelques écrans encastrés, le tout complété par un clavier d'ordinateur antédiluvien dont le navigateur lui fit la démonstration. Quand les fonctions tardaient à s'afficher, il tapait à coups de poing sur les touches. Et cela marchait.

Le colonel Wilfrid Picot s'amusait franchement. Évidemment, jamais les aviateurs français n'accepteraient de voler avec une avionique aussi obsolète. Avant tout pour une question de standing.

En haut du petit escalier débouchant à l'étage dans la minuscule cabine jouxtant le poste de pilotage, il fut accueilli par un Français, grand, mince, les cheveux grisonnants.

— David Sorineau. Je suis le chef de la sécurité de la compagnie Orient Express Delivery, affiliée au constructeur de cet avion.

Le colonel Picot l'observa avec insistance, comme si son visage ne lui était pas inconnu. Sorineau, David

Sorineau. Non, il avait beau fouiller sa mémoire, ce nom ne lui évoquait rien. Pourtant cette physionomie lui était familière. Malgré sa curiosité, il se contenta de saluer l'homme :

— Wilfrid Picot. Ravi de vous connaître ! Dites-moi, cette machine a combien d'heures de vol ?

— Cet appareil est le dernier reçu par notre compagnie : il est sorti d'usine il y a deux mois, après sa remotorisation, répondit l'homme en s'effaçant pour permettre à l'aviateur de pénétrer dans le cockpit.

Rien n'y était non plus d'une merveilleuse modernité, loin de là. Les inscriptions sur les cadrans étaient encore en cyrillique, les sièges sommaires et les ceintures de sécurité de simples sangles. Aucun confort. Les cadrans de contrôle des nouveaux réacteurs avaient été bricolés tant bien que mal. Le colonel Picot prit spontanément place à gauche, dans le siège réservé au commandant de bord. Puis il se lança dans une première série de questions auxquelles ingénieurs et aviateurs répondirent vite et bien.

Il prenait des notes sur les grandes feuilles clippées à une planche et eut assez vite fait le tour des nouvelles caractéristiques de l'appareil – au demeurant un bien grand mot. Presque rien n'avait changé, mais il conserva pour lui cette constatation. À 17 heures, il annonça la fin du travail.

— Rendez-vous demain, 7 heures ! lâcha-t-il en redescendant à terre.

En bas l'attendait Lambert-Leroy, qui l'invita à dîner et lui annonça qu'une suite lui était réservée dans un hôtel de Chantilly, à moins d'une demi-heure par l'autoroute.

— Vous n'y pensez pas, lâcha le colonel Picot avec un grand sourire bien franc. D'ailleurs, je rentre à Paris.

Il avait, en fait, réservé une chambre dans un hôtel Mercure tout proche : par principe, il n'acceptait jamais la moindre apparence de collusion avec un partenaire potentiel. Lambert-Leroy se renfrogna. Figé dans une sorte de garde-à-vous à trois pas en arrière, le chef de la sécurité esquissa une expression de connivence. Comment s'appelait-il donc, déjà ? Sorineau ? Picot était troublé et partit en saluant Lambert-Leroy dont il pensait être désormais débarrassé. Ses prévisions en forme de vœux furent exaucées : les quinze jours suivants, il n'eut en face de lui que les techniciens, les navigants, et ce Sorineau, dont il avait enfin retenu le nom.

En tant que secrétaire général d'Orient Express Delivery, Alexei Tretiakov avait obligé Strelli à venir à Beauvais – « Puisque vous êtes le chef de la sécurité de notre compagnie... ». Un prétexte, évidemment, pour accroître la pression. David se demandait qui, dans l'équipage, était chargé de « veiller » sur lui. Aucune chance de leur fausser compagnie. Et, de toute manière, qu'avait-il à y gagner ? Depuis Genève, il n'avait pas essayé de rappeler Antonin. Il ne le tenterait que lorsqu'il aurait en main de nouveaux éléments, incontestables. Il avait récupéré quelques journaux rapportant l'affaire de Metz. À la lecture des articles, il comprenait maintenant l'ampleur du drame. Il imaginait facilement les multiples enquêtes lancées pour éclairer les conditions de l'affrontement. Remonterait-on jusqu'à lui ? Tout dépendait d'Antonin, et la nature de ses propos lors de leur dernier échange téléphonique augurait mal de ses intentions. Il jugea plus prudent de ne pas quitter l'avion : comme les autres membres de l'équipage, il décida d'aménager chaque soir un campement de fortune dans la soute géante, se soustrayant ainsi aux curiosités inopportunes.

Tretiakov se contentait d'assister au briefing du matin. Quant à Picot, il poursuivait son programme d'essais du matin au soir : roulage, à vide, en charge ; points fixes poussés au maximum, exercices de chargement et de déchargement, parachutages de charges lourdes et de véhicules par la trappe arrière. Séries interminables de *touch and go*, atterrissages et décollages successifs avec quatre moteurs, puis trois, puis deux. Le pilote d'essai n'avait pas osé aller jusqu'à un seul, mais il pensait qu'il pourrait peut-être essayer en fin de cycle. Trop lourd, l'appareil décollait un peu long, mais ses atterrissages dits « d'assaut » – en catastrophe – étaient impressionnants. Surtout lorsqu'il effectuait un virage très court, vent dans le dos, dans la plus mauvaise configuration possible. L'ingénieur de l'usine était effrayé :

— Vous ne pouvez pas faire ça, mon colonel ! Vous allez nous crasher.

Mais le colonel Picot ne crasha pas l'Iliouchine : il est possible de faire à peu près n'importe quoi avec cet avion, vraiment un excellent outil pour la guerre, même s'il pouvait déplaire aux pilotes militaires. Pour confirmer cette opinion, il invita l'un de ses amis, Louis Campana, capitaine dans l'escadron de transport militaire basé à Dreux. Durant un après-midi entier, ils recommencèrent les essais les plus durs. L'avion ne décrochait jamais. Il n'avait même pas perdu ses qualités de stabilité lorsque Campana l'avait lancé droit dans un gros cumulo-nimbus haut de plusieurs milliers de mètres, parcourus par de puissants courants ascendants et rabattants. L'équipage technique n'en pouvait plus d'inquiétude.

Seul Sorineau restait impassible. À force de s'interroger sur ce dernier, Wilfrid Picot avait vu son doute s'accroître. Il avait photographié discrètement le chef de la sécurité, puis interrogé quelques copains. L'un d'eux, le capitaine (en retraite) Jérôme Martin, avait travaillé en liaison « avec les services » comme pilote pour des opérations spéciales conduites par la DGSE. Il n'avait pas hésité :

— Ce type ressemble à s'y méprendre à un ancien de chez nous, s'était-il exclamé. Le lieutenant-colonel David Strelli. Tu sais, le héros de l'Affaire de Paris, il y a quelques années. Cherche dans les journaux, tu retrouveras des reportages.

Le colonel Picot avait trouvé. Il avait aussi appris par Martin que l'officier était en disponibilité. Sa discrétion, également, l'intriguait : lorsqu'il descendait à terre, Sorineau ne s'écartait jamais de l'avion. Il restait même à bord à midi, tandis que tous les autres déjeunaient à la Carlingue Bleue, le restaurant de l'aéroport.

Étrange comportement, à la limite de la réclusion volontaire.

Naturellement, quand Picot lui avait posé des questions, David s'était contenté d'un geste vague en guise d'explication. Il avait conscience de l'étrangeté de la situation : il veillait à la sécurité d'un avion de conception ancienne comme s'il s'agissait d'un prototype de haute technologie. Dans quels termes aurait-il pu expliquer à cet expert l'ambiguïté de sa propre position ? Il était entraîné dans une série d'opérations dont il ne distinguait pas bien les tenants et les aboutissants. L'ombre des commanditaires se profilait, mais ces fantômes n'apparaissaient jamais au grand jour. Il savait pour qui il travaillait directement, mais il n'avait aucun moyen d'en savoir davantage.

Le programme d'essai prenait fin.

Alexei Tretiakov réapparut l'après-midi du dernier jour et pria Strelli de rester à terre, tandis que Picot effectuait un ultime test. Ils observèrent le décollage, les ailes qui se relevaient au fur et à mesure que le gros appareil prenait de la vitesse. Puis ils marchèrent un long moment en silence. Le Sibérien fumait une cigarette russe traditionnelle, plissant ses paupières fendues pour éviter la fumée que le vent lui rabattait en pleine face. Le ciel était clair, juste voilé par une couverture nuageuse d'altitude. Autour de la base aérienne, forêts et champs arboraient leur verdure éclatante de printemps, presque bleue.

— Je voulais que nous parlions un peu, dit soudain Tretiakov. D'abord pour vous dire de ne pas vous inquiéter, Strelli.

— Je ne suis pas inquiet.

— Si, je le vois, vous êtes très nerveux. Ce Wilfrid Picot est un peu curieux, n'est-ce pas ? S'il devenait un obstacle, nous pourrions nous en occuper.

David n'avait pas besoin d'une grande imagination pour comprendre les intentions du Sibérien.

— Cet homme ne peut pas me nuire.

— Très bien. Dans ce cas, tout est parfait ! Ah, au fait, j'allais oublier ! Tchevine : nous avons réuni de nouveaux éléments.

— Je ne suis pas concerné.

— Tss, tss. N'oubliez pas les Polaroïds. Et le capitaine Margaux Villaret.

Strelli s'arrêta net. Il fixa le Sibérien qui reprit :

— Vous n'avez toujours pas été très efficace avec Tchevine. Pourtant, nous vous avons fourni les bonnes adresses, n'est-ce pas ?

Strelli inspira légèrement, car l'air empestait le kérosène. Ainsi Tretiakov et ses commanditaires entendaient faire de lui leur exécuteur. Les informations extorquées sur l'affaire de Metz n'avaient représenté qu'un hors-d'œuvre. Il se demanda un instant s'il devait le tuer sur-le-champ. C'était illusoire : il y aurait toujours quelqu'un pour prendre sa place.

Il s'éloigna de quelques pas, observant l'Iliouchine qui, au bout de la piste, se présentait pour un nouvel atterrissage, tous phares allumés. Tretiakov se rapprocha et tendit une feuille où étaient notées plusieurs lignes en caractères serrés.

— De bonnes nouvelles. Allez-y, lisez-les jusqu'au bout, mémorisez-les bien.

Qu'il se dévoilât ainsi, avec une candeur retorse, effrayait Strelli presque plus que les meurtres d'Ivanovogara ou le carnage de Metz. Au fur et à mesure de sa lecture, il sentait l'émotion monter en lui.

— Tout y est, n'est-ce pas ? Vous avez une chance unique d'atteindre Tchevine et de récupérer les derniers Polaroïds.

— Qui me dit que vous me les rendrez si je m'exécute ?

Tretiakov lui posa la main sur le bras, affichant un sourire lumineux, presque angélique. Terrifiant.

— Allons : nous sommes des gens de parole. Nous agissons dans le cadre d'un contrat.

Encore une fois, il ne lui laissait pas le choix.

Mais Strelli ne désirait plus aller jusqu'au bout de sa vengeance si cela nécessitait d'entrer dans le jeu de cette immonde ordure.

L'Iliouchine 76 passa devant eux dans un rugissement de réacteurs, puis s'éloigna, leur permettant de reprendre leur discussion. De loin, on aurait pu les prendre pour des promeneurs paisibles, juste un peu égarés sur les pelouses de l'aérodrome. Même impression de près, car les deux hommes parlaient presque à voix basse. Un ton qui amplifiait la violence de leur échange. Strelli brandit la feuille sous le nez du Sibérien.

— Et si je communiquais tout de suite les informations en ma possession ?

— Cher ami, murmura Tretiakov en riant, on ne vous écoutera pas, on ne vous croira pas. Nous avons eu vent que, depuis cette malheureuse affaire de Metz, vous n'avez plus guère la confiance de vos amis, ceux d'autrefois, quand vous ne travailliez pas encore pour nous. Réfléchissons ensemble. Non seulement nous vous aidons à régler votre compte avec ce gangster de Tchevine, mais, en plus, nous vous offrons une belle occasion d'empêcher un forfait. Vos anciens camarades pourraient même être tout à fait reconnaissants. Qui sait ? Relisez donc encore le document.

Strelli parcourut à nouveau le texte. Oui, le Sibérien lui offrait sur un plateau une fantastique information que bien des services de police auraient souhaité posséder, mais il le tenait ainsi plus étroitement encore.

Il se tourna très lentement vers Tretiakov, le fixa droit dans les yeux. Et, sans crier gare, lui envoya un direct dans le menton, en y mettant toute sa puissance, toute sa violence, toute sa colère.

Sonné, le Sibérien s'écroula sur les genoux. Pour faire bonne mesure, Strelli lui décocha un coup de pied dans le nez. Tretiakov poussa un bref cri de douleur. Tout en essuyant avec un mouchoir en papier le sang qui lui coulait des narines, il posa sur David ses yeux clairs et trop innocents, sans prononcer un mot. Puis, toujours à terre, il éclata d'un rire irrépressible.

— Bonne chance, mon ami ! hurla-t-il en crachant un peu de sang. Nous sommes de tout cœur avec vous.

David avait tourné les talons et revenait vers la 4L Renault qu'il utilisait pour circuler sur l'aérodrome. Il rejoignit l'avion qui venait de se garer face à l'aérogare, sans stopper ses réacteurs. Le retour à Moscou était programmé pour les minutes à venir.

28

La commissaire Josée Antonin avait enfin redonné signe de vie à Strelli, sous forme d'une lettre adressée à l'hôtel Belgrad. Elle n'avait même pas pris la peine de signer. Elle lui confirmait que désormais elle ne tenait plus à avoir le moindre contact avec lui. D'où une question cruciale : à qui faire partager ses doutes et, surtout ses secrets ? Et, corollaire : comment avertir son mentor, le Premier ministre René Haller ?

Dès son retour de Beauvais, *via* Moscou, Frances McManus lui avait ordonné d'aller en Hollande, à La Haye, pour rencontrer un transitaire avec lequel il devait mettre la dernière main au transfert des mines antipersonnel depuis Ancône, par l'aéroport de fret d'Ostende : les cargaisons clandestines suivent ainsi parfois des cheminements aussi compliqués qu'illogiques pour déjouer la curiosité des douaniers et des policiers.

David ne pouvait laisser passer ce trafic, et devait rapporter ce que lui avait révélé Tretiakov. Il risquait gros, mais qu'importe. Il s'agissait d'un état d'urgence. On finirait bien par le croire.

Il avait d'abord été surpris de pouvoir circuler seul, apparemment libre, avant de se souvenir de la technique de contrôle très utilisée dans les services secrets, qualifiée de « longue corde ». La personne placée en liberté surveillée est soumise à un moyen de chantage efficace, qui lui interdit tout écart de comportement. Inutile donc de lui coller au train. Les menaces claires de Tretiakov à l'encontre de Margaux garantissaient sa stricte obéissance. Bien qu'il ne fût pas croyant, il pria pour que Margaux fût l'objet d'une sécurité efficace.

Dès son arrivée à La Haye, il appela Josée Antonin depuis une cabine située près d'un marchand de journaux, à l'intérieur du hall de la gare Hollands Spoor. Il était 7 heures du matin. La commissaire lui répondit d'une voix pâteuse, embrumée, qui devint furieuse quand elle le reconnut :

— Je vous ai dit ne plus m'appeler.

— Il le faut. Vous devez alerter René Haller, je dois lui parler.

Elle toussa, à s'arracher les poumons. Elle fumait vraiment trop. Elle avait dû participer à une fête à tout casser. Elle reprit son souffle, et ses esprits.

— Où êtes-vous ? L'écran de mon téléphone ne me donne pas de numéro.

— Vous ne serez pas avancée si je vous le précise.

— Vous utilisez un filtre ou quoi ? Putain, mais où vous vous croyez, Strelli ?

— Dites au Premier ministre que je dois lui parler.

Il regardait la pluie fine qui troublait le décor de Stations Plein, des immeubles sans grâce, un ensemble de bureaux en cours de construction. Il entendait respirer sa correspondante.

— Rappelez-moi à midi, vous pouvez ?

— J'essaierai.

Il erra dans les rues un peu tristes et faussement gothiques de La Haye. Négligeant le tramway, il marcha jusqu'à la place Buitten Hof où il s'arrêta dans une brasserie, juste en face du Palais du gouvernement, et commanda un café. Il pensait à Margaux. Elle lui manquait cruellement. Que lui aurait-elle conseillé ? Il aurait voulu demander de ses nouvelles à Antonin. Il pensa appeler Mouloud, mais celui-ci devait être sur écoute. Impression de solitude absolue dans cette ville, dans cette foule de grands Hollandais calmes et pensifs, parlant une langue dont il ne comprenait pas le moindre mot. Il était tenté de tout plaquer, maintenant.

Vers midi, il franchit l'avenue sillonnée de tramways, en direction de l'entrée du Palais. Sous les arbres, deux cabines de téléphone. Il entra sans regarder dans la première, mais elle était réservée aux appels de secours – *alarm, brand, politie.* Il dut patienter quelques minutes avant de pouvoir utiliser la seconde. Il glissa sa carte de crédit dans l'appareil, composa le numéro du mobile d'Antonin. Il observait un cygne évoluer sur le Hof Vijver, autour du jet d'eau. Elle décrocha à la quatrième sonnerie. Elle ne le laissa même pas parler :

— Naturellement, Haller ne veut pas vous voir. Il m'a juste chargée de vous rappeler que, quoi qu'il arrive, vous restiez un serviteur de la loi, et que vous aurez des comptes à rendre à ce titre.

À travers la vitre, David regardait une bande de canards voler au-dessus du grand bassin s'étendant devant le Palais royal. Bien que les branches des grands arbres fussent encore noires et nues, des brillances particulières dans la lumière annonçaient la fin de l'hiver. Quand il s'apprêta à répondre à Antonin, il réalisa qu'elle avait raccroché.

Il n'avait rien pu dire de ce qu'il savait. Mort. Il était mort, puisqu'ils l'avaient tous vraiment laissé tomber. Il était, selon l'expression des mafieux, un mort qui marche.

En quittant la cabine, il pénétra dans la cour du Palais. Elle était toujours vide. S'il était suivi, il ne pourrait manquer de repérer l'homme à ses trousses. Il crut apercevoir une ombre, dans l'embrasure d'un porche, effectua quelques marches et contremarches pour vérifier son impression, il ne put rien conclure.

Il n'avait pas répondu pour autant à l'une des questions qui avaient justifié son appel : comment arrêter cette transaction sur les mines sans se découvrir, sans risquer le pire auprès de ses employeurs ? Il lui fallait en tout cas laisser croire qu'il continuait à traiter l'affaire, tout en la faisant capoter. Josée Antonin refusait de l'entendre et Haller, s'il parvenait jamais à l'atteindre, adopterait une ligne de conduite identique. Dénoncer anonymement l'affaire à un service français ou un autre, comme l'avait cyniquement suggéré Tretiakov ? Le Sibérien avait raison : personne n'accorderait la moindre crédibilité à ce genre de renseignement.

Tout en réfléchissant, il traversa le château jusqu'au musée Mauritshuis, puis revint vers la ville. La solide façade de briques du monument se reflétait dans l'eau calme du Vivier. Cette vision lui rendit un peu de sérénité. Puis il regagna le centre-ville par le quai de Buitenhof bordé de drapeaux claquant au vent.

Les éléments négatifs s'accumulaient. Il lui fallait briser le cercle magique dans lequel il était enfermé. Il prit une décision, irrévocable, seul moyen d'amorcer sa réintégration.

Il se souvenait avoir été en relation avec Angelo Perotti un officier du SISMI[1]. Il devait l'appeler. Maintenant ! Il retourna vers l'entrée du château, rentra dans la cabine téléphonique, retrouva dans son organizer électronique un numéro à Rome, le composa en continuant à observer les alentours.

On décrocha aussitôt :

— *Pronto*. Perotti.

1. Servizio per le informazioni e la securriza militare, les services spéciaux militaires italiens équivalents à la DGSE.

Strelli hésita une seconde. La voix réitéra son annonce. Il parla rapidement, d'abord dans un italien approximatif, puis en anglais, donnant les indications les plus précises sur les barges au large d'Ancône. L'officier italien demanda qui parlait. Sans répondre, Strelli insista sur la qualité de ses informations. Il comprit que Perotti le prenait au sérieux. Il entendait le crissement du crayon sur le papier. Il ne le laissa pas poser d'autres questions : qu'ils se débrouillent, après tout les mines étaient de fabrication italienne et stockées en Italie. Cette affaire était maintenant leur affaire.

Quand il raccrocha, son cœur battait un peu fort. Une seule certitude : si Frances McManus ou Tretiakov apprenait qu'il avait donné le chargement de mines antipersonnel à la police, il ne serait même plus un mort qui marche.

Pour le reste, avant même d'espérer parler à Haller, il agirait personnellement, et seul. Contre des hommes puissamment armés, prêts au pire. Mais il devait essayer. Il n'avait plus aucun scrupule. À l'égard de tels criminels s'imposait un devoir impératif d'intervention. Il devait empêcher un autre carnage. David consulta sa montre : 14 heures. À condition de ne pas traîner en route, il pourrait être à Clermont-Ferrand le lendemain matin. Et, comme il n'y avait plus de barrières de douane aux frontières, il ne risquait même pas d'être identifié.

*

Dans son hélicoptère Dauphin, Lambert-Leroy volait bas : il suivit un long moment le ruban noir bordé de platanes de la départementale 635, avant de voir apparaître, au pied d'une douce colline, les toits rouges et serrés les uns contre les autres de Bruguière-Albagnac, le village près d'Auch dont Ernest Plivinec était le maire. Il espérait conquérir la France à partir de cette modeste commune.

Le ministre lui avait fait savoir qu'il l'attendait ce samedi après-midi pour parler affaires. JO2L ricana : ce « brave Ernest » n'avait toujours ni aura nationale, ni le premier sou pour financer sa nouvelle campagne médiatique. Moscou lui avait permis d'obtenir des « papiers » dans la presse politique, mais – comme on dit au pays du rugby – il fallait maintenant transformer l'essai. Lambert-Leroy appela Anne-Claire Ivanovna sur son portable afin qu'elle vienne le chercher sur le terrain de football où il comptait se poser. Elle ne l'accompagnait pas : elle était déjà entre les mains de « monsieur mon ministre », comme elle aimait à le répéter avec un mélange inimitable de candeur et de rouerie.

Elle l'attendait, appuyée à la barrière métallique qui fermait le terrain. Des gamins contemplaient avec stupéfaction l'hélicoptère. Il se demanda s'il ne leur proposerait pas tout à l'heure un petit baptême de l'air. Il sauta à terre, avec une vivacité assez surprenante pour un homme de sa corpulence.

La mairie de Bruguière-Albagnac était une grosse bâtisse du village, en fait un ancien presbytère transformé au début du siècle en maison communale et en école. Inscriptions au fronton, drapeau tricolore reposant mollement dans l'air doux de ce début de printemps, Safrane ministérielle sagement rangée sur la placette devant la mairie, tout y était.

Ernest Plivinec sortit pour accueillir son ami. Il était presque méconnaissable : radieux, en manches de chemise, sans cravate. Il semblait commencer une nouvelle vie. Anne-Claire se tenait respectueusement à distance, mais il la buvait du regard.

— Salut, mon cher Jacques-Olivier. J'ai failli vous attendre.

— Je viens presque directement de Sofia. J'ai seulement laissé mon Falcon 900 à Blagnac, parce que pour venir ici...

Ils entrèrent directement dans la salle du conseil municipal, entièrement occupée par une immense table recouverte d'un tapis vert où Plivinec avait étalé ses dossiers et posé plusieurs téléphones. Il s'assit en soupirant :

— Vous restez déjeuner ?

JO2L se fit prier, avant d'accepter à contrecœur. Il détestait les interminables agapes auxquelles se livrait Plivinec lorsqu'il était dans sa campagne – l'homme d'affaires se souvenait de l'invraisemblable consommation de caviar du ministre, à Moscou.

— Alors comment va notre affaire ?

— Le marché Iliouchine ? Le moins mal possible, mon cher Ernest. Le pilote d'essai m'a rappelé sur tous les tons la position de l'armée française.

— Je ne crois pas que les militaires aient vraiment leur mot à dire.

— Et votre collègue de la Défense ?

— J'arriverai bien à le convaincre. Il ne pèse pas très lourd à la CIEEMG[1], la commission qui contrôle l'exportation et l'importation du matériel de guerre.

— Et Haller ?

— Ce sera plus compliqué. Mais rien n'est impossible, n'est-ce pas ? En France, pour les questions d'argent, on peut toujours s'en tirer. Même quand on est perdant, on est gagnant, n'est-ce pas ? Vous connaissez la formule : on socialise les pertes et les charges, en bref on les fait supporter au gouvernement, donc à mon ministère. Et on privatise les gains. À votre profit.

1. Commission interministérielle pour l'étude et l'exportation du matériel de guerre, sous l'autorité du Premier ministre.

Lambert-Leroy tapota du bout de l'index sur un dossier ouvert.

— À notre profit, mon cher, ne l'oubliez pas. C'est le seul intérêt de l'opération. Si vous la menez à bien comme prévu.

Ernest Plivinec se rengorgea. Comme ils étaient seuls avec Anne-Claire Ivanovna, il se crut permis de prononcer cette phrase, sur le ton de l'évidence :

— Donc vous tenez vos promesses, mon cher Jacques-Olivier ?

— Je tiens toujours mes promesses. Soixante millions de dollars, comme prévu. Trois pour cent. C'est correct ?

— Pourrais-je obtenir une avance ? demanda presque à mi-voix le ministre.

— Je vous rappelle que pas un liard de cette somme ne doit entrer en France. Mais je pourrais éventuellement vous consentir un nouveau prêt.

Anne-Claire Ivanovna se pencha pour bien faire apprécier à son ministre la beauté de ses seins que dévoilait généreusement l'échancrure de sa veste de tailleur.

— Et moi ? lança-t-elle.

— Et toi, quoi ? demanda grossièrement JO2L.

— Vous m'aviez fait des promesses, non ?

— Peut-être.

Lambert-Leroy était visiblement embarrassé. Le plaisir d'annoncer son chiffre au ministre lui avait fait oublier la présence de sa collaboratrice qui manifestait maintenant un mécontentement évident :

— Alors ?

Il la prit à part :

— Eh bien, tu te débrouilleras avec lui.

Il montra du menton le ministre, avec insolence. Plivinec comprenait le problème, mais il ne pouvait pas protester. Il s'était dévoilé sans prudence, devant témoin.

— La somme annoncée, c'est pour vous deux. Nous avons toujours été d'accord sur ce point, non ?

JO2L fit mine de ne pas tenir compte de la mine furieuse d'Anne-Claire. « Qu'elle aille se faire baiser par son ministre, cette conne ! », pensa-t-il. Plivinec hocha mollement la tête. D'un coup d'œil nerveux, JO2L regarda sa montre.

— Aïe, je dois filer, dit-il. Non, décidément, désolé, mais je ne peux pas déjeuner.

Il quitta en coup de vent la salle de mairie, laissant Plivinec et Ivanovna en tête à tête. Qu'ils s'engueulent, un peu ! Ils auraient tout le temps de se réconcilier sur un oreiller rembourré de dollars, fruit de sa générosité.

29

Mateo de Giacobi avait l'apparence d'un paisible retraité. Dans sa HLM de quartier, on le connaissait sous un autre nom, ou on l'ignorait. Lui-même aimait à penser qu'il était un lointain descendant d'Anonymus, ce moine au visage indéfinissable sous sa capuche statufié dans le jardin de Vajdahunya, à Budapest. Taille, rondeurs, allure et démarche, tout en lui se dissolvait dans la banalité. Ainsi n'attirait-il jamais l'attention.

Seule l'extrême acuité du regard aurait pu alerter, s'il n'avait masqué ses yeux derrière les verres légèrement teintés de grosses lunettes sans caractère. Mateo de Giacobi était un expert, un consultant énigmatique et mystérieux que ses commanditaires n'avaient jamais vu. Il exigeait en effet que l'objet de ses missions lui soit transmis par un courrier succinct sur une messagerie électronique, dont l'adresse insolite était : misterexpert@aol.com.

Ce matin de mars, dès son réveil, il put lire sur son écran :

Francfort, Banque centrale européenne.

Il commanda aussitôt un billet d'avion, toujours par messagerie électronique, sous l'un de ses multiples faux noms. Mygdalovitch, en l'occurrence. À 15 h 45, il était à bord du vol AF 2218, un Airbus 320, classe touriste, car il jugeait inutiles des dépenses excessives pour un trajet aussi court. À l'aéroport de Francfort, il prit le petit monorail reliant la nouvelle aérogare à l'ancienne, puis le train qui le conduisit à la gare centrale. Il était 18 h 30. Il avait réservé une chambre dans un palace proche de la gare et du centre, le Steigenberger Frankfurter Hof, am Kaiserplatz. Il déposa son petit sac de voyage et ressortit aussitôt. Il avait envie d'aller dîner dans une brasserie. À travers un lacis de rues paisibles, il rejoignit l'hôtel de ville et le Römerberg, au cœur de la ville historique, reconstruit à l'identique après avoir été rasé pendant la guerre. Fin gourmet, il fut déçu de ne pas trouver d'établissement à la hauteur de ses vœux et mangea donc rapidement un plat de grosse charcuterie accompagné de cidre salé, une spécialité locale, avant d'aller se coucher. Au passage, il repéra un joli musée, installé dans le cloître des carmélites. Il se promit d'y aller le lendemain. S'il avait le temps.

Rentré dans sa chambre, Mateo de Giacobi eut tout le loisir d'étudier en détail les deux plans de Francfort achetés à l'aéroport. Mais il eut beau chercher, impossible de découvrir la Banque centrale européenne. L'annuaire ne la mentionnait pas non plus. Il décida, avant de se coucher, de se plonger dans le *Précis de l'art de la guerre* d'Antoine-Henri Jomini, général de brigade de Napoléon, passé en 1813 au service de l'empereur de Russie, à la suite d'un différend avec Berthier.

Réveillé tôt le lendemain, Mister Expert s'enquit de l'adresse de la banque auprès du concierge de l'hôtel qui lui lâcha un laconique « *Euro Turm* ». Il sauta dans un taxi, annonçant :

— *Euro Turm, bitte*[1] *!*

1. En allemand dans le texte, comme tout le dialogue qui suit.

Dans le rétroviseur, l'homme le regarda d'un air indécis.

— *Euro Turm ? Oder Europa Turm ?*

La question prit Giacobi à froid. Il répondit, au hasard :

— *Ja ! Europa Turm.*

Le taxi haussa les épaules, et se lança à fond de train dans d'immenses boulevards, passa sous des ponts de chemin de fer, sous des autoroutes, le long de parcs. Mateo était inquiet. Il ne comprenait pas pourquoi il devait chercher sa cible en banlieue alors que le message stipulait, sans précision, « Francfort ». Soudain, le chauffeur stoppa sa Mercedes et tendit le doigt :

— *Europa Turm. Ist das ?*

Mateo découvrit un relais de télévision. Autour, la rase campagne. La tour ressemblait à un champignon gigantesque posé sur un socle. Les travaux n'étaient pas achevés. Il chercha en vain la trace d'une banque. Il était furieux, d'autant qu'il n'aimait pas marcher. Il passa devant de longs bâtiments brunâtres et tristes, gardés par des vigiles armés. Il crut reconnaître ces édifices pour les avoir déjà vus à la télévision. Une plaque confirma son souvenir : Deutsche Bundesbank. Était-il possible que la Banque centrale européenne fût intégrée dans le domaine de la Banque fédérale allemande ? Si tel était le cas, la cible était on ne peut plus mauvaise : éloignée de tout, elle n'avait aucune valeur symbolique. Et l'accès était particulièrement difficile, de hautes grilles placées en avant des constructions interdisant toute approche.

Il calma son agacement, chercha des yeux un taxi. Rien à l'horizon. En consultant son plan, il se rendit compte qu'il n'était pas très éloigné de ce qui paraissait être une ligne de métro, qui permettait de rallier le centre. Dix minutes plus tard, il aperçut un tramway en train de ralentir pour entrer dans une station, implantée au milieu d'un boulevard, Eischersheimer Landstrasse. Un passage souterrain lui permit d'y accéder. Mais il ne trouva pas de distributeur de billets. Il se risqua à voyager sans payer.

De fait, très vite la ligne de tramway U 2 plongeait dans un tunnel et devenait métro. Les stations se succédaient. Au hasard, il choisit de descendre à Willy-Brandt Platz, la plus proche à la fois de la vieille ville et de la gare.

Il constata sur son plan que cette station était le nœud majeur du tramway-métro, plusieurs lignes s'y croisant. Sous la place, une grande rotonde desservait des escaliers mécaniques qui menaient aux sorties. Alors qu'il balayait du regard les panneaux indicateurs, il sursauta et lut :

Ausgang zum Europa Zentral Bank
Way out to European Central Bank.

Bingo ! En cherchant son chemin, sans faire exprès, il venait de trouver la cible. Il se jura de s'offrir un bon cognac en rentrant à Paris. Très excité, il grimpa l'escalier, se retrouva sur une place informe bordée par un opéra moderne, et dominée par une belle et récente tour de verre. Pour être sûr de ne pas commettre d'erreur, il demanda à une passante où se trouvait la Banque européenne.

— Vous y êtes. C'est là, répondit-elle en français.

Elle tendit l'index vers la tour.

— *Euro Tower !*

Il comprit sa méprise et remercia la jeune femme. *Europa Turm*, *Euro Tower* : il suffisait de savoir. Son hôtel était à cent mètres ! Il rit intérieurement : la bonne mise en scène de la terreur ne tenait qu'à une erreur de langage !

Il explora minutieusement les abords, parcourant de long en large l'Euromall commercial souterrain aménagé dans le sous-sol. Il était occupé en partie par une immense brasserie, Herlich, des épiceries, une charcuterie et une boucherie, Melchior Metzgerei. Il photographia les lieux comme s'il était un modeste touriste, et finit enfin par découvrir la faiblesse de la cuirasse. Comme d'habitude, il s'agissait du parking : l'entrée était idéalement large, voire béante, la barrière d'arrêt heureusement fragile et éloignée de l'air libre. Avec une camionnette chargée d'une demi-tonne d'explosif, il devrait être possible d'obtenir un très spectaculaire résultat. La place Willy-Brandt se trouvant au cœur de la ville, l'explosion serait parfaitement perçue de tous. Quels plus beaux symboles que Willy Brandt, ancien chancelier charismatique de l'Allemagne purgée de sa culpabilité, et la Banque centrale européenne. Les commanditaires seraient aux anges.

11 h 20. Il avait encore le temps de visiter le cloître des carmélites. Il admira les fresques de la Renaissance, du moins celles qui avaient échappé aux destructions de la guerre. Après avoir un peu patienté dans l'aérogare géante de Francfort Rhein Main, il prit le vol de 13 h 50 pour Paris. Mais, en raison de la densité du trafic – aussi bien au-dessus de Francfort qu'au-dessus de Roissy –, il dut attendre longtemps avec les autres passagers que le contrôleur aérien assigne au vol un créneau de décollage. Fort heureusement, il avait son *Précis de l'art de la guerre*. Il arriva au centre de Paris à 19 heures, avec trois heures de retard, mais cela lui avait laissé le temps de prérédiger son rapport sur son carnet de notes, plan à l'appui. Dès ce soir, il recopierait ces informations sur son ordinateur. Il transmettrait aussitôt son message à l'adresse du commanditaire, qui pourrait prendre une décision le lendemain matin. Il ne doutait pas que son avis serait strictement suivi : il était un expert. Mister Expert ! pensa-t-il avec une certaine fatuité. Il s'affala devant la télévision de sa chambre

d'hôtel dans un fauteuil défoncé, mais tellement confortable, un verre de napoléon VSOP à la main.

*

Sur l'aéroport de Clermont-Ferrand-Aulnat, le trafic était relativement important : sept vols réguliers quotidiens depuis Paris, et dix vers la capitale, auxquels s'ajoutaient les mouvements de jets légers liés à la présence de Michelin près de la ville, et de nombreux avions de tourisme. La foule des voyageurs facilitait le travail de David Strelli. Pour passer encore plus inaperçu, il avait revêtu une combinaison de la société de nettoyage Alfa Net, « empruntée » dans le vestiaire du personnel. Il avait également subtilisé un badge de circulation dont il avait remplacé la photo. Rendu méconnaissable par une barbe sauvage, il avait pu arpenter pendant trois jours tout l'aérogare de fond en comble, repérant lieu par lieu tous les points sensibles. Il avait également localisé deux ou trois individus louches qui pouvaient être des mercenaires de Tchevine, en particulier un clochard qui se faisait passer pour un Tzigane roumain – depuis Sofia, tout clochard lui paraissait suspect.

Selon les informations communiquées par Tretiakov, le colis contenant la matrice de l'hologramme devait arriver du Bourget par avion spécial. L'atterrissage aurait lieu vendredi matin, à 9 h 40, soit quelques minutes après l'arrivée du vol AF 7432 en provenance de Paris. Strelli arriva encore plus tôt que d'habitude. L'aérogare était presque déserte. Dans le miroir des toilettes publiques, il s'examina d'un œil critique, se caressant la barbe avec un sourire avant de contrôler l'heure sur sa montre : 9 h 34. L'Airbus A 319 d'Air France venait de se poser avec fracas et tournait en bout de piste pour revenir vers l'aérogare. Il vérifia le SIG-

Sauer P 228 à visée laser qu'il s'était procuré en Belgique, le cachant dans le logement de la roue de secours pour passer la frontière. Il avait imaginé neutraliser ses adversaires sans tirer : d'expérience, il savait qu'en voyant sur lui le point rouge du rayon laser, l'homme le plus courageux abandonnait aussitôt le combat. S'il échouait, de toute manière, il était inutile d'escompter se battre d'égal à égal avec huit hommes bardés d'armes de guerre.

Strelli entra dans la zone de service par une porte permettant au personnel au sol de passer dans l'aire de livraison des bagages. Les manutentionnaires déchargeaient les chariots sur le tapis roulant. Il passa derrière eux sans attirer l'attention et s'engagea sur le tarmac. Il n'avait pas encore détecté la présence des hommes de Tchevine : il s'en inquiéta à peine. Il était désormais trop tard pour reculer et si leur tactique avait changé, il n'avait aucune chance de réussir. Il sauta sur un tracteur de piste, le démarra et roula vers la *runway*. En bout de piste, loin de l'aérogare, un fourgon blindé gardé par deux convoyeurs, *riotguns* à la main, attendait la mallette métallique contenant l'hologramme.

Lorsqu'il vit l'avion se profiler à l'horizon, Strelli fila droit sur le camion.

Stationnés sur la route longeant l'aérodrome, trois véhicules d'apparence anodine – trois 4 x 4, un Mercedes et deux gros Toyota aux vitres teintées – étaient également au rendez-vous.

Dans la Mercedes, Rexhep Rekaliu balayait le paysage avec de puissantes jumelles à grossissement 8. Il fixa d'abord le jet, qui amorçait sa descente, puis passa au fourgon blindé. Il aperçut soudain l'agent de nettoyage qui, au volant de son engin, traversait la piste en diagonale. Il fronça les sourcils et le suivit pendant quelques secondes : qu'est-ce que ce con foutait là ?

Lorsque le jet toucha la piste, de gros nuages noirs

jaillirent sous les pneus du train d'atterrissage. Le pilote inversa le flux des réacteurs, et poursuivit sur son erre vers le fourgon. Les deux convoyeurs pointaient à présent leurs *riotguns* vers l'agent de nettoyage qui levait maintenant les mains au ciel. Rexhep régla ses jumelles. Le visage barbu lui apparut en gros plan. Il poussa un juron : il venait de reconnaître ce type ! L'enfoiré de Sofia ! Le putain de flic de la rue de Prony ! Son adversaire de Moscou ! Il lâcha les jumelles et donna une bourrade au chauffeur de son véhicule.

— Allez, à fond la caisse !

Le véhicule fonça dans le grillage qui avait été au préalable découpé, et s'engagea en trombe sur la pelouse de l'aérodrome, suivis par les deux autres voitures. Les hommes armèrent leurs fusils d'assaut Kalachnikov et leurs *riotguns.* En souriant.

Ils aimaient la bagarre et celle-ci promettait d'être facile.

Indifférent à la menace des *riotguns*, David déclinait son identité aux convoyeurs abasourdis.

— Saint-Sorin, DGSE !

Avec une lenteur calculée pour éviter une réaction malencontreuse des vigiles, il porta sa main à la poche extérieure de sa combinaison et en sortit le vrai faux passeport.

— Nous possédons des informations selon lesquelles une attaque est programmée ce matin pour voler la matrice de l'hologramme lors de son transfert à l'imprimerie des billets de la Banque de France. Vous pouvez appeler le numéro au dos de la carte, mentit Strelli en regardant le jet achever de tourner en bout de piste.

Les deux gardes étaient circonspects. Le premier regarda la photo du passeport.

— Vous ne portez pas la barbe.

— Écoutez, ce n'est pas le plus important, bordel !

Je suis le lieutenant-colonel de Saint-Sorin, et je vous répète que...

Il n'eut pas le temps de poursuivre. Il venait de repérer les trois véhicules menés par Rexhep Rekaliu, filant à pleine vitesse vers le jet qui s'immobilisait auprès du fourgon.

Il arracha son passeport des mains du garde. Il dégaina son pistolet et, sans avoir l'air de viser, braqua le rayon laser sur la tête du chauffeur de la jeep. Il tira, puis courut vers l'avion. Quand il y arriva, les convoyeurs à ses trousses, la porte s'ouvrait et la passerelle touchait le sol.

Le conducteur avait été touché et la Mercedes partait à la dérive. Mais, dressés hors des deux autres véhicules, les assaillants tiraient en l'air des rafales de Kalachnikov. Strelli fit irruption dans la carlingue.

— Redécollez ! Redécollez immédiatement ! hurla-t-il.

Le pilote ne prit pas le temps de réfléchir, remit les gaz et amorça un demi-tour pour reprendre la piste. Sous son nez, passa la jeep en perdition qui fonçait sur le bas-côté. Rexhep bondit du véhicule, son fusil d'assaut à la main. Strelli, stupéfié, reconnut le Boiteux. L'agresseur de Margaux, l'homme qu'il traquait depuis des semaines, tentait d'intercepter l'appareil ! Il était à sa portée, mais il ne pouvait le toucher. L'Albanais tira plusieurs rafales sur le cockpit. Le pare-brise explosa. Strelli eut le temps de se baisser, mais il vit le pilote s'effondrer sur son siège, une balle dans la gorge. Terrorisé, le copilote fut pris de tremblements fous, hurlant à n'en plus finir. David se rua vers les commandes, alors que l'appareil prenait de la vitesse. Il poussa le corps du pilote, sauta sur son siège. Le bout de la piste approchait à une vitesse vertigineuse. Il n'avait jamais piloté et il lui fallait improviser. Il tira le manche au hasard. L'appareil s'arracha du sol en grimpant trop vite.

Le copilote retrouva tout de suite ses esprits, et reprit le contrôle de l'avion : train rentré, dans un rugissement de réacteurs, le petit jet s'éleva, rasant la cime des arbres. À l'arrière, la carlingue était trouée en plusieurs endroits. L'un des convoyeurs, touché à la jambe, gémissait en perdant son sang. Strelli se précipita pour lui poser un garrot, puis revint dans la cabine de pilotage. Sans pressurisation possible, il était bien sûr impossible de prendre de l'altitude. L'air s'engouffrait avec une force inouïe dans le pare-brise fracassé.

— Appelez le contrôle aérien ! Il faut se poser sur l'aérodrome le plus proche.

— Limoges, laissa tomber le copilote.

Mais, au lieu de s'éloigner immédiatement de Clermont-Ferrand, l'aviateur fit un nouveau passage à basse altitude au-dessus de l'aérodrome. Strelli vit les deux Toyota 4 x 4 des agresseurs poursuivis par les gendarmes quitter en hâte la piste, laissant quatre cadavres sur le tarmac. Le fourgon blindé était en flammes. Les pompiers arrivaient, suivis – de loin – par les voitures de la gendarmerie de l'Air.

Prévoyant, il avait laissé sa voiture dans la proche campagne. Il n'avait plus qu'à la rejoindre. Et s'esquiver !

— Montez à mille pieds, ordonna-t-il.

Le copilote n'obtempéra pas. Il hurla encore l'ordre. Cette fois-ci, l'homme comprit et l'appareil grimpa. David dénicha un parachute, enfila les sangles, boucla le harnachement.

— Allez, cap à six heures. Vite !

Il lui fallait véritablement beugler pour couvrir le bruit. Le pilote jeta vers lui un œil accablé, comme s'il avait affaire à un fou. L'avion grimpa vers un nouveau palier avant de s'engager dans un long virage très sec.

Pour rester debout, David s'accrochait aux montants de la porte, restée ouverte depuis le décollage. Il se plaça en position de saut : l'opération était extrêmement dangereuse, car il risquait d'être rabattu vers l'aile. Il vit brièvement qu'en bas les agresseurs avaient réussi à semer les motards de la gendarmerie. Certes le Boiteux lui avait encore échappé, mais il était satisfait : il avait fait échouer le vol de l'hologramme. Sans trop de casse.

Il fit un salut amical au pilote et sauta dans le vide. Le bord d'attaque de l'aile passa à quelques centimètres de sa tête, le sol surgissait vers lui. Les bras étendus, il s'orientait vers une colline où, sous un bosquet, était dissimulée sa voiture. Il eut le temps de voir le jet s'éloigner avant d'ouvrir son parachute, à deux cents pieds. Filant doucement dans l'air du matin, il pouvait contempler le paysage bucolique de l'Auvergne, dominé par le cône tronqué et verdoyant du Puy-de-Dôme, qui semblait tout proche. Il rêvait n'avoir jamais à se poser.

*

Les trois accès à la rue Daru – rue de Courcelles, rue Pierre-le-Grand, faubourg Saint-Honoré – avaient été bloqués une heure plus tôt par des voitures de police.

À 11 heures était arrivé le convoi de la PJ et de la justice. Deux 405 pour les policiers, une Xantia Citroën avec chauffeur pour la juge Renée Landau et sa greffière, Sabine Bernard ; une troisième 405 Peugeot pour son escorte judiciaire et, enfin, une Mégane Renault conduite par le premier substitut Dimitri Taline. Tout cet aréopage s'arrêta sans façon en pleine voie, face au restaurant Vitocha. Des têtes apparaissaient aux fenêtres, étonnées de ce déploiement de forces.

La juge Landau sortit de son véhicule dans un mouvement gracieux, mais avec une retenue imposée par la jupe trop courte de son tailleur, qu'elle masquait sous un immense manteau noir. L'élégance et les beaux bijoux du magistrat ne parvenaient cependant pas à racheter son physique ingrat : elle était trop grande, trop sèche, et des cheveux trop fins qu'elle persistait à porter longs accentuaient son visage émacié.

Un policier frappa à la vitre du restaurant, fermé à cette heure matinale. Un aide-cuisinier en tenue pointa son nez ; il fut effrayé par la présence de tous ces importuns. Avec brusquerie, le policier le repoussa et entra d'un pas gaillard dans l'établissement, suivi par la juge et, bientôt, par toute la cohorte. Renée Landau s'assit à une table, jaugea d'un coup d'œil la valeur de l'établissement, dont une partie était occupée par un comptoir de vente au détail de produits orientaux, de poupées russes et d'icônes. Elle ordonna que « l'on fasse quérir le patron, Dimitrov Orlin Andrei ». Le malheureux employé eut beau expliquer qu'on ne le voyait jamais avant 22 heures, elle insista :

— Appelez-le au téléphone, il habite à cinq minutes d'ici, au 14, avenue Niel.

— Mais je n'ai pas son numéro, balbutia l'employé.

— Je vais te le donner, coupa l'un des policiers.

En attendant, la juge se tourna vers Taline.

— On le tient ! lâcha-t-elle. Depuis le temps que je lui cours après. Il nous a toujours échappé. Même au temps des communistes.

Le premier substitut sourit en son for intérieur : comme d'habitude, maintenant qu'ils approchaient du but, Renée Landau s'attribuait des mérites qui n'étaient pas les siens. Qui lui avait apporté, comme sur un plateau d'argent, les résultats de l'enquête sur le trafic de viandes, tous les détails sur la *giostra*[1] ? Qui avait été

1. Nom s'appliquant à toutes les opérations de blanchiment d'argent. La version latino-américaine est appelée la *vuetta*.

à Palerme en chercher les éléments les plus cachés auprès du *procuratore* Caselli ? Qui s'était échiné à nouer les fils, en apparence épars, des affaires montées par Khamylov et Minasola ? Qui lui avait permis de viser avec précision Orlin Dimitrov comme suspect majeur pour les opérations de blanchiment d'argent transitant par Paris ? Qui avait débusqué l'étrange compagnie OED ?

Taline était finalement plus amusé que déçu par l'attitude de la juge Landau : comment aurait-elle pu, elle qui ne sortait de son cabinet que pour dîner en ville, abattre le dixième de sa tâche ?

Il la regardait agiter ses cheveux et, de ses doigts couverts de bijoux, esquisser dans l'air de curieuses figures.

— Un excellent travail, vraiment, proclama-t-elle haut et fort, n'est-ce pas, monsieur le substitut ?

Taline fit la moue et écarta les bras. Agacée par cette manifestation implicite de scepticisme, Renée Landau apostropha Jean Parfait, un des policiers qui l'accompagnaient. L'homme paraissait gamin, mais il était commissaire, et non le moindre puisqu'il était sorti trois ans plus tôt parmi les premiers de l'école de Saint-Cyr-au-Mont-d'Or. Affecté depuis à l'Office central de répression de la grande délinquance financière, il en dirigeait l'un des groupes.

— Monsieur Parfait, dit-elle d'une voix curieusement amicale, rappelez donc les faits à M. le substitut.

Le commissaire sortit de sa serviette un mince document de quelques pages et lut :

— Commission rogatoire internationale délivrée par Semion Zokine, juge d'instruction auprès du tribunal de Moscou, régulièrement transmise par les voies hiérarchiques et diplomatiques.

Taline adopta l'air niais de celui qui n'aurait pas connu toute cette procédure par cœur. Mais, après tout, ils avaient du temps à perdre en attendant Dimitrov. Il cligna de l'œil vers le juge et leva le pouce en montrant Parfait.

— Oui, oui, bon, passons, s'il vous plaît, s'énerva Renée Landau. Donc ?

— Affaire visée : *avisos* frauduleux, continua le jeune commissaire. Les faits sont les suivants. L'escroquerie a été montée à partir d'une obligation légale : pour faciliter l'accession à l'économie de marché de la Russie, la Banque centrale de ce pays devait faire transiter par télex tous les ordres de paiement, désignés par le nom d'avisos. L'opération frauduleuse était conduite en trois temps : à l'origine une société Alicia Ltd, nom à consonance anglo-saxonne pour une société enregistrée en Géorgie, plus ou moins fantôme, animée – notamment – par des Tchétchènes. Elle émettait par télex un aviso en faveur de la société Bratva GMB, tout à fait réelle, celle-ci. La Banque centrale assurait le transit immédiat, sans examen préalable de la qualité et de la solvabilité du donneur d'ordre, en ouvrant un compte en réalité alimenté fictivement, par du vent. La Bratva GMB, destinataire finale de l'aviso, entrait les fonds dans ses caisses. Comme l'émetteur était, soit insolvable, soit tout simplement sans existence, l'aviso initial était en vérité inconsistant.

Taline prit la relève et, comme s'il avait été face à un jury, poursuivit en tournant autour de Renée Landau :

— Pour l'honorer la Banque centrale était obligée de tirer sur ses propres ressources. En réalité, le destinataire recevait des fonds publics détournés [1]. Parmi les

1. L'affaire des « avisos » telle qu'ici décrite est une adaptation romanesque d'une affaire authentique qui s'est déroulée de 1992 à 1994, avec notamment la complicité « d'hommes d'affaires » tchétchènes.

émetteurs, un certain Rouslan Khamylov, tandis que le dénommé Dimitrov Orlin aurait été un des bénéficiaires de l'escroquerie. Vous avez raison, madame la juge, du beau boulot, absolument. Parfait !

Il décocha un sourire au magistrat et au policier, qui referma son dossier. Il avait découvert qu'en bout de chaîne le produit de ce détournement de fonds permettait non seulement de financer le trafic de viandes avariées entre l'Italie et la Russie, mais alimentait aussi les caisses du clan Minasola en Italie. Sur ce dernier point, Taline manquait encore d'éléments à transmettre à la juge d'instruction, mais il avait la conviction d'approcher du but. Il avait lancé vers Palerme d'ultimes demandes de confirmation. On verrait bien ce qui allait se passer.

Parfait allait ajouter un complément lorsque Orlin Dimitrov, « accompagné » de deux gaillards plus que costauds, fit son entrée dans le restaurant. Sans se présenter, la juge interpella aussitôt l'arrivant. Déjà prévenu, il n'était guère surpris par le déballage.

— Dimitrov Orlin ?

— Pour vous servir, madame. Carte de séjour de dix ans et permis de travail en règle.

Il avait vécu trop longtemps sous des régimes dictatoriaux pour ne pas repérer immédiatement les représentants du pouvoir judiciaire, magistrats ou policiers. En outre, il connaissait déjà le commissaire Parfait et la presse d'investigation avait assez popularisé la juge pour qu'il ignorât ses traits.

— Comme vous le savez, chère madame, dit-il sur un ton conciliant, je vis en fait depuis près de trente ans en France.

Son accent bulgare plus fort que de coutume trahissait son émotion.

— Vos confrères de la DST...

Elle le coupa brutalement :

— Je ne suis pas policier, monsieur. Et je n'ai que faire de vos explications, nous perdons du temps. Vous connaissez les raisons de notre présence, puisque le commissaire Parfait vous a déjà interrogé.

— Il y a trois mois. Bon accueil, je dois avouer, mais franchement, cette fumeuse histoire d'avisos, je n'y ai toujours rien compris !

Le Bulgare arbora son sourire le plus ravageur et répéta :

— Je n'ai rien compris. Rien de rien.

— Eh bien, vous allez comprendre. Je suis ici pour examiner le contenu de votre coffre, et j'enregistre que vous me donnez votre accord pour cette inspection.

On ne lui demandait pas son avis. La greffière nota la formule sur son ordinateur portable. Resté debout en retrait, Taline désapprouva cette inutile brutalité. Elle voulait faire enfin tomber le Bulgare. Mais était-il utile de le rudoyer ? Le bonhomme était si malin qu'il risquait bien d'en tirer profit. Avec un peu d'adresse, il obtiendrait l'annulation judiciaire de cette perquisition.

Tout le monde se déplaça pour se regrouper devant la porte du coffre, classiquement dissimulé par un tableau derrière le bar. Dimitrov tourna les mollettes avec calme, introduisit une clé dans la serrure. Renée Landau se précipita pour ouvrir la porte : elle sortit du casier une mince liasse de billets de cinq cents francs qu'elle compta un à un.

— Sept coupures de cinq cents francs, veuillez noter, madame la greffière.

Elle avait grimacé, sans doute surprise par la modicité de la somme.

— C'est tout ?

— C'est mon fonds de caisse, madame.

— Et le reste ?

— Le reste ?

— Votre coffre ne vous sert que pour si peu ?

Renée Landau jeta un regard au commissaire Jean Parfait qui grimaça d'impuissance.

— Les notifications d'avisos, ces virements de fonds qui vous ont permis d'acheter ce restaurant, reprit-elle, où sont-ils ?

Dimitrov ouvrit des yeux désemparés.

— Puisque je vous répète qu'il n'y a rien. D'ailleurs, cette somme est inscrite dans mon registre comptable, comme vous pourrez le constater vous-même.

Il tendit un gros cahier recouvert de moleskine noire.

— Comment pouvez-vous prouver la véracité de ces comptes ? lança le magistrat, très énervée.

— Ce sont mes comptes, un point c'est tout, répliqua-t-il, lui aussi agacé. Fouillez chez moi, si vous voulez !

— Alors il faut m'avouer où vous cachez vos papiers secrets.

Dimitri Taline sourit, un sourire moqueur : la juge posait n'importe quelle question. Qu'est-ce qui pouvait lui traverser par la tête pour se conduire ainsi ? Croyait-elle vraiment que Dimitrov, rien que pour plaire à sa belle gueule, allait tout lâcher ? Il ne pouvait plus intervenir à cette phase de l'enquête, la procédure le lui interdisant. Mais il se promettait d'en faire plus tard l'observation au magistrat. Renée Landau risquait de se ridiculiser. Le Bulgare arbora une expression ambiguë.

— Je n'ai pas de papiers secrets.

— Alors comment pouvez-vous justifier les moyens financiers qui vous ont permis d'acheter ce restaurant ? Ça, il va falloir que vous me le prouviez.

Pas si folle que ça, jugea Taline. Elle entendait précisément en arriver à cette question, une des clés des nouvelles lois antiblanchiment[1] : la justice n'a pas à

1. Loi du 13 mai 1996, articles 324-1 et suivant du Code pénal.

prouver l'origine frauduleuse des fonds, c'est à la personne poursuivie de démontrer que les fonds ne sont pas frauduleux. Une démonstration le plus souvent problématique. Renée Landau eut un sourire cruel. Naturellement, elle était convaincue que le Bulgare avait mis en lieu sûr tous les papiers compromettants. Il était inutile de procéder à une perquisition à son domicile. Elle referma sa sacoche d'un petit coup de poignet sec. Orlin Dimitrov se détendit, persuadé qu'il en avait fini.

— Je pense avoir le moyen de vous faire retrouver la mémoire, dit-elle. Puisque vous ne manifestez pas le moindre esprit de coopération, je me vois contrainte de vous écrouer. Après mise en examen, cela va de soi.

Elle parut réfléchir un instant, puis énuméra :

— Recel d'ABS [1], faux et usage de faux, dissimulation de preuve !

Elle accentua son sourire angélique. Le visage du restaurateur parut se décomposer. Il lui vint à l'esprit une amère réflexion : il n'y avait guère de différence entre les pratiques judiciaires françaises et la justice bulgare autrefois, sous la terrible férule de Todor Jivkov ou de son ami Khamylov. Face à ce monde d'incompréhension et de mauvaise foi, il n'y avait aucun argument à opposer.

Il écarta les bras avec un air désolé.

— Puis-je au moins donner mes instructions à mon personnel ?

— Faites, faites, rétorqua Renée Landau, l'esprit ailleurs.

Elle enrageait de n'avoir pu faire céder sur-le-champ celui qu'elle tenait a priori pour un mafieux patenté, capable de toutes les ruses pour lui échapper.

Taline observa les policiers emmener le restaurateur.

1. Abus de biens sociaux.

Il revint vers le magistrat qui se passait la main dans les cheveux.

— Nous avancerons, malgré l'obstruction de Dimitrov.

— Espérons. Au fait, pour le dossier du Russe, Khamylov, la complicité du financier français dont il aurait bénéficié... Vous n'avez toujours rien là-dessus ? interrogea Taline en toisant la juge d'instruction.

Elle se leva, releva le col de son manteau.

— On a suivi toutes les pistes. Mais, non, rien pour le moment !

Taline la regarda sortir en se demandant pourquoi elle et les policiers ne s'étaient pas penchés avec plus d'ardeur sur le cas de Jacques-Olivier Lambert-Leroy, dont il leur avait pourtant depuis longtemps communiqué les éléments susceptibles de nourrir le dossier du trafic sur les viandes et celui du blanchiment d'argent. Le bras du ministre des Finances se serait-il étendu jusqu'à eux ? En comparaison d'une possible implication du ministre dans l'écheveau de corruption qu'il tentait de démêler avec Bellifont, les accusations contre Dimitrov relevaient de l'anecdote, juste propre à amuser le juge et sa clientèle de journalistes toujours prêts à gloser sur les procès-verbaux qu'elle leur communiquait en douce, en fonction de sa stratégie médiatique.

30

Alexei Fiodorovitch Tretiakov ne vit pas venir la maîtresse gifle décochée par Rouslan Khamylov. Un revers de la main parcheminée, mais portant de nombreuses bagues, d'une telle violence qu'il ferma les yeux un instant. Du bout du doigt, il pressa sa joue : de plusieurs éraflures perlait du sang. Quand il rouvrit les yeux, le général, bouche tordue et regard glacial, le toisait, de loin pour que ne joue pas en sa défaveur le contraste de taille.

— Qu'est-ce que c'est que cette histoire avec Dimitrov ? Ils l'ont arrêté, pourquoi ? Peux-tu m'expliquer ce qui se passe ? rugit le vieux kgébiste.

— Nous n'avons pas encore de détails, rétorqua assez sèchement Tretiakov.

Il était furieux : il estimait avoir passé l'âge de se faire tancer comme un gamin. Après tout, sans lui, le Vieux n'était plus rien. Il lui fallait sa vigueur et sa jeunesse pour continuer à imposer sa loi en Russie et en Tchétchénie, et même à l'intérieur de sa holding CaucazNeft et de la kyrielle de sociétés qui en dépendaient plus ou moins, tout le groupe Techni-Engineering et autres Drei Ecke.

Il s'avança vers la fenêtre : au loin, au sommet du mont des Oiseaux, émergeait du brouillard l'architecture pseudogothique du gratte-ciel de l'université. Il se souvenait avec nostalgie de ses études supérieures. Après tout, il aurait mieux fait de ne jamais quitter l'école de mathématiques d'Akadiemgradok, en Sibérie. Aujourd'hui, il aurait probablement été recruté par une société américaine, il aurait habité aux États-Unis.

Il arbora son expression la plus candide.

— De toute manière, Rouslan Shamilovitch, Orlin Dimitrov ne connaît rien d'essentiel. Il ne peut donc rien dire. Il a prêté ses services pour une opération dont il ignorait la mécanique. Il a encaissé des avisos pour nous. Point. Il n'a jamais été qu'un pion, juste un pion.

— Imbécile !

Khamylov s'était redressé sur ses ergots, retrouvant une partie de sa taille perdue. Tretiakov attendait patiemment que s'achève cette dégelée d'injures. Mais le vieux n'avait pas fini de cracher sa bile.

— Sais-tu qu'un pion, sur un échiquier, vaut parfois plus qu'une reine ? Petit imbécile inculte ! Je t'ai élevé comme un fils et voici le résultat !

Il avait décidé de se débarrasser du restaurateur. Quand Tretiakov expliqua qu'il était impossible d'atteindre Orlin dans une prison française, le vieux général rugit encore plus fort.

— Et cette grotesque histoire d'hologramme ? Est-ce que tu peux me dire où ça nous mène ?

— Nous avons cassé l'alliance entre Tchevine, la *bratva* de Koptevo, Nitto Minasola et les vieux mafieux siciliens. Pour mieux nous rapprocher de Vicente Minasola.

Khamylov marcha sur le Sibérien et lui martela la poitrine de son index fripé.

— Et de cette petite pute de Francesca Minasola, c'est ça que tu veux me dire, hein ?

— Absolument pas.

— Tu la baises ou bien c'est elle qui te baise, dis-le-moi !

— Vous ne...

— Tss, tss, tais-toi ! Elle t'a saisi la queue et te traîne où elle le souhaite. Et tu es définitivement trop stupide pour t'en rendre compte. Et puis il y a ce Strelli. Je n'aime pas du tout, pas du tout, la tournure des événements. Il est plus fort que je le croyais, ou bien tu n'as pas assez bien conduit la manipulation que je t'avais confiée. En tout cas, il nous échappe complètement. Nous lui avons tout donné sur Tchevine, et il s'est dérobé. Tu vas commencer par éliminer sa femme. Et ensuite, tu t'occuperas de lui. Compris ?

— Mais il peut encore nous servir contre Tchevine !

— Oublie Tchevine et obéis-moi ! Ou peut-être veux-tu simplement ma place ?

— Non, *Gospodine* général. Je suis à votre service, s'empressa de répliquer Tretiakov.

Tout en affichant un air soumis de circonstance, Liocha réfléchissait. Pour Strelli, le Vieux n'avait pas tort : le Français n'en faisait qu'à sa tête.

Il fallait en finir : il allait révéler à Francesca Minasola son rôle dans l'échec de Clermont-Ferrand. En le dénonçant, il écarterait aussi un homme dont il pressentait qu'il pourrait devenir un rival auprès de la belle Italienne.

Le Vieux poursuivait son algarade sans prêter attention à son secrétaire :

— Bien, c'est bien. Nous sommes d'accord. Je suis encore le patron, et que je n'aie pas besoin de te l'expliquer encore une fois, n'est-ce pas ?

— Parfaitement, mon général, lâcha Tretiakov en baissant la tête en signe d'allégeance.

Une allégeance à laquelle il répugnait.

— Vois avec ce Minasola pour la réunion. C'est lui le demandeur, non ?

Alexei Fiodorovitch Tretiakov était songeur. Il fallait sans doute craindre plus que jamais le vieux démon.

Mais en même temps... Un jour viendrait bien où le général ne pourrait plus être dans son dos pour vérifier s'il lui était toujours fidèle. Non ?

Il sortit du bureau sans un mot et marcha dans la pénombre du couloir en ruminant sa colère. Khamylov clopina jusqu'à la fenêtre, en surveillant du coin de l'œil la sortie de son jeune collaborateur. Voici qu'il était contesté par ses plus proches. Quelle honte ! Il vieillissait. Inexorablement. Quelques années auparavant, il aurait tué lui-même, sans discours, ce freluquet qui convoitait son empire. Et maintenant, il le laissait aller vaquer en toute liberté ! Il rêva à l'amour de son enfance, aux rires de la brune Lea Jakova Kaganov et il eut envie de pleurer comme un enfant.

*

Du sommet des montagnes, à quelques kilomètres de la côte, s'élevaient d'énormes volutes de fumée.

Un incendie ravageait le maquis déjà tant de fois brûlé. Vic observait la progression du feu à la jumelle. Il rêvait qu'il se propageait par-delà la mer jusqu'à consumer le monastère de Monreale et son prêtre maudit, quand retentit la sonnerie de son téléphone portable. C'était un appel de l'*avoccato* Pietro Santucci, le seul membre proche du clan qui ait pu se maintenir à Palerme. Son statut d'avocat et sa ruse lui avaient évité les poursuites et la prison.

— J'ai obtenu une information exceptionnelle, dit Santucci sans se présenter. Les Français sont remontés jusqu'à vous. Pour les affaires de la viande. Et ils semblent également se rapprocher de la compagnie aérienne, et de vos liens avec les Russes. Il est même possible qu'ils disposent d'éléments sur vos relations en France.

Vic avait réajusté ses jumelles et suivait une langue

de feu dévorant le flanc de la colline. Un Canadair survola la villa. Santucci parlait toujours à voix basse :

— Ils ont lancé une nouvelle demande au Parquet de Palerme.

— Bon, ça va, coupa Vic en abaissant les jumelles.

Il avait blêmi. De nouveau, comme ce feu rongeant le maquis, la colère montait en lui.

— Qui est-ce ? Qui en France prétend savoir ?

— Un magistrat, un ami de ce porc de Caselli.

— Son nom ?

— Taline. Dimitri Taline.

Vic coupa la communication, composa un nouveau numéro. On décrocha aussitôt.

— Pizza Palermo !

— Tu me reconnais ? demanda sèchement Vic.

— Comment pourrais-je ne pas vous reconnaître, Don Vic ! répondit Gesomino Salafia, un Palermitain au visage ingrat.

Ce bon père de famille, bon croyant, était propriétaire du Palermo, une pizzeria-trattoria minable dans le XVIIe arrondissement à Paris, rue Fragonard, près de la Porte de Clichy. Il habitait un minuscule deux-pièces sans confort au-dessus de la salle unique de l'estaminet fréquenté presque exclusivement par des Siciliens, qu'attiraient les spécialités de sa femme Silva.

— Bien. Tu me trouves un magistrat, Dimitri Taline, au tribunal de Paris, et tu le traites.

— Et s'il est protégé ?

— Tu te fais aider.

Vicente raccrocha avant que Gesomino ait eu le temps de poser d'autres questions. Il reprit ses jumelles et suivit la progression du feu sur les sommets. Il avait besoin de parler à Francesca. Il composa le numéro de son mobile, mais n'obtint que la messagerie vocale. Sa colère en fut décuplée.

*

À bord de son cabriolet Jaguar XK 8, Francesca Minasola quittait Genève en direction de Lausanne par l'autoroute. David Strelli était au volant. La jeune femme l'avait appelé en urgence : son chauffeur venait de se casser une jambe et elle ne voulait personne d'autre pour la conduire.

David avait trouvé ce prétexte étrange. La Jaguar venait de passer à hauteur de l'aéroport de Genève-Cointrin.

— Savez-vous que je vous admire, cher ami ? demanda-t-elle en refermant son tube de rouge à lèvres.

David ne répondit pas, se contentant de regarder la chaussée luisante de pluie.

— Sincèrement, je vous admire, appuya-t-elle. Votre femme a de la chance.

Il crispa la main sur le volant.

— Elle est dans le coma, vous appelez ça de la chance ?

— Je voulais dire... de vous avoir connu.

— Nous aurons encore de beaux jours tous les deux.

— Je vous le souhaite. Oh, j'ai parlé avec mon père tout récemment.

Il ne comprit pas l'allusion. Il ne connaissait pas la famille de Frances McManus. Il estima qu'il était peut-être temps d'en savoir plus.

— Votre père ? Je ne crois pas avoir eu l'occasion de le rencontrer.

— Directement, non. Mais, d'une certaine manière, vous avez déjà eu affaire à lui.

— Pourquoi me dites-vous tout ça ? interrogea nerveusement Strelli.

— Oh, mais parce que vous êtes en quelque sorte de la famille.

— Je n'en ai pas le souvenir.

— Certes. En tout cas, il est furieux, positivement furieux : voyez-vous, l'une de ses affaires s'est mal terminée. À Clermont-Ferrand.

Il haussa les sourcils, sans perdre de vue la route, car le moteur V 8 de quatre litres l'entraînait à dépasser la limitation de vitesse au-delà de toute mesure.

— Clermont-Ferrand ? En quoi suis-je concerné ?

— Notre ami commun, ce Russe que vous avez vu l'autre jour, Alexei Fiodorovitch Tretiakov, m'a raconté qu'il vous avait chargé de calmer les prétentions et les ardeurs de l'un de ses concurrents, Andrei Tchevine.

Autant que la vitesse le lui permettait, Strelli glissa un œil vers Francesca. Elle lui souriait.

— Ce Tchevine était précisément en affaires avec mon père, Don Nitto Minasola.

— Je croyais que vous vous appeliez McManus ?

— C'est le nom de ma mère. Vous n'avez jamais entendu parler des Minasola ?

— Jamais, mentit David.

— Eh bien voilà qui est fait. Je disais donc que je vous admirais pour votre courage. Appelons même ça de la témérité.

— Je ne comprends pas.

— Cher ami, pouvons-nous cesser de jouer au plus fin ? Je sais que vous étiez à Clermont-Ferrand, mercredi dernier et que vous avez mis en fuite à vous seul une grosse équipe de braqueurs commanditée par le dénommé Tchevine, pour le compte de mon père, Don Nitto.

Il joua le niais :

— Vous faites erreur. Je ne comprends rien à votre histoire.

La Jaguar roulait à plus de deux cent dix kilomètres à l'heure lorsqu'elle passa devant une patrouille de la police routière stationnée à une sortie d'autoroute. Dans le rétroviseur, David vit les gyrophares bleus s'allumer, tourner, et rapetisser inexorablement. Il accéléra encore. Les policiers n'avaient sans doute même pas pu relever l'immatriculation.

— Pour ce genre d'histoire, je ne suis jamais dans l'erreur. Mais ne croyez pas que je vous tienne grief de votre petit mensonge. Mes affaires ne sont pas celles de mon père. Et cette histoire du vol de l'hologramme était une très mauvaise idée. Permettez-moi donc de vous féliciter.

Strelli la vit se rapprocher de lui et lui passer les mains dans les cheveux. Elle lui déposa un baiser dans le cou.

Il se dégagea assez brutalement, en ralentissant. À cette vitesse, ce genre de petit jeu était plutôt dangereux.

— C'était en toute amitié, murmura-t-elle. Évidemment, si mon père apprenait que vous avez fait rater son affaire, il serait très, très furieux. Mais cette petite histoire restera entre nous, n'est-ce pas ? Après tout, ne vous ai-je pas engagé ?

Elle lui toucha l'épaule de l'index avant de se rouler de nouveau en boule dans son siège-baquet.

— Ne voudriez-vous pas dîner avec moi, disons, ce soir ?

— Je dois retourner à La Haye pour cette histoire de mines, vous n'avez pas oublié ?

— Bien sûr ! Alors, ce sera pour une autre fois.

Elle consulta son mobile et constata qu'elle avait un message. Elle l'écouta : Vic, voix colérique, lui demandait instamment de le rappeler. Elle referma son appareil avec agacement et se perdit dans la contemplation des nuages sombres qui roulaient dans le ciel.

Elle lui faisait le coup du charme, aucun doute. Il était clair qu'il lui plaisait, mais elle n'allait pas pour autant lui donner facilement les informations qu'il voulait lui soutirer. Elle lui avait dévoilé son vrai nom, mais cet aveu ne l'engageait à rien. Il était toujours, pour elle comme pour Tretiakov, un ancien de la DGSE. Depuis le coup de Clermont-Ferrand, il n'avait pas eu de contact avec le Sibérien. Pas un mot, pas un coup de fil. Il devait gagner la confiance totale de Francesca. Entrer dans son jeu de séduction.

Il sortit de l'autoroute à Morges, avant l'entrée dans Lausanne, car il craignait que les policiers suisses eussent organisé un barrage pour intercepter la Jaguar. Alors qu'ils abordaient la route N1 qui longeait le lac, masqué par de longs voiles de pluie, il adressa un sourire complice à la jeune femme. Elle lui répondit en dévoilant la nacre immaculée de sa dentition. Immaculée, mais carnassière. Strelli songea à Margaux. Avec un certain malaise.

Il empruntait le sentier tortueux de la simulation amoureuse, pour faciliter les confidences sur l'oreiller. Il n'avait en principe aucun scrupule. Lors de sa formation à la DGSE, il avait été préparé à toutes les situations et, surtout, à mesurer ses limites. Mais, maintenant, il ne jouait plus. Bien qu'encore dissimulés, les enjeux lui paraissaient gigantesques. Et il n'était pas aussi libre qu'il l'aurait voulu, puisque, à Henri-Mondor, Margaux voguait à côté de la vie, peut-être déjà vers la sortie.

The last exit.

31

Gesomino Salafia avait attendu l'appel de Vic Minasola pendant des années. Il avait fini par penser qu'il ne viendrait jamais.

Il s'était trompé.

Après des études primaires effectuées dans la même école que Don Vicente, il avait suivi son père Carlo Salafia quand celui-ci avait émigré à Turin, puis en France, pour trouver du travail comme plâtrier-staffeur. Un artiste. Gesomino n'en était pas un. Il était à peine capable de servir dans un restaurant tenu par un compatriote sicilien. Il avait seulement su, à force de labeur, emprunter l'argent nécessaire à l'achat d'une pizzeria. Don Vicente avait donné le complément lors d'un séjour à Palerme. En liquide.

« Un jour, lui avait-il dit, j'aurai besoin de toi et tu devras suivre mes instructions à la lettre. »

Naturellement, Gesomino s'était répandu en mille remerciements. Il lui vouait depuis une reconnaissance éternelle.

Dès le soir du coup de fil, il avait annoncé à sa femme qu'il ne pourrait pas l'aider pour le restaurant. Il était parti aussitôt se renseigner sur ce Dimitri Taline. Il avait appelé un avocat originaire de Sicile, Victor Velez, que tout le monde prenait pour un Espagnol.

Velez suivait les affaires fiscales du Palermo et avait reçu Salafia après ses consultations, vers 21 heures.

— Alors ?

— Voilà, j'ai été victime d'un vol important par un client.

— Il faut porter plainte.

— Non, c'est quelqu'un de chez nous.

— Ah ! Que puis-je faire ?

— On m'a conseillé de rencontrer un procureur, pour arranger l'affaire à l'amiable.

Victor Velez avait exprimé son scepticisme. Gesomino s'était montré insistant.

— On m'a parlé d'un homme qui s'appelle Dimitri, dit-il sans donner le nom.

— Un procureur ? Dimitri ? Non, je ne vois pas. À moins qu'il s'agisse d'un prénom.

— C'est ça. Un prénom.

— Je ne vois que Taline. Mais il est trop haut placé pour pouvoir vous aider de façon quelconque.

Le *pizzaiolo* palermitain avait paru déçu.

— Dommage. Et qu'est-ce qu'il fait ?

— Il est procureur financier. Vous savez, le genre important.

— Plus que vous ? avait demandé Salafia en jouant à merveille l'imbécile.

Velez avait souri.

— Eh oui, plus que moi.

Il ajouta sur un ton respectueux :

— C'est le patron de la section financière du Parquet. Non, vraiment, je ne vois pas en quoi il pourrait vous aider.

Gesomino Salafia s'était levé, la mine contrite, et avait pris congé.

Il était heureux : il allait enfin pouvoir exprimer sa reconnaissance à Don Vicente. Dans les meilleures formes.

Il lui avait fallu une semaine pour repérer les habitudes du premier substitut Dimitri Taline. La tâche n'avait pas présenté de difficulté car, ne s'imaginant pas en danger, le magistrat ne prenait aucune précaution.

Gesomino Salafia était fier du travail accompli.

Le septième jour, un vendredi matin, il se leva à 6 heures, se rasa avec soin, enfila une chemise blanche, noua une cravate noire, revêtit son costume du dimanche. Noir.

Il descendit dans le restaurant, dégagea une boîte métallique cachée sous le tas de bois entassé devant le four à pizza. Il en sortit un vieux Luger 7,65 mm datant de la Seconde Guerre mondiale, le déballa, le démonta pour vérifier le bon fonctionnement du mécanisme de percussion, graissa les pièces, puis le remonta avec les gestes précis et dignes d'un prêtre en train d'officier. Puis il le glissa dans sa ceinture. Il était 7 heures quand il partit à pied à travers Paris, de manière à se trouver boulevard des Italiens, près du Gramont, à 8 h 30, un peu avant l'arrivée de Dimitri Taline. Quand il vit le procureur s'approcher de la terrasse, Salafia se dressa et lui tira une balle en pleine tête, à bout portant. Il vit le crâne exploser, la cervelle gicler, l'homme s'effondrer.

Il avait payé sa dette à Don Vicente.

Profitant de l'affolement du personnel et des quelques clients, il s'esquiva « aussi vite qu'il avait frappé », comme devait l'écrire le journaliste du *Monde*, l'après-midi même. Salafia ne lut pas cet article, ni aucun autre, car il ne savait pas lire. Appliquant les instructions, il prit le premier TGV à la gare de Lyon, changea à la gare de la Part-Dieu à Lyon pour un TER en direction de Grenoble. Arrivé vers 15 heures dans la cité alpine, il se rendit directement chez Luigi Salafia, un cousin germain qui tenait, rue Crépu, près de la gare routière, une pizzeria également appelée Palermo. Aucune question ne lui fut posée et, le soir même, il montait dans un camion de fruits qui retournait à vide vers l'Italie par le tunnel du Fréjus.

Il avait honte d'abandonner sa famille, mais il espérait que Vic, son copain d'enfance, ferait rentrer en Sicile sa femme et ses deux enfants.

*

À bord de son Opel Vectra de location, David Strelli roulait sur l'autoroute hollandaise A4 en direction d'Anvers, d'où il rejoindrait l'aéroport de fret d'Ostende. Il devait y négocier les droits d'atterrissage et de décollage pour un avion d'OED : les autorités aéroportuaires élevaient des obstacles, multipliaient les arguties pour refuser cette autorisation, indispensable car il n'avait pas trouvé d'autre plate-forme pour mener à bien la délicate opération des mines.

Il ne comprenait pas pourquoi les commandos spéciaux italiens n'étaient pas déjà intervenus. Il avait pourtant fourni tous les éléments à Angelo Perotti. Mais celui-ci l'avait-il cru ? Ou avait-il vérifié l'information ? Dans ce cas, il était inutile d'espérer une action contre les barges ancrées au large d'Ancône.

Il passa la frontière sans même s'en apercevoir car les polices hollandaises et belges appliquaient avec laxisme les impératifs de sécurité imposés par les accords de Schengen[1]. Il avait fait la même constatation lors de son arrivée à l'aéroport d'Amsterdam Schiphol. Malgré son faux passeport, il estimait qu'il ne

1. Ces accords passés entre la France, l'Allemagne, l'Italie, le Benelux, l'Espagne et le Portugal, imposent à chacun des pays adhérents de faire respecter à l'intérieur de leurs frontières les lois sur la sécurité et l'immigration pour le compte des autres partenaires.

devrait pas être très difficile de détecter sa véritable identité. Mais nul n'en avait cure. Il lui semblait être devenu un *alien*, caché dans une enveloppe humaine. Il était clandestin sans l'être, on le regardait sans le voir. L'impression aurait pu être grisante, aujourd'hui elle le perturbait.

Tout en réfléchissant, il conduisait avec adresse au milieu de l'intense circulation tout en gardant un œil sur les rétroviseurs, pour identifier d'éventuels suiveurs.

Il était 11 h 01, il écoutait à la radio le journal de RFI, présenté par David Serveney.

« Le titre principal est naturellement le meurtre du substitut Dimitri Taline, ce matin à Paris, boulevard des Italiens », annonça le journaliste.

Il dressa l'oreille, croyant d'abord avoir mal entendu. Mais le présentateur insistait :

« Les enquêteurs nagent dans le brouillard. Le premier substitut Taline traitait des dossiers trop importants pour ne pas avoir une cohorte d'ennemis. Mais de là à le tuer... Aucune piste. Le seul indice est un étui de cartouche de 7,65, provenant d'une arme très ancienne. Des consommateurs évoquent la présence d'un homme en noir sur les lieux, mais la description est si fantasmatique que ces témoignages semblent douteux. Notre reporter Gilles Perez, qui connaissait bien le substitut, est toujours sur place. Gilles ? »

L'envoyé spécial amorça son compte rendu, haché d'interviews recueillies dans les environs. Strelli resserra les doigts autour du volant en cuir et accéléra comme s'il espérait mettre de la distance entre lui et ce cauchemar.

*

Jean de Bellifont rejoignait en taxi la Cour des comptes, rue Cambon où il avait rendez-vous avec Pierre

Joxe, le président. Il avait l'intention de s'expliquer sur les raisons qui l'avaient poussé à quitter le cabinet du ministre des Finances. Il venait de prendre la décision de tout révéler, estimant que le président saurait faire bon usage de ses informations. La voiture était engagée rue Saint-Honoré lorsque la radio de bord cracha un flash spécial d'Europe 1 :

« Le meurtre de Dimitri Taline, premier substitut du Pôle financier du Parquet, reste, à l'heure actuelle, toujours mystérieux. La nouvelle de cette tragédie que nous avons été les premiers à vous donner en tout début de matinée plonge le monde judiciaire dans la stupéfaction. »

— Poussez le volume ! commanda le haut fonctionnaire.

« Trois heures après l'assassinat, les motifs en sont toujours totalement obscurs, poursuivait le journaliste. Certains évoquent une piste terroriste, voire mafieuse, mais pour l'heure, les autorités gardent le silence. »

Bellifont était abasourdi par la nouvelle. Dimitri Taline, abattu comme un chien, en pleine rue ! Les pensées s'entrechoquaient dans son esprit, puis soudain, il sut qu'il n'avait pas le choix : il devait reprendre à son compte le combat contre les mafias.

— Nous allons au ministère des Finances, ordonna-t-il. Je suis très pressé, maintenant.

Il composa sur son portable le numéro de la ligne secrète d'Ernest Plivinec et lui annonça son arrivée. Le ministre parut contrarié.

Bellifont coupa la communication avec un geste de colère qui surprit le chauffeur de taxi. Il se laissa aller dans la banquette et ferma les yeux. Il devait non seulement se protéger mais encore souffler à Plivinec qu'un meurtre ne le mettrait pas à l'abri de la justice, qu'il y aurait toujours quelqu'un pour prendre la relève de Taline.

Aujourd'hui, il était cet homme.

*

En regardant – par hasard – Carole Gaessler et Rachid Arhab évoquer l'affaire au journal de 13 heures sur France 2, l'avocat Victor Velez fut frappé par une évidence : il lui fallait rapprocher le meurtre de Taline de la démarche effectuée par Salafia la semaine précédente, quand le *pizzaiolo* avait insisté pour connaître les moyens d'accès au substitut du procureur.

L'avocat composa aussitôt le numéro du Palermo, retrouvé dans ses dossiers. Personne ne répondit, malgré son insistance. Comme il voulait en avoir le cœur net, il sauta dans sa voiture, et fila rue Fragonard. La pizzeria paraissait fermée. Velez frappa à coups redoublés sur la vitrine jusqu'à l'arrivée dans la salle d'une grosse femme laide aux longs cheveux noirs non coiffés, portant dans les bras un bébé sale. La misère. Elle fit signe à l'avocat de partir, mais il insista tant qu'elle finit par entrouvrir la porte.

— Quoi vous vouloir ? demanda-t-elle.

— Gesomino Salafia, c'est votre mari ?

Elle se lança dans une série de hurlements sauvages. L'enfant éclata en sanglots. Velez avait touché juste. Entre deux hoquets, elle expliqua sa détresse :

— *Si, si*. Lui parti, rien dit. Disparu. Qui vous êtes ?

Velez fit un signe de la main en s'éloignant. Inutile d'insister, la femme ne parlerait pas parce qu'elle n'avait rien à dire : Salafia l'avait sans doute totalement tenue à l'écart de ses affaires.

Un homme ordinaire se serait précipité chez les policiers ou chez les juges pour raconter ce qu'il savait. Mais Victor Velez n'était pas un homme ordinaire : il était avocat, et Gesomino Salafia était son client. En d'autres termes, sa déontologie professionnelle, son serment d'avocat, s'opposaient à toute forme de dénonciation. Pour ce meurtre, il ne pouvait pas intervenir en tant qu'avocat, même s'il était un auxiliaire de justice. D'un autre côté, en tant que simple citoyen, il était farouchement opposé à la peine de mort, que l'exécution soit le fait de l'État ou de personnes privées.

Velez avait l'esprit vif et il connaissait toutes les ficelles : une bonne lettre anonyme adressée à l'un de ses amis magistrats obligerait la justice à prendre en compte ses révélations.

*

Bellifont, qui n'avait pas encore rendu son passe électronique permettant d'accéder aux locaux du quai de Bercy, franchit sans difficulté la barrière de garde. Un ascenseur le conduisit au dernier étage : là-bas, tout au bout de l'interminable couloir, se trouvait le cabinet du ministre, dominant la Seine. Il entra en poussant à la volée la porte du secrétariat. Les occupantes eurent l'air affolé.

— Il est là ?

— Oui, murmura sur un ton funèbre l'une d'elles.

Il pénétra dans le bureau sans se faire annoncer. Tourné vers la fenêtre, Plivinec contemplait le paysage : tout Paris, des Invalides à la TGB [1], à quelques centaines de mètres. Au centre, le chantier géant de Seine-Rive-Gauche, mêlant immeubles impersonnels de logements ou de bureaux, progressait de part et d'autre de l'avenue de France, qui s'arrêtait sur un gouffre. Une dent cariée mal soignée.

1. La bibliothèque François-Mitterrand, dite la « très grande bibliothèque », par un jeu de mots inspiré du TGV.

— Que voulez-vous encore ? demanda Plivinec sans se retourner. J'ai appris que vous aviez décidé de démissionner ?

En excellent politique, il prenait aussitôt l'offensive. Mais Jean de Bellifont n'était pas décidé à s'en laisser conter.

— Écoutez-moi, Plivinec ! Vous êtes responsable du meurtre de Dimitri Taline. Politiquement responsable.

Le ministre se retourna lentement et le regarda avec stupeur.

— Vous avez perdu la tête, mon cher. Vous parlez au ministre des Finances de la France !

— Pour peu de temps encore ! Très peu de temps ! J'aidais Taline dans ses recherches. Et ceci signifie que je vous ai pris la main dans le sac, mon vieux. Vous êtes mouillé jusqu'au cou, pris entre les griffes des malfrats !

— Reprenez-vous immédiatement.

— J'ignore combien on vous a promis pour cette vente d'avions de transport pourris, mais je sais que vous devez toucher du pognon.

— Foutez le camp, siffla Ernest Plivinec. Foutez le camp, ou je fais appeler les gardes. Je ne veux plus entendre un mot. Je ne pleure pas la perte de Taline qui n'était qu'un petit procureur fouille-merde ! Mais je vous interdis d'insinuer que je suis pour quelque chose dans ce meurtre !

— Nous identifierons toutes vos combines, où et quand doivent arriver les millions que vous attendez. Je suis parfaitement au courant du rôle de votre maîtresse.

— Vos propos sont inadmissibles. Je ne me laisserai pas diffamer, croyez-moi ! Vous courez de grands risques.

Jean de Bellifont s'approcha du ministre, l'attrapa

par l'épaule, l'obligeant à le regarder dans les yeux. Plivinec détourna la tête.

— Vous ne vous en tirerez pas. Bien sûr que je cours des risques, et je les assume. Des risques doubles : les miens, et ceux de Dimitri Taline.

Plivinec leva brusquement la main. Bellifont, plus grand et plus fort, l'attrapa au poignet, avec brutalité.

— La prochaine fois qu'on te saisira ainsi, ce sera pour te passer les menottes.

Il avait utilisé le tutoiement pour bien marquer son mépris. Il tourna les talons et quitta le bureau en claquant la porte. Il avait à faire. En premier lieu, il lui fallait joindre le procureur de la République, tout ressortir sur le dossier resté malheureusement à l'état embryonnaire, puisque seule l'enquête sur le financement du trafic de viandes avariées avait été lancée. Quant à la corruption supposée du ministre, en réalité rien n'était prouvé : il lui fallait maintenant apporter des preuves.

Le marquis Jean Daumas de Bellifont le devait à son ami assassiné ; il en allait de son honneur. Et dans sa famille, depuis des générations, on était chatouilleux sur les questions d'honneur.

32

Enfermée dans sa chambre de l'hôtel Richemond, à Genève, où elle se réfugiait pour réfléchir en paix, Francesca relisait le contrat que lui avait soumis un important client de son cabinet d'avocat romain.

Elle se laissa aller dans le fauteuil, rêveuse, troublée.

Elle pensa à Nitto, son père, qui l'avait accusée, face à face, yeux dans les yeux, d'être responsable du sabordage du vol de l'hologramme. Elle l'avait écouté sans un mot puis avait quitté Le Bœuf rouge, le restaurant genevois où elle lui avait donné rendez-vous en sachant qu'elle le voyait pour la dernière fois. Elle se rappela les balades avec lui dans l'arrière-pays palermitain, quand elle était gamine. Il la faisait rire en imitant la voix des animaux. Mais tout ça appartenait au passé. Après l'accident de Vic, Sharon avait voulu qu'elle devienne l'homme de la famille, qu'elle soit coriace, entreprenante, pour suppléer son frère. Depuis, elle ne savait pas gérer d'autres comportements que la dureté et la violence.

Et, aujourd'hui, elle était parcourue de sentiments flous, contradictoires, se sentait amollie à la pensée de David Strelli. Sa probité, sa classe, le calme dont témoignaient ses gestes, mais aussi la violence contenue que l'on devinait sous sa carapace, tout chez cet homme la fascinait. Malgré la pression exercée sur lui, il faisait face avec courage et dignité. Le véritable « homme d'honneur », c'était lui. Et elle l'aimait pour cela. Elle n'avait jamais ressenti de tels sentiments auparavant. Aucun homme, parmi ceux qu'elle avait séduits, n'était parvenu à prendre la place de son père ou de son frère. Elle était du clan Minasola et elle en était fière. Mais Strelli était la promesse d'un avenir différent, d'une liberté jamais imaginée. Elle n'entendait pas finir comme Sharon, vieillissant auprès d'un patriarche dépassé par le cours des événements. Francesca ne souhaitait plus être le chaperon virginal, la déesse adulée de Vic qu'elle voyait désormais tel qu'il était : un infirme englué dans une haine maladive. Elle refusait aussi d'être un enjeu entre son père et son frère qu'elle avait aimés au-delà du raisonnable. Elle voulait désormais vivre comme une femme ordinaire.

Strelli était reparti en Russie prendre en charge un nouvel appareil acquis par la compagnie, un MD 11 d'occasion. Elle essaya de l'imaginer parcourant Moscou. Tâche difficile, car elle ne connaissait pas cette ville. En fait, réalisant qu'elle ignorait presque tout du monde, elle désirait à présent découvrir d'autres horizons. Une évidence s'imposait à elle : elle avait envie de l'ex-colonel comme guide.

Elle jeta le contrat sur le bureau en un geste las et décrocha le téléphone pour appeler le concierge :

— Je veux aller à Paris. Quel est le moyen le plus rapide ?

— C'est pareil, madame. L'avion ou le TGV. Avec les transferts depuis les aéroports, l'avion est presque plus long. Vous avez un TGV à 12 h 41, répondit l'homme de mémoire.

— Vous me bloquez une place.

— Bien, madame.

— Avec un déjeuner.

— Oui, madame.

— Et une chambre au Crillon.

— J'ai pris note. Voudrez-vous un retour pour demain ?

— Au milieu de la journée.

— Comme direct, je n'ai que le 13 h 36, arrivée à 17 heures.

Cette suggestion de faire le trajet par TGV était la meilleure. Elle imaginait, à juste titre, que les contrôles de douane et de police étaient moins rigoureux dans les trains que dans les aéroports. Si elle était persuadée de ne pas avoir encore été repérée par les services de sécurité français, elle désirait cependant prendre toutes les précautions. De toute façon, elle estimait que le caractère impératif de ce voyage méritait de prendre quelques risques.

Deux heures plus tard, elle était confortablement assise dans une cabine de première classe, une pile de journaux sur les genoux, une flûte de champagne à la main. Au contrôle effectué dans la gare, le policier français avait à peine effleuré son passeport du regard. Un après-midi à tuer le temps, à réfléchir encore et encore.

Elle grignota son repas, puis s'endormit. Elle rêva qu'elle était à Cannes, sur la Croisette. Elle regardait un paquebot de croisière, d'un blanc immaculé, posé sur la mer immuablement bleue. Elle téléphonait à David Strelli et elle disait : « D'ici, je vois la mer et je pense à toi ! »

Il ne répondait pas. Il était dans les bras d'une autre femme. Loin d'elle.

À la gare de Lyon, elle sauta dans un taxi et ordonna au chauffeur de la conduire à l'hôpital Henri-Mondor, à Créteil. Le chauffeur maugréa :

— La banlieue !

— Vous m'attendrez, puis vous me reconduirez dans Paris, je n'en ai pas pour longtemps.

Elle lui tendit un billet de cent francs suisses qui fit apparaître un sourire sur le visage de l'homme.

— Pourboire.

Il démarra en trombe, mais il leur fallut quand même trois quarts d'heure pour atteindre l'hôpital. À l'accueil, une simple cage vitrée, un jeune homme en chemise blanche et avec une queue de cheval lui tendit un plan sur lequel il traça le chemin à suivre pour atteindre les ascenseurs bleus, au-delà de la cafétéria. L'entrée du service de neurochirurgie, au troisième, était gardée par une surveillante à la blouse jaune soleil. Elle autorisa Francesca à aller voir Margaux.

— Mais vous ne pouvez pas entrer dans la chambre. Et enfilez ceci.

Elle lui tendit une combinaison en papier bleu qu'elle revêtit par-dessus ses vêtements, puis entra dans la galerie protégée. La chambre était l'avant-dernière à droite. La Sicilienne aperçut un homme posté devant la fenêtre intérieure. Quand elle s'approcha, elle l'entendit parler dans le micro qui permettait de communiquer avec la malade. Elle l'écouta un moment évoquer des souvenirs communs, des bons moments passés ensemble, des repas, des peurs et des joies. Elle se pencha et vit Margaux, totalement immobile, les yeux mi-clos, reliée au monde par un entrelacs de tuyaux. Malgré cet horrible appareillage, elle lui parut plutôt belle. Mais la seule émotion qu'éprouvait Francesca en cet instant était de la jalousie. Ainsi cette femme était celle qu'aimait Strelli ? Elle se détourna et s'apprêta à partir quand l'homme la retint par le bras.

— Qui êtes-vous ? murmura-t-il.

Elle le regarda droit dans les yeux : ses traits étaient typiquement maghrébins, son allure celle d'un intellectuel bourgeois. Elle enregistra l'information, sans chercher à l'interpréter.

— Une amie de Margaux. Pessoa, répondit-elle en portugais. Vous me faites mal !

Mouloud la relâcha et la regarda partir presque en courant. « Pessoa. » Il étouffa un soupir. L'inconnue portait le même nom que le plus célèbre écrivain portugais dont il relisait régulièrement *Le Livre de l'intranquillité*. Un nom qui signifiait « personne ».

Francesca sortit de l'hôpital et se précipita dans le taxi qui l'attendait. Alors que la voiture roulait vers Paris et l'hôtel Crillon, une certitude s'imposait peu à peu à elle : David Strelli devait lui appartenir. Margaux Villaret, cette femme-flic, ne valait certainement pas les efforts insensés qu'il lui consacrait.

*

Au large d'Ancône, les plongeurs de combat du RUS[1] s'étaient approchés des barges en pleine nuit à bord de bateaux pneumatiques. Pour ne pas risquer inutilement la vie de ses hommes, le capitaine des *bersigliari* Marcello Maestrasi, l'officier en charge de l'opération, avait décidé une intervention sous-marine. Les services du SISMI ayant été fort avares d'informations, il ne disposait que de peu de détails sur ces péniches, ignorant en particulier le nombre de vigiles restés à bord. Il avait donc mobilisé beaucoup plus d'hommes qu'il n'aurait été nécessaire. Mais l'exercice serait excellent.

À 0 h 30, deux équipes de trois plongeurs se glissèrent dans l'eau noire de la baie, porteurs de charges de C4, attachées à de puissants aimants. Maestrasi menait lui-même le premier groupe.

Cinq minutes plus tard, ils étaient sur zone. Malgré

1. Raggruppamento Unità Speciali, 9e division du SISMI.

les micros ultrasensibles posés sous les coques des barges, il ne leur fut pas possible de déterminer s'il y avait ou non du monde à bord. Ils constatèrent que, par chance, les barges ne disposaient d'aucune protection particulière, ni filets ni mines, et n'eurent aucun mal à fixer les charges explosives sous la ligne de flottaison. Les *timers* des détonateurs furent réglés à trente minutes. Si ces bateaux étaient vraiment remplis de mines et d'obus, les grands moyens n'étaient guère nécessaires pour tirer un joli feu d'artifice. Ils regagnèrent les embarcations pneumatiques aussi silencieusement qu'ils étaient venus et s'éloignèrent d'abord à la rame, puis au moteur hors-bord quand ils furent hors de portée d'armes individuelles. Ils remontèrent enfin sur la vedette côtière qui les reconduisit à leur point de départ.

Debout dans le cockpit, Maestrasi regardait sa montre et décomptait :

— Trente... Vingt... Dix... Cinq, quatre, trois, deux, un... *Fire*, clama-t-il à forte voix, un peu exalté.

D'abord, il y eut une immense lueur, à dix milles de là. Puis le fracas de deux explosions formidables. Et, enfin, un énorme souffle qui balaya le pont de la vedette, la couchant même légèrement.

Les détonations furent entendues jusque dans la campagne environnante. Jumelles calées sur les yeux, le capitaine Maestrasi examinait encore avec attention l'horizon. La lueur n'avait duré qu'un instant. On sentait maintenant une odeur de brûlé. L'officier était très fier : il venait de démontrer aux marins qu'un *bersigliari* était tout aussi capable qu'eux de conduire de tels coups de commando.

Il descendit dans la cabine du radio, pour rendre compte, comme convenu, au commandant Angelo Perotti, qui attendait la confirmation de ce succès, quelque part dans un appartement de Rome.

— Mission parfaitement accomplie, l'information

était exacte, si j'ai pu en juger par la puissance des explosions.

L'officier du SISMI ne se posait maintenant plus qu'une question : pourquoi l'informateur avait-il choisi une voie si peu conventionnelle pour transmettre ce tuyau en or ?

*

Comme lors de ses précédents déplacements à Ostende, David Strelli avait pris en arrivant une chambre à l'hôtel Shakespeare. C'était un petit établissement tranquille et discret, à proximité du débarcadère des ferries pour l'Angleterre. De là, il pourrait diriger en toute quiétude le transfert des mines antipersonnel d'Ancône vers leur destination finale. Celle-ci, lui avait communiqué le service commercial de la compagnie, était l'aéroport de Dujambé, au Tadjikistan, sur la frontière afghane. C'était insensé : les avions auraient à survoler des milliers de kilomètres, à atterrir et à décoller plusieurs fois au-dessus de zones habitées. Le moindre incident déclencherait inexorablement une catastrophe, comme lors de l'accident de l'avion d'El Al à Schiphol, près d'Amsterdam [1].

Afin de donner aux Italiens le temps nécessaire pour intervenir et neutraliser le stock, Strelli avait tout tenté pour retarder son feu vert à l'opération. Mais il ne pouvait plus jouer longtemps la montre. Son véritable rôle risquait d'apparaître au grand jour, et ses employeurs

1. Le 4 octobre 1992, un avion-cargo Boeing 747-200 de la compagnie israélienne El Al, transportant des produits qualifiés de sensibles, notamment chimiques, s'est écrasé, lors de son décollage, sur un quartier populaire, percutant de front un immeuble de dix étages qui a été coupé en deux. 41 morts, 15 blessés graves. Et des conséquences sur l'environnement qui se faisaient encore sentir sept ans plus tard.

de la compagnie OED découvriraient les infidélités commises par leur directeur de sécurité. Il fallait se résoudre à lancer l'affaire. Il rechercha dans la mémoire de son ordinateur le numéro de téléphone indiqué par le chef des gardes chargés des péniches.

Il le composa sur son portable. La sonnerie retentit longtemps. Personne ne répondait. Bizarre. Il vérifia le numéro, le composa à nouveau. Toujours rien. Peut-être son contact au SISMI avait-il fini par trouver un moyen d'intervention ? s'interrogea-t-il sans trop y croire. Le téléphone sonnait toujours dans le vide. Pour en avoir le cœur net, il appela les renseignements internationaux et obtint le numéro de la capitainerie du port d'Ancône. L'employé ne comprit pas tout de suite le sens de la question posée :

— Des barges ? Quelles barges ?

— L'*Adria* et la *Tico*.

David entendit son correspondant éclater de rire :

— Ah oui ! Ces noms nous ont bien amusés. Mais plus personne ne peut répondre. Les deux péniches ont sauté, il y a trois jours. Un accident incompréhensible. Aucun survivant, si tant est qu'il y ait eu quelqu'un à bord.

David s'allongea sur le lit et ferma les yeux. Ainsi, il avait été écouté. Il allait s'endormir quand le vibreur de son téléphone portable posé sur la table de chevet grésilla. Il poussa un long soupir avant de prendre la communication.

— Mouloud !

— Salut. Ça va ? demanda David, la tête ailleurs. Tu es chez toi ?

— Oui, pourquoi ?

Strelli songea que si les RG avaient placé Mouloud sur écoute, ils pouvaient remonter jusqu'à lui.

— Mesure de sécurité, lança-t-il simplement.

Il coupa la communication. Mouloud Boukrane le rappela une demi-heure plus tard.

— Tu es sûr de ta cabine téléphonique ?

— Aucun problème, patron.

— Il y a belle lurette que je ne suis plus ton patron.

— Je sais, mais pour moi, c'est pareil.

— Alors ?

Boukrane lui conta par le menu la visite rendue à Margaux par la jeune femme mystérieuse.

— Elle dit s'appeler Pessoa.

— Très brune ? demanda Strelli.

Boukrane confirma, en précisant qu'elle parlait avec une voix rauque et un accent italien.

— Ça va ! Je te remercie.

— Tout va bien ?

— Oui, oui.

— Tu es sûr ?

— Ne t'inquiète pas, Mouloud. Tout est OK ! Mouloud...

— Oui ?

— Si tu vois Antonin, demande-lui...

Il hésita. Mouloud percevait bien au son de la voix de David qu'il mentait, qu'il avait de sérieux problèmes.

— ... demande-lui si elle peut donner une véritable protection à Margaux. Dis-lui que tu as eu un tuyau. Elle te croira.

Mouloud ne demanda pas d'explication. Il rassura son ami. David le remercia encore et coupa la communication. Quel motif avait bien pu conduire Francesca à Mondor ?

Il devait la voir. Le plus tôt possible. Il regarda sa montre : 18 heures. Trop tard pour sauter jusqu'à Genève, même s'il n'avait désormais plus rien à faire à Ostende, puisque le transport des mines antipersonnel était annulé *de facto*. Il appela la réception pour demander sa note. Une demi-heure plus tard, il roulait sur l'autoroute en direction de Bruxelles et du Luxembourg. Il arriverait au petit matin à Genève. Il appela l'hôtel Suisse pour réserver une chambre, tout en se demandant combien de milliers de kilomètres il avait pu parcourir depuis qu'il travaillait pour Orient Express Delivery. Il fallait mettre les choses au clair. Frances McManus ne devait absolument pas mêler Margaux à leurs affaires. Elle devait se convaincre que Strelli était parfaitement capable de tuer pour défendre la femme qu'il aimait. Il fallait qu'elle le sache, comme Tretiakov l'avait sans doute déjà compris.

*

Strelli jouait avec le couteau en argent depuis le début du repas. Francesca était plus que jamais souriante.

— Je comprends votre colère, David, murmura-t-elle en caressant la serviette de table. Mais je voulais savoir pour quelle femme vous vous battez. Une curiosité déplacée, j'en conviens, mais ne l'auriez-vous pas eue à ma place ?

— Certainement pas. J'ai toujours su respecter la vie privée des autres.

— Vos scrupules vous honorent. Mais la jalousie féminine vous est-elle donc si étrangère ?

Elle recula dans sa chaise. Le serveur apportait les plats.

Le matin même, à 7 heures, dès son arrivée à Genève, David avait appelé la jeune femme. Elle n'avait même pas protesté, mais lui avait demandé de rappeler deux heures plus tard. Elle lui avait alors donné un rendez-vous plutôt curieux :

— Vous allez à Cointrin, où un avion-taxi – un petit

Learjet 31 A – a été réservé à votre nom. Il vous conduira à Olbia, en Sardaigne.

Il avait hésité un moment avant de conclure qu'il n'avait plus rien à perdre. Il avait exécuté ces instructions. Sur place, à l'arrivée dans la petite aérogare, un homme l'attendait avec un panneau portant son nom : « Sorineau. »

— Je suis un employé de la société Hertz, avait-il dit à Strelli. Je dois vous remettre les clés d'une voiture et une lettre.

David avait ouvert l'enveloppe avec vivacité et parcouru les quelques mots jetés à la hâte : il avait reconnu l'écriture de Frances McManus. Elle lui donnait rendez-vous au Fontana d'Oro, un restaurant de Baïa Sardinia, près de Porto Cervo, la ville de loisirs paradisiaque fondée voilà trente ans sur la Costa Smeralda par l'Aga Khan.

« Soyez à l'heure. »

Quelle heure ? Elle ne l'avait pas précisé. Il avait regardé sa montre, déjà 15 h 30, examiné la carte routière : il n'avait pas vingt kilomètres à parcourir. Il s'était mis tranquillement en route. Il était arrivé moins d'une heure plus tard. Le restaurant était encore fermé. Épuisé par sa nuit de conduite, il s'était demandé s'il devait réserver une chambre d'hôtel. Épuisé par sa nuit de route, il s'était assis à la terrasse d'un café, à l'abri d'un soleil déjà chaud en ce début du mois de juin. Il s'était endormi devant son San Pellegrino.

Quand il s'était réveillé, il était plus de 19 heures. Et Francesca n'était toujours pas apparue. Dans les toilettes, il avait vérifié son état physique. Plutôt calamiteux : une barbe – presque grise – de quarante-huit heures, des cernes profonds, une lamentable ruine. Il avait haussé les épaules, puis s'était lavé longuement les mains avant de retourner sur la terrasse. Il n'était pas certain de vouloir faire bonne figure. Simplement déterminé à remettre Francesca à sa place. Pour se remonter, il commanda un Cinzano blanc.

Il était entré dans le Fontana d'Oro à 19 h 45. S'il ne rougissait plus devant les excès de luxe, cet établissement-là, croulant sous les dorures baroques et les cristaux vénitiens, dépassait toutes les bornes du clinquant italien. Il avait demandé la table de miss McManus.

Queue de pie et nœud papillon, le maître d'hôtel l'avait dévisagé de la tête aux pieds, examinant d'un œil réprobateur son blouson de toile fripé, ses jeans et rangers. De toute évidence, Strelli détonnait dans ce lieu voué aux élégances les plus extrêmes. L'homme l'avait conduit d'un air presque dégoûté jusqu'à une table en bordure de terrasse, d'où l'on pouvait tout voir, la mer et les convives, sans être vu.

S'il n'avait été la proie d'une vive colère, David se serait senti encore plus déplacé en voyant surgir Francesca drapée dans une splendide robe Versace. Ses sandales blanches Walter Steiger mettaient en valeur la délicatesse de ses chevilles.

Depuis une demi-heure maintenant, elle le noyait sous un flot de paroles, l'endormant de sa voix suave :

— Vous m'écoutez ?

— Hein... Oui, oui. Je ne fais que ça !

— Ne pensez-vous pas que Margaux serait jalouse de nous savoir ici, ce soir, comme des amoureux ?

Il pâlit, la toisa en reposant le couteau d'argent près de son assiette.

— Nous ne sommes pas des amoureux, grommela-t-il.

— J'ai dit « comme des amoureux ». Je ne prétends rien, David. Rien.

Elle mangea son poisson – du loup au fenouil – avec appétit, mais il ne daigna pas toucher à son *saltim-*

bocca. Il était venu pour mettre les choses au point et elle déployait ses filets. Il enrageait intérieurement et, pourtant, devait entrer dans ce jeu. La séduire également. Oublier en cet instant Margaux à Mondor. Imaginer qu'il était en mission avec pour objectif majeur de recueillir des renseignements. Oublier le capitaine Villaret. Il inspira profondément et versa à Francesca un verre de vin. Du frascati blanc. Elle le remercia d'un sourire plein de promesse.

— David, j'ai pensé que nous pourrions envisager pour vous une sorte de promotion.

— J'avais également la même idée, répliqua-t-il en buvant une gorgée de San Pellegrino.

La sensation fraîche de l'eau lui fit du bien. En mission. Oublier Margaux. Francesca le regardait depuis quelques secondes. Elle le trouvait excessivement beau. Viril, protecteur. Elle l'imaginait très bien en père de famille. Idéal. Une icône pour magazine féminin. Tout ce qu'elle avait exécré jusque-là. Jusqu'à sa venue.

— Que diriez-vous d'un poste de direction à OED ? J'ai vu que vous étiez très capable pour mener les affaires commerciales.

Ne pas répondre trop rapidement. Jouer la surprise. Jouer le bon chef de la sécurité flatté par la proposition de la patronne.

— Il faut que je puisse en assumer les charges.

— Je pense que vous serez l'homme de la situation. David, veuillez m'excuser pour Margaux. Je ne recommencerai pas. Je vous le promets.

Elle lui avait pris la main. La paume de la jeune femme était chaude et, d'une certaine manière, émouvante. Il la porta à ses lèvres. Oublier Margaux. L'embrassa. Sa mission. Caressa les doigts.

— Je sais ce que c'est que la jalousie féminine, croyez-moi. Et je sais aussi ce qu'est la frustration masculine.

Il lui relâcha la main qu'elle garda un instant dans l'air. Elle remit une mèche de cheveux derrière son oreille. Elle avait rougi, à peine, mais ça n'avait pas échappé à David. Il prenait l'ascendant dans ce jeu de con qu'elle lui imposait. Elle se caressa la lèvre inférieure. Il lui sourit.

— Vous savez, Francesca... Je peux vous appeler Francesca ?

— Bien sûr, dit-elle avec empressement, comme une gamine.

— Francesca. Il n'est pas tous les jours facile pour un homme de vivre sans sa femme. Je veux dire, parfois la solitude pèse. Et pour être franchement honnête avec vous, et apaiser votre jalousie, la relation qui nous liait... qui nous lie...

Il se reprit, en songeant qu'en parfait interprète de ce rôle, il en remettait peut-être un peu trop.

« Tu deviens franchement salaud, Strelli, n'aie pas la mémoire courte. Oublie-la un peu, mais souviens-toi ! Et reste sur le qui-vive ! »

— Oui, comment dire ? En fait notre relation, à Margaux et moi, est surtout professionnelle. J'ai eu le temps de réfléchir, ces derniers mois et j'ai compris d'autres choses.

Elle lui posa l'index sur les lèvres puis le porta aux siennes.

— Si je disais que je vous aime, David, ce serait stupide, n'est-ce pas ?

Elle brûlait les étapes comme tous ceux qui ne supportent pas qu'on leur résiste. Il força l'avantage :

— Ou peut-être fou... Qui sait ?

Il lui resservit du vin.

Soudain le téléphone mobile de Francesca sonna.

— Désolée, dit-elle en prenant la communication.

« Où es-tu ?

Elle reconnut la voix impérieuse et fébrile de Vicente. Sa joue se crispa, tic de nervosité qui n'échappa pas à Strelli.

— Sur l'autoroute, entre Genève et Lausanne, mentit-elle.

« Tu es seule ? »

— Bien sûr.

« Non, je sais que tu n'es pas seule ! Tu es avec cet homme ! »

— Mais qui ?

« Ne joue pas les imbéciles. Ce Strelli ! »

— Strelli ?

Elle lui lança une œillade complice. Il lui répondit d'un sourire.

« Tu vois, tu cites son nom tout de suite. »

— Strelli ? La dernière fois que j'ai eu de ses nouvelles, il était à Moscou.

« Écoute-moi, bien Francesca, je viens d'apprendre que les deux barges d'Ancône ont été détruites. Je ne pense pas qu'elles aient sauté toutes seules, d'ailleurs les commandos spéciaux de la marine italienne n'ont pas fait grand mystère de leur intervention. »

Francesca blêmit. Strelli haussa les sourcils en signe d'interrogation. Elle lui fit un geste négatif de la main.

« ... Est-ce que tu sais où se trouve Strelli en ce moment, oui ou non ? »

— Non !

« Il devait s'occuper du transfert, oui ou non ? »

— Oui ! Et alors ?

« Alors écoute bien et retiens ceci : tu dois absolument te débarrasser de cet homme. Tu connais le sens de mon ordre, n'est-ce pas ? Tu sais ce qui se passe quand on ne m'obéit pas ? »

Il coupa la communication. Elle posa son téléphone sur la table.

— Un problème ? demanda Strelli.

— Non, rien de grave. Parlez-moi encore, David. Parlez-moi.

Tuer. Tuer cet homme. David Strelli. Elle ne parvenait pas à intégrer dans son esprit cette réalité. La mort ne l'avait jamais effrayée, ni celle des autres, ni la sienne. Dans le monde où elle avait toujours vécu, la mort avait toujours été omniprésente, pesante. Mais elle ne pouvait envisager la mort de l'homme aux cheveux gris assis en face d'elle. La voix de David était d'une étonnante douceur et elle aurait voulu qu'il la prenne sur-le-champ dans ses bras. Elle hésita avant de glisser à voix basse :

— J'ai aussi réservé une chambre dans l'hôtel.

Il ne répondit pas. Oublier Margaux.

— Vous voulez qu'on attende les desserts ? demanda-t-il en riant.

— Surtout pas.

Elle se leva et il l'imita en lui prenant le bras. Il aurait voulu le lui briser sur-le-champ. Mais il avait une mission à mener.

La plus dure de sa carrière.

33

Margaux voulut regarder l'heure à la montre qu'elle portait au poignet droit. Une résistance l'en empêcha. Elle ouvrit les yeux, et ne comprit rien à ce lacis de tuyaux qui la reliait à des machines. Mais pourquoi ? Par la fenêtre, au loin, elle apercevait de grands immeubles, et des arbres qui ne présentaient plus leur aspect hivernal. Pourtant, tout à l'heure, à Moscou, il neigeait encore. C'était impossible. Elle appela. Une grande jeune femme blonde, à la fois stupéfaite et heureuse, se précipita. Margaux regarda encore par la fenêtre : le paysage ne ressemblait pas du tout à un décor russe.

— Qu'est-ce que je fais ici ? murmura-t-elle troublée à la femme qui se penchait vers elle avec prudence.

Elle entendit sa propre voix, claire et nette, et reconnut alors l'attirail médical de la réanimation lourde. Pourquoi ? Il n'y avait pas de raison pour qu'elle soit enserrée dans ce réseau de survie. L'infirmière la considéra encore pendant un moment qui lui parut interminable, avant de rire, et de courir vers la porte de la chambre d'où elle cria :

— Elle s'est réveillée, venez vite ! Vite !

Un instant plus tard, la chambre était envahie : une autre infirmière, puis l'interne de garde, puis la surveillante du service, et le chef de clinique. Le professeur

Kachina-Barn arriva enfin, pour clore le défilé. Il souriait franchement, lui aussi, et sur son visage se lisait la satisfaction d'avoir réussi.

— Comment vous sentez-vous, mademoiselle ?

— J'ai un peu sommeil, mais rien de plus.

— Ah non, ce n'est pas le moment !

— Pourquoi donc ?

— Parce que vous avez assez dormi comme ça ! répliqua-t-il d'un ton comminatoire.

Margaux ferma les yeux. Il lui semblait qu'elle avait envie d'un verre de vin. Elle commençait à comprendre.

— Depuis combien de temps ?

— Près de trois mois.

Ils étaient tous penchés vers elle, l'expression avide, intensément curieuse. L'infirmière releva la moitié supérieure du lit pour qu'elle se sente bien sans avoir à faire l'effort de s'asseoir.

— De quoi vous souvenez-vous ? demanda le professeur qui voulait tout de suite tester ses capacités mentales.

— J'étais avec David, nous roulions dans une rue à Moscou. Et puis je me retrouve ici. Trois mois ?

Curieusement, elle n'était pas vraiment surprise. Comme si, confusément, la perception du temps passé lui revenait. Trois mois, quand même.

— Où est David ?

Kachina-Barn se rembrunit, consulta d'un coup d'œil le chef de clinique qu'il avait chargé de suivre la malade. Margaux eut soudain peur. Peut-être eût-elle mieux fait de ne jamais se réveiller. Mais elle devait être courageuse.

— Il est...

— Mort ? Non. Ne vous inquiétez pas, répondit Kachina-Barn.

— Alors ?

Il mentit :

— Alors, nous allons le faire prévenir.

Il donna l'ordre à la surveillante générale de contacter la famille.

Le seul numéro de téléphone inscrit au dossier de Margaux était celui du mobile de Josée Antonin. La commissaire dirigeait une réunion de bilan avec les principaux officiers de son service. Un large sourire éclaira son visage d'habitude austère.

— J'arrive aussi tôt que possible, dit-elle brièvement.

Mais elle composa immédiatement un deuxième numéro, celui que lui avait donné Jean de Bellifont, le nouveau conseiller du Premier ministre pour les affaires de sécurité, plus spécialement chargé du dossier Strelli. Il lui avait en effet donné instruction de rendre compte du moindre événement concernant le capitaine Villaret. Elle l'informa scrupuleusement.

— Allez là-bas, voyez son état, ensuite passez à mon bureau. Ou, plutôt, non : rencontrons-nous à la cafétéria de l'aérogare des Invalides. Prévenez-moi dès que vous saurez quand venir.

Malgré l'usage immodéré de l'avertisseur à deux tons de la police, il fallut trois quarts d'heure à la commissaire et à son chauffeur pour parvenir à l'hôpital Henri-Mondor. Josée Antonin acheta chez la fleuriste, dans le hall, une immense gerbe de roses rouges : trois douzaines, plus une rose. Parvenue dans la chambre, elle posa les fleurs sur la couverture et examina Margaux. Adossée à ses oreillers, elle était presque assise dans son lit. Elle avait été coiffée, ses cheveux trop longs étaient noués en catogan et, afin de masquer la pâleur de la malade, l'infirmière l'avait légèrement maquillée. Les deux femmes s'embrassèrent avec effusion. Josée Antonin finissait par considérer sa collaboratrice comme sa fille. Naguère, elle l'avait certes vue d'un autre œil, mais, maintenant, ce n'était plus possible, trop de drames les liaient.

— Dis donc, le coma t'a profité. On dirait que tu as grossi.

— Exact, ils ont d'excellentes perfusions et le manque d'exercice est idéal. En fait, ils disent que je me porte comme un charme. Même si le professeur ne s'explique pas vraiment la longueur de mon...

Elle hésita sur le mot :

— ... sommeil, il m'a tout expliqué. L'épanchement sous-crânien est totalement résorbé. Il ne reste plus qu'à me rééduquer. Il paraît que je ne suis plus capable de marcher.

Margaux avait une faim de loup et tenta – en vain – d'avaler quelques bouchées de l'infâme bouillie que l'aide-soignante venait d'apporter : son estomac se révulsa. Il ne pouvait pas encore admettre de nourriture après trois mois d'alimentation artificielle. Hormis ce « détail », elle se sentait capable d'affronter toutes les difficultés.

— Je n'ai pas perdu une once de mon intelligence, tu sais ?

— Ah, oui, je n'en ai jamais douté.

— Alors ? demanda-t-elle en regardant Antonin droit dans les yeux.

— Alors quoi ?

— Pourquoi David ne vient-il pas ?

Josée Antonin se composa un visage de circonstance et mentit avec son talent habituel :

— Nous n'avons pas encore pu le faire prévenir.

— Pourquoi ? Il est sur une opération ?

— Pas vraiment.

Margaux fronça les sourcils. Ses yeux devinrent plus sombres.

— Qu'est-ce que tu me caches, Josée ? Dis-le-moi !

— On va d'abord te sortir d'ici et ensuite, tu verras David, répondit Josée en embrassant la jeune femme.

Elle aurait voulu dire la vérité, mais Margaux était encore trop fragile pour le supporter.

*

Mouloud Boukrane avait effectué, comme chaque jour, le long trajet jusqu'à l'hôpital par le métro. Dans le grand hall, il acheta un joli bouquet chez le fleuriste, ainsi que des journaux : si Margaux était réveillée – il espérait toujours –, elle apprécierait.

L'ascenseur bleu, le troisième étage, le couloir en forme de labyrinthe menant au service. Il parcourut le trajet trop connu comme un automate. Il s'apprêtait à continuer jusqu'à la chambre quand il fut bloqué à l'entrée du service par la surveillante :

— Votre amie n'est plus là, dit-elle. Inutile d'y aller.

Elle désigna du menton la direction de la chambre. Il trouva la formule absconse.

— Ah, elle a été transférée ?

La femme esquissa une grimace.

— D'une certaine manière, oui.

Il eut soudain peur, son cœur se mit à battre avec violence. Margaux, sa meilleure amie !

— Que voulez-vous dire ? Où est-elle ? Vous ne voulez pas dire que...

Elle hocha la tête, sans parler. Il fut pris d'un étourdissement. On l'installa sur une chaise. Il se réveilla au bout de quelques instants d'absence, en s'excusant.

— Vous n'avez pas à vous excuser. Elle s'est réveillée, comme ça, vous savez, ça arrive plus souvent qu'on ne le croit et puis...

— Qui était là ? Strelli ? David Strelli ? Est-ce qu'il était là ?

— Je ne sais pas. Il y avait des ambulanciers escortés par des flics, oui. Ils ont téléphoné une heure plus tard, pour annoncer qu'elle n'avait pas supporté le transfert. En fait, elle vivait toujours quand elle est partie d'ici, elle allait bien. Enfin...

— Quand ?

— Hier en fin d'après-midi.

— Merde ! lâcha-t-il en serrant le poing. Où l'ont-ils mise ?

— Au Père-Lachaise. Je l'ai appris par la suite. Oui, au Père-Lachaise. Je n'ai pas compris non plus pourquoi ils se sont tellement dépêchés pour la faire incinérer.

Il ploya le dos, comme si on lui avait donné un coup violent sur la tête. Elle renifla, au bord des larmes.

— J'avais fini par m'attacher à cette fille. À part vous, monsieur, elle avait si peu de visites, et jamais un coup de téléphone pour prendre de ses nouvelles. C'est horrible.

Effondré, Mouloud Boukrane ne répondit pas. Il devait absolument joindre David. À tout prix. Lui transmettre la cruelle nouvelle. Il quitta le service de neurochirurgie en jetant son bouquet et ses journaux dans une poubelle du hall. S'il avait pu, il aurait hurlé de rage et de désespoir.

*

Pour cette circonstance exceptionnelle, Jacques-Olivier Lambert-Leroy s'était déplacé en personne. Il avait atterri la veille sur l'aéroport de Figari à bord de son Falcon 900 EX. Ce type d'appareil ne surprenait pas dans cette partie de la Corse, où la densité au mètre carré de hautes personnalités est particulièrement élevée.

JO2L n'avait jamais rencontré Don Vicente Minasola.

Il fut moins frappé par son infirmité que par ses yeux fiévreux, au point qu'il se demanda si le Sicilien n'abusait pas de l'opium pour apaiser ses souffrances physiques. Et surtout morales. Quoiqu'un peu exalté, Vic fut charmant avec son hôte.

Usant des moyens de transport les plus divers, et venant le plus souvent de la mer, les autres invités se succédèrent toute la soirée et jusque tard dans la nuit. JO2L vit ainsi défiler les représentants de toutes les grandes familles criminelles du monde occidental : les Siciliens de la Cosa Nostra – mais Don Nitto avait été exclu –, leurs cousins de Naples et des Pouilles, leurs parents de New York – dont l'inévitable et croulant James Nicholls – et de Chicago ; Andrei Sergueievitch Tchevine, malgré les retentissants fiascos de Metz et de Clermont-Ferrand, avait consenti à sortir de sa tanière de Brighton Beach pour conduire les Russes de Moscou, accompagnés de leurs affidés américains et de leurs alliés de Tel-Aviv ; il y avait aussi les Tchétchènes et les Abkhazes, menés par le général Khamylov et Alexei Fiodorovitch Tretiakov, et accompagnés de leurs vassaux autrichiens et slovènes groupés sous la houlette d'Hans Kanter ; étaient également présents les Géorgiens, les Ukrainiens, les Bulgares, les Albanais et leurs frères kosovars auréolés de leurs victoires contre les troupes de Slobodan Milosevic, tandis que la délégation des mafias turques fermait la marche.

En bref, le ban et l'arrière-ban, la fine fleur du crime organisé. Même JO2L qui n'avait jamais peur de rien en avait des frissons dans l'échine. Il ne manquait que les Triades chinoises et les Yakuzas japonais, mais Vic lui expliqua en aparté que les négociations engagées n'avaient pas abouti, faute de temps et pour des raisons de préséance. Seuls les Serbes avaient décliné l'invitation, tout en se déclarant intéressés : ils avaient eux aussi quelques comptes à régler avec les puissances occidentales.

Les questions de protocole et de sécurité avaient été confiées au clan corse des Pénitents noirs, dirigé par Dume Poggio : si Vic permettait au propriétaire de jouer le maître des cérémonies, il se réservait la logistique. Aussi les invités étaient-ils conduits par des hommes en combinaison et cagoule noires vers leurs appartements, où ils étaient placés sous bonne garde jusqu'au matin. Cette disposition avait été prise pour prévenir d'éventuelles frictions entre des hommes souvent très ombrageux.

Minasola craignait plus que tout une altercation entre Khamylov et Tchevine, les adversaires de toujours. Il n'ignorait pas qu'ils ne s'étaient jamais rencontrés. Il avait donc pris des dispositions exceptionnelles pour éviter un affrontement. Tchevine était escorté par deux de ses hommes. Il portait un costume noir qui affinait sa silhouette. Il était particulièrement tendu. Son ennemi était là, devant lui, plus vieux et plus petit qu'il ne l'avait imaginé. Cet homme à la chair parcheminée lui inspirait autant de dégoût que d'effroi : ses méthodes avaient été telles, il avait envoyé tant de dissidents et de droits communs au Goulag que l'ancien *zek* s'attendait au pire.

Le Sicilien joua les entremetteurs :

— Ah ! voici Andrei Tchevine... C'est un homme impulsif, mais on peut aussi compter sur lui.

— Je n'en ai jamais douté, rétorqua avec un sourire empreint de méchanceté le vieil homme.

Face à face, ils restaient impassibles. Un peu en retrait, les gardes du corps de Tchevine ne perdaient rien des gestes de l'un et de l'autre... D'un mouvement rapide de la main, le plus jeune des deux ouvrit soudain sa veste et, avant que quiconque ait réagi, brandit un pistolet.

Don Vicente était catastrophé. Sa prudence avait été inutile.

Maintenant tous les hommes de main avaient dégainé leurs armes. On allait à l'affrontement. Il y eut quelques secondes d'un silence absolu, de mort. La tension était à son comble. Serguei Tchevine esquissa une grimace qui se voulait un sourire. Avec la plus grande lenteur, il tendit la main pour saisir le pistolet du plus proche de ses gardes par le canon, puis il le présenta à Khamylov.

— Rouslan Shamilovitch, permettez-moi de vous offrir ce modeste présent.

Le général regardait avec stupéfaction le cadeau. Un Tokarev très commun, peinture écaillée. Puis il leva les yeux en une interrogation muette vers Tchevine.

— Les gardes d'Isolator 57 l'utilisaient avec zèle, précisa celui-ci. Mais je m'en suis quand même sorti.

Khamylov esquissa à son tour un sourire. Il fouilla l'une des poches de son pantalon et en retira un petit objet d'acier très oxydé.

— Je n'ai que ceci à vous remettre en échange, Andrei Sergueievitch, mais, qui sait ? Il pourra peut-être vous servir, un jour ou l'autre.

L'objet était une clé, une clé plate, très ordinaire. Décontenancé, Tchevine la retournait en tous sens.

— Nous comprendrons que c'est un symbole, précisa Rouslan Khamylov. N'avez-vous jamais rêvé de clés depuis votre retour à la vie ?

Le tintement des trousseaux de clés agitées par les gardiens, le choc des clés sur les portes métalliques, la musique des clés sur les barreaux. Les clés. Leur bruit lui rappelait Isolator 57. Andrei n'avait jamais cessé d'être abasourdi par leur cliquètement dans ses rêves. Khamylov répondait à sa provocation par une provocation. Il prit l'objet et le fourra dans sa poche.

Vicente Minasola soupira de soulagement.

Le début de la réunion plénière était prévu à 15 heures, après un repas léger. Il n'y avait pas d'alcool, pour ne pas échauffer les esprits.

Abrités du soleil printanier, déjà chaud, les sièges avaient été disposés sur la terrasse comme dans une salle de conférence. Une petite table en bois dressée sur une estrade face à la mer était destinée au Maître de Palerme.

Un peu en retrait, assise sur une chaise de jardin en plastique blanc, Francesca Minasola, les mains sagement posées sur sa longue et ample robe prune imprimée de motifs abstraits gris clair, était l'image même de la décence respectueuse.

Seule femme dans cette assemblée, elle s'ennuyait ferme. Son esprit s'était évadé loin d'ici, vers un ailleurs indéterminé, quelque part en Europe : où David Strelli était-il aujourd'hui ? Elle avait lu dans *Le Monde*, sans surprise, la notice nécrologique consacrée au capitaine Margaux Villaret. Elle en avait éprouvé à cette lecture un bonheur étrange. Mais lui, comment vivait-il cette situation ? Il n'avait plus donné signe de vie depuis déjà plusieurs jours.

Don Vicente Minasola se réserva un instant de méditation, plongeant ses yeux d'un bleu de glace dans la contemplation de la mer et les îles Lavezzi, cailloux blancs jetés sur la surface azur de la mer. Puis il prit la parole, rappelant en quelques mots les raisons pour lesquelles il les avait tous convoqués après avoir conçu son projet de guerre contre l'Occident.

— Vous avez tous accepté de participer à la « Grande Alliance » qui doit permettre de briser la cohésion des puissances occidentales face au crime. La Grande Alliance est une idée majeure, mais encore faut-il l'adapter au péril que représente l'Europe. Nous sommes réunis, aujourd'hui, pour célébrer notre accord et la réussite prochaine de la plus grandissime des actions jamais menées contre les vrais gangsters, les gouvernements et les juges, qui dictent au monde leurs lois scélérates et leurs volontés. Le temps est venu pour nous d'imposer par la contrainte les décisions nécessaires afin de faire plier ces soi-disant États de droit.

Il ouvrit un gros dossier posé sur la table, parcourut rapidement la première page. Un silence pesant était tombé, seulement troublé par les vagues tranquilles qui battaient la grève, en contrebas.

Il exposa sa stratégie :

— La mise en place progressive de l'euro, jusqu'à son instauration définitive, doit susciter une période de désordre très favorable aux affaires que nous menons habituellement car les contrôles sont encore approximatifs, menés par les institutions étatiques dans des conditions souvent aberrantes. L'échange des anciens billets nationaux contre les nouvelles coupures européennes sera une aubaine dont il faudra profiter pour introduire massivement des faux billets et pour blanchir les fonds aux origines douteuses.

Il brandit un document.

— J'ai ici un rapport établi par la Bundesbank sur les opérations d'échange des marks de l'Est contre ceux de l'Ouest. Dans tous les pays de l'ancienne sphère communiste, d'immenses fortunes ont été accumulées par les anciens apparatchiks et agents secrets des services de sécurité. Et, très certainement, par des banques et des financiers occidentaux se déclarant tout à fait honorables. Or, l'opération euro représente un enjeu des dizaines de fois supérieur en valeur. Nous devons prendre notre part. Certains d'entre nous s'activent déjà pour produire de fausses coupures.

Il jeta un regard à Francesca qui lui sourit tristement. Puis il fixa Tchevine qui se contenta de rallumer son cigare, un gros Partagas.

— Je ne suis pas certain que cette voie soit la meilleure : il est préférable de sous-traiter, de contrôler les circuits, pour nous emparer du maximum de profits sans prendre de risque. Pour faire fructifier ces profits nous avons toujours le marché américain, et nos amis que je salue ici.

Il adressa un geste amical de la main aux vieux mafiosi de la délégation américaine. Il éternua, se moucha, s'excusa, avant de poursuivre :

— Ceci concerne l'avenir immédiat, c'est-à-dire les quelques années à venir. Mais il faut voir la suite, et c'est là mon propos principal : le désordre, la corruption, les contradictions représentent nos plus beaux espoirs de richesse. L'ordre étatique, l'application ferme de règles claires sont extrêmement défavorables aux affaires qui font notre pain quotidien. Et c'est pourquoi la construction européenne est profondément dangereuse pour nous.

Il se redressa soudain dans son fauteuil d'infirme.

— L'Ordre social et économique est notre ennemi ! hurla-t-il. Nous n'avons pas besoin d'ordre. Pour vivre, il est nécessaire que des conflits et des guerres en-san-glan-tent le monde. Des fleuves de sang et de misère, des meurtres, des hordes de pauvres hères lancées sur les routes. Voyez tout ce que nous avons gagné avec la guerre dans les Balkans que nous avons contribué à envenimer en poussant les ultranationalistes serbes et russes à résister à l'OTAN. Nous avons vendu des armes, nous avons récupéré les fonds de l'aide internationale, nous avons dépouillé les réfugiés, nous avons aidé la bande au pouvoir à Belgrade à cacher le fruit de ses rapines, en prenant notre pourcentage au passage. Nous avons volé, racketté, tué et, quand la paix a été signée, nous avons prélevé notre dîme sur les aides multiples versées aux victimes. Nous avons gagné sur tous les tableaux. Nous ne pouvons admettre que la construction européenne vienne troubler nos affaires en prétendant instaurer une zone de droit, de paix et d'ordre sur les territoires qui nous appartiennent, que nous nous sommes irrévocablement partagé.

Il frappa un violent coup de poing sur la table. Ce qui parut le calmer.

— Voilà, j'ai dit, se contenta-t-il d'assener en guise de conclusion. Pour parvenir à cette fin, dans votre propre intérêt, nous avons tous besoin de tous, de votre coopération.

— Tout cela est bien beau. Mais comment procéder ? lança d'une voix insolente Demirel Izmir, le chef de la délégation turque.

On entendit un toussotement, et une voix chevrotante. Toutes les têtes se tournèrent vers le plus ancien des conjurés, le général Rouslan Shamilovitch Khamylov. La plupart d'entre eux connaissaient son abominable réputation.

— Souvenez-vous de Carlos, laissa-t-il tomber. Souvenez-vous de la réunion de l'OPEP, à Vienne, le 20 décembre 1975 [1] ! C'est nous qui l'instrumentions, à l'époque, je suis bien placé pour le savoir, j'étais en charge de ce dossier. Je vous propose de recommencer l'opération. Un sommet des quinze chefs d'État européens doit se tenir dans quelques semaines à Versailles.

Alexei Tretiakov comprit alors le sens de la tirade à propos de la galerie des Glaces que lui avait tenu ici même le Sicilien.

— Nous allons prendre en otage tous les présidents d'Euroland, continua Vic pour appuyer les propos du vieillard. Pas question d'une opération d'amateurs

1. Le meilleur récit de cet événement a été fait par Hans-Joachim Klein, dans *La Mort mercenaire*, Le Seuil, 1980, préface de Daniel Cohn-Bendit. Réfugié pendant près de vingt ans en France, surnommé « Klein Klein », l'auteur a été arrêté en 1999 et extradé en Allemagne quelques semaines plus tard.

comme ces imbéciles de fascistes qui ont tenté de s'emparer de Paris, voilà quelques années. Nous n'avons pas besoin de mercenaires. Nous avons nos hommes à nous, bien entraînés.

Il consulta son dossier, et poursuivit, en adoptant sa voix douce des plus mauvais jours. Il avait tout prévu.

— Aux commandos russes et caucasiens de percer les défenses des policiers et des militaires ; aux Américains de fournir les moyens financiers nécessaires – ils y ont déjà largement contribué d'ailleurs ; aux Turcs, aux Bulgares et aux Albanais d'acheter les armes qui seront transportées sur place par nos avions ; aux Italiens, Siciliens, Napolitains et Calabrais, tous unis – un rêve que n'osa même pas faire Garibaldi, plaisanta-t-il –, de se charger de l'ultime tâche, les exécutions individuelles.

Il leva la tête, fixa son regard loin devant lui sur l'horizon. S'exaltant de nouveau, il poussa un grand cri qui fit sursauter l'assistance.

— Nous avons votre appui. Nous allons gagner. Avec votre aide.

Francesca se leva, glissa quelques mots à l'oreille de son frère.

— Tu es trop fatigué, il faut te reposer, maintenant.

— Strelli est-il toujours vivant ?

— Vic, nous en avons déjà parlé. Il peut nous aider, crois-moi.

— Je ne le laisserai pas te corrompre, tu m'entends ? Est-ce que tu m'entends ?

Elle lui fit « oui » de la tête et il parut se tasser dans son fauteuil. Deux Pénitents noirs s'approchèrent pour le descendre de l'estrade. Il lança une ultime apostrophe :

— Adieu ! À Versailles !

Il fut escamoté par ses gardes du corps.

Le soleil plongeait maintenant dans la mer, incendiant les montagnes et les côtes. Abasourdis et excités à la fois, les hommes se levèrent pour rejoindre, toujours sous bonne escorte, leurs appartements.

Francesca s'accouda à la rambarde de la terrasse. Le regard perdu dans le spectacle de la mer qui noircissait, elle rêvait. Elle désirait Strelli, voulait à nouveau sentir son odeur. Lui parler jusqu'au bout de la nuit. Lui apporter le réconfort dont il avait sûrement besoin.

Prendre définitivement la place de la morte, de cette femme flic !

34

Les ambulanciers lui avaient sans doute fait avaler un sédatif puissant car elle s'était tout de suite endormie.

Quand elle se réveilla au milieu de la nuit, Margaux n'identifia pas le lieu où elle se trouvait. La chambre était beaucoup plus vaste qu'à l'hôpital, et les équipements moins médicalisés. Elle avait soif, elle sonna. Elle fut stupéfaite de voir entrer non pas une infirmière, mais un policier en tenue de combat, un homme du RAID. Sa stupéfaction fut à son comble quand elle reconnut l'un des anciens membres du GROCOS [1] retourné à son corps d'origine, le brigadier Honoré Saint-Sergent, un Martiniquais originaire de Sainte-Anne qui lui souriait.

— Saint-Sergent ? Que fais-tu ici ?

— Je vous garde, lieutenant.

— Capitaine !

— Vraiment ? Je ne savais pas...

— Tu me gardes ! martela Margaux.

— Oui. Parce qu'il paraît que vous êtes en danger. Enfin, je suis la consigne. Vous connaissez !

1. Voir Philippe Madelin et Yves Ramonet, *23 heures pour sauver Paris*, Éditions de l'Archipel, 1998.

Il rit de bon cœur. Malgré le risque évoqué, il ne semblait guère inquiet.

— En danger ? Mais de quoi ?

— Aucune idée. En tout cas, je suis votre infirmière et votre valet. Que désirez-vous ?

— Boire.

— Oui, ça, vous avez le droit.

Il sortit un instant, revint avec une bouteille d'eau d'Évian et un verre. Elle but avidement : quelques jours étaient passés depuis son réveil et elle commençait à se réaccoutumer à une alimentation normale.

— Tu peux me dire où nous sommes ?

— Non. Interdit.

Elle n'insista pas. Elle avait trop l'expérience de ces policiers incorruptibles. À l'image de David. Elle sentit une douleur sourde lui comprimer la poitrine.

— Bon, je vais redormir, on verra tout ça demain matin.

À peine le brigadier eut-il refermé la porte qu'elle tenta de se lever. Elle était persuadée qu'elle en était capable, tant elle se sentait bien. Mais elle ne tenait pas debout et tomba lamentablement au pied de son lit. Elle en aurait pleuré de rage. Le bruit de sa chute avait été faible et, pourtant, Saint-Sergent entra tout de suite, la prit dans ses bras avant de la reposer sur le lit avec une douceur inattendue, presque de la tendresse, étonnante chez une telle montagne de muscles.

— Je vous en supplie, capitaine, il ne faut pas recommencer, après c'est moi qui me fais engueuler !

— David... Je veux voir David, gémit-elle en enfonçant le visage dans l'oreiller.

Saint-Sergent resta debout près du lit, sans dire un mot. Quand il l'entendit pleurer, il préféra sortir.

Josée Antonin alluma sa cinquième cigarette. Il était 5 heures du matin et elle n'était toujours pas parvenue à s'endormir. Elle se leva et alla dans le salon, plaça dans le lecteur de CD le *Requiem* de Andrew Lloyd Webber, dirigé par Lorin Maazel. Elle pensa qu'elle était une vieille pute irrécupérable. Elle se haïssait. Pourquoi avait-elle accepté l'idée de Bellifont ? Pourquoi ?

En sortant de l'hôpital après avoir constaté le réveil de Margaux, Josée s'était fait conduire par son chauffeur à l'aérogare des Invalides, pour rencontrer le conseiller du Premier ministre. Assis devant un guéridon de marbre, il l'attendait en sirotant un Perrier rondelle. Elle avait découvert avec surprise l'aspect du haut fonctionnaire, qui semblait la caricature d'un aristocrate dégénéré. Comme mû par un ressort, il s'était dressé pour s'incliner devant elle, avec une délicieuse courtoisie et, en prime, un baisemain. Pour une fois, ces manières d'homme raffiné avaient plu au commissaire. Elle avait commandé un whisky.

— Une vieille pute, maugréa-t-elle en écoutant la voix de Placido Domingo envahir le salon.

— Il l'aime tant que ça, cette fille ? avait demandé Bellifont sans préambule.

— Qui ?

— Cet enfoiré de Strelli !

Elle avait souri en entendant ce juron fort éloigné de la politesse grande famille. Cependant, même dans l'injure, le ton restait distingué.

— Je crois, oui, avait-elle répondu sans savoir où il voulait en venir.

— Nous n'avons plus que lui pour remonter dans cette nébuleuse. Il y a du crime, mais je sens autre chose. Malheureusement, Strelli est trop malin. Je dirais presque qu'il est profondément pervers, il semble anticiper toutes nos décisions.

— Vous le surestimez. C'est un grand professionnel, mais quand même !

— Très bien. Alors, j'ai pensé à quelque chose d'un peu tordu. J'imagine que cela ne sera pas trop pour vous déplaire, n'est-ce pas ?

Elle n'avait pas répliqué, attendant de voir venir. Quelle conne avait-elle fait. Elle aurait dû l'envoyer chier. Et, pourtant, n'avait-il pas raison ? Strelli déconnait depuis trop longtemps pour être innocent. Elle devait le dire à Margaux, une fois pour toutes.

— Je vous parle de mon projet parce que Haller veut vous en confier l'exécution.

Elle ne pouvait refuser, bien sûr.

— Nous allons le faire sortir du bois en lui infligeant la plus terrible des douleurs.

Il s'était penché en lui murmurant à l'oreille :

— Nous allons utiliser la mort de cette fille comme appât. Astucieux, non ?

— Vous n'allez pas la tuer ? Je m'y opposerai, les armes à la main, s'il le faut ! avait-elle rétorqué, outrée.

Elle s'était rendu compte trop tard qu'il l'avait piégée en la contraignant à laisser la passion enflammer sa réponse. Bellifont avait posé sa main sur la sienne, pour la calmer. Il avait une poigne solide, et même lourde, qui obligeait à obéir. Il avait haussé légèrement les épaules.

— Je vous croyais plus intelligente !

Antonin s'était dominée.

— Après tout, c'est votre affaire ! avait-elle dit sur un ton banal et plat qui manifestait sa lassitude.

— Notre affaire, madame. Dois-je être absolument clair ? S'il le fallait, je la ferais tuer sans le moindre scrupule, les affaires d'État exigent parfois des sacrifices. Mais c'est inutile, en l'occurrence. Elle n'a pas à mourir. Il faut seulement que tout le monde la croie morte. C'est bien le diable si Strelli ne vient pas aux nouvelles.

Il s'était levé, lui avait baisé la main, ramassé sa serviette de cuir fauve avachie et quitté la cafétéria par la porte donnant sur l'arrêt du bus 93.

L'alliance d'une vieille pute et d'un rapace du pouvoir. Elle se dégoûtait. Elle arrêta la musique et revint se coucher. Strelli était le seul coupable. Elle n'avait rien à se reprocher. Tout était de la faute de cet imbécile qui avait tout raté, et elle devait le dire à Margaux. Point barre.

*

Le mercredi matin, une infirmière vint apporter à Margaux son plateau du petit déjeuner. Elle ouvrit les volets métalliques des fenêtres protégées par des barreaux.

— Je m'appelle Joëlle, madame. Je suis chargée exclusivement de vous.

Peut-être serait-elle un peu moins discrète que Saint-Sergent. Margaux tenta le coup :

— Très bien, alors vous devez pouvoir me répondre : où suis-je ?

— Je n'ai rien le droit de dire, mais votre amie viendra tout à l'heure, marmonna la femme.

— Mon ami ?

Son cœur battit plus fort.

— Oui, la femme qui vous accompagnait quand vous êtes arrivée hier.

Au bord des larmes, Margaux entendit le claquement métallique d'une clé dans la serrure. Joëlle avait disparu.

Trois mois absente du monde.

Le personnel soignant lui avait expliqué à l'hôpital qu'elle était restée trois mois dans le coma. Mais que s'était-il passé durant cette période ? Avec, dans son cœur, des questions fondamentales : pourquoi ces mesures de sécurité exceptionnelles dans cette maison inconnue ? Pourquoi David ne venait-il pas la voir ? Elle n'avait parlé à Josée Antonin qu'une fois, à son réveil. Elle tenta à nouveau de reconstituer ses souvenirs. Mais ils s'arrêtaient tous dans le paysage moscovite recouvert de neige. Après l'euphorie qui avait suivi sa reprise de conscience, elle se sentait maintenant épuisée. Jamais plus, lui semblait-il, elle ne pourrait faire le moindre effort physique, ou même se concentrer.

Elle ne toucha pas à son petit déjeuner, pleura encore, et se rendormit. Toujours en larmes.

Quand elle se réveilla, Josée Antonin était assise dans le fauteuil, plongée dans la lecture d'un livre. *Le Procès-Verbal* de Le Clézio. Margaux fut surprise : elle ne l'avait jamais vue lire.

Par la fenêtre, derrière les vitres et les barreaux, elle apercevait les arbres d'un parc, en l'occurrence des marronniers dont les feuilles étaient déjà apparues. La lumière était printanière.

— Alors on se réveille ?

— Quelle heure est-il ? Quel jour sommes-nous ? Et où se trouve David ! Où est-il ?

Elle était trop faible pour crier et cela l'irrita une nouvelle fois.

Antonin regarda sa montre.

— Il est exactement 14 h 32, nous sommes le 21 mars et c'est le premier jour du printemps. Et tu as été installée à Goussonville, à l'ouest de Paris, dans un château transformé en centre de rééducation. Tu dois y séjourner au moins six semaines pour te remettre de l'immense épreuve physique que tu as subie.

Elle dut aider Margaux à se redresser.

— Qu'est-ce qui s'est passé ?

— Tu as reçu un choc violent sur la tête pendant une bagarre.

— Le toubib m'a dit quelque chose comme ça. Je me souviens vaguement d'une rue de Moscou. Puis plus rien. Comme un rêve qui se dissipe.

— Rien d'autre ?

— Non, rien.

— « Amnésie temporelle. » Peut-être récupéreras-tu une partie de ta mémoire. Tu as été trépanée pour faciliter la résorption du caillot de sang, mais tu as refusé de te réveiller.

— Pourquoi étais-je là-bas ?

— Nous aimerions bien le savoir. Strelli ne s'en est jamais clairement expliqué.

— Qu'est-ce qu'on me cache ? Dis-le-moi, tenta de crier Margaux en saisissant l'avant-bras de Josée.

— Tu ferais bien de l'oublier, ma chérie. De l'effacer, tirer un trait. Strelli est passé de l'autre côté du fleuve.

— De l'autre côté du fleuve ? Ça veut dire quoi « de l'autre côté du fleuve » ?

— Écoute, je vais te parler comme si j'étais seulement la commissaire Josée Antonin, ta patronne. Nous avons tout lieu de penser que le lieutenant-colonel Strelli a trahi son service, la France, et toi par la même occasion.

— Non !

Margaux était horrifiée. Elle fut tentée de retourner dans le sommeil où elle avait vécu ces derniers mois. À quoi bon se réveiller pour entendre de telles abominations ?

— Trahi. Trahi. Comment en être certain ?

— Les preuves recueillies par les différents services de police et par la DGSE ne laissent malheureusement aucun doute : David Strelli est devenu un malfrat, d'autant plus dangereux qu'il conseillait Haller et connaît dans ses grandes lignes la stratégie du gouvernement contre la mafia.

Margaux Villaret secouait la tête. Elle ne parvenait pas à admettre cette information. David, impossible ! Antonin lui décrivit ce qu'elle savait de la folle dérive suivie par Strelli depuis « l'accident » de Moscou.

Elle raconta l'engagement par la compagnie d'aviation suspecte, les missions de plus en plus douteuses qu'il aurait effectuées, le tuyau donné aux voyous qui avait provoqué la tragédie de Metz.

— Je ne te crois pas, Josée. Quelle combine tordue as-tu encore concoctée ? Je sais que vous êtes capable de tout, mais là... Non !

La commissaire la regarda avec une tendresse empreinte de pitié.

— Je ne peux pas te mentir, ma chérie. Impossible. Je peux simplement te dire que je regrette de t'avoir parlé un peu tôt, j'espérais que tu serais capable d'encaisser la vérité et tu ne l'es pas.

La jeune femme se rebella :

— Je me sens parfaitement apte à comprendre que vous me mentez.

Josée Antonin esquissa une expression accablée.

— Nous avons toutes les preuves.

Margaux était effondrée. Mais elle ne croyait toujours pas un mot de « l'horrible vérité » que venait de lui assener sa patronne. Une trahison lui semblait totalement incompatible avec ce qu'elle savait de David. Il lui fallait tirer au clair cette affaire au plus vite. Sortir d'ici, écourter son séjour dans cette prison. Elle fit semblant de se rendormir pour mettre un terme à cette insupportable conversation.

*

Au cœur du cimetière du Père-Lachaise, qui étend ses alignements de tombes monumentales étranges et baroques au sommet d'une haute colline, à l'est de Paris, un curieux ensemble attire l'attention du promeneur : face à face, un bâtiment massif dominé par une cheminée, aux allures de chaufferie industrielle, et un long mur sombre percé d'innombrables alvéoles. Il s'agit du crématorium et du columbarium. Du feu au repos éternel.

Un jardinier habillé d'une combinaison verte, le crâne protégé par un immense chapeau de paille, s'approcha en poussant une brouette de métal. Il portait une barbe mal taillée, avait l'air assez misérable et marchait avec difficulté, le dos cassé par un lumbago. De temps en temps, il s'arrêtait pour ramasser une feuille morte ou un morceau de papier avec un bâton prolongé d'une pique. De la façon la plus parfaitement innocente, il parvint ainsi au pied du columbarium. Son regard vif parcourut rapidement les alvéoles, celles de la troisième rangée à partir du bas, il repéra sans le montrer la plaque recherchée qui portait l'inscription :

Margaux Villaret, 15 novembre 196., 12 mars 200...

Sobriété absolue. Les lieux de naissance et de décès n'étaient même pas mentionnés. De loin, même l'observateur le plus attentif n'aurait pu repérer la larme qui coula sur sa joue. Il l'essuya machinalement d'un revers de main, empoigna fermement les brancards de la brouette et s'en fut, poursuivant sa modeste tâche. Il disparut au coin d'une allée.

Le lieutenant Jean-Baptiste Cuvelier et le capitaine Noël Dondedieu, qui appartenaient à la section de recherche de la DCRG, étaient chargés de planquer là de 15 à 18 heures et d'appréhender toute personne correspondant au signalement de David Strelli.

— Il est verni, ce type. Payé pour ramasser les vieux papiers ! Ce n'est pas à nous que ça arriverait, s'exclama le lieutenant sur un ton gouailleur.

Dondedieu planta son regard trop clair dans celui trop sombre de Cuvelier.

— Non, moi je n'aimerais pas. On se fait chier ici. Et puis cette veille m'emmerde. Viendra jamais, Strelli. Trop vieux renard pour tomber dans un tel panneau.

Il mordit dans un gros sandwich baguette-jambon-beurre, tout en observant avec inquiétude les épais nuages qui accouraient de l'ouest. Ils allaient encore avoir droit à une bonne averse. Cela rendit l'officier furieux, d'autant plus qu'il venait d'être frappé par une évidence : il avait déjà croisé ce jardinier en montant vers le columbarium. Mais tout à l'heure, il portait des bottes en caoutchouc alors qu'il chaussait maintenant des mocassins.

Il fila en courant vers l'allée où avait disparu l'homme, suivi par Cuvelier qui ne comprenait pas la précipitation de son chef. Derrière un amoncellement de détritus, ils découvrirent un jardinier, évanoui : dans la poche de sa chemise, l'homme avait un billet de cent dollars. Près de lui, au fond de sa brouette, se trouvait sa combinaison de travail, soigneusement pliée. Dondedieu poussa un juron en jetant son sandwich dans un tas de feuille morte. Strelli !

« Trop vieux renard ! »

Au même instant, Strelli quittait le cimetière par la sortie donnant sur l'avenue du Père-Lachaise. En quelques pas, il fut place Gambetta, plongea dans le métro, direction Porte de Bagnolet. Il avait pris le risque de stationner son Opel Vectra immatriculée en Hollande rue Le-Vau, une voie peu fréquentée, parallèle au boulevard Mortier. Il connaissait parfaitement le quartier, qui lui avait servi naguère de lieu d'entraînement pour s'initier aux techniques de la filature.

Il avait appris la mort de Margaux en lisant une édition du *Monde* vieille d'une semaine, trouvée dans la salle d'attente de l'agence de location Hertz à Schiphol où il était allé chercher sa voiture. Le quotidien lui avait fait l'honneur d'une nécrologie, sur non moins de deux colonnes où était rappelé le rôle éminent du capitaine dans l'affaire de Paris, au sein du GROCOS. Bien informé, le rédacteur, Erich Inceyan, spécialiste des affaires de police, s'étendait même sur les exploits de Margaux pour traquer l'argent sale. Il n'y avait pas de doute. Strelli avait appelé le service de neurochirurgie de l'hôpital Henri-Mondor, en se faisant passer pour un collègue rentrant d'une mission à l'étranger, afin de connaître la date de l'enterrement. Il lui fut indiqué qu'elle avait été incinérée dix jours plus tôt et que ses cendres avaient été déposées au columbarium du Père-Lachaise, au cours d'une cérémonie strictement intime.

Mouloud, malheureusement, n'avait fait que confirmer le désastre.

À peine assis à son volant, David laissa monter la peine, le chagrin, le désespoir. Morte. Elle était morte sans lui. Il n'avait pas pu être là pour l'aider à passer. Point final pour les élans du cœur. Il tourna la clé de contact et démarra sans hâte.

Sur le périphérique, il roulait si lentement que des automobilistes furieux ne cessaient de lui lancer des appels d'avertisseur et de phares. Mais il ne pouvait conduire plus vite, tant les larmes l'aveuglaient. Il réussit à se maîtriser en approchant de la porte de la Chapelle où il prit la direction de l'autoroute du Nord.

Mais pourquoi, bon Dieu de bordel, l'avait-il laissée se lancer dans cette folle aventure moscovite ? Il était totalement abattu, traversé par la tentation du suicide. Là, maintenant, juste un écart pour se faire percuter par cet autocar. Ou, encore, accélérer à fond pour s'encastrer sous le châssis de ce camion, devant lui. Il n'en eut pas le courage. Et s'en voulut de cette veulerie. Il pourrait aussi filer à l'autre bout du monde. L'Afrique du Sud, l'Australie. Non ! Il n'avait pas le droit de se comporter n'importe comment ! Il devait à Margaux d'aller jusqu'au bout de ce qu'ils avaient entrepris ensemble et qui l'avait menée, elle, à la mort.

Et, s'il réussissait à atteindre le Boiteux, cette fois, il n'hésiterait pas. Ni scrupule, ni grandeur d'âme. Il le tuerait.

35

Margaux était bel et bien prisonnière dans cette maison à la superbe architecture classique, qui n'était rien d'autre qu'un mouroir pour personnes âgées.

Certains jours, il lui semblait qu'elle était elle-même l'un de ces patients passifs qui, faute de pouvoir vivre normalement, attendaient leur mort. Par les immenses fenêtres, elle ne se lassait pas de contempler les arbres du parc. Quand tout était tranquille dans la chambre, un moineau, toujours le même, se posait sur le rebord de la fenêtre et la regardait en agitant avec une brusquerie comique sa petite tête, fixant sur elle ses yeux perçants. Elle le jalousait : au moins pouvait-il voler, lui ! Elle avait pourtant fini par l'aimer : il était le seul à vraiment s'intéresser à elle, sans rien attendre en retour, même pas une miette de pain puisqu'une vitre impossible à ouvrir les séparait.

Elle avait été admise dans l'établissement sous son faux nom de Cécile de Saint-Sorin. Pas de téléphone. Il lui était interdit de communiquer avec l'extérieur. Elle ne pouvait sortir de sa chambre sans escorte.

Malgré les rebuffades de Margaux, la commissaire Antonin avait continué à lui rendre visite, tous les deux ou trois jours. Dire qu'elle gâtait la convalescente était très en dessous de la réalité : elle la couvait comme une mère, la couvrant de cadeaux, ne venant jamais sans un livre, un bouquet de fleurs, ou une cassette vidéo pour le magnétoscope qu'elle lui avait offert.

Margaux acceptait les présents, visage fermé, regard sombre, sans remercier. Elle était décidée à ne pas se départir de son agressivité tant qu'Antonin ne lui aurait justifié cette claustration. Elle n'avait rien cru de ses explications sur les mesures de garde rapprochée prises pour des raisons de sécurité par un certain Jean de Bellifont.

— Bellifont ? Qui est ce type ?

— Un ami de Dimitri Taline.

Margaux avait arboré un air maussade. Antonin lui avait alors également appris l'assassinat du substitut du procureur.

— Taline suivait le dossier des affaires financières imputées à la mafia au Parquet de Paris. Certains ont de bonnes raisons de croire que c'est Strelli qui l'a donné.

Margaux s'était emportée. Elle considérait comme impossible que David fût passé à l'ennemi sans autre forme de procès.

— Et ce Bellifont, il joue aussi les fouille-merde ?

— Il est conseiller du Premier ministre, tout nouveau au cabinet, spécialement chargé de suivre le dossier Strelli.

— Arrêtez avec ça, Josée ! « Le dossier Strelli. » Mais vous ne croyez quand même pas à tout ce cirque ! David ne peut pas être mêlé à tout ça !

— Puis-je te préciser que la malade qui a pris ta place à Henri-Mondor est décédée deux jours après ton départ ?

Margaux avait ouvert ses grands yeux. L'incrédulité avait fait place à de la méfiance. Que cherchait Antonin ?

— Et alors ?

— Et alors ? Eh bien, en pleine nuit, une infirmière qui n'a jamais été identifiée lui a injecté du phénol. La mort a été instantanée. Tu comprends mieux les mesures de sécurité ?

— Ce n'est pas sérieux ! Qui pourrait vouloir me tuer ?

— David a peut-être la réponse, avait répondu, perfide, Antonin.

Mais elle s'était évidemment bien gardée de préciser que cette incarcération était aussi la seule manière d'accréditer la nouvelle de sa mort.

Margaux serra les dents en achevant une série de flexions des bras, alourdis par des haltères. Elle était épuisée. Elle se coucha sur le plancher de bois dur. Son regard se perdit dans les moulures du plafond. Elle remontait très vite la pente. Chaque jour, elle se sentait plus à l'aise, plus forte. Plus vindicative aussi. Fatiguée par ses longues heures de gymnastique, de musculation, ses dizaines d'aller et retour dans la petite piscine intérieure de l'établissement, elle s'acharnait, animée par une formidable volonté. Elle comprenait que David avait été pris dans un engrenage fou. En fouinant en Autriche, puis à Moscou, ils avaient gêné trop de monde. Elle était persuadée qu'elle seule pouvait l'aider à prouver son innocence. Elle devait le retrouver. Au plus vite.

Elle se leva et se contempla dans le miroir face au lit. Après avoir grossi pendant son coma, elle avait maigri brusquement. Faute d'appétit, elle ne mangeait pas assez, elle détestait cette nourriture de collectivité, et elle dédaignait le saumon sauvage, le foie gras, le caviar, les gâteaux et autres friandises apportées par Josée. L'impatience la rongeait, la fureur d'être enfermée dans ce château, cette prison dorée. Il lui fallait sortir, à tout prix.

Dans sa solitude, et sans tenir le moins du monde compte de son état physique, elle n'avait cessé de tricoter des plans d'évasion, toujours plus tordus. Mais les jours passaient et elle ne trouvait rien de convaincant. Utiliser le brigadier Honoré Saint-Sergent lui semblait le moyen le plus évident pour parvenir à ses fins. Mais elle devait aussi agir sans impliquer sa responsabilité, pour lui éviter les sanctions. Après tout, c'était un bon copain, bienveillant, toujours aux petits soins et dont l'humour et les contes créoles la ragaillardissaient depuis une semaine.

À force de ruminer, il lui vint une idée. Risquée mais jouable ! Il fallait d'abord convaincre Josée Antonin de lui apporter quelques vêtements personnels.

— En tant que prisonnière, j'ai quand même le droit de retrouver une allure civilisée, non ? avait-elle lancé avec insolence en savourant, pour la première fois, le caviar que la commissaire s'obstinait à lui apporter.

— Mais bien sûr. Ça te fera du bien. Je te trouve en pleine forme, tu sais. C'est du béluga, tu aimes ?

Margaux l'avait d'abord regardée avec une mine espiègle puis, le visage soudain assombri, avait rétorqué :

— Ça me rappelle Moscou, mais il est très fin. Bon, je vous ai fait une liste. Vous trouverez tout, chez moi, dans les placards de ma chambre. Josée, ça ne vous gêne pas, au moins, de faire ça pour moi ?

— Qu'est-ce que tu t'imagines ? Je souhaite ton rétablissement, le plus tôt possible. Je te ramène tout ça ce week-end, ça ira ?

— Ça ira.

Après les vêtements, elle avait émis le désir de se refaire une beauté, coupe des cheveux chez le coiffeur, soins du corps, séance d'UV, manucure. Antonin avait accepté et ordonné au brigadier Saint-Sergent de chercher une esthéticienne aux Mureaux, l'agglomération la plus proche. Trop heureux de voir le capitaine Villaret revenir à la vie, le policier avait trouvé l'adresse d'un salon de beauté et pris rendez-vous.

La Clio de service se gara en face du salon. Saint-Sergent regarda sa montre. Il était 10 heures. Il vint tenir la portière pour Margaux.

— Antonin veut que vous soyez de retour pour le déjeuner, capitaine.

— Elle a peur que je devienne anorexique. Au moins, en ressortant d'ici, je serai une anorexique bronzée, répliqua Margaux en lui lançant un clin d'œil.

Elle entra dans le salon tandis que, adossé à la voiture, il s'allumait une cigarette.

Pendant qu'une assistante remplissait sa fiche, Margaux repéra que la boutique disposait de deux portes : l'entrée des clientes, et celle du fond, utilisée par la propriétaire des lieux pour se rendre dans son logement. Elle demanda d'abord la séance d'UV. Elle aurait ainsi plus d'une demi-heure pour s'esquiver sans que Saint-Sergent, la patronne de la boutique ou une assistante ne s'inquiètent de sa disparition. Elle s'installa dans la cabine située au bout du couloir, près de la seconde porte, et attendit tranquillement cinq minutes sous les projecteurs. Après s'être rhabillée en hâte, elle entrebâilla le vantail. Personne. Quelques secondes plus tard, elle arrivait dans la cour d'immeuble, laquelle communiquait avec la rue par une grille.

La Clio attendait toujours bien sagement à dix mètres. Margaux observa Saint-Sergent, plongé dans la lecture de *L'Équipe*. Elle fila en sens inverse. Manquant encore d'équilibre, il lui semblait être ivre. Mais elle était animée d'une telle volonté que rien ne pouvait plus l'arrêter. Ni la fatigue, ni la faiblesse physique. Elle tourna dans la première rue pour disparaître dans la ville, où elle repéra un panneau indiquant la direction de la gare.

Pour rentrer à Paris, elle avait tout simplement décidé de prendre le train. Ses réflexes jouaient bien : après quatre semaines de remise en forme, elle avait retrouvé toutes ses possibilités. Mais où se réfugier ? Son appartement, rue Mahler, serait sous surveillance dès l'annonce de sa fuite. Elle n'aurait même pas le temps d'y récupérer des affaires, son second passeport et l'argent en liquide qu'elle conservait dans un petit coffre. Tant pis. Elle passa en revue les autres solutions. L'inspiration lui vint dans le train : qui serait assez pervers pour l'imaginer dans la famille de Mouloud Boukrane, à La Courneuve ? Certes, Antonin finirait bien par vérifier, mais cela lui laissait assez de temps pour y trouver de l'aide. Elle s'acheta une carte téléphonique à Saint-Lazare. En déguisant sa voix avec un mouchoir, elle appela le jeune Beur depuis une cabine. Elle tomba sur l'une de ses sœurs qui lui indiqua qu'il ne devait pas rentrer avant le lendemain. Margaux inventa rapidement une histoire, expliquant qu'elle était une amie de Mouloud et que, poursuivie par les assiduités d'un homme violent, elle avait besoin de se mettre à l'abri.

Son interlocutrice n'eut pas l'air surprise :

— Venez. Si vous voulez, je viens vous chercher au métro Porte-de-Paris, à Saint-Denis.

— Je trouverai.

— Non, non, chez nous, vous ne trouverez pas, et les taxis ne veulent pas toujours venir.

— Bon, OK ! Disons dans une demi-heure.

— Parfait. Oh, au fait, je suis Yasmina.

— Moi c'est... Cécile.

Margaux se souvenait maintenant de la sœur aînée de Mouloud, sa préférée, animatrice de rue dans la Cité faute de pouvoir trouver un emploi d'assistante de direction. Elle jugea que Yasmina aurait fait un excellent agent en mission : laconique, efficace, précise, sans questions superflues. Elle sourit : Mouloud avait peut-être déjà initié toute sa famille aux méthodes des services secrets.

*

Depuis la nuit de Sardaigne, Francesca ne cessait d'appeler David. Pas une demi-journée sans qu'elle le joignît sur son portable. Elle le croyait entièrement acquis. Elle ne pouvait savoir que la mort de Margaux avait bouleversé la donne. L'esprit ailleurs, Strelli était irrité par cette insistance, mais il ne voulait pas le lui dire. Il ne devait pas. Pas encore. Après avoir songé à tout laisser tomber, il avait tenu à poursuivre jusqu'au bout le jeu de la séduction afin de soutirer le maximum de confidences. Il devait savoir où elle se trouvait. Avec qui, et pourquoi !

Et, soudain, le silence pendant trois jours. Pourquoi ? Ce mutisme l'inquiétait ! Que s'était-il passé ?

Puis, sans explication sur ce blanc dans leurs rapports, elle l'avait rappelé à Moscou pour lui confier une nouvelle tâche, de caractère exceptionnel, sans en préciser la nature.

« Tu sauras tout à Genève ! », lui avait-elle dit, la voix gonflée de sensualité.

Il avait sauté dans le premier avion. Pour ses escales dans la ville suisse, David ne pouvait se permettre de descendre au Richemond, au-dessus de ses moyens. Trop en vue, cet hôtel était l'objet d'une surveillance stricte, moins de la police genevoise que des espions du monde entier. Il préférait un établissement plus modeste, mais plus commode, l'hôtel Suisse, face à la gare de Cornavin.

Il ne se passait pas un instant sans que la pensée de Margaux ne lui arrache les tripes. Morte. Morte ! Une semaine déjà ! Seulement... La souffrance ne cessait de croître, flux noir qui le détruisait de l'intérieur.

D'une certaine manière, l'hôtel Suisse était un havre de paix où il pouvait se recueillir, loin des contingences de sa fonction.

Dès qu'il entrait dans sa chambre, il allumait la télévision et la réglait sur l'une des chaînes françaises retransmises par le câble, et s'endormait, épuisé de chagrin et de fatigue. Ce mercredi soir comme les autres jours, il se fixa sur *Euronews*. Tandis qu'il se changeait – il devait dîner avec Francesca –, il écoutait les informations sans regarder l'écran. Soudain, une phrase du présentateur le fit bondir :

« Les services de l'Assemblée nationale ont bien voulu nous communiquer les images exceptionnelles tournées par leurs caméras cet après-midi. Pendant la séance des questions d'actualité, on peut y voir le Premier ministre René Haller se défendre bec et ongles contre les attaques de l'opposition. Et, soudain, regardez bien... »

Strelli se précipita. Il vit René Haller porter sa main à la poitrine, en plein discours. Une grimace, un rictus, la manifestation d'une violente douleur. Puis il parut s'affaisser sur lui-même. Des députés se précipitèrent dans sa direction.

« À proximité immédiate, parmi les élus, plusieurs médecins. Ils se sont aussitôt relayés pour procéder à un massage cardiaque, tandis qu'on amenait une trousse de secours. Une injection de trinitrine lui a été faite, vous le voyez. En vain : le Premier ministre a été transporté de toute urgence au Val-de-Grâce où il est décédé à 18 h 37, victime d'un infarctus du myocarde foudroyant. Ce décès jette la consternation non seulement dans les milieux politiques, mais dans la France entière. »

David Strelli se laissa tomber sur le lit. Il était abasourdi. Haller était le seul qui aurait pu accepter de bloquer les actions lancées contre lui par ses anciens collègues de la DGSE, ses « amis » des RG, de la DST, et même ses anciens subordonnés du GROCOS, qui avaient pour mission de l'intercepter et de le ramener en France à tout prix. Ils n'étaient que deux à tout connaître : Josée et le Premier ministre. Plus personne ne le soutiendrait désormais. Ni secours, ni couverture, de qui que ce soit. Margaux, Haller... Il était victime d'une malédiction. Il avait péché par orgueil et on le punissait comme il le méritait.

La sonnerie du téléphone le tira de ses sombres pensées :

— Mme McManus vous attend à la réception, annonça le concierge.

Il se rhabilla, n'importe comment.

Enfouie dans un fauteuil du lobby, Francesca lisait un magazine. Dès qu'elle perçut la présence de David Strelli, elle lui adressa un sourire radieux.

Cette femme ne cessait de le stupéfier avec sa manière d'alterner charme et violence. Ce soir, elle paraissait être dans un de ses bons moments : sous sa fourrure, elle portait une « petite robe » de grand couturier, quelque chose d'arachnéen de Christian Dior. Il se pencha pour lui baiser la main et l'aider à se relever. Elle lui tomba dans les bras, sous prétexte d'un faux pas.

— Embrasse-moi ! dit-elle.

C'était plus un ordre qu'un désir avoué. Malgré son envie de remonter dans sa chambre, seul, il s'exécuta.

— J'adore tes lèvres.

Il ferma les yeux. Elle crut déceler du plaisir là où il n'y avait que de la douleur.

— Un taxi nous attend dehors. Nous allons dans un bistro traditionnel de Genève, le restaurant L'Hôtel de

Ville. Pas extraordinaire, mais c'est mieux que rien. Tu es superbe, David.

Il se contracta. Ils se glissèrent dans le taxi.

— Que s'est-il passé ? lui demanda-t-il, en forçant son ton de reproche.

— J'étais en Corse, *amore mio* !

— J'ignorais qu'il n'y avait pas de téléphone en Corse.

— J'y étais pour une affaire importante et confidentielle ! Nous étions très nombreux.

— Je comprends.

— Non, tu ne comprends pas, David, tu m'en veux de ne rien te dire, mais c'est mieux pour nous deux. Un jour, peut-être, cette nuit, qui sait ?

Elle posa sa main sur la manche de sa veste, juste un mouvement du bout des doigts pour affirmer son emprise sur lui. Il n'avait jamais remarqué que les mains conservaient une épaisseur paysanne. Il en fut paradoxalement contrarié.

— Tu vas devoir retourner à Moscou.

— Tu ne m'as pas fait venir de là-bas pour me dire ça ?

— Pas seulement ! Pas seulement... Mais les communications ne sont pas assez sûres pour ce que j'ai à te confier. Encore une fois, je te demande d'assurer personnellement le convoyage d'un chargement tout à fait spécial de Moscou à Beauvais. Tout est prêt. À l'aéroport de Sheremetievo, ils t'attendent pour décoller.

Elle refusa d'en dire davantage, mais lui promit la vérité à son retour de Russie. Sur la Corse, et les projets qu'elle nourrissait pour eux.

Strelli se renfrogna. Le dîner fut vite expédié. Il pensait rentrer seul à l'hôtel Suisse. Mais Francesca insista pour l'y accompagner. Elle avait décidé de s'encanailler dans ce « bouge » – comme elle disait. Il hésita avant de la faire monter. Il se demanda si ce soir, neuf jours seulement après la mort de Margaux, et trois heures après celle de Haller, il aurait le courage de jouer les Don Juan.

Penser à la mission. Oublier tout le reste. Enterrer le passé.

Il était un soldat. En plein combat. Pas d'états d'âme. Pas maintenant !

*

Dans son bureau de Bercy, Ernest Plivinec avait presque aussitôt été informé de l'accident cardiaque du Premier ministre. Du coup, il n'avait plus bougé : il avait assez de culture médicale pour comprendre que le chef du gouvernement était condamné, même si l'on parvenait à le maintenir en vie quelques heures ou quelques jours. Quand parvint la nouvelle du décès, il se retint pour ne pas exploser de joie. Son chef de cabinet se crut obligé de venir aux nouvelles. Avec un triste visage, il le pria de le laisser seul, et se carra dans son fauteuil en allumant une cigarette. Il souffla un rond de fumée avec un sentiment de plénitude. Haller était mort ! Bon débarras. Ce vieux con lui barrait la route depuis trop longtemps. Maintenant, la voie était déblayée.

Il appela sa secrètaire et lui demanda de faire préparer la vedette *Bercy* montée par un équipage des garde-côtes de la douane. Imaginé par Pierre Bérégovoy et formalisé par Dominique Strauss-Kahn, ce mode de transport original permettait au ministre des Finances de rejoindre au plus vite, sans craindre les embouteillages, tous les centres de pouvoir de la capitale. Il avait choisi de débarquer à l'Assemblée nationale. Son heure était enfin arrivée, il n'y avait pas lieu d'être absent.

L'ascenseur privé le conduisit directement du bureau

au bateau, qui déborda aussitôt et s'engagea sur la Seine, l'étrave dressée. Comme ses prédécesseurs et, à la grande fureur du préfet de police, Plivinec ordonnait au commandant de bord de filer à pleine vitesse, plus de quarante nœuds, au lieu des trois autorisés pour préserver les berges. Le ministre appela l'Élysée sur la radio du bord – dont les émissions étaient cryptées. Le président de la République était en communication avec l'épouse de René Haller, et lui fit savoir qu'il le rappellerait dès que possible. Plivinec coupa la communication en réfléchissant à son destin. Il comptait exploiter cette opportunité exceptionnelle, cette vacance du pouvoir, cette émotion, pour s'imposer avec son parti. Il allait d'ores et déjà exiger du président d'assurer, en tant que ministre d'État, l'intérim du Premier ministre. Bien sûr, il restait lucide : son manque de poids politique l'empêcherait peut-être d'entrer en vainqueur à l'hôtel Matignon, mais à ce poste, il aurait assez d'influence pour jouer les trouble-fête, bloquer les combinaisons qui ne lui convenaient pas, empêcher l'ascension de ses adversaires et ennemis.

La vedette longeait le Louvre. Plivinec admira le musée, dont il déplorait seulement l'immonde pyramide souhaitée par François Mitterrand. Peut-être, comme Premier ministre, pourrait-il en imposer la destruction ? Il ricana : ce n'était pas le plus important. Sa nouvelle fonction lui permettrait surtout de négocier son soutien contre la conclusion de certains contrats qu'il couvait depuis longtemps. Entre autres, l'achat des Iliouchine 76. Soixante millions de dollars. Un argent vital pour la survie de sa formation politique et aussi susceptible de lui procurer un train de vie plus confortable. Oui, il serait nommé Premier ministre et il ne lui serait plus difficile de faire plier Lambert-Leroy. Le négociant, qui avait osé lui faire l'affront de l'aumône d'un prêt, ne lui avait presque plus donné de nouvelles depuis sa visite à Bruguière-Albagnac. Très bien : dès son installation rue de Varenne, il exigerait le versement immédiat de la totalité de la somme sur ses comptes en Suisse.

Satisfait, il sourit en jetant un regard indifférent au musée d'Orsay que dépassait la vedette : JO2L ne serait certainement pas assez fou pour opposer un refus au Premier ministre de la France.

36

Yasmina Boukrane attendait Margaux à la sortie du métro, un œillet à la main – le signe de reconnaissance convenu. Elle ressemblait à son frère, avec les traits évidemment plus féminins, et quelques années de plus. Une magnifique Kabyle aux yeux à la fois tristes et rieurs, un nez busqué – qu'elle n'aimait pas –, des cheveux très bouclés, d'un noir profond, et habillée avec une certaine arrogance clinquante. Margaux tendit sa fleur.

— Je ne vais pas vous conter d'histoire, dit-elle tout à trac. Je suis Margaux Villaret et vous avez peut-être entendu parler de moi.

— Attendez, Margaux... L'amie de monsieur Strelli ?

Elle parlait avec un accent prononcé de Beurette que Margaux trouva sympathique.

— C'est ça.

— Mais je vous croyais morte, moi !

— Morte ?

— Ben, oui, c'est ce que m'a dit Mouloud.

— Bon, OK ! Allons-y, ne perdons plus de temps.

Margaux, toujours sur le qui-vive, jeta un œil alentour. Elle comprenait mieux à présent son « incarcération ». Elle suivit Yasmina jusqu'à la voiture que Mouloud avait offerte à la famille : une vieille 505 Peugeot, qui paraissait très fatiguée, mais roulait fort bien. Elle expliqua en quelques mots sa situation de fugitive. Yasmina éclata de rire.

— C'est formidable, ça. Maintenant, ce sont les keufs qui sont en cavale, c'est marrant. Ce jeu-là, je le joue ! ajouta-t-elle en rythmant légèrement sa phrase comme si elle amorçait un rap.

Margaux n'était pas d'humeur à plaisanter. À son air renfrogné, Yasmina le comprit tout de suite.

— Bon, Mouloud, je me débrouille pour qu'il vienne tout de suite. Je lui dis, ou quoi ?

— Non, rien !

Margaux estimait que la ligne téléphonique pouvait être surveillée. Mais elle n'avait pas vraiment le choix. De toute manière, elle ne resterait pas longtemps à La Courneuve. Mouloud lui prêterait de l'argent et elle filerait à l'hôtel. Morte ! Qu'avait donc encore été inventer Josée Antonin ? Et pourquoi ? Pour piéger David ? Quelle saloperie ! pensa-t-elle alors que Yasmina garait la voiture sur le parking.

*

« Ils » n'avaient cessé de faire courir Mister Expert à travers l'Europe. Milan, Madrid, Berlin et Rome. Les correspondants de Mateo de Giacobi voulaient tout savoir, tout de suite, sur la fragilité des capitales et des palais abritant les gouvernements. Mateo encaissait d'avance les cinq mille dollars d'honoraires – plus les frais –, puis il s'exécutait avec ponctualité. Le lendemain matin, le rapport partait de son e.mail et la mission était bouclée.

Leur dernière idée lui avait paru hautement fantaisiste : « ils » avaient imaginé faire sauter les deux bâtiments du Parlement européen, mis en service en 1999, le premier à Strasbourg, le second à Bruxelles. Scandale financier à la clé pour ce dernier, comme il avait pu le lire dans les informations puisées dans différents sites Internet. Mister Expert n'en avait cure : il y avait longtemps qu'il n'avait plus d'illusions, depuis que, jeune urbaniste à l'OTH [1], il avait vu les hommes politiques tout imaginer pour soutirer le maximum d'argent aux entreprises de bâtiment en lutte pour la conquête des marchés publics.

Mateo s'installa un peu plus commodément dans son siège, en pensant que ce Thalys, malgré son prestige et sa couleur lie-de-vin du meilleur effet, n'en était pas plus confortable pour autant : il avait réservé trop tardivement la veille au soir et n'avait pas pu obtenir de place en première pour le 8 h 55. Enfin, il n'y avait qu'une heure trente à tuer. Juste le temps de lire les journaux du matin achetés à la gare du Nord.

Il s'assoupit. Quand il se réveilla, le train entrait en gare de Bruxelles-Midi. Il était 10 h 20. Voyageur sans bagage autre que sa mémoire, Mateo enfila son imperméable Burberry bleu marine et suivit la foule des voyageurs qui s'engouffrait dans les escalators vers le rez-de-chaussée. Un coup d'œil lui suffit pour s'orienter et trouver la station de taxis, boulevard de l'Europe. « Évidemment ! ricana-t-il. Ici, hormis l'irréfragable querelle de clochers entre les Flamands et les Wallons, tout est Europe. Et, cette fois-ci, pas question de se tromper de gratte-ciel ! »

— Place du Luxembourg, commanda-t-il au chauffeur.

— S'il vous plaît, répondit l'homme, qui avait eu tôt fait de repérer l'accent français. Monsieur vient sans doute visiter notre nouveau palais de l'Europe ? C'est

1. Omnium technique de l'habitation, un bureau d'études qui a tenu le haut du pavé dans les années 70.

quand même mieux que votre palais de Strasbourg, vous me croyez ?

Mateo ne répliqua pas. Il n'avait que faire de ces comparaisons. Il avait un travail à effectuer. Point. Le taxi le déposa devant la gare. Il pleuvait, un crachin léger et désagréable. Mateo grimaça. Il n'aimait pas la pluie. Ses origines italiennes, prétendait-il. Il sortit son appareil photo, un Pentax Espio Jr qu'il traînait depuis des années, techniquement dépassé mais si petit qu'il entrait dans n'importe quelle poche. Il commença à opérer : la coupole du nouveau Parlement européen apparaissait nettement derrière le vieux bâtiment de la gare. Il franchit les voies ferrées par la rue Montoyer, arpenta la rue de Wetz, longeant l'édifice de verre abritant l'hémicycle du Parlement, à la recherche d'un point faible. La sécurité lui apparut exceptionnelle : aucun véhicule ne pouvait approcher à moins de vingt mètres, pas d'accès aux parkings. Il compléta sa collection de photos, considérant les vastes surfaces courbes revêtues de verre bleuté et de faïence blanche : un peu lourd, mais de la majesté, jugea-t-il en professionnel. Toutefois, en tant qu'expert dans son domaine particulier, il estima qu'une opération classique était impossible. Il se demanda s'il n'eût pas été plus efficace de s'attaquer aux locaux de la Commission européenne, dans la rue de la Loi et au rond-point Robert-Schuman : une rapide inspection lui démontra que les bâtiments étaient trop dispersés et, de toute manière, pas assez symboliques pour servir d'objectifs.

Il nota ces détails dans sa mémoire, reprit un taxi, se fit conduire Grand-Place, afin de ne pas quitter Bruxelles sans avoir au moins bu une Leffe à La Chaloupe d'Or. Il pleuvait de plus en plus dru, et rien d'autre à faire que d'attendre là l'heure du train pour Paris, à 14 h 40. En contemplant à travers les vitres ruisselantes les élégantes dentelures de pierre ornant l'hôtel de ville, il songea avec ennui qu'il lui faudrait encore se rendre à Strasbourg avant de pouvoir rendre ses conclusions. Une consolation : cinq mille dollars supplémentaires. Et une certitude : pour Bruxelles, il faudrait trouver d'autres moyens que le traditionnel camion piégé. Une charge explosive lancée depuis un hélicoptère, peut-être ?... Il le proposerait dans son rapport. Après, « ils » décideraient. Ce n'était plus son problème !

*

Mouloud Boukrane avait programmé plusieurs rendez-vous importants ce jour-là. Il repartait aux États-Unis la semaine suivante et il lui fallait boucler certains contacts à Paris pour organiser son retour. En tant que titulaire d'un doctorat d'État, un poste de maître de conférence lui était réservé à Jussieu, où l'on avait enfin compris qu'il risquait de rester définitivement à Harvard si aucun avantage ne lui était offert.

Il avait grimacé lorsqu'il avait reçu à 16 h 30 l'appel de Yasmina. Mais son ton était comminatoire. Il lui fallait rentrer au plus vite. Il avait pris peur. Un drame ?

— Qu'est-ce qu'il y a ? C'est maman ? avait-il crié, angoissé.

— Calmos. Pas de panique, petit frère. Maman va bien, mais dépêche-toi !

Il avait sauté dans un taxi pour rejoindre ce qu'il appelait « la maison », un appartement de six pièces dans une barre de la cité des 4000, à La Courneuve.

L'ascenseur était en panne, comme de coutume. Il dut grimper les sept étages en courant. Il arriva sur le palier le souffle totalement coupé. Il se souvint avec regret de l'entraînement intensif qu'il suivait au GROCOS. À des années-lumière, lui semblait-il maintenant.

Yasmina ouvrit la porte dès le premier coup de sonnette.

— Qu'est-ce qui se passe ?

— Viens voir, viens !

Ils entrèrent ensemble dans le grand séjour meublé à la musulmane, de grandes banquettes basses recouvertes de velours vert qui couraient contre les murs, et des faux tapis persans jetés sur le sol. Mouloud s'arrêta net et manqua défaillir : là, au fond, blanche comme un linge... Non, il devait rêver !

— Margaux !

Sans s'en rendre compte, il avait beuglé. Il regarda une deuxième fois. Et il cria encore :

— Margaux !

— Oh ! Eh ! Mollo, petit frère, le tança Yasmina en lui pinçant le bras. Cécile, enfin... Margaux, est en fuite, vaut mieux pas faire de bruit !

Il crut qu'il allait tourner de l'œil tant l'émotion le submergeait. Il regarda encore la jeune femme qui lui souriait et répéta une troisième fois, moins fort :

— Margaux.

Il avait du mal à réorganiser ses idées. Bon gré mal gré, il s'était habitué à l'idée de sa mort. Et elle était là, visiblement faible, mais vivante. Il s'approcha d'elle comme un somnambule, en ayant peur de se réveiller... Mais non, ce n'était pas un rêve, les larmes lui montèrent aux yeux lorsqu'il se pencha pour l'embrasser sur les deux joues.

— Tu permets ? demanda-t-il après coup.

Elle hocha la tête. Sans parler : elle était tout aussi émue. Il la serra longuement dans ses bras puis se recula pour la dévisager. Il se mit à rire comme si le destin lui faisait une bonne blague.

— Tu as une sale gueule, capitaine.

— J'ai pas eu le temps de rester chez l'esthéticienne ! rigola-t-elle.

— Ah oui ? Tu sors de l'enfer, ou quoi ? La dernière fois que je t'ai vue, tu dormais d'un sommeil abominable, et ensuite...

— ... ensuite, on t'a dit que j'étais morte, c'est ça ?

— Ben oui ! À l'hosto, ils ont été hyper cassants. Je n'ai pas compris. J'ai quand même réussi à avoir Antonin, et elle m'a confirmé ton décès. Mais elle m'a raccroché au nez avant que j'aie eu le temps de demander des explications. Et maintenant, te voilà. Quel bordel !

Il regarda Yasmina, puis Margaux.

— Je ne comprends rien. Pourquoi et comment es-tu ici ? Mais je suis tellement heureux !

Margaux réussit à se mettre debout, en s'appuyant sur Mouloud. Elle lui expliqua en quelques mots ce qu'elle avait décrypté de cette histoire, et lui rapporta les doutes entretenus par les autorités à l'encontre de David.

— Il aurait trahi, il serait impliqué dans la mort du procureur Taline.

Mouloud haussa les épaules.

— Conneries et compagnie ! s'exclama-t-il. Dis donc, à propos, tu ne connais pas la dernière ?

Il se tourna vers sa sœur.

— Tu ne lui as pas dit ?

Yasmina secoua négativement la tête, ne voyant pas ce à quoi son frère faisait allusion.

— Haller est mort en début d'après-midi à l'Assemblée nationale. Crise cardiaque.

— Merde, jura Margaux. S'il y en avait bien un encore capable de garder sa confiance à David, ça ne pouvait être que lui. Merde et remerde ! Tu sais comment le contacter, David ?

Mouloud ouvrit les bras en signe de dépit. Il n'avait plus aucune nouvelle de lui depuis qu'il lui avait personnellement annoncé la mort de Margaux.

— Quel con j'ai fait ! martela-t-il.

— Tu ne pouvais pas savoir. Personne ne pouvait, lâcha la jeune femme.

Mouloud était convaincu que Strelli se manifesterait en cas d'urgence.

— Mais je dispose toujours d'un numéro de téléphone portable : peut-être est-il encore opérationnel ?

Margaux flageolait sur ses jambes encore trop faibles. Il l'obligea à se rasseoir sur la banquette basse. Yasmina avait apporté du thé à la fleur d'oranger et des pâtisseries orientales. Et une bouteille de whisky, pour son frère, qui ne respectait aucune des prescriptions de l'islam. Ils trinquèrent. Malgré la tension.

— Tu dois le joindre absolument, dit Margaux en buvant son thé trop chaud à petites gorgées.

— Et je lui dis quoi ? Que tu es sortie de l'enfer comme par enchantement ?

Elle sourit en entendant Boukrane retrouver sa gouaille de titi parisien.

— Il ne te croirait pas. Non, dis-lui seulement que tu as des emmerdes, invente un truc, débrouille-toi. À l'époque, tu savais toujours trouver le mensonge imparable ! Il faut qu'il vienne à Paris. Essaye maintenant.

Ils sortirent ensemble. Mouloud prit la 505 Peugeot pour quitter le secteur et passer dans un autre quartier. Il était nécessaire de prendre des précautions afin que son portable ne puisse pas être localisé par les flics, s'ils le surveillaient.

Il n'obtint que la messagerie vocale. Margaux était contrariée, mais il n'y avait rien d'autre à faire.

— Je lui laisse un mot ?

— Non, tu dois lui parler en direct. Essaye deux fois par jour, pas plus ! Sinon, il va sentir qu'il y a quelque chose qui déconne, dit-elle en se passant la main sur le front.

Elle s'accrocha à son bras. Elle n'en pouvait plus.

Elle serra les dents. Pas vraiment le temps d'être fatiguée. Mais il lui fallait quand même se reposer.

— Tu veux dormir à la maison ?

— Non, trop risqué.

Elle regarda sa montre.

— À l'heure qu'il est, ils doivent me chercher partout, et je ne serais pas étonnée qu'Antonin les envoie fouiner par ici. Mouloud, j'ai besoin d'argent.

— Pas de problème, si c'est pas dix millions d'euros.

— Non, juste de quoi payer quelques nuits d'hôtel. Et pas un cinq étoiles.

Il lui indiqua de l'index une banque de l'autre côté de la rue. Il alla retirer trois mille francs à l'automate.

— Si tu as besoin de plus, tu sais comment faire signe.

Il l'accompagna jusqu'à la station Porte-de-Paris, à Saint-Denis. Elle l'embrassa avant de plonger dans le sous-sol.

— Tu vas où ? demanda-t-il.

— Il vaut mieux que tu ne le saches pas.

Elle lui fit un signe de la main. Elle ne voulait pas lui avouer qu'elle était vraiment épuisée. Dans le métro, elle se laissa tomber sur la banquette, tout étourdie.

Pour une fois, elle était indécise, ne sachant pas si elle devait se rendre tout de suite ou continuer à se battre. Qu'est-ce qui était préférable pour David ? Et où pouvait-il être ? Quelle serait sa réaction lorsqu'il apprendrait qu'elle n'était pas morte ? La croirait-il quand elle lui avouerait être aussi une victime ? Elle ferma les yeux et somnola durant tout le long du trajet vers l'autre côté de la capitale, jusqu'à la station Châtillon-Montrouge. Là-bas, dans cette banlieue, elle connaissait un hôtel très modeste tenu par une lointaine cousine, où nul ne viendrait la chercher avant longtemps.

Bercée par le claquement des roues du métro sur les rails, elle se prenait à espérer que David savait que pas un instant elle n'avait cessé de penser à lui. Qu'elle lui était toujours entièrement dévouée, qu'elle l'aimait, tout simplement, d'un immense amour.

*

Sur l'aéroport de Sheremetievo, malgré les précautions oratoires de Francesca, David Strelli fut extrêmement surpris de constater que les panneaux d'accès aux soutes des trois Iliouchine 76 d'Orient Express Delivery étaient plombés. Victor Aksenenko lui notifia les ordres formels reçus de Neuchâtel :

— Cette cargaison spéciale doit rester totalement protégée, si possible même après l'atterrissage à Beauvais.

Strelli appela Francesca sur son portable : elle passait en voiture sur le pont du Mont Blanc à Genève.

Il mentit, à merveille : il lui murmura qu'elle lui manquait, qu'il se rappelait chaque seconde de leur nuit à l'hôtel Suisse. Il sentit à la tonalité de sa voix qu'elle goûtait ses paroles. Il lui rappela sa promesse : tout lui dire à son retour. Elle le rassura en lui certifiant qu'elle tenait toujours ses engagements.

Il avait compris, bien sûr, qu'il ne tirerait plus rien d'elle. Il raccrocha. Il avait su l'amollir, lui faire baisser la garde. Il ne devait pas précipiter les choses, même si le temps jouait plus que jamais contre lui. Quel chargement pouvait justifier le scellement des soutes ? Drogues ? Mines ? Armement ? Produits toxiques ? Il avait un mauvais pressentiment. Jusqu'à présent, malgré leur paranoïa, les dirigeants d'OED n'avaient jamais pris de telles précautions. Peut-être fallait-il relier ce nouveau transport à l'escapade corse dont Strelli était maintenant persuadé qu'elle cachait une opération d'envergure ?

Bon gré mal gré, il donna son accord « sécurité ». Monté à bord du premier des trois Iliouchine 76, il passa le vol dans la petite cabine inconfortable située derrière le poste de pilotage. Le gros cargo se posa à 17 h 45 à Beauvais, et fut orienté vers un secteur écarté de l'aéroport, près d'un alignement d'alvéoles métalliques datant de l'époque où le site était une base militaire. Les douaniers et les hommes de la police aux frontières [1] arrivèrent presque tout de suite pour les formalités de débarquement, effectuées sous la responsabilité du commandant de bord. Strelli, toujours prudent, resta caché dans la cabine de pilotage pour observer. Il fut étonné du manque de curiosité des gabelous qui se contentèrent de viser les documents de connaissement. Ils ne souhaitèrent ni examiner la cargaison, ni voir les passeports des membres d'équipage – peut-être parce que ces derniers ne devaient pas sortir de la zone internationale avant leur départ, fixé au soir même.

Des camions semi-remorques gros-porteurs étaient déjà en place pour enlever le chargement. Les deux avions suivants atterrirent à une heure d'intervalle, sans que les douaniers et les policiers ne reviennent vers les appareils.

Ils auraient pourtant dû renforcer leur contrôle : en pénétrant dans la soute du troisième Iliouchine pour préparer le débarquement, Strelli constata avec stupéfaction la présence d'une quinzaine d'hommes qui

1. À l'origine, la police chargée des frontières s'appelait : PAF, pour police de l'air et des frontières. Puis un quelconque technocrate a trouvé un acronyme ahurissant : DICCILEC, Direction du contrôle de l'immigration, etc. ; on est revenu à une solution plus sage : PAF pour police aux frontières. Il suffit de le savoir...

attendaient, sagement assis sur les bancs repliables. Il interpella le commandant de bord :

— Qui sont ces individus ?

Le pilote parut confus, et ne répondit pas. Nerveux, David lui attrapa l'épaule.

— Vous répondez à ma question, oui ou non ?

— Ce sont les ouvriers pour le montage.

— Le montage de quoi ?

— Foutez-moi la paix !

Il poussa un juron en russe, et se dégagea comme s'il se sentait coupable d'en avoir trop dit. Les « monteurs » furent invités à pénétrer dans un container. Celui-ci fut fermé et chargé sur le plateau d'un camion qui s'éloigna aussitôt. L'inquiétude de Strelli grandissait : une quinzaine d'hommes venaient d'être introduits sur le territoire français, clandestinement. Ni vus ni connus. Dans quel but ?

Personne n'accepta de lui apporter le moindre éclaircissement. Comme il commençait à se montrer trop curieux, le chef de soute dégaina un pistolet et lui intima l'ordre de remonter à l'étage supérieur, dans la cabine des passagers. Fou de rage, il fut contraint d'obéir. Le pilote relançait déjà un à un les quatre réacteurs de l'Iliouchine. Étroitement surveillé, Strelli fulminait. Le commandant de bord lui conseilla de se calmer.

— Sinon, piqûre ! lâcha-t-il accompagnant le mot d'un geste caractéristique.

L'appareil approchait déjà de l'extrémité de la piste de roulage. Le régime des moteurs montait en puissance. Le pilote lança sa machine sur la *runway* sans marquer de temps d'arrêt. Volant à vide, l'Iliouchine décolla très vite. David interpella le pilote, qu'il considérait maintenant comme son geôlier.

— Qu'y a-t-il de si secret dans ces putains de caisses ?

L'autre fit un signe au chef de soute. Avant que David ait le temps de réagir, il fut maîtrisé par une clé au bras. Il aperçut une seringue, ressentit une légère douleur dans l'épaule. Tout devint flou autour de lui. Il était soudain sans force, dérivant dans une sorte de brume ouatée. Il avança le bras vers le tableau de bord, le pilote le repoussa. Alors que le cargo sortait de l'espace aérien français, Strelli s'effondra sur le plancher de la cabine. Personne ne fit mine de le retenir.

37

Depuis que les liens entre Anne-Claire Ivanovna et Ernest Plivinec s'étaient resserrés, Jacques-Olivier Lambert-Leroy avait dû donner à la jeune femme un train de vie conforme à sa nouvelle situation sociale, afin qu'elle puisse, notamment, recevoir le ministre de façon décente. Grâce à un complexe montage financier, AgrImEx lui avait acheté un duplex avenue Montaigne, près du théâtre des Champs-Élysées, dont la décoration et l'ameublement avaient été menés tambour battant, en quelques jours. Le ministre appréciait fort les lieux et y passait des soirées toujours plus prolongées, négligeant son épouse légitime avec une certaine imprudence.

Il trouvait là une consolation à la déconvenue éprouvée lors de la formation du nouveau gouvernement, après la mort de René Haller. Surgi de nulle part, comme sorti de son chapeau de prestidigitateur par le président de la République, Bernard Lechevallier, le nouveau Premier ministre, n'avait pas cru devoir accorder autant d'importance à Plivinec : celui-ci avait certes conservé son portefeuille des Finances, mais dans une configuration réduite, et sans le titre de ministre d'État.

Anne-Claire Ivanovna avait trouvé un bon moyen pour retenir son amant : elle lui organisait des distractions particulières avec l'aide de quelques amies qui se liguaient volontiers pour mignoter le ministre dans le lit de la maîtresse des lieux. Anne-Claire observait ces joyeuses séances, en prenant garde de ne pas y participer. Elle avait mieux à faire et Plivinec la dégoûtait de plus en plus.

Ce soir, après le dîner, s'était adjoint au bataillon de filles un joli jeune homme, qui était aussitôt entré dans la danse. Ernest Plivinec semblait apprécier tout particulièrement cette nouveauté, se découvrant des goûts qu'il n'avait jamais osé s'avouer.

Le téléphone sonna en pleine séance. Anne-Claire décrocha et, son interlocuteur s'étant présenté, apporta le combiné mobile au ministre.

— Désolée de te déranger. C'est ton chef de cabinet, il y a urgence.

Plivinec sortit du lit, sans prendre le temps de se rhabiller, montrant sans pudeur un corps replet, un peu avachi. Il écouta un instant, s'assit brusquement dans un fauteuil, sans égard pour le tissu précieux recouvrant le siège.

— As-tu un fax ? demanda-t-il à son amie.

— Oui.

Elle lui dicta le numéro qu'il répéta. Il y eut deux minutes d'attente que le ministre mit à profit pour enfiler une robe d'intérieur en soie, cadeau d'Anne-Claire pour son anniversaire. Il avait l'air fort contrarié. Elle voulut parler, mais il lui fit signe de se taire.

Bientôt retentit la sonnerie, puis le crépitement caractéristique du fax. Il se précipita, se pencha pour lire. Le document portait, comme en-tête : Premier ministre, secrétariat général de la Défense nationale, CIEEMG, Commission interministérielle d'étude pour l'exportation du matériel de guerre, procès-verbal de la réunion du 2 avril 200...

Ordre du jour : point unique, proposition de marché émanant de la société CaucazNeft NV, agissant comme intermédiaire pour le compte de la société de construction aéronautique Iliouchine. Formule de vente définie par les services du ministère des Finances : marché de gré à gré.

Objet : vente de quarante avions-cargos Iliouchine 76, dans une version MF nouvelle, dont les caractéristiques annoncées correspondent aux spécifications de l'armée de l'air française pour le transport d'assaut des forces de projection.

Montant global proposé : 2 milliards de dollars, soit 12 milliards de francs pour quarante unités, non compris les pièces de rechange et les moteurs de remplacement.

Décision : rejet.

Exposé des motifs : bien que la commission ne soit pas chargée des importations de matériel de guerre, elle a été saisie par les services du Premier ministre pour avis, afin d'instruire ce dossier. D'un côté, le ministre des Finances se déclarait extrêmement favorable à cette offre en raison du prix très compétitif, sans égal sur le marché mondial, pour un matériel qui a prouvé et prouve toujours ses remarquables qualités opérationnelles. De l'autre, s'appuyant sur plusieurs rapports d'expertise joints en annexe et sur l'opinion des futurs utilisateurs, le ministère de la Défense affirmait son hostilité définitive à ce projet. Le ministre a répété à plusieurs reprises que jamais les militaires ne donneraient leur aval à cet achat. Enfin les services du Premier ministre observent que la composition du capital de la société CaucazNeft, immatriculée dans l'île néerlandaise d'Aruba, est pour le moins suspecte et ne peut être admise pour un fournisseur de l'État français.

Plivinec déchira pensivement le fax et en laissa tomber, un à un, les morceaux sur le tapis.

— Je sais d'où vient le coup, dit-il si bas qu'Anne-Claire dut se pencher pour l'entendre. Jean Coureau, le ministre de l'Industrie. Je le soupçonne d'avoir des intérêts personnels chez Aérospatiale-Matra. En tout cas, depuis des mois, il se montre un ardent lobbyiste de l'A 400 M.

— L'avion-cargo projeté par les Européens ? interrogea Anne-Claire pour faire croire qu'elle était aussi intéressée au plan technique, alors qu'elle ne se sentait concernée que par l'argent.

Il se dressa d'un bond.

— Évidemment ! Cent millions de dollars pièce pour un avion qui n'existe pas encore, qui est toujours dans les cartons, contre quarante millions de dollars pour un Iliouchine qui vole déjà ! C'est faire le jeu des Américains.

Il songeait surtout que des dizaines de millions de dollars étaient en train de s'évaporer, alors qu'il avait considéré le pactole comme acquis.

— Tu te rends compte ?

En le regardant, elle réalisait surtout que le ministre avait soudain l'air vieux. Qu'elle n'avait pas envie de partager les préoccupations d'un vieux. Et qu'il avait, comme à son habitude, complètement oublié le partage de commissions promis.

La sonnerie du fax retentit de nouveau, la machine cracha un second document. Laissant Plivinec se lamenter, Anne-Claire détacha le papier. Il s'agissait d'un texte sorti d'une imprimante, précédé de la mention manuscrite : fac-similé d'un projet d'article à paraître demain dans *Le Monde*.

La décision prise hier par la très discrète CIEEMG éclaire un dossier complexe qui commençait à poser problème en haut lieu. D'après notre enquête, plusieurs éléments apparaissent. Premier point : d'importantes questions se posent à propos de l'identité des propriétaires de la société CaucazNeft qui propose le marché en tant qu'intermédiaire (voir encadré ci-contre sur les modalités du marché). D'une part ces personnes sembleraient en effet avoir des rapports avec certains milieux criminels en Russie, d'autre part avec la société française AgrImEx, dont les liens avec l'ancienne Union soviétique et l'actuel pouvoir en place à Moscou sont notoires. Deuxième point, et c'est sans doute le plus grave, il apparaît que le patron d'AgrImEx, le très flamboyant Jacques-Olivier Lambert-Leroy, est un proche du ministre des Finances, Ernest Plivinec. Celui-ci, qui bénéficie depuis longtemps d'importants soutiens financiers de Lambert-Leroy, pourrait même être intéressé personnellement à l'opération. Le ministre des Finances se refuse à tout commentaire. Ces informations pourraient peut-être expliquer la perte d'influence manifeste de M. Plivinec depuis la formation du nouveau gouvernement.

— Montre-moi ça, hurla le ministre au comble de la rage.

Elle lui tendit le papier qu'il parcourut très vite. Il poussa un rugissement qui fit fuir les filles et l'éphèbe.

— Ah, les ordures ! éructait le ministre. Les bandits, les salauds ! Accepter d'entrer dans une telle manipulation ! M'étonne pas de ces tabellions besogneux. Ne pensent qu'à baver sur les autres, sans jamais rien vérifier. Donne-moi mon portable. Vite !

Anne-Claire s'était déjà habillée, le plus simplement possible : jeans et baskets. Elle courut vers la table basse chercher le téléphone. Plivinec composa le numéro de son chef de cabinet qui lui confirma que, depuis le début de la soirée, la rédaction du *Monde* avait tenté à quinze reprises de le joindre. Il lui indiqua que le projet d'article lui avait été fourni par les Renseignements généraux, et réclama des instructions.

— Pas d'instructions.

Plivinec composa un nouveau numéro, en tapant avec colère sur le clavier. On décrocha tout de suite.

— Lambert ! Je veux vous voir immédiatement... Vous êtes à Toulouse ? Alors sautez dans votre avion... Je suis chez votre employée, je vous attends.

Il coupa sans autre forme de politesse.

JO2L arriva à 2 heures du matin. Il était fourbu, hirsute, le col de sa chemise noire ouvert. Assez inquiet pour oublier d'embrasser Anne-Claire quand elle lui ouvrit la porte.

— Que se passe-t-il ? Je n'ai pas pour habitude d'accourir quand on me sonne, alors j'espère qu'il y a matière !

Plivinec lui jeta à la tête le fax reproduisant l'article du *Monde*.

— Matière, et comment ! Vous êtes un nul, mon vieux. Avec tout votre argent, vous n'êtes même pas capable d'arrêter ça !

Lambert-Leroy lut et relut les deux fax, la décision de rejet reconstituée et l'article. Il grommelait :

— Sale affaire.

Il était en train de perdre deux cents millions de dollars. Il n'en serait pas pour autant ruiné, puisqu'il n'avait engagé dans cette négociation que des frais très modestes, mais sa crédibilité allait en prendre un coup. Lui qui espérait s'offrir un Pontormo aux prochaines enchères de Sotheby's, à la fin du mois. Il rendit le papier à Plivinec.

— Oui, et alors ? On nous a fait rater le coche, je ne suis d'ailleurs pas vraiment surpris.

— Ah bon, expliquez-moi tout, mon cher !

Ernest Plivinec allait et venait dans la grande pièce de séjour dévastée par les ébats qui avaient précédé. Il donnait des coups de pied au hasard dans les objets qui gênaient son passage. Soudain, il se retourna vers son supporter financier :

— En tout cas, énonça-t-il d'une voix très lente, menaçante. En tout cas, j'entends bien recevoir les subsides promis, selon les modalités convenues. C'est contractuel, n'est-ce pas, mon vieux ?

— Le marché n'a pas été conclu.

— Pas mon affaire. Démerdez-vous ! J'ai rempli ma tâche, j'ai tout fait pour finaliser cette affaire.

Jacques-Olivier Lambert-Leroy ne put se retenir d'éclater d'un rire gargantuesque. Ce connard exigeait d'être payé, mais il était cinglé ou quoi ?

— Dans le privé, on n'est pas payé pour faire son travail, mais pour le réussir. Et là, monsieur le ministre, c'est raté. Excusez-moi, mais mon avion m'attend !

Il sortit sans saluer Anne-Claire qui s'écarta devant la masse du négociant, redevenu le rugbyman de naguère, le demi de mêlée qui balayait tout devant lui.

Ernest Plivinec était profondément humilié, et encore plus de l'être en présence d'Anne-Claire : pour qui se prenait ce gros porc de négociant en bestiaux ? Une pichenette, un ordre à ses services, et il serait ruiné d'un jour à l'autre ! Le ministre voyait tout lui échapper. Même s'il avait réussi à se maintenir de justesse au gouvernement, il ne donnait plus cher de son avenir politique. Et qu'était-il hors de la politique ? Un vieil homme avachi, dénué de charme, qu'Anne-Claire regardait maintenant avec une certaine condescendance, si ce n'était de la pitié. Il rugit une fois encore et partit dans la salle de bains.

En contemplant, dans le miroir, son visage mangé de rides, il se jura de leur faire payer à tous deux, à tous, cette honte qui lui était infligée.

*

De retour à Moscou où le printemps était déjà bien installé, David Strelli n'eut pas le loisir de profiter des magnifiques jardins qui transforment en paradis cette ville si triste l'hiver.

Il s'était réveillé dans l'Iliouchine. Dès l'arrivée, on l'avait jeté dans une Lada et transporté dans un hangar. Il avait d'abord cru à une exécution sommaire. Il s'était même pris à l'espérer. Tout terminer là, loin de la France, loin du Père-Lachaise !

Mais, à sa grande surprise, Alexei Fiodorovitch Tretiakov était arrivé, l'avait prié de monter dans une puissante Mercedes 600 noire et l'avait conduit à l'hôtel Belgrad pour l'y inviter à dîner. Piriojky et vodka Cristall, caviar – excellent béluga – et vodka Cristall, côtelettes Pojarsky et vodka Cristall, sorbet de framboises et vodka Cristall.

Le Sibérien commença par lui présenter ses condoléances pour la mort de son amie, « assassinée dans son lit d'hôpital ». David haussa les sourcils. Rien dans l'article du *Monde* ne suggérait cette possibilité. Quelle nouvelle manigance son hôte préparait-il ? Sur quelle piste tortueuse voulait-il le lancer ? Il garda ces questions pour lui, alors que Tretiakov racontait en riant le fiasco du commando de Tchevine à Clermont-Ferrand.

— Imaginez la honte : tous glorieux héros de Tchétchénie, les valeureux mercenaires du *capo* mafiosi de Koptevo ont été mis en échec par un agent de nettoyage minable agissant seul et de son propre chef. Vous y croyez, vous ?

David haussa les épaules. Tretiakov enchaîna :

— Ils s'attendaient à tout sauf à un agent de nettoyage. Au fait, votre arme, c'était quoi ?

— SIG Sauer P 228 à laser, grommela David qui n'avait pas envie de biaiser.

— Vous en avez peut-être assez de Moscou, non ? demanda le Sibérien sans prêter attention à ce mouvement d'humeur. Cette ville est si triste pour un Occidental. Je dis Occidental, parce que je ne me suis pas plus habitué que les autres Russes à notre liberté retrouvée. D'ailleurs, sommes-nous vraiment libres ? Et qu'est-ce que la liberté ?

David Strelli l'interrompit avec impatience. Il n'était pas un intellectuel, les réflexions philosophiques l'importunaient.

— Oui, j'en ai assez de cette ville, et de vous, et de vos petits jeux malsains !

Tretiakov se pencha vers lui, mèche blonde tombant sur le front, sourire angélique aux lèvres.

— Je vous dois un aveu, cher ami. David. Puis-je vous appeler David ? Voilà... J'ai décidé de me passer de vos services. Tout le problème est de choisir le meilleur moyen de me débarrasser de vous. Naturellement, j'aurais pu vous faire tuer depuis bien longtemps, mais cette méthode n'aurait pas été élégante.

— Je ne savais pas que vous vous souciez d'élégance.

— Détrompez-vous. Vous êtes excellent dans l'action, sans doute le meilleur, comme nous l'avions espéré. Ouvrier d'entretien... Quelle idée, quand même ! Quelle excellente initiative ! Mais vous êtes incontrôlable.

David n'avait pas peur, n'avait plus peur, il avait depuis longtemps dépassé la peur. Mais il peinait à suivre les circonvolutions du discours complexe tenu par le Sibérien.

— Si vous voulez me tuer, faites-le et n'en parlons plus !

— Je pense qu'il est mieux de faire savoir à notre associée Mlle McManus, avec laquelle vous semblez d'ailleurs être dans les meilleurs termes, que vous êtes désireux de la retrouver. Vous lui devez une fière chandelle, vous savez. Sans elle, j'aurais peut-être pu être moins élégant. Mais elle m'a tant vanté vos mérites que je me vois dans l'obligation de vous laisser la rejoindre. Rendez-la heureuse, David. C'est une mission pour vous !

Il tendit à Strelli le téléphone mobile qu'on lui avait pris dans l'Iliouchine. À cet instant, il sonna. David hésita à décrocher.

— Allez-y, c'est peut-être Mlle McManus.

David s'exécuta et reconnut la voix haletante de Mouloud. Il regarda brièvement Tretiakov. Mais celui-ci semblait ailleurs. L'ex-caporal lui annonça qu'il était attendu de toute urgence en France, puis fit allusion à l'Affaire de Paris. Cette fois, il s'agissait d'un problème au moins aussi important. David se leva de table pour poursuivre la conversation à l'écart.

— Tu sais bien qu'il m'est impossible de rentrer sans risque ! Je suis à Moscou !

— Je m'en doutais. J'ai tout prévu, rétorqua Mouloud. Soyez à Genève demain, j'ai vérifié : il y a un Aeroflot à 10 h 10, et un Swissair à 15 h 30. Celui-ci est peut-être plus sûr, non ? SR 489.

Mouloud Boukrane avait en effet tout prévu, et il semblait à David que le « conseil » était une forme d'ordre. Il lui indiqua qu'il le rappellerait dans les minutes à venir pour confirmation.

— Alors, la belle Francesca vous convoque ? Et vous courez la rejoindre ?

Le Sibérien riait en posant avec une certaine amitié ses yeux d'un bleu pur sur David.

— Il serait temps d'appeler l'aéroport, pour réserver une place très rapidement, non ? À propos, je voulais vous dire... Si jamais nous ne nous revoyons pas... Je voudrais porter un dernier toast à votre santé.

Il leva son verre rempli de vodka, le but d'un trait, et le brisa sur le sol en riant.

— Nous, les Russes, nous respectons toujours la tradition. Jusqu'à la caricature, je sais, mais il en est ainsi.

Tout en s'interrogeant sur la fébrilité de Mouloud, Strelli regarda son hôte comme s'il s'agissait d'un fantôme.

*

— Jean de Bellifont à l'appareil, aboya une voix dans le téléphone. Sans saluer. Vous vous souvenez de moi ?

Anne-Claire Ivanovna fronça les sourcils : naturellement, elle se souvenait, mais cet appel matinal et intempestif l'étonnait. Il était 8 h 10, et personne, hormis Plivinec et son chef de cabinet, ne connaissait le numéro de son appartement avenue Montaigne.

— Bon, alors vous saurez me reconnaître. Je vous attends dans une heure à la cafétéria de l'aérogare des Invalides.

Bellifont raccrocha sans un mot de plus. Anne-Claire ne balança pas longtemps : cette communication était une injonction brutale à laquelle elle ne pouvait se dérober. Sa seule question fut de savoir comment s'habiller pour ne paraître ni empruntée, ni aguicheuse. Elle savait Bellifont peu sensible à son charme et, aujourd'hui, il lui semblait l'être encore moins. Elle décida d'adopter une allure aussi neutre que possible : un costume tout en jeans, un sous-pull en soie ras du cou, des baskets Convers rouges et un petit sac à dos en cuir Lancel. Pas de maquillage, excepté un léger blush. Elle s'examina d'un œil critique dans le miroir du vestibule avant de sortir. Elle avait l'impression d'avoir soudain vieilli. Vieille peau. Elle sourit : heureusement, ses dents étaient toujours aussi éclatantes.

Par ce matin d'avril, pour une fois radieux, elle se rendit à pied au rendez-vous, profita des dix minutes de marche et de la traversée du pont des Invalides pour essayer de prévoir comment Bellifont attaquerait. Car il ne l'avait pas conviée à un petit déjeuner entre amis.

Elle arriva la première, choisit un guéridon coincé derrière le bar et commanda un double express, bien noir. La veille, elle s'était couchée tôt, mais la caféine augmenterait sa lucidité. Elle vit arriver le haut fonctionnaire de loin, admira l'élégance naturelle de son allure, malgré les vêtements de médiocre qualité : comme tout bon grand commis de l'État, pensa-t-elle avec mépris, il ne prêtait guère d'importance à l'apparence. Il s'assit d'un air las, posant à ses pieds la grosse serviette de cuir fauve qu'il semblait ne jamais abandonner.

— Je vous écoute, madame, lança-t-il sans préambule.

— Que voulez-vous que je vous dise ? rétorqua-t-elle avec un léger sourire.

— Tout !

Tout quoi ? Qu'ignorait-il ? Que savait-il ?

Elle pouvait jouer les idiotes, prétendre qu'elle n'était au courant que de petits détails, qu'elle avait été « instrumentalisée », selon l'expression chère aux technocrates et aux journalistes qu'elle haïssait pareillement. Ou bien tout lâcher. Bellifont avait, lui aussi, commandé un café qu'il buvait avec lenteur, comme s'il tentait d'en saisir tous les arômes. Il grimaça. Il appréciait peu le breuvage qu'on venait de lui servir. Elle se souvint du cynisme de Lambert-Leroy, des promesses non tenues, de la panique d'Ernest Plivinec quand il avait eu connaissance de l'article du *Monde*. Un article dont le ministre avait obtenu la « suspension », dans l'attente de réponses qu'il se faisait fort d'apporter, et sous prétexte qu'on ne l'avait pas interrogé sur le contenu selon lui diffamatoire. Il avait ainsi gagné un petit répit, un sursis. Mais Anne-Claire avait compris que ses jours politiques étaient comptés. Elle devait choisir son camp, et elle n'avait pas envie de se trouver du côté des perdants. Il en allait de sa survie et, dans ce cas, il n'était pas dans son tempérament de se conduire en héroïne. Elle regarda à la dérobée Bellifont tourner lentement sa cuillère dans la tasse ébréchée. Il semblait être du genre à faire tomber sa proie avec délectation avant de l'envoyer en prison sans remords. La simple idée de la détention emplissait Anne-Claire de terreur.

— Resterons-nous au niveau des confidences ? s'enquit-elle pour mesurer sa marge de manœuvre.

— Tout dépend de votre bonne volonté.

Jean de Bellifont afficha un sourire presque carnassier. Elle le trouva beau. Séduisant. Redoutable stratège, pensa-t-elle, et encore loin du sommet de sa carrière. Il lui laissait même la liberté de se taire. Il tenait son destin entre ses mains, qu'il avait posées sur la table. Elle se recula légèrement. Il ne la regardait pas, semblait rêver. Elle sourit à son tour.

— Voilà, commença-t-elle.

Elle dit tout. Sa jeunesse difficile, son père mort, sa prise en charge par Lambert-Leroy et son recrutement comme « agent d'intermédiation » par la société AgrImEx, les premières « missions de représentation commerciale » que lui avait confiées son patron.

Comment JO2L l'avait enfin orientée vers Ernest Plivinec, comment elle avait séduit le ministre, malgré son dégoût.

— Mais le montant des commissions promises a, comment pourrais-je le dire ?... annihilé mes sens. Et mon jugement.

Elle baissa la tête, comme accablée. Bellifont se garda bien du moindre commentaire et encore moins de la juger. D'un léger hochement du menton, il la poussa à poursuivre. Elle en vint à l'affaire des viandes, conclue en liaison avec une société russe, les contacts prolongés de Lambert-Leroy avec les Siciliens.

— Bien sûr, pour ce qui concerne ce volet de l'affaire, je ne suis pas du tout impliquée. Vous me croyez, n'est-ce pas ?

Bellifont commanda un autre café sans répondre.

Il paraissait absent, presque somnolent, et ne prenait naturellement aucune note. Elle se demanda un instant s'il portait un magnétophone caché. Mais elle s'en fichait. Au point où elle en était, elle ne pouvait plus reculer. Et, comme ils étaient seuls, elle pourrait toujours renier ses propos. Elle n'en était pas, après tout, à un mensonge près.

Elle révéla alors la subite apparition de cette curieuse compagnie aérienne parmi les relations d'affaires d'AgrImEx.

— Comment s'appelle-t-elle déjà ?

— Orient Express Delivery ? questionna-t-il d'une voix tranchante.

— Oui, voilà, c'est ça. OED !

— Avez-vous entendu parler d'un Français, un certain Strelli ?

— Strelli ? Non, ça ne me dit rien. Le seul patronyme français dont je me souviens, c'est Sorineau.

— Sorineau. Saint-Sorin, on est d'accord, grogna Bellifont. Continuez.

Elle aborda la dernière phase de son activité au sein d'AgrImEx : la préparation de la transaction portant sur les Iliouchine 76. Elle décrivit par le menu la succession des démarches, des rencontres, le rôle clé joué par Jacques-Olivier Lambert-Leroy. Finalement, celui-ci l'avait profondément déçue, après lui avoir fait croire qu'il était tendre et généreux avec elle, comme si elle avait été sa propre sœur. En vérité, il était tout sauf un philanthrope fraternel !

Elle se trouvait pourtant bien vile de dénoncer celui qui l'avait lancée dans le monde, lui avait permis de fréquenter, au-delà de ses espoirs, les milieux les plus huppés. Désormais animée par un sentiment d'urgence, Anne-Claire ne pouvait plus reculer. Elle évoqua dans le détail les espoirs de Plivinec dans cette affaire, les risques qu'il avait progressivement pris sous la houlette de Lambert-Leroy.

— Il lui promettait monts et merveilles, et l'autre, le vieux con de ministre, il l'écoutait béatement, il se voyait déjà président de la République. Vous imaginez un peu !

Bellifont redressa l'oreille.

— Qu'a-t-il dit, exactement ?

— Il est entré en fureur quand le président Leauthier l'a écarté du poste de Premier ministre au profit de Lechevallier.

— Et...

— Eh bien, après, évidemment, le rejet du contrat Iliouchine a été le coup de grâce, si je puis dire.

— Combien devait-il toucher ?

— Lambert-Leroy lui avait promis soixante millions de dollars, en Suisse. Là-dessus, je devais recevoir vingt millions de dollars. Mais ce salaud m'avait déjà oubliée, murmura-t-elle comme pour elle-même.

— Et alors, qu'a dit Plivinec ?

— Il a demandé à Lambert-Leroy de lui faire rencontrer personnellement les Italiens.

— Les Italiens ? Quels Italiens ?

— Je ne sais pas, ils n'ont jamais parlé de ça devant moi.

— Faites un effort, madame !

— Je vous assure, je ne sais rien de ça !

Il la toisa d'un air peu engageant. Elle toussota.

— La seule chose que je crois, c'est que Lambert-Leroy aurait accueilli l'un de ces Italiens dans sa villa de Corse, sur la presqu'île près de la Punta di Sponsaglia et...

— Je sais où se trouve la villa de Jacques-Olivier Lambert-Leroy, coupa le haut fonctionnaire, lèvres serrées. Y est-il encore, cet Italien ?

— Aucune idée. Croyez-moi, monsieur, si je le savais, je vous le dirais.

Jean de Bellifont ramassa sa serviette et se leva d'un mouvement brusque.

— Je saurai me souvenir de votre coopération, madame.

Il quitta la cafétéria sans même la saluer, comme si elle était une pestiférée. Elle s'étonnait d'un tel manque de courtoisie quand deux hommes s'approchèrent : un petit jeune, un freluquet trop élégant, et un autre, plus âgé, un vieux routard fatigué. Elle pâlit et se sentit soudain des fourmis dans les jambes.

— Ivanovna Anne-Claire ? interrogea le freluquet. Je suis le commissaire Jean Parfait, police judiciaire. Je vous informe qu'à la requête de Mme Renée Landau, juge d'instruction, vous êtes placée en état d'arrestation.

Il prononça rapidement les formules censées lui rappeler ses droits. Elle tourna la tête vers Bellifont qui, là-bas, sortait de l'aérogare. Elle bondit de sa chaise en hurlant dans sa direction :

— Ordure ! Espèce d'ordure !

Elle allait lui courir après, mais le plus âgé des policiers la ceintura. Elle était folle de rage. Maintenant, elle se souvenait que les deux hommes étaient accoudés au comptoir, juste derrière elle. Bellifont l'avait trompée, bernée. Encadrée par les policiers qui n'avaient même pas pris la peine de lui passer les menottes, elle marcha comme une morte vivante jusqu'à une voiture banalisée.

Un peu plus loin, à l'arrière de sa Mégane de service, le haut fonctionnaire sortit de sa poche un minuscule téléphone mobile, composa un numéro et, après s'être annoncé, donna des ordres :

— Pour le premier point, nous pouvons y aller comme convenu. Confirmez nos informations au parquet financier et à la PJ. Et dites-leur également de prévoir une intervention en Corse, avec les hommes du RAID...

Certains membres de cette unité étaient déjà présents sur l'île pour la lutte antiterroriste.

— ... Nous avons affaire à des gens dangereux. En plus, je veux une surveillance électronique de la Méditerranée orientale, le Transal Gabriel d'interceptions électroniques [1] doit être positionné aussitôt que possible dans cette zone. Je préconise au large de la Sardaigne. C'est bien le diable si nous n'entendons rien.

Il coupa la communication et fit signe au chauffeur de rejoindre son bureau, rue de Varenne.

Une heure plus tard, à Toulouse-Blagnac, trois voitures du Service régional de police judiciaire arrivèrent en fanfare devant le siège social d'AgrImEx, qu'un

1. Cet avion de guerre électronique est un C 160 Transal de transport spécialement transformé.

hélicoptère survolait déjà. Ils se ruèrent dans l'immeuble, dont ils ressortirent un quart d'heure plus tard, entourant étroitement la grande masse de Jacques-Olivier Lambert-Leroy. Il portait son éternel costume Cerruti noir. Et d'éclatantes menottes gris acier.

En revanche, U Castello chi a Mare, sa demeure corse, était presque déserte. Aucune trace d'Italiens, et aucun indice de vie récent, à part le vieux jardinier qui arrosait le gazon au moment où les forces de l'ordre avaient fait irruption dans la propriété.

Bellifont en fut informé dans la seconde. Il eut une pensée pour son vieil ami Dimitri Taline et son visage s'assombrit. Malgré les points marqués, la victoire n'était pas complète : Ernest Plivinec avait disparu du ministère et restait introuvable.

*

À l'aéroport de Genève-Cointrin, à la sortie suisse de la zone sous douane, Strelli repéra tout de suite dans la foule la silhouette, toujours aussi déjantée, de Mouloud Boukrane, qui arborait de nouveau ce jour-là son look rapeur. Il allait lui faire signe lorsqu'il aperçut Francesca qui traversait, seule, l'immense hall. Elle se précipita vers lui avant que le jeune Beur n'ait eu le temps de réagir, lui sauta au cou et tenta de l'embrasser sur la bouche. Mais David réussit à éviter ces effusions.

— Je suis si heureuse de te revoir, mon chéri !

— Comment as-tu su l'heure à laquelle j'atterrissais ? interrogea Strelli en jetant un œil vers Boukrane qui restait figé sur place, un peu en retrait, ne sachant comment réagir.

— C'est tout l'effet que je te fais ? lui reprocha-t-elle. Tretiakov m'a dit dans quel avion il t'avait mis. Il valait mieux pour lui s'il tenait à rester en vie. Tu ne peux pas savoir combien j'ai été furieuse quand j'ai appris comment ils t'avaient traité ! Mais, enfin, il m'a écoutée et te voilà. Il tient à ta santé, tu sais !

— Oui, bien sûr. Et il ne veut surtout pas s'aliéner ta... sympathie !

— Tu es jaloux, ma parole !

Elle l'embrassa une nouvelle fois, réussissant cette fois à toucher les lèvres. Mouloud n'en croyait pas ses yeux. Par-dessus l'épaule de Francesca, Strelli lui glissa un sourire contrit et emprunté.

— Laisse-moi te présenter un ami, dit-il en s'écartant doucement.

Il invita Mouloud à s'avancer. Francesca eut un air contrarié en découvrant le jeune Beur auquel elle tendit la main.

— Mouloud Boukrane, Francesca... Pessoa. Mais vous vous connaissez déjà, n'est-ce pas ?

— Oui, et alors ? répondit-elle en interrogeant Strelli du regard.

— Je dois aller à Paris et Mouloud semble avoir échafaudé un plan génial pour m'y conduire en toute discrétion.

— Paris, pourquoi ? Je viens avec vous ! rétorqua-t-elle du tac au tac.

— Je ne pense pas que ce soit judicieux, mademoiselle, tenta Mouloud en adressant un regard appuyé à son ancien chef.

Strelli prit Francesca par les épaules.

— Écoute-moi, je dois voir mon supérieur hiérarchique, enfin mon ex-supérieur, et lui apporter la preuve que je ne suis pour rien dans l'affaire du vol de l'hologramme, mentit-il. À l'heure qu'il est, je dois déjà avoir gagné le titre peu envié d'ennemi public numéro un.

Elle réfléchit un moment. Elle insista :

— Je vous accompagne.

— Très bien, dit Strelli. Alors tiens ta promesse : la Corse et les soutes des Iliouchine ?

— Je ne voudrais pas vous speeder, intervint Mouloud qui ne comprenait rien à ce nouvel échange, mais faut vous décider tout de suite.

Il indiqua du menton une pendule digitale dans le hall.

— La Corse, je suis désolée, c'est trop tôt. Mais dans les soutes...

Elle se pendait à son bras, David constata qu'en fait Francesca paraissait très angoissée. Son accent italien était soudain beaucoup plus fort et elle bégayait presque quand elle s'entendit répondre :

— ... il y avait des hélicoptères.

— Des hélicoptères ?

— Oui, de combat. Des MI 17 en pièces détachées.

— Il faut y aller, lança Mouloud qui s'impatientait.

Strelli prit le coude de Francesca. Il serra trop fort, elle grimaça.

— À quoi vont-ils servir ?

— Et toi, que vas-tu vraiment faire à Paris ?

— Je ne sais pas encore. Je ne sais pas.

— Moi non plus, je ne sais pas !

— OK ! On en reparle demain matin, après mon rendez-vous. Et je te dirai tout et tu me diras tout. Je t'ai fait confiance jusque-là, à ton tour de me montrer ce dont tu es capable !

— J'accepte. Mon chéri !

Elle tremblait. Cette femme avait peur. Une peur terrible, qu'elle dominait avec difficulté. Elle se tourna vers Mouloud :

— Bon, alors, allons-y !

Ils s'engagèrent dans un long dédale de couloirs dont les portes, interdites, furent ouvertes par Mouloud, grâce à un passe magnétique qu'il utilisait avec une dextérité de magicien.

— Où as-tu déniché ce truc ? interrogea Strelli.

— Ne me pose pas ce genre de question, mon colonel, la réponse t'agacerait.

Ils se retrouvèrent bientôt dehors sur le parking des voitures de location.

— Nous n'avons pas eu à passer de frontière ? s'étonna Francesca.

— On vient de le faire, mademoiselle. À travers le labyrinthe des portes et des couloirs. Le parking des voitures de location est celui du secteur français de l'aéroport[1]. En gros, nos flics ne peuvent pas savoir que David est rentré, avec ou sans faux fafs. Et c'est pareil pour vous !

— Il est bien, le petit, pas vrai ? fit Strelli, en prenant la nuque de Boukrane.

Celui-ci leur fit signe de monter à l'arrière d'une camionnette Berlingo Citroën. Sous les épais nuages de neige, la nuit semblait tomber. Comme sa propre montre avançait de deux heures – l'heure de Moscou –, Strelli regarda la pendule du tableau de bord. 17 h 30. Mouloud démarra rapidement, direction Ferney-Voltaire, puis Gex. Quand il s'arrêta dans une station-service, David rejoignit le siège du passager avant. Les deux hommes s'embrassèrent : ils ne s'étaient pas revus depuis des mois et pouvaient maintenant donner libre cours à leur émotion.

Derrière, Francesca vérifia qu'elle avait bien dans son sac les clés de son appartement de la rue d'Aumale, au cœur du quartier de la Nouvelle-Athènes. Elle y séjournait parfois lors de ses escapades parisiennes,

1. S'étendant principalement sur le territoire français, l'aéroport de Genève-Cointrin est binational à la suite d'un accord avec la Suisse. La partie principale de l'aérogare est sous juridiction helvétique, mais une zone d'embarquement est réservée aux avions circulant en territoire français. Les deux secteurs sont isolés par de hautes clôtures grillagées, notamment le corridor d'accès au parking de locations de voitures, raccordé au réseau routier français.

autant par goût que par discrétion : elle n'oubliait pas les actions croisées des justices françaises et italiennes contre le clan et, cette fois, réserver une chambre d'hôtel aurait pu attirer l'attention des autorités.

Il tardait à David de savoir pourquoi Mouloud l'avait appelé. Mais, après un bref échange de regard, ils convinrent de garder le silence devant Francesca. Strelli regagna l'arrière du véhicule pour dormir.

Il rêva de Margaux comme il n'avait jamais cessé de le faire depuis qu'elle était morte. D'ordinaire, invariablement, elle venait vers lui et, rayonnante, lui murmurait qu'elle l'aimait. Il voulait alors la prendre dans ses bras, mais toujours les ténèbres les séparaient. Il se réveillait en pleurs, accablé de douleur. Pourtant, dans ce rêve-là, Margaux ne disparut pas : elle resta devant lui, souriante, et il put l'enlacer, la sentir avant de lui dire son amour.

38

Ils étaient arrivés à Paris à 23 h 50.

Comme convenu, David et Francesca s'étaient séparés. Strelli lui avait promis de l'appeler dès que possible. Elle avait griffonné son adresse au dos d'une facture de restaurant et sauté dans un taxi. Il la regarda partir sans émotion. Rien qu'une vague appréhension, au souvenir de l'expression angoissée de la jeune femme, à Genève.

Une fois seul avec Mouloud, il fut surpris par le mutisme du jeune Beur. Pouvait-il toujours lui faire confiance ? Son extraction de la Suisse semblait l'attester. Mais s'il avait été mandaté par Antonin pour le piéger ? Non, pas Mouloud, pas lui ! Si celui-ci l'avait trahi à son tour, autant rendre les armes tout de suite. Pas son ami, pas celui qui avait su prendre la place de son vieux copain Etxe dans son cœur.

Boukrane avait choisi de placer David Strelli dans un abri pratiquement indétectable, une « maison sûre », secrète, dans le jargon des services : le professeur-assistant-ex-caporal louait un minuscule studio rue Daubenton, dans le Ve arrondissement, avec vue imprenable sur la mosquée de Paris. Il y avait abrité jusqu'à la fin de ses études ses soirées de travail trop longues pour rentrer à La Courneuve et, aujourd'hui, ses nuits amoureuses. Murs nus, lit futon, planche sur tréteaux, un siège pliant pour écrire, livres de mathématiques et revues d'informatique. Une austérité minimaliste. Il était presque 1 heure quand il y laissa David. Sans lui donner les clés, il assumait en totalité la conduite des opérations.

— Pas question que tu te balades dans Paris, tu es trop recherché. Je dois trouver à manger. Je reviendrai tout à l'heure, avec la bouffe.

Il repassa à 2 heures avec une baguette de pain industriel, une boîte de pâté et une bouteille de Badoit. Puis il disparut. Angoissé, inquiet des projets de son ami, David ne dormit pas bien. Mouloud réapparut à 8 heures avec des croissants et une boîte de Nescafé. Strelli commençait à s'énerver.

— Pourrais-tu enfin me dire exactement ce que tu mijotes ? demanda-t-il.

— Nous devons rencontrer quelqu'un, convint Mouloud en se frottant compulsivement l'arête du nez.

Comme s'il était au comble de la gêne.

— Tu dois me faire une confiance absolue, suivre à la lettre mes instructions.

— Et si je refuse ?

— Qu'est-ce que tu crois ? Que je serais capable de te baiser la gueule, c'est ça ? Tu me déçois, merde ! Et merde !

Boukrane frappa contre le bureau et vint se placer devant la fenêtre.

— OK ! Excuse-moi, mais comprends que tout ça me semble étrange. Qu'est-ce que ça cache ?

— Je te couvre, David. T'as rien à craindre, ici, crois-moi. Et tu vas tout savoir bientôt, si tu veux... Alors ?

— Alors, d'accord, je te suis ! acheva Strelli en souriant.

Ils sortirent à 11 heures. Boukrane avait remplacé la camionnette Berlingo par sa Peugeot 505. Ils suivirent un itinéraire étrange, sans doute destiné à semer d'éventuels poursuivants, passant ainsi par la porte de Bercy pour remonter à la porte Dorée, filant vers la République, puis vers la gare du Nord, avant de se rapprocher du centre. Mouloud donnait de temps en temps des coups de téléphone avec son portable, comme s'il organisait des rendez-vous, tous camouflés sous des dénominations fantaisistes, apparemment connues de l'interlocuteur. Ils arrivaient rue du Bac. Mouloud tourna à droite dans la rue Montalembert et, brusquement, entra dans le parking souterrain situé au pied de la direction des Douanes. Un coin assez pourri, jugea Strelli qui ne comprenait rien aux projets de son ami.

— Retiens l'heure, mon colonel : 13 h 22.

Depuis bien longtemps, Mouloud ne l'appelait plus « mon colonel » que pour se moquer de lui. Mais, aujourd'hui, il semblait sérieux au-delà du raisonnable. David regarda sa montre : 13 h 05.

— Qu'est-ce que ça veut dire ?

Boukrane ne lui répondit pas. Il coupa le contact.

— Suis-moi. À cinq mètres, selon les règles.

Ils ressortirent par un escalier. Mouloud marchait devant, l'air parfaitement décontracté. Soudain, il parut disparaître dans le mur, à gauche, après l'hôtel. David avait repéré l'endroit. Il s'approcha : l'entrée anonyme d'un passage, des portes vitrées. Une inscription : « En cas d'absence, s'adresser à la sacristie. » Un escalier bref montait dans les profondeurs de l'immeuble. Les lieux sentaient l'encens, le décor était marqué de signes religieux. Mouloud poussa une nouvelle porte de bois. David le suivit. Et manqua de tomber à la renverse : les deux hommes se trouvaient au fond d'une somptueuse église baroque.

— Saint-Thomas-d'Aquin, murmura Mouloud. J'ai découvert ce passage par hasard.

Idéal pour casser une filature. Le silence de l'édifice

impressionnait David et il eut une pensée pour Margaux. Pas maintenant ! Pas ici ! Il se ressaisit et traversa la nef en direction de l'entrée principale. Il s'agenouilla sur un prie-Dieu, regarda autour de lui. Trois personnes d'un âge canonique priaient sur la gauche. Rien à signaler. Il progressa de quelques rangs, s'installa cette fois sur une chaise près d'un confessionnal, tourné vers l'autel. S'inquiéta une nouvelle fois de l'heure. 13 h 21. L'heure moins une minute. Il parut se plonger dans une prière. Entendit des pas dans l'église. Des pas de femme, qui lui semblèrent familiers bien qu'ils fussent hésitants. Il ne se retourna pas. Le claquement de talons sur les dalles de pierre se rapprochait.

On vint s'asseoir près de lui. Il leva les yeux. Il crut défaillir. Ou devenir fou. Il avait présumé de ses forces. La douleur morale lui jouait encore des tours. Il aurait juré que la personne à ses côtés était Margaux. Impossible ! Soudain, un rayon de lumière coloré d'or qui filtrait à travers un vitrail illumina le visage de l'inconnue. Il poussa un cri qui fit se retourner les rares fidèles. Il était paralysé par la surprise et l'incrédulité.

— Margaux ! Margaux, lâcha-t-il dans un murmure.

Elle lui posa la main sur le bras, très doucement, comme si ce geste exigeait un effort véritable. Puis elle pencha la tête, qu'elle laissa aller sur l'épaule de Strelli. Il aurait voulu la prendre dans ses bras, humer son odeur qu'il aurait reconnue entre toutes, se perdre en elle. Il était tétanisé.

— Tu m'as manqué, glissa-t-elle avec son inimitable sens de la concision.

— Tu es bien là ? C'est toi ?

— Oui.

Tout ce qu'il avait imaginé lui dire restait coincé dans sa gorge. Il n'avait plus de mots pour lui murmurer son amour. Il passa sa main dans les cheveux mi-longs de Margaux, lui caressant la nuque comme s'il avait peur de la briser.

— Tu es vivante, oh, mon Dieu, vivante !

Il plongea dans son cou et resta ainsi plusieurs minutes, dans la lumière diffuse de la nef, croyant à un miracle qui s'effacerait irrémédiablement une fois dehors. Mais elle était bien là, elle lui parlait, elle lui chuchotait leurs mots, récitait des moments entiers de leur vie passée. Elle était vivante comme il n'avait jamais eu l'espoir de la retrouver.

Mouloud s'approcha et les sortit de ce rêve éveillé.

— Il faut y aller. J'ai vérifié, elle n'avait personne à ses trousses. Vous me rejoignez dans cinq minutes.

Tous deux toujours en fuite, ils devaient maintenant sortir de cette église. David entraîna Margaux vers le passage secret, la porte à gauche de l'autel, puis les couloirs traversant l'immeuble pour les conduire vers la sortie. Margaux pouffa en retrouvant la méfiance paranoïaque de « son » homme. Il se défendit :

— Ce n'est pas moi, Boukrane.

— Je me disais bien.

La vieille Peugeot 505 que Mouloud avait sortie du parking était arrêtée en double file, devant le passage. Margaux rabattit sur son visage un fichu noir pour ne pas être reconnue et traversa le trottoir avec difficulté. David dut l'aider à monter à l'arrière.

— Le coma, observa-t-elle sobrement. Je n'ai pas fini ma rééducation, je ne tiens pas sur mes guiboles. Où allons-nous ?

— Chez Mouloud.

— À La Courneuve ?

— Non, tu vas voir.

Mouloud les conduisit dans le studio de la rue Daubenton, leur donna la clé et s'esquiva. Ils étaient seuls. Trop émus pour pouvoir parler. Margaux avait l'air si fragile que David n'osait pas la toucher. Elle lui prit le bras et l'amena à elle. Elle le déshabilla. Elle s'allongea sur le lit et il vint près d'elle. Il l'embrassa jusqu'à en avoir mal aux lèvres. Elle riait et pleurait en même temps, prenant les mains de son amant pour les poser sur chaque partie de sa peau, de sa chair vivante. Ils firent l'amour avec maladresse...

Deux heures plus tard, il la regardait somnoler, en se demandant comment ils allaient se tirer de cette galère.

Il ne perdait pas de vue le motif fondamental de son retour à Paris : il avait le devoir d'avertir les autorités de la menace qui pesait sur le pays. Une menace d'autant plus terrible qu'il n'avait aucune idée de sa nature réelle. Francesca lui avait promis de l'éclairer, mais Francesca ne l'avait pas rappelé. Margaux se réveilla. Il s'apprêtait à s'expliquer sur ses liens avec l'Italienne quand sonna son portable.

Il prit la communication. Une voix murmurait quelque chose qu'il ne comprenait pas. L'interlocuteur insista, et il finit par reconnaître Francesca, mais sans saisir le sens de ses paroles. Il cria :

— Où es-tu ?

La communication n'était pas coupée, mais plus personne ne parlait.

— Je dois y aller.

— Qui est-ce ? David, David ! Je ne te laisserai plus jamais seul !

Il ne sut discerner s'il s'agissait d'une simple déclaration d'intention ou de l'émergence soudaine de la jalousie.

— Francesca...

Il marqua un temps.

— ... Je t'en parlerai plus tard. Alors, viens.

Margaux avait toujours des difficultés à se déplacer. David s'agaçait de la voir si lente, et il était agacé de s'agacer. Il descendit les escaliers tandis qu'elle prenait l'ascenseur pour le retrouver dans le hall d'entrée. Il fallait faire vite. Ils attrapèrent un taxi en maraude, rue Geoffroy-Saint-Hilaire.

— On pourrait appeler Antonin ! dit-elle comme par réflexe.

— Non, rends-toi à l'évidence, Margaux. Josée Antonin n'est plus de notre côté depuis longtemps !

Strelli craignait le pire. Cette voix mourante...

*

Sous le hangar se dessinait la silhouette d'un hélicoptère, encore à l'état de carcasse : une grosse carlingue, complétée par une longue poutre pour porter le rotor arrière. De part et d'autre du corps principal, des râteliers destinés à l'armement. Les ouvriers achevaient le montage des deux turbines TV3-117VM.

— MI 17 MD de Kazan Helicopter, fabrication tatare, précisa Alexei Tretiakov à son hôte, le commandant Keriver, officier de sécurité d'Ernest Plivinec.

Le policier était depuis longtemps lié au ministre, dont il était devenu l'âme damnée. Originaires de Lesconil, entre Guilvinech et Concarneau, ils avaient été dans la même classe à l'école primaire – catholique. Trente ans plus tard, ils s'étaient retrouvés par hasard lors de l'inauguration d'une porcherie industrielle et ne s'étaient plus perdus de vue. Dès son accession à un poste ministériel, Plivinec avait appelé comme garde du corps Keriver, alors simple brigadier de police. Il avait « fait sa carrière », lui facilitant le passage dans le corps des officiers.

Ayant appris l'arrestation d'Anne-Claire Ivanovna par une indiscrétion policière, le ministre des Finances avait aussitôt affrété au Bourget un jet léger, direction l'île de Jersey. Là-bas, il avait imaginé un moyen pour remonter sur Londres puis, au-delà, tout en brouillant les pistes. Tout comme son patron, le policier avait décidé de prendre la tangente pour éviter une interpellation par la PJ, ne serait-ce qu'à titre de témoin – car il lui était impossible de témoigner sans trahir son protecteur. Il avait plus prosaïquement pris, à la gare d'Austerlitz, un train sur le réseau RER C, direction Versailles Rive Gauche et Saint-Quentin-en-Yvelines. D'une cabine, il avait appelé un numéro de téléphone. Une grosse BMW série 5 aux vitres fumées était venue le chercher pour le conduire dans une propriété de Saint-Rémy-l'Honoré, près de Maurepas, chez un homme rencontré secrètement à plusieurs reprises au cours des dernières semaines et dont il ne connaissait toujours que le surnom, le Sibérien. Il savait pouvoir compter sur sa protection et espérait même qu'il le ferait sortir du pays.

Ce Sibérien devait être fort riche pour pouvoir louer cette ancienne et vaste ferme-forteresse. Les granges immenses en étaient les éléments les plus spectaculaires. Le maître des lieux se présenta pour la première fois sous son nom : Alexei Tretiakov. Keriver y vit une marque de confiance. Il l'avait suivi dans les granges où une quinzaine d'ouvriers avaient installé cette véritable chaîne d'assemblage d'hélicoptères.

— Nous en avons quatre, livrés en pièces détachées à Beauvais par notre compagnie aérienne. Les douaniers français se sont montrés très compréhensifs. Grâce à votre intervention, mon cher.

L'officier sourit, fier d'avoir pu apporter cette aide à son hôte qui continuait à vanter son matériel comme s'il avait affaire à un acheteur :

— Ce sont de belles machines, un excellent blindage, plafond 6 000 mètres, vitesse 270 km/h ; au choix quatre tonnes de fret ou trois tonnes d'armement, des canons de 23 mm, des roquettes de 80 mm. De quoi faire beaucoup de casse. Et nous avons bien l'intention de l'utiliser pour l'opération considérée.

Les deux hommes sortirent de la grange, empruntèrent une allée recouverte de graviers qui descendait doucement entre deux pelouses taillées ras. Jolie demeure de style classique des XVIe-XVIIe siècles, la maison de maître se dressait en bordure d'un étang – en fait ce qui subsistait des douves.

Plusieurs hommes en treillis-rangers étaient assis sur la prairie, occupés à fourbir leurs armes. Keriver jugea qu'ils étaient bien imprudents de s'exposer ainsi. Revolver à la ceinture et allure martiale, visage balafré, un grand bonhomme sortait de la bâtisse. Tretiakov l'interpella :

— Andrei ! Vous avez une minute ? Je voudrais vous présenter notre invité... Le commandant Yann Keriver... Andrei Tchevine.

Tchevine s'avança avec une lenteur calculée. Sa démarche lourde n'était pas celle d'un soldat et Keriver fut tout de suite moins à l'aise avec ce nouveau venu.

— Notre ami, appuya Alexei Fiodorovitch, aura la charge de l'un de nos commandos.

— Et je compte bien me montrer à la hauteur de ma réputation, répliqua Tchevine dans un anglais approximatif.

— Grâce à Keriver, souligna le Sibérien, nous connaissons dans le détail tout le dispositif de sécurité que nous allons devoir affronter autour du château de Versailles. Les effectifs, leur disposition, les armes antiaériennes.

— Excellent, dit Tchevine. J'ai tout étudié. Ça ne sera pas une partie de plaisir, mais la surprise jouera pour nous.

Keriver osa une question :

— Et quand le jour J est-il prévu ?

— Dès la première réunion plénière ! répondit Tretiakov. Les commandos sont désormais au complet. Et comme le temps est contre nous, autant agir vite.

— Vous voudriez peut-être être du voyage ? plaisanta Tchevine en pointant son index sur Keriver.

— Désolé, mais il me faut rejoindre mon ministre.

— Veinard, ricana le Russe en glissant la main sur son crâne rasé de près.

Tretiakov alluma une cigarette russe en jetant un regard oblique – presque sournois – à Tchevine. Même si l'harmonie parfaite ne régnait toujours pas entre eux, depuis la réunion de Corse les deux hommes avaient accepté d'œuvrer ensemble sous la direction de Vic Minasola. Et, après sa dernière entrevue avec Khamylov, Tretiakov avait réfléchi à la meilleure manière de procéder pour la suite de sa « carrière ».

Un soir, Tretiakov avait sorti un carafon de vodka – mais on ne trouvait ici que de la Smirnoff ! – et trois verres, par habitude – selon la coutume russe qui veut que l'on soit trois pour vider cent grammes d'alcool. Mais aucun autre convive n'était venu se joindre à eux, car Alexei Fiodorovitch Tretakiov avait un marché à proposer à Tchevine.

— Andrei Sergueievitch ! Je ne peux ignorer ton animosité envers mon patron, le général Khamylov.

— Et *vice versa* !

— Oui, et *vice versa* ! J'étais au courant depuis longtemps, mais les événements de Corse m'ont encore mieux éclairé : j'ai assisté à votre affrontement. Je peux t'aider à te débarrasser de ton ennemi juré.

Tchevine avait arboré sa pire gueule de bois, tant il était déconcerté. Tordu et calculateur, il avait tenté d'imaginer les combinaisons complexes conçues par le cerveau vicieux du Sibérien : *zek* et fils de *zek*, ils étaient de ce même monde où les coups sont toujours pires que prévu. Il n'avait pas tort de se méfier, car les conditions de Tretiakov étaient extravagantes :

— Dans le cadre des futures négociations avec les Siciliens, il serait sage que tu te retires, Andrei Sergueievitch. Je suis moi-même prêt à te laisser le territoire turc, ajouta-t-il avec son sourire lumineux.

Tchevine avait cependant accepté le marché : qui pouvait dire ce qui se passerait après la mort de Khamylov ? Les Siciliens, les Turcs... Il serait toujours temps de négocier avec ceux qui lui seraient le plus favorables. Tretiakov n'était à ses yeux qu'un jeune fou qui n'entrevoyait tout simplement pas la dimension de ses actes. Et, à Versailles, ils auraient bien un peu de temps pour renégocier leur contrat. Mais d'ici là, puisque Alexei se proposait de lui offrir la tête du vieux général... Il avait levé son verre de vodka et trinqué à leur alliance.

Le froissement des pales d'un hélicoptère les força à lever les yeux. Un petit Écureuil apparut au-dessus de la maison, effectua un vol stationnaire de quelques instants avant de descendre doucement vers la pelouse. Les hommes s'écartèrent précipitamment en courant courbés, tandis que l'appareil se posait, avec une certaine audace, sur la prairie étroite.

— Vous resterez bien dîner avec nous, n'est-ce pas ? demanda Tretiakov à Keriver. Voici l'homme qui a décidé de l'opération. Il se fera un plaisir de vous remercier pour votre collaboration.

De l'Écureuil, deux gardes du corps en costumes noirs venaient d'extraire Vicente Minasola, puis de le poser sur son fauteuil roulant, avant de filer vers la maison.

— Qui est-ce ?

— Il vous le dira lui-même, répondit Tretiakov avec une pointe d'anxiété dans la voix.

— Un ami, ajouta Tchevine. Et comme le proclame le proverbe, français, je crois : « Garde-moi de mes amis, mes ennemis, je m'en charge ! »

Tretiakov ne releva pas. Keriver hocha la tête. Quels étaient donc ces fous qu'il côtoyait depuis quelques heures dans leur repaire à l'apparence de camp militaire retranché ? Il commençait à avoir une idée plus précise de leurs intentions. Tout cet armement. Les hommes. L'entraînement intensif. Pure démence ! Soudain, il aurait voulu être loin, installé devant un feu de cheminée dans sa maison de Lesconil. Il n'avait plus le choix. Il était recherché par les autorités de son pays, et son unique espoir résidait dans la mansuétude de ce trio disparate prêt à prendre en otage le sommet européen de Versailles.

*

Strelli revivait le trajet infernal entre la place Rouge et l'ambassade de France à Moscou. Margaux était toujours près de lui. De nouveau près de lui...

Naturellement, le taxi roulait aussi lentement que possible. Strelli s'énerva et demanda au chauffeur d'accélérer. Au ton de sa voix, l'autre comprit qu'il valait mieux obtempérer. Francesca... Il ferma les yeux. Margaux était à ses côtés, c'était l'essentiel. Il se cala dans la banquette, sombre.

Francesca... Margaux s'interrogeait. Mouloud n'avait jamais mentionné le nom de cette femme. Qui était-elle pour mettre David dans un tel état ? « Elle est en train de crever ! », venait-il de dire pour justifier son expression angoissée. Ces paroles résonnaient étrangement à ses oreilles. Elles n'étaient pas celles de David, mais d'un autre homme. Strelli pressa encore le chauffeur. Il fallut vingt-cinq minutes pour rejoindre la rue d'Aumale.

— Attends-moi en bas, lança-t-il en arrivant sur place.

Mais les mois de coma n'avaient en rien modifié le caractère de Margaux. Elle le suivit dans les escaliers de l'immeuble.

— Quatrième étage, chuchota-t-il avant de la distancer.

Elle peina dans les dernières marches. Elle entendit David proférer un juron. Elle arriva sur le palier. La porte de l'appartement, sur la gauche, était ouverte et elle se retint à la rambarde de l'escalier pour reprendre son souffle. Ou pour différer le moment où elle aurait à pénétrer dans le vestibule.

— N'entre pas ! Margaux ! Je t'en prie ! hurla Strelli.

Elle se passa la langue sur les lèvres et serra les dents. Elle avança. Sur le mur, une inscription en lettres de sang : *Puttana*.

Au milieu du salon, le corps d'une femme. Habillée. Elle était morte. Une grosse blessure par balle au milieu de la poitrine. Elle baignait dans une large flaque de sang, qui allait jusque sous la tête. Les images du 43, rue de Prony assaillirent Margaux. Aux pieds de la victime, le cadavre d'un chat. Égorgé. Pas d'arme en vue. À l'évidence, une mise en scène macabre. Francesca avait encore la main droite crispée sur son téléphone portable, dont la communication n'avait même pas été coupée. Ses yeux restés grands ouverts exprimaient une souffrance absolue. Elle n'avait pas dû succomber sur le coup, elle avait vu venir sa mort. David s'accroupit près d'elle, sans oser la toucher. Sa paume survolait ses cheveux noirs souillés de sang.

— Francesca, murmura-t-il. Francesca...

Il se releva et jeta sur le corps une nappe arrachée à

la table. Le visage décomposé, il se pencha à nouveau vers la morte.

— Elle voulait aussi tenir sa promesse, dit-il d'un ton las.

— Quelle promesse ?... David, mais réponds-moi, à la fin !

— La Corse. Vic, son frère... Mais que pouvait-elle cacher ?

Il tournait dans la pièce, impersonnelle parce que trop souvent inoccupée. Rien, pas un papier. Seulement un journal, bien en évidence, *Le Figaro*, ouvert à la page 3. Un titre sur trois colonnes – *« Les préparatifs du sommet de Versailles »* – était souligné d'une trace de sang. Strelli le lut. Le sommet de Versailles...

— Versailles, ce n'est quand même pas possible ! Non, pas ça...

Margaux posa sa main sur l'épaule de David.

— En tout cas, quelqu'un a voulu attirer l'attention là-dessus. Francesca, ou les tueurs...

Il hésitait, le regard rivé au cadavre.

— Maintenant, il serait peut-être temps de filer, non ? murmura-t-elle.

À peine avait-elle fait un pas vers la porte que, dans la rue, le deux-tons d'un car de police résonnait. On gravissait quatre à quatre les escaliers. Strelli regarda Margaux. Coincés ! Trois policiers firent irruption dans l'appartement, revolver à la main. Le chef, le brigadier Emmanuel Peri, découvrit avec étonnement la présence du couple.

— Mains sur la tête, lança-t-il.

David et Margaux s'exécutèrent sans barguigner. Le gradé s'approcha avec précaution, les palpa de la tête aux pieds.

— Les pinces, ordonna-t-il.

Un policier passa les menottes.

— Qui êtes-vous ? Êtes-vous les auteurs de ça ? interrogea l'homme de façon assez naïve.

Affecté à l'unité de police de proximité du IXe arrondissement, il n'avait qu'une idée assez vague du comportement à adopter dans de telles circonstances. Il eut la surprise d'entendre David énoncer son identité :

— Lieutenant-colonel David Strelli, en disponibilité de la DGSE. Vous pouvez vérifier, mes papiers sont dans ma poche de veste. Attention, j'ai également deux faux passeports...

Le brigadier Peri parut encore plus décontenancé.

— DGSE ?

Il n'en croyait pas un mot. Il appela sa base par sa radio portable reliée au réseau Acropol, décrivit en quelques mots sobres la scène du crime et ajouta :

— J'ai sous la main un individu qui se prétend membre de la DGSE... Et sous les yeux des papiers d'identité qui semblent conformes... Instructions ?... Bien !

Pendant ce temps, comme ils avaient appris à le faire, les deux autres policiers balisaient les lieux, entourant le corps d'une bande de tissu rouge fluo pour que l'on évite de piétiner à proximité. Mains toujours sur la tête, Strelli et Margaux attendaient. Près de défaillir, la jeune femme demanda à s'asseoir, prétextant qu'elle était enceinte. Autorisation lui fut donnée par le brigadier Peri. Le vibreur de sa radio résonna. Il lança quelques « oui, oui », puis se tourna vers Strelli :

— Tu es fait, mon vieux, toutes les polices de France te recherchent. Ta nana aussi. Et c'est moi qui ai la chance de te coincer ! Putain, ça fait plaisir. Bon, on attend deux minutes qu'on vienne vous chercher sous bonne escorte !

Il lui flanqua une bourrade, fier de cette prise exceptionnelle qui lui vaudrait des félicitations en haut lieu.

Strelli jeta un regard à Margaux qui lui sourit tristement. Il tourna la tête pour voir une dernière fois Francesca. Sans le vouloir, l'Italienne l'avait livré aux services qui, depuis des mois maintenant, cherchaient à le capturer. Après tout, c'était parfait : il pourrait révéler ce qui lui semblait désormais probable, une action d'éclat de Vicente Minasola lors du sommet de Versailles... Mais laquelle ? Et le croirait-on ? Tout n'était que supposition et manquaient toujours des preuves imparables.

*

Dans la ferme de Saint-Rémy-l'Honoré, le dîner s'achevait. À la droite de Vicente, Keriver tentait depuis deux heures de faire bonne figure. L'Italien ne lui avait pas adressé une seule fois la parole et il se demandait encore pourquoi il avait tenu à l'avoir auprès de lui. Tretiakov et Tchevine, quant à eux, tentaient de charmer leur hôte comme s'il avait été une femme.

Un homme en costume noir s'approcha au moment des desserts et se pencha à l'oreille de Don Minasola.

— Un problème ? s'enquit Tretiakov.

— Qui vient d'être réglé, répondit Vic en prenant une cuillerée de mousse au chocolat.

Tchevine hocha la tête.

— Espérons que ce sera aussi facile demain matin !

— Oh, mais certainement, puisque nous disposons de tous les éléments remis gracieusement par M. Keriver, siffla Vic en toisant à peine l'officier.

— Il a fait du bon travail, appuya Tretiakov.

— Je vous ai communiqué tout ce que j'avais, monsieur, tenta Keriver en saluant Vicente.

— Dans ce cas !

Le Sicilien sortit un revolver caché sous la couverture qui lui protégeait les jambes et, avant que l'un des convives n'ait eu le temps de réagir, il en appuya le canon sur la tempe de l'officier. Il tira, le crâne explosa, la matière cervicale gicla sur la table et sur les costumes des Russes stupéfiés. Tchevine souriait de façon grotesque, en considérant sa mousse au chocolat piquetée de morceaux d'os.

— Il n'appartenait pas à notre monde, n'est-ce pas ?

— Tout à fait d'accord, ricana Tchevine. Je vois les choses comme vous.

Vicente reprit une cuillerée de mousse au chocolat. Il dut faire un gros effort sur lui-même pour ne pas abattre, à son tour, ce Russe trop fanfaron. Mais il était, lui, encore utile. Demain, on verrait.

Il ne dit plus un mot jusqu'à la fin du repas. Il pensait à sa sœur et à la mort qu'il lui avait offert.

Tandis qu'on emmenait le corps du commandant Keriver – « il faut le jeter aux porcs », lâcha Vic avec dédain –, l'un des compagnons de Tretiakov lui glissa quelques mots à l'oreille. Le Sibérien parut surpris, fit répéter le message. Puis le répercuta à haute voix :

— Le général Rouslan Khamylov nous annonce qu'il nous fait le plaisir de venir partager avec nous la journée de demain. Nous serons tous bien heureux de voir arriver le général, ajouta-t-il ironiquement à l'adresse de Tchevine.

Plongé dans ses rêveries de grandeur et de violence, Vic ne releva pas. Le vieux kgébiste ne l'intéressait plus. Il ne pensait plus qu'à sa prochaine victoire. Comme aujourd'hui Francesca, demain l'Europe saurait ce qu'il en coûtait de s'élever contre la volonté de pouvoir de Don Vicente Minasola.

*

Rue d'Aumale, tout s'enchaîna de façon implacable.

En moins de vingt minutes, un groupe de la Crime était sur place. Margaux eut le désagrément de reconnaître le commandant Jean-Louis Jameux, avec lequel elle s'était accrochée après l'affaire de la rue de Prony. Puis les experts de l'Identité judiciaire arrivèrent pour collecter les indices laissés sur la scène du crime. Ils allèrent jusqu'à relever les empreintes de Strelli et Margaux Villaret. Leurs poches furent vidées. Jameux commençait à enregistrer la déposition de David quand on entendit les éclats d'une vive discussion monter de l'étage inférieur. Margaux reconnut la voix rauque de Josée Antonin. La commissaire surgit, écarta les policiers présents avec rudesse, comme si elle regrettait ce déballage. Elle regarda Strelli et Margaux et, sans un mot, pénétra dans le salon. Elle en ressortit trente secondes plus tard, visage fermé.

— C'est la Minasola, hein ? On l'a mise dans un sale état. J'espère que ce n'est pas toi, soldat. Chaque fois qu'on se voit, y a du bordel !

Elle se tourna vers Margaux, baissa la tête puis la releva.

— Quant à toi, tout ça, je ne sais pas si ta place ici est vraiment conseillée par la Faculté !

— Josée, David n'y est pour rien. Elle était déjà morte quand nous sommes arrivés.

— Une habitude, chez tous les deux. Dès que vous vous bougez le cul, les cadavres s'entassent.

Elle était à la fois en colère et accablée. Margaux montra ses menottes.

— Est-ce vraiment indispensable ?

— Ce n'est pas moi qui commande. Demande aux collègues de la Crime.

Mais le commandant Jameux était manifestement décidé à créer le maximum de tracas à sa collègue des RG.

Margaux n'avait rien perdu de son esprit offensif.

— Josée ! Strelli a mille choses à te dire !

— Peut-être pourrait-il commencer par expliquer

comment il est rentré frauduleusement en France, ce petit merdeux ! Il y a des plombes que je lui dis que je ne veux plus avoir affaire avec lui. Et monsieur aurait des révélations ? Je voudrais bien voir !

Mais trop maligne pour laisser passer la moindre occasion, elle fixa Strelli dans les yeux avec impudence.

— Alors, soldat ? Tu dis quoi ? Tu as toujours été trop romantique. Fallait pas t'amouracher de l'Italienne. Je savais que vous finiriez bien par venir à Paris, en amoureux.

— Je ne me suis pas amouraché de cette femme, Josée. Et vous pourriez en parler avec respect maintenant qu'elle est morte.

— Et dans quelles conditions !

Elle montra du pouce le salon.

— C'est signé Cosa Nostra, cette horreur ! Elle en était, au cœur, tu es au courant ? Ils restent d'excellents bouchers ! Ils ne pardonnent jamais à ceux qui l'ouvrent... C'est con, hein ! Mais je suis pas vraiment désolée pour elle, remarque.

— Ça suffit, cria Margaux. Tu es dégueulasse !

Antonin lui prit le coude avec brutalité.

— Oh, pas de grands mots, Margaux, on n'est pas au théâtre et j'en ai plus que marre de vos conneries à tous les deux. Vous avez passé les bornes. Et depuis longtemps...

— Je veux parler au Premier ministre ! coupa Strelli. Moi aussi j'en ai marre que vous ne m'écoutiez pas.

— Ce n'est plus Haller.

— Je sais. Mais je veux quand même parler au nouveau Premier ministre.

— Il n'est pas dans mes pouvoirs de te le permettre. Tu connais toujours la procédure, soldat ?

— J'ai peut-être oublié, depuis les vacances, ironisa Strelli. Vous avez vu *Le Figaro* dans le salon ?

Elle haussa les épaules.

— Non, et alors ?

— Quelqu'un semble avoir voulu attirer l'attention sur le sommet de Versailles.

— Et quoi encore ? Tu es devenu dingue, ou quoi ?

Margaux Villaret s'interposa :

— Écoute-le, au moins ! Et s'il avait raison, et s'il avait des choses à raconter que tu ne veux pas entendre ?

Mais, ce jour-là, Antonin n'était pas d'humeur à écouter qui que ce soit.

— Je vous laisse ces cons, lança-t-elle aux policiers de la Brigade criminelle qui se saisirent de David et de Margaux comme de vulgaires malfrats.

Antonin les regarda descendre les escaliers, encadrés par les policiers. Elle se caressa la joue, pensive, et les suivit quelques minutes plus tard.

39

Vendredi 27 avril

1 h 45. Josée Antonin n'avait pas pu joindre Jean de Bellifont avant 23 h 30, à sa sortie d'un concert au théâtre des Champs-Élysées. Elle lui avait alors appris l'arrestation du lieutenant-colonel Strelli et du capitaine Margaux Villaret.

— Nous verrons tout ça demain, avait-il aboyé, mécontent d'avoir été dérangé après ces deux heures de musique – Schubert, Brahms et Schumann – durant lesquelles il avait pu écarter tous ses soucis.

— Strelli prétend vouloir faire des révélations. Et il y aurait urgence absolue, assure le capitaine Villaret, avait rétorqué la commissaire Antonin.

— Il n'y a jamais d'urgence qui ne puisse attendre. Prévoyez de faire venir ce Strelli à 8 heures à mon bureau demain matin.

— Mais ils sont en garde à vue !

— Vous vous débrouillerez, madame. C'est bien dans vos cordes, non ?

Josée Antonin avait dû se décarcasser pour obtenir le numéro de téléphone privé du commandant Jean-Louis Jameux, son collègue de la Crime en charge de l'enquête, jusqu'à arguer de la raison d'État, rien de moins, pour que le permanencier du ministère de l'Intérieur le lui donne enfin. Mais au domicile du policier, une voix endormie de femme lui avait indiqué que le commandant Jameux n'avait pas encore quitté le « 36 ».

« Je ne crois pas qu'il rentrera, il a une grosse affaire. »

À 1 h 45, elle décida de se rendre quai des Orfèvres pour négocier en personne. Elle eut du mal à entrer – les gardiens de la paix en faction étaient de vrais cerbères – et Jameux la reçut aussi mal que possible. Hirsute, les joues grises de barbe, il paraissait à cran et l'éclairage au néon du bureau rendait son air encore plus minable. La commissaire expliqua que le Premier ministre tenait à entendre Strelli et Villaret.

— Ce matin même, à 8 heures.

— Votre requête est complètement folle, madame le commissaire. Il n'est pas question que je vous remette deux individus en garde à vue.

Il parlait très doucement, en articulant, comme si son interlocutrice était une demeurée.

— Nous sommes dans une procédure criminelle, madame, et même le président de la République ne pourrait obtenir un tel geste de ma part. Sans compter que ce Strelli et sa gonzesse me les brisent... Veulent rien entendre, rien dire, rien à en tirer. Désolé, madame, et au revoir.

Il la poussait déjà vers la sortie, sans même lui permettre de voir Strelli et Margaux qui n'avaient pas encore été descendus à la Souricière : elle entendait l'interrogatoire se poursuivre dans la pièce voisine.

Jameux la laissa sur le pas de la porte, vint se rasseoir derrière sa table, pour lire un P-V, comme si elle n'était plus là.

Ulcérée, elle siffla :

— Dis-moi, mon petit vieux, pendant ton stage à

l'école des inspecteurs [1], à Cannes-Écluse, un soir tu es bien allé dans une boîte à Melun ? Tu faisais moins le faraud qu'aujourd'hui.

Il leva la tête, paniqué. Josée poursuivit en se rapprochant :

— Melun, il y a sept ans... Vous êtes partis en virée, avec des copains, vous aviez bu, un peu trop, une fille passait par là... Je me trompe ?

Jean-Louis Jameux eut l'air de se souvenir. Josée le tenait. Elle s'était fait communiquer son dossier administratif : l'accusation de viol en réunion y était inscrite noir sur blanc. L'affaire avait été étouffée. Mais pas pour tout le monde. Depuis, Jameux avait fait carrière. Ce passé ne devait pas remonter à la surface, sinon, plus d'ascension fulgurante. Il plongea le nez dans ses papiers, en grommelant :

— Ça va. Vous me les ramenez à midi, vous ne les quittez pas des yeux, et je vous donne mon adjoint pour les surveiller.

Il ne put s'empêcher d'ajouter :

— On m'avait dit pis que pendre de vous, mais vous êtes encore pire que ce que j'imaginais ! C'est ça, pour vous, la raison d'État ?

Josée eut un sourire victorieux et jeta un œil à l'horloge. 2 heures. À son tour elle dédaigna Jameux et entra dans la pièce voisine. Elle houspilla David et Margaux, épuisés par la veille prolongée. Avec une certaine chaleur. Comme si, malgré tout, elle était contente d'arracher « son » personnel à ces imbéciles de la Crime. Jameux avait fini par comprendre qu'il était inutile de faire escorter le trio par son adjoint. Il les regarda avec soulagement s'éloigner dans les couloirs silencieux du quai des Orfèvres.

1. Avant de se voir décerner le titre d'officiers de police, on appelait ceux-ci des inspecteurs.

*

6 h 27. À Saint-Rémy-l'Honoré, dès 5 heures, les hangars avaient retenti de bruits de ferraille et d'éclats de voix. L'un après l'autre, les gros MI 17 avaient été poussés dans le champ s'étendant devant les bâtiments. Les mécaniciens avaient chargé les roquettes dans les paniers disposés de part et d'autre des appareils, et engagé les bandes de munitions dans les mitrailleuses et les canons automatiques. Pour embarquer plus d'hommes et d'armes, les réservoirs n'avaient été remplis qu'aux deux tiers : soit sept heures d'autonomie au maximum.

Puis les hommes s'étaient regroupés près des machines, chacun avec deux fusils d'assaut et des chapelets de grenades. Pas de paquetage. Compte tenu des réserves de carburant, le succès total devait être obtenu avant le milieu de l'après-midi.

Alexei Tretiakov était inquiet : pour éviter le bruit qui n'aurait pas manqué d'alerter le voisinage, les réacteurs n'avaient jamais été essayés. Le pari qu'aucun incident ne viendrait troubler le vol était risqué : un quart d'heure pour atteindre l'objectif, ensuite une heure pour venir à bout des résistances, c'était à la fois très court et très long. Lors d'un tel raid, le pire pouvait survenir en quelques secondes.

Mais il était trop tard pour faire marche arrière : le décollage était prévu pour 8 h 30.

Le Sibérien prendrait lui-même la direction des deux machines qui avaient pour tâche de briser les dispositifs de sécurité, tandis que Tchevine foncerait droit sur l'objectif principal avec les deux autres hélicoptères. Don Vicente les rejoindrait quelques minutes plus tard à bord d'un Écureuil loué à une compagnie privée, quand le théâtre des opérations serait dégagé. Il délivrerait lui-même les messages et les ultimatums aux autorités, afin de les faire plier le plus vite possible.

Tretiakov remonta le col de son blouson, en pensant que, contrairement à ce qu'il avait annoncé, Khamilov n'était pas encore arrivé à la ferme. Pas de nouvelles depuis la veille au soir. Peut-être avait-il décidé, au dernier moment, de reporter sa venue ? Si tel était le cas, il s'agissait, à n'en pas douter, d'un mauvais présage.

*

7 h 45. Margaux avait dormi dans le lit de Josée, celle-ci sur la banquette et David sur le tapis. À 6 h 30, la commissaire les avait réveillés, forcé Margaux à manger – une habitude maintenant –, veillant à ce qu'elle prenne ses médicaments. Ils avaient tous embarqué dans sa Mégane Renault de service. La manière de conduire de la commissaire était unique dans le registre de la dangerosité : une épreuve !

À Matignon, les gardes avaient reçu des consignes pour autoriser le stationnement du véhicule dans la cour. Un huissier les conduisit dans le bureau où « M. le Conseiller » Jean de Bellifont travaillait depuis déjà une heure : le prix à payer pour une soirée au concert.

Il regarda Josée, puis le couple qu'elle venait de lui amener.

— Alors, c'est vous les Bonnie and Clyde de l'an 2000 qui semez les cadavres sur leur chemin comme le Petit Poucet des cailloux ?

Margaux et David, impassibles, gardèrent le silence.

— Bon, je vois... Vous n'êtes pas réveillés et ça ne vous fait pas rire... Alors, Strelli, qu'avez-vous à me proposer de si exceptionnel ? Parce que pour mettre Mme Antonin dans un tel état, il faut que ce soit géant, non ? Sinon, retour à la case prison, et si j'ai bien compris, à la Crime, ils n'ont pas l'intention de vous faire trop de risettes. Alors ?

Le propos se voulait badin, mais le ton était coupant. David ravala sa salive, entreprit le récit détaillé de ses six derniers mois, en passant sous silence les manipulations criminelles dont il avait fait l'objet. Bellifont prenait des notes comme un étudiant, Antonin bâillait, Margaux somnolait sur sa chaise.

— Malheureusement, mon colonel, vous ne me racontez rien de bien neuf, là-dedans, trancha le conseiller pour mettre un terme à ce discours qui l'agaçait. Pour le titane, nous étions au courant, bien sûr... Les rivalités entre gangs russes, même topo... Khamylov et Tretiakov ? Je les ai vus à Moscou. Justement lors d'une négociation pour l'achat des Iliouchine. Les mines ? Elles ont sauté, plus rien à tirer de ce dossier... La compagnie aérienne, pourquoi pas ? Rien d'illégal jusqu'à présent... Restent les Italiens : avez-vous des éléments sur les Italiens ?

— La directrice des relations humaines d'OED, Frances McManus s'appelait en fait Minasola. Elle était sicilienne...

— Oui. Nous savons tout cela. Et alors ? Êtes-vous au moins au courant de l'identité de son frère ?

— Non. Elle ne m'a jamais rien dit.

— Vicente Minasola. Mafieux notoire. Peut-être le nouveau chef de la Coupole.

Strelli comprit alors les coups de téléphone intempestifs, les cachotteries de Francesca. Elle était prête à lui parler et son propre frère avait dû ordonner sa mort.

— Et la Corse, ça vous dit quelque chose ?

— Oui. Je crois qu'il y a eu une grande réunion, des décisions importantes ont sans doute été prises. Je n'en sais pas plus.

— Ça corrobore nos renseignements ! murmura Bellifont en tapotant la feuille avec la pointe de son stylo.

Il brandit une liasse de papiers.

— Ce sont des rapports d'écoute. Nous avons positionné le Transal Gabriel au-dessus de la Méditerranée orientale, en focalisant les écoutes sur la Sicile et repéré du trafic Globalstar en direction de Palerme : Minasola a évoqué avec un avocat un grand projet, à concrétiser incessamment. Sans précision.

— *Le Figaro*, coupa David.

— *Le Figaro* ?

— Oui, chez Francesca Minasola. Le titre souligné de sang. Le sommet de Versailles.

En quelques mots, Josée donna les explications nécessaires à Bellifont qui, d'évidence, n'avait pas saisi le sens des propos tenus par Strelli. Celui-ci s'était assis près de Margaux. Il était accablé de fatigue. L'enchaînement des événements avait été harassant : avant-hier matin, Moscou... L'après-midi Genève, le soir Paris, puis le rendez-vous de Saint-Thomas-d'Aquin, le choc des retrouvailles avec Margaux, le meurtre de Francesca, l'arrestation. Tout tournait dans sa tête.

— Le sommet ouvre ce matin même, observa Bellifont en jetant un regard inquiet à Josée.

— Oui, mais le colonel Strelli ne nous apporte aucune preuve, seulement des hypothèses !

L'officier se redressa avec une telle brutalité que Margaux poussa un cri.

— Et les MI 17 ? Suppositions aussi, peut-être !

— Les MI 17, qu'est-ce que c'est ? interrogea Bellifont.

— Des hélicoptères russes... J'ai assuré leur convoyage !

— Vous ne croyez quand même pas que...

Bellifont, incrédule, chercha un appui auprès d'Antonin qui leva les yeux au ciel.

— Je ne crois rien, monsieur, rétorqua Strelli. J'essaye d'analyser les faits en ma connaissance et vous seriez bien avisé d'en faire autant.

*

8 h 25. Après une nuit pluvieuse et fraîche, le temps s'était dégagé et le soleil éclaboussait maintenant la cour de marbre et l'avant-corps du château de Versailles, son fronton, ses colonnes et sa profusion de sculptures.

Les conditions météo étaient idéales pour que les festivités se déroulent au mieux, même si la température restait au-dessous de la moyenne pour un jour de printemps.

De part et d'autre de l'avenue de Paris, des cordons de gendarmes mobiles en grande tenue avaient pris place, formant une haie d'honneur pour le ballet des limousines officielles qui tournoyaient dans l'avant-cour, déposant tour à tour les quinze présidents et chefs de gouvernement européens participant au sommet semestriel.

Tout au long des grilles, fourragères exhibées, placés de cinq mètres en cinq mètres, le dos tourné au château, des policiers avaient pour mission de maîtriser la cohorte des photographes accrédités qui se pressaient, se chevauchaient presque, afin de tenter d'obtenir la meilleure place, le meilleur angle de prise de vue pour des photos promises aux bacs de rangement.

Un grand car de police abritait les appareils de communication sophistiqués du nouveau PC mobile conçu pour régler les services d'ordre des manifestations géantes. Le véhicule stationnait au milieu de l'esplanade, débarrassée de ses habituels autobus de tourisme, pour laisser la place à autant de cars, bleu marine, ceux des quatre escadrons de gendarmes, et blancs, ceux des quatre compagnies républicaines de sécurité – les 1, 2 et 8, venues respectivement de Vélizy, Vaucresson et Bièvres, et la 19, de La Rochelle, en rotation sur la région parisienne. À proximité immédiate étaient alignés les Renault Espace spéciaux du service de protection des hautes personnalités, que l'on persistait à appeler les « VO [1] ».

Confortablement assis dans un fauteuil pivotant en cuir, le préfet Jean Beaumont, directeur général de la Police nationale, ne se lassait pas du spectacle son et lumière que lui retransmettaient les écrans, assorti des commentaires du contrôleur Maurice Heinrich, en charge directe du dispositif.

Le temps était loin où les ordres devaient être transmis par estafettes, où il fallait envoyer des émissaires pour explorer tel ou tel recoin écarté. Les sites à protéger étaient désormais examinés, scannés sans cesse par des caméras dotées de zooms ultrapuissants, montées ce jour-là à bord d'un gros hélicoptère Puma en vol stationnaire au-dessus du château.

Le préfet sourit en suivant la progression du contrôleur Paul Magan, le patron des CRS, vers la Grande Écurie qui, comme la Petite, était occupée par des unités de CRS et de gendarmes mobiles. Le DGPN, qui n'était pourtant pas particulièrement réputé pour son sens de l'humour, s'était cru permis de faire taire certaines récriminations par un argument aussi fleuri qu'imparable :

— Je sais que vos hommes ne sont pas des canassons, mais ils ne veulent quand même pas les appartements de la reine ? Et puis, entre nous, Magan, ces bâtiments sont plus luxueux que les casernes, alors dites-leur d'en profiter, une telle aubaine ça ne se refuse

1. Pour voyages officiels.

pas ! Il ne leur arrivera pas tous les jours de loger dans d'authentiques monuments historiques !

Depuis trois semaines maintenant, Beaumont supervisait avec sa forte autorité et son soin maniaque du détail la mise en place du dispositif de sécurité du Sommet européen qui, dans les minutes à venir, allait commencer au château. Il venait de fêter ses cinquante-neuf ans : une silhouette svelte et une démarche énergique lui conféraient une allure jeune et ses traits anguleux rappelaient étrangement ceux d'Hector Berlioz. Il se flattait lui-même en privé d'être le sosie du compositeur.

« Mais je n'ai hérité ni de son génie, ni de son romantisme ! », martelait-il souvent pour faire passer des consignes impopulaires.

S'inspirant de cette ressemblance, ses subalternes surnommaient entre eux leur chef « Le Fantastique » ou « Le Funèbre », selon les heures et les jours. Il était de notoriété publique que le préfet Jean Beaumont n'avait pas une maigre estime de lui-même, alors que son caractère cyclothymique ne lui valait pas que des amitiés. Mais la qualité de ses états de service prouvait, à l'évidence, qu'il n'avait pas usurpé sa réputation d'excellent professionnel.

Au centre du car, sur un tréteau, étaient déployés plusieurs plans de la ville et du château lui-même. Beaumont disposait, bien sûr, pour communiquer du système Acropol, désormais bien au point, et, pour se guider, de multiples éléments plus sophistiqués, en particulier le positionnement de ses unités par GPS [1]. Il

1. Global Position System, système satellitaire basé sur le principe de la triangulation permettant de repérer à quelques mètres près, dans le monde entier, n'importe quel élément équipé d'une balise émettrice-réceptrice. Les navires et les avions sont dotés des balises Argos, mais des balises plus spécialisées sont utilisées pour

aimait à se voir en grand stratège, en émule de Sun Tzu ou de Clausewitz, en thuriféraire de la sanctuarisation [1].

Cette réunion des quinze chefs d'État et de gouvernement de l'Union européenne était l'apogée de sa carrière. En août 1997, il avait déjà supervisé les Journées mondiales de la jeunesse, à l'occasion de la venue de Jean-Paul II, qui avaient vu des dizaines de milliers de jeunes de tous les pays affluer vers Paris, allant jusqu'à enserrer la capitale par un cordon humain géant. Pas un seul incident n'avait troublé cette fête et, en récompense, il avait été promu à titre exceptionnel commandeur de la Légion d'honneur. À huit mois de la retraite, la maestria avec laquelle il mènerait certainement son ultime mission lui apporterait de nouveaux honneurs.

— Bon, tout est parfait. À quelle heure avons-nous rendez-vous avec le ministre ? demanda-t-il au commandant Hubert Janvier, l'officier de sécurité d'Henri Delpech, le ministre de l'Intérieur nommé par Bernard Lechevallier, le nouveau chef de gouvernement.

Il connaissait évidemment la réponse, mais il aimait poser des questions à brûle-pourpoint et faire ainsi comprendre que, sur le terrain, il n'y avait qu'un chef et un seul : lui.

— Il ne devrait plus tarder, maintenant, monsieur le préfet.

Il y eut un remue-ménage à l'entrée du PC mobile et une voix de stentor proclama :

— Je suis là, Beaumont.

suivre leurs véhicules à tout instant par les compagnies de transport et de taxi, notamment la G 7 à Paris.

1. La sanctuarisation est une stratégie développée par le général Gallois selon laquelle la France ne doit pas s'occuper des pays qui l'entourent mais accélérer son armement nucléaire, surtout sous-marin. Aujourd'hui très largement abandonnée au profit de la stratégie du « devoir d'intervention humanitaire ».

Le ministre de l'Intérieur trimbalait sa masse de muscles vers le préfet qu'il salua avec une certaine rudesse. Les deux hommes se connaissaient bien : originaires de la même région, nés la même année, ils avaient de plus servi dans le même corps lors de leur service militaire. De cette époque, ils gardaient l'un pour l'autre une réelle considération qui, même si elle ne s'était jamais muée en profonde amitié, aidait à gérer au mieux une manifestation comme le sommet.

— Bon, tout roule ?

— Absolument, monsieur le ministre.

— Ne soyez pas si sûr de vous, Beaumont. Je sais que vous êtes un expert, mais je n'aime pas l'idée d'avoir quinze dirigeants, leurs ministres et leur petit personnel coincés dans ce truc-là, lâcha Delpech en jetant un œil méprisant au château de Versailles.

Le ministère de l'Intérieur vouait une haine profonde, aux relents de républicanisme jacobin, contre tout ce qui, d'une manière ou d'une autre, rappelait l'aristocratie. Il ne pouvait se faire à l'idée que des millions de touristes viennent s'extasier « comme des veaux » – telle était son expression – devant le symbole du pouvoir absolu.

— Absolu, mais éclairé ! avait plaidé, en ancien avocat, Lechevallier, pour convaincre son ministre. Vous ne vouliez quand même pas qu'on organise ça à la Mutualité ?

— La sécurité aurait été plus simple, avait rétorqué Henri Delpech, pragmatique.

Il suivit le préfet Beaumont à l'extérieur du PC. Au-dessus d'eux tournait le Puma de surveillance.

— Vous êtes vraiment sûr que c'est suffisant ? insista Delpech.

— J'ai mis en place deux postes de tir avec des missiles antiaériens Mistral montés sur camion, donc très mobiles. Un dans le parc et celui-ci, répondit Beaumont en désignant le lance-missile déployé sur la gauche de l'esplanade.

— Oui, oui. D'accord. Ce sont les mesures standards, qui n'ont jamais servi à rien, heureusement. Mais je n'ai tout de même pas confiance. C'est dans ma nature, que voulez-vous ! Et ce n'est pas à cinquante-neuf ans qu'on va me changer, n'est-ce pas ?

— Nous contrôlons parfaitement le périmètre, monsieur le ministre. Aucune inquiétude.

— Et avec les services de sécurité étrangers ?

— Pas mal. Ce serait même du gâteau si nous n'avions pas sur le dos les cow-boys du GSG 9 allemand[1]. Les British sont plutôt cools, comme d'habitude, les Italiens et les Espagnols très professionnels, les autres s'en foutent, sans doute inconscients des risques réels.

Il ajouta après un instant de réflexion :

— D'ailleurs, pas de menace en vue !

Le ministre le regarda avec une expression ambiguë.

— Il y a toujours des menaces et les pires sont celles que l'on ignore.

Sans tenir compte de la remarque, le directeur de la police annonça :

— Les présidents et les chefs de gouvernement vont entrer en réunion plénière. On en a pour trois heures avant le déjeuner.

— À l'Élysée ! observa aigrement le ministre en se courbant pour passer ses deux mètres et ses cent vingt kilos dans l'embrasure étroite de la porte. Comme s'ils n'avaient pas pu le prévoir ici, tant qu'à faire ! Non, moi, Beaumont, je vous dis comme je le pense, vivement la fin de tout ce cirque. Vivement dimanche !

1. Unité d'intervention anticommandos, l'équivalent du RAID pour l'Allemagne fédérale, relevant de l'autorité de la Police des frontières (GSG).

Le préfet haussa vaguement les épaules, se fit servir un verre d'eau pétillante par un gardien et considéra ses collaborateurs d'un air satisfait. En particulier le contrôleur Heinrich dont il appréciait d'autant plus la déférence qu'il était le véritable concepteur du plan de sécurité. Il serait toujours temps de s'en souvenir, surtout s'il y avait des anicroches. Le ministre de l'Intérieur, toujours debout, regardait sur l'écran principal le défilé un peu compassé des présidents et chefs de gouvernement qu'entouraient leurs camarillas de ministres, de conseillers et autres sherpas. Il n'arrivait à s'ôter de l'esprit ce mauvais pressentiment qui le poursuivait depuis la mort de René Haller, en pleine Assemblée nationale.

*

8 h 29. Les réacteurs avaient été mis en route au dernier moment et le temps de chauffe limité au minimum : cinq minutes. Alors qu'il montait dans le MI 17 qui lui était assigné, Tretiakov vit surgir dans l'allée principale de la ferme une Mercedes noire aux vitres teintées. Khamylov ! Le général n'avait pas perdu sa science de l'effet. Comme une diva, il débarquait au dernier moment. Il sortit de la limousine escorté par deux gardes du corps et s'approcha en trottinant de son collaborateur. Il semblait avoir oublié son âge et agitait les bras en tous sens. Le Sibérien se demanda ce que pouvait encore bien vouloir le vieil homme. Il n'eut pas longtemps à attendre pour le savoir. Le général énumérait ses prétentions pour le prochain partage de pouvoir. Alexei Fiodorovitch leva les yeux au ciel, d'un air accablé. Ce faisant, il croisa le regard de Tchevine, qui était encore à terre : il ne pouvait se faire entendre en raison du fracas des moteurs qui montaient en puissance, mais celui-ci posa un index sur sa tempe, un geste hautement significatif. Tretiakov estima qu'il était temps de tenir sa promesse : il grimpa dans son hélicoptère. Debout dans l'embrasure de la porte, il dégaina son pistolet Makarov, ajusta la tête du général. Deux tirs : le premier pour tuer, le second par sécurité. Rouslan Shamilovitch Khamylov tomba. Ses deux gardes furent abattus par des rafales de pistolets-mitrailleurs. Tretiakov leva le pouce pour ordonner au pilote de décoller.

Dans la carlingue, Alexei Fiodorovitch Tretiakov vérifiait une dernière fois son pistolet et sa Kalachnikov. Il n'avait jamais effectué son service militaire, ni participé à un réel conflit armé, ce raid l'angoissait.

Comme prévu, il leur fallut moins de dix minutes pour parvenir sur l'objectif en volant au ras des toits.

*

8 h 37. Henri Delpech avait toujours eu un sens aigu du danger. Alors qu'il s'apprêtait à se hisser dans sa Safrane blindée, avant même de l'entendre, il perçut un sifflement proche des ultrasons. Également surpris, le préfet Beaumont surgit du PC, juste à temps pour suivre une longue traînée blanche filant droit sur le Puma d'observation. Une lueur, une boule de feu, le fracas d'une explosion, l'hélicoptère qui se fragmentait comme une théière en porcelaine, les débris enflammés qui s'éparpillaient sur les bosquets devant le château. Une séquence si brève qu'elle parut irréelle. Les deux hommes allaient réagir quand un grondement sourd monta de l'avenue de Sceaux. Quatre hélicoptères surgirent au ras des toits, fonçant droit vers le monument après avoir évité le périmètre de la salle du jeu de Paume.

La tourelle du poste de tir Mistral pivota très rapidement sur elle-même. Une lueur fulgurante, une fumée blanche. Touché, l'un des hélicoptères s'écrasa sur un toit dont monta aussitôt une immense flamme rouge. Mais un missile tiré depuis l'un des MI 17 intacts atteignit le poste de tir des Mistral, qui se désintégra... Des dizaines de gendarmes et de policiers couraient en tous sens, cherchant à échapper aux rafales des canons et de mitrailleuses qui balayaient l'esplanade, tandis que les cars de police prenaient feu. Vacarme des explosions, rythmé par le staccato des armes automatiques. Le deuxième appareil s'attaquait aux guetteurs éparpillés sur les toits du château, des silhouettes se dressaient, puis tombaient comme des pantins quinze mètres plus bas. Beaumont était rentré dans le camion PC qui s'était aussitôt mis en mouvement pour se replier, d'abord sous les arbres de l'avenue de Paris, puis dans la cour de la préfecture, toute proche. La Safrane de Delpech filait en travers de l'esplanade et le ministre entendit distinctement les coups de gong des balles qui frappaient le blindage, heureusement en oblique, ce qui valut aux épaisses tôles de ne pas être transpercées...

Plaqué contre un mur des Petites Écuries, le contrôleur Paul Magan, le patron des CRS, observait à la jumelle les hélicoptères. Excellent pilote à ses heures, et féru d'aviation, il n'avait jamais vu en vol de telles machines – sans immatriculation ni camouflage –, dont il identifia cependant facilement la très caractéristique silhouette. Il appela par radio le PC mobile maintenant embossé dans la cour de la Préfecture.

— Autorité Alpha écoute, répondit Beaumont lui-même.

Magan s'annonça en clair, enchaînant aussitôt :

— D'Autorité Gamma à Autorité Alpha. Ces appareils sont soviétiques, des MI 17, mais sans immatriculation pour les identifier.

Il suivait maintenant le vol d'un petit Écureuil qui prenait de l'altitude pour observer la manœuvre, tandis que le dernier des hélicoptères russes se plaçait en vol stationnaire au-dessus du parc, face à la galerie des Glaces. Deux traits de feu jaillirent des flancs de l'engin : une roquette dans les verrières du salon de la Guerre, à gauche, une roquette dans le salon de la Paix, à droite... De loin, Magan ne voyait que de gros nuages de fumée jaillir au-dessus des toits, mais il entendait distinctement les vitres tomber comme des couperets de guillotine sur les CRS alignés au-dessous. Les hommes appartenaient à la 19e compagnie, celle de La Rochelle. Magan pria pour eux.

*

8 h 45. Dans le bureau du conseiller, David Strelli eut l'impression que tous les téléphones se mettaient à sonner en même temps. Jean de Bellifont prit la communication sur le REGIS – le réseau interministériel sécurisé. Son visage semblait se décomposer au fur et à mesure de l'entretien. Il raccrocha d'un geste colérique, considéra un instant Strelli, mais comme s'il ne le voyait pas.

— Je m'en voudrai toujours de ne pas vous avoir écouté assez tôt, Strelli. Vous aviez raison, ils viennent d'attaquer Versailles !

Il se tourna vers Josée Antonin :

— C'est une catastrophe, madame.

Strelli intervint :

— Je connais leur mode opératoire, monsieur ! Je les ai pratiqués pas mal de temps... comme vous devez le savoir !

— Et alors ? s'énerva Bellifont.

— Alors ? Je pense que je serais plus utile sur place.

Bellifont regarda Antonin, qui se tourna vers Strelli et Margaux. La jeune femme sourit à sa supérieure.

— Tu sais que David a raison.

Antonin réfléchit un instant avant de s'adresser à Bellifont :

— Qu'avons-nous à perdre à jouer la carte Strelli, monsieur le conseiller ? Je vous suggère de nous laisser partir sur-le-champ à Versailles.

Les téléphones sonnaient toujours. Bellifont frappa de l'index l'écran de son ordinateur, sur lequel s'affichaient des messages toujours plus alarmistes.

— Très bien, j'avertis le préfet Beaumont.

David prit Margaux par la main. Josée Antonin ne savait s'il fallait louer ou maudire cette attaque sur le château de Versailles qui venait, d'une certaine manière, de rendre au couple son honneur – et sa marge de manœuvre.

*

8 h 48. Ayant achevé de désorganiser le dispositif de sécurité et après avoir laissé derrière eux une dizaine de cars en flammes, des dizaines de morts et de blessés, Tretiakov, à bord de son MI 17 intact, rejoignit les hélicoptères déjà en position au-dessus du parc, devant la façade du château. Brusquement, des silhouettes apparurent aux portes, des filins furent lancés, des hommes descendirent très vite en rappel, se balançant pour se projeter dans les verrières brisées. Quelques tirs sporadiques montant du sol ne purent empêcher une trentaine d'acrobates de pénétrer ainsi dans le palais. Rexhep Rekaliu bondit le premier à l'intérieur du salon de la Guerre, Kalachnikov brandie, tirant rafale sur rafale sur tout ce qui bougeait. En moins d'une minute, la galerie des Glaces fut investie.

Quelques coups de feu sporadiques, puis le silence. Au-dessus des toits, les hélicoptères veillaient : impossible d'approcher. À l'intérieur, la panique. Pris de court, les gardes du corps s'étaient contentés de jeter à terre les présidents, les chefs de gouvernement et les ministres, pour les protéger du souffle des déflagrations et de la pluie d'éclats et de débris divers qui jaillissaient de toute part. Plusieurs personnes furent tuées sur le coup. Des blessés gémissaient ici et là. Progressant depuis les deux extrémités de la galerie des Glaces au sein d'une fumée âcre piquant les yeux, les assaillants prenaient en tenaille les occupants, réduisant au silence tous les gardes et les policiers.

*

8 h 53. Cagoule noire et treillis camouflé à la manière des troupes spéciales russes, Tchevine menait l'assaut avec l'Albanais. Il avait perdu dix hommes dans l'hélicoptère abattu, mais les survivants lui suffirent pour séparer les dirigeants politiques de leurs délégations. Progressant depuis le salon de la Paix, à l'autre extrémité de la salle, Tretiakov, Kalachnikov levée, conseillait le calme aux participants. Pris au piège, les otages étaient tétanisés par la peur.

Afin de lui rendre compte de leur succès, il appela sur son portable Nokia 7110/net Vicente Minasola qui, de son Écureuil, supervisait l'opération. Avec son propre téléphone Globalstar, Vic contacta le standard téléphonique de l'Élysée et, la voix victorieuse, fit annoncer par son interprète :

— Tous les chefs de l'Europe sont dans mes mains, tous les policiers doivent évacuer immédiatement le château et ses abords.

Il ne put s'empêcher de vociférer dans un éclat de rire hystérique :

— Et si on ne m'obéit pas, *morro, tutti quanti porci putridi* ! *Ed a dodici ora, Versailles bruciare.*

Le standardiste transmit aussitôt le message au commandant de la Garde, qui le répercuta vers le cabinet du ministre de l'Intérieur : le préfet Jean Beaumont n'eut connaissance du texte qu'un quart d'heure après, alors qu'au-dessus des toits du palais les colonnes de fumée noires devenaient encore plus épaisses.

*

8 h 56. Beaumont appela d'urgence le ministre de l'Intérieur sur la fréquence radio réservée et lui communiqua le message. Étalé au fond de sa voiture blindée, devant l'entrée du SRPJ, avenue de Paris, Henri Delpech réfléchissait. Pas question de laisser se développer une telle tragédie.

— La fréquence d'appel a-t-elle été repérée ? demanda-t-il.

Quelques secondes de silence.

— Oui, voilà. Ils trafiquent entre eux sans aucune précaution, comme s'ils étaient déjà certains de leur victoire.

— Demandez-leur ce qu'ils veulent exactement.

La première condition posée par Vic était un retrait complet des forces de l'ordre à plus d'un kilomètre du château. Y compris les moyens antiaériens. Il réclama ensuite un camion de premier secours des pompiers : au nord, dans l'aile abritant les salons d'Apollon et de Mercure, le feu faisait rage au deuxième étage. Le camion entra dans le parc et s'approcha du monument. Les pompiers dressèrent l'échelle puis se mirent à l'écart, laissant les agresseurs en tenue camouflée prendre leur place. Maniant la lance à incendie avec habileté, ceux-ci vinrent rapidement à bout du sinistre.

*

8 h 59. Par l'échelle du camion, fut glissé le corps sans vie d'un homme abattu lors de l'assaut. Sur le revers de son veston, avait été accrochée une feuille de papier avec cette inscription au feutre noir : « Unis contre l'Union. » On identifia bientôt la dépouille : le Premier ministre du Portugal, Diogo Paiva Do Céu.

Tandis qu'un nouveau message de menace parvenait à l'Élysée, le papier fut transmis à Henri Delpech. Il le froissa après l'avoir lu trois fois en tentant de comprendre le sens réel du slogan : « Unis contre l'Union. » Atterrés, ses collaborateurs attendaient sa décision. La colère lui avait rendu sa vigueur. Son teint était encore plus blafard que de coutume. Il lui fallait faire vite. Un président et quatorze chefs de gouvernement étaient retenus par des terroristes dont il ignorait les identités, les motivations et les exigences.

L'Europe entière aurait bientôt les yeux braqués sur Versailles.

40

Saint-Hélier, Jersey, 9 h 05.

Ernest Plivinec avait pris une chambre à l'hôtel Horsfall, Grainville Street. Il n'en était plus sorti dans l'attente d'un appel de Keriver. Il espérait que ses « nouveaux amis russes » sauraient reconnaître la valeur de sa défection – il n'osait prononcer le mot de trahison. Il faudrait bien compenser d'une manière ou l'autre la perte des commissions sur la vente des Iliouchine. Tout avait échoué. Il maudit en silence cette putain d'Ivanovna et se mit à rire, d'un rire hystérique, en songeant à la tête qu'avait dû faire Lambert-Leroy face aux flics de la PJ.

Keriver n'avait pas appelé à l'heure prévue. Depuis une journée maintenant, il ne donnait plus signe de vie. Plivinec s'impatientait entre les murs de la chambre. Que s'était-il passé ? Et surtout, que pouvait-il faire ? Il frappa violemment sur la table de chevet. Il n'avait pas eu le temps de remplir suffisamment ses comptes *off shore*, ici à Jersey, au Lichtenstein et aux îles Caïmans, pour envisager une quelconque reconversion.

Il alluma le téléviseur, tomba sur la BBC. Il zappa. Finit par s'arrêter sur CNN. Le reportage en direct concernait la France, plus précisément le château de Versailles, que l'on apercevait en arrière-plan de l'image. La journaliste, Coline Desmond, à l'abri à l'angle d'une avenue, lança une interview : Plivinec identifia aussitôt le porte-parole du ministère de l'Intérieur qui évoquait une prise d'otages monstre.

La journaliste enchaîna par un développement sur les agresseurs, qui semblaient disposer de MI 17 russes.

Plivinec manqua défaillir. Il n'avait pas pris au sérieux les vagues menaces des Russes, qu'il avait cru incapables d'une telle action. Des présidents en otage ! Si, au moins, ils avaient eu la bonne idée de buter Leauthier et Lechevallier ! Mauvaise pioche, il ne serait même plus là pour prendre leur place au gouvernement ! Il éteignit le téléviseur, le ralluma aussitôt et changea de chaîne afin d'être sûr de ne pas rêver. Peut-être les anxiolytiques qu'il avalait depuis une semaine brouillaient-ils son entendement ? Mais non ! Les images montraient maintenant des cars de CRS en flammes sur l'esplanade du château. Sur BBC World, un journaliste évoquait avec gravité le cas du Premier ministre britannique.

Ernest Plivinec s'affola : hier ministre des Finances du gouvernement français, avant-hier ministre d'État, il n'était désormais qu'un proscrit. Il était fini ! On le traquerait jusqu'à la fin de ses jours dans le plus reculé des coins du monde !

Une situation insupportable. Il ouvrit le *pilot case* où il avait fourré en vrac ses affaires. Il dut farfouiller un moment avant d'y retrouver son 38 Spécial Smith & Wesson, cadeau du commandant Keriver. Il regarda une dernière fois les images de Versailles sur CNN. Un orage violent venait d'éclater. Des éclairs illuminaient par moments la fenêtre de sa chambre.

On frappa à la porte. Ernest Plivinec sursauta. Ils étaient déjà là, venus le chercher pour le juger et l'emprisonner comme un chien, comme un moins que rien, lui, le ministre des Finances de la France ! Il porta le revolver vers sa bouche affreusement contractée. Il avait peur. Il enfonça le canon. L'effet de la balle fut amplifié par son appareil dentaire à cinquante mille francs qui déchiqueta la boîte crânienne. La détonation terrorisa le garçon d'étage. Il entendit une masse s'affaisser.

— *Room service*, insista-t-il, mais dans un murmure.

Il ouvrit la porte avec son passe. Le spectacle le fit vomir : de la cervelle et des fragments d'os avaient giclé jusque sur le mur. Le client de la chambre 56 était cassé en deux, contre le lit, arme toujours à la main.

Dehors, l'orage redoublait et la pluie fouettait les vitres. L'employé referma la porte derrière lui.

— *Room service*, répéta-t-il en s'en allant dans le couloir comme un somnambule.

*

Versailles, 9 h 15. Vicente Minasola avait ordonné au pilote de poser l'Écureuil derrière le château, sur la grande terrasse, entre les deux bassins. De là, il pouvait observer avec ses jumelles les mouvements dans la galerie des Glaces. Il était ivre d'orgueil et, en même temps, fou de rage depuis qu'il avait appris que « ceux d'en face » avaient envoyé des éclaireurs pour estimer ses forces. En réalité, il était soucieux : la perte des dix hommes du groupe Tchevine les affaiblissait et les obligeait à se montrer encore plus intransigeants.

Il fit appeler la présidence de la République et signifia qu'il suspendait les négociations. Sans pour autant préciser la nature de ses revendications. Pour lui, elles étaient évidentes : les Gnomes de la Ploutocratie mondialiste, les Valets de l'Europe devaient comprendre sans explication. Pour accroître la pression et montrer son implacable détermination, il annonça qu'il allait procéder à un tirage au sort.

— Un tirage au sort ? s'interrogea Henri Delpelch,

interloqué, la voix sourde, en lisant le message que venait de lui transmettre l'Élysée.

Il entra directement en contact avec le correspondant mystérieux dont les fréquences radio avaient été repérées, malgré l'utilisation d'un cryptage à évasion de fréquences. Il posa trois questions : qui était-il ? Que voulait-il ? Et qu'entendait-il par « tirage au sort » ?

— Allons, imbécile, vous savez bien ce qu'est un tirage au sort, non ? fit répondre Vic par un complice parlant français. Un tirage au sort, c'est une loterie... internationale !

Vic ordonna de couper la communication et d'inscrire les noms des présidents et chefs de gouvernement sur une feuille blanche avec, face à chacun d'eux, les numéros 1 à 15.

Numéro un : Georg Hülshoff, chancelier de la République fédérale d'Allemagne. Puis vinrent dans un ordre dicté par les lois du hasard, le Premier ministre britannique, Louise Hamilton, le Premier ministre belge, Hector Van Der Berghe, le chancelier autrichien, Ernst Wolfrom, le Premier ministre espagnol, Fernando Espronceda et ses homologues Beatrice Van Haasse, pour la Hollande, et Pierre Beck, pour le Luxembourg. À la suite : Bernard Lechevallier, le Premier ministre français, Nikos Dracodaïdis, Premier ministre grec, Romano Pulci, président du Conseil italien, Bo Hakkinen, Premier ministre de Finlande, Lionel Leauthier, le président de la République française. Puis Stig Ekelöf, Premier ministre suédois, Liam McGahern, chef du gouvernement irlandais. Le quinzième et dernier était le Premier ministre danois, Aksel Madsen.

Cette forme sophistiquée de roulette russe à l'échelle continentale parut à Andrei Tchevine plus qu'excitante. Il découpa lui-même quinze feuilles blanches, individualisées par les chiffres fatidiques qu'il jeta dans un vase de Sèvres prélevé dans un salon voisin. Le tout fut porté dans l'Écureuil car Vicente Minasola avait décidé de diriger lui-même le tirage. Quitte à le truquer s'il ne lui convenait pas, comme lui dictait sa conception très personnelle du destin. Certains des gnomes capturés dans la galerie des Glaces lui paraissaient, en effet, plus nocifs que d'autres. Romano Pulci était son pire ennemi, Ernst Wolfrom, un néonazi déguisé, Lionel Leauthier était à la botte des Anglais et des Américains.

Quand Don Vicente aurait puisé dans le vase, le nom serait communiqué à Tretiakov, et alors...

Dans la galerie des Glaces, la fumée s'était dissipée. Les fresques de la voûte étaient criblées de balles, les stucs dorés éclatés, les grandes verrières effondrées. Une catastrophe artistique mondiale. Les chefs d'État et de gouvernement, ainsi que le Premier ministre français, avaient été regroupés au milieu de la gigantesque salle, et ligotés sur leurs fauteuils. Les ministres, les conseillers et les sherpas avaient été enfermés dans l'antichambre de l'Œil-de-Bœuf. Ceux qui avaient esquissé le moindre mouvement de résistance avaient été abattus sans sommation, et leurs corps laissés sur place. Un silence absolu pesait sur cette scène d'apocalypse, coupé seulement par de dérisoires chants d'oiseaux qui leur parvenaient à travers les verrières béantes. La Britannique Louise Hamilton, qui avait refusé avec obstination de lâcher l'exemplaire de l'édition originale de 1693 de *L'Essai pour la paix présente et future de l'Europe* de William Penn, qu'elle avait prévu d'offrir au président Leauthier, serrait les doigts sur la reliure. Elle priait, bien que le grotesque de la situation ne lui échappât pas.

Le Chancelier allemand priait lui aussi, comme les chefs de gouvernement des pays nordiques. Le Premier ministre espagnol était figé dans une raideur digne, et les lèvres du président du Conseil italien bougeaient comme s'il parlait à mi-voix. Droit et ferme, le président Leauthier observait la scène avec une sorte de détachement, plaçant ses espoirs dans une intervention du GIGN. Ses instructions générales étaient : face à des terroristes, la négociation ne pouvait que mener au pire. Il espérait être obéi sans état d'âme.

Vicente annonça le premier numéro de la série dans la radio. Tretiakov le répercuta :

« 10 ! »

Ainsi désigné en premier par le sort, Bo Hakkinen, le Premier ministre de Finlande, laissa échapper un sourire fataliste, et redressa la tête avec courage quand s'approcha de lui le Sibérien.

Revolver à la main, ce dernier détournait les yeux car cette tâche de bourreau ne lui plaisait guère. Avec panache, le président Leauthier exigea à haute et forte voix que cessât cette mascarade. D'une violente bourrade en pleine poitrine, l'un des gangsters lui coupa le souffle. Tchevine tira une rafale de pistolet-mitrailleur dans l'un des grands miroirs, puis vers le plafond. Des éclats de verre et de cristal dégoulinèrent en tintant.

Depuis l'Écureuil, Vic ordonna que Bo Hakkinen fût conduit dans le salon de la Paix, occupé par le groupe de Tchevine. Alors qu'il se lassait de ce jeu mortel, soulagé, Tretiakov exécuta lui-même cette mission. Il sentait confusément qu'en face, leurs adversaires ne céderaient pas aussi facilement que l'avait espéré Vicente Minasola. Il imaginait déjà les moyens pour se tirer de ce mauvais pas, avec ses vingt fantassins de marine dévoués et mieux entraînés que les *bratja* recrutés par Tchevine. Seule inquiétude : ce dernier et Vicente Minasola accepteraient-ils de les voir déserter sans réagir ?

*

9 h 22. Sur l'autoroute de l'Ouest interdite au trafic et réservée aux renforts fonçait à cent cinquante à l'heure un convoi formé de trois petits EBL Panhard : à bord du premier, David Strelli, étroitement encadré par deux gendarmes du GIGN, et un officier du Génie qui examinait sous toutes ses faces un curieux objet en balsa d'une quinzaine de centimètres de diamètre, dénommé *Black Widow*. Dans le deuxième, Margaux Villaret, également surveillée de près. Dans le troisième, le conseiller Jean de Bellifont et la commissaire Josée Antonin. Presque sans ralentir, les véhicules s'engagèrent dans la rampe menant à la départementale 182 en direction de Versailles.

Dans le PC mobile, le contrôleur Maurice Heinrich guidait par radio les unités de gendarmerie et de police qui affluaient maintenant vers le site de la prise d'otages. L'escadron blindé de la gendarmerie basé à Satory prenait discrètement position à quelques centaines de mètres du palais, les AMX 10 roues-canons se cachant sous le couvert des arbres. Plusieurs hélicoptères Tigre de l'ALAT[1] avaient été mis en alerte sur l'aérodrome militaire de Villacoublay. Mais tout le monde savait que le déploiement de cette armada était presque inutile : contre un petit groupe de terroristes, la plus forte des armées est pratiquement inopérante. Ici, à Versailles, les agresseurs avaient doublé la mise en prenant en otages non seulement les chefs d'État et de gouvernement de l'Union européenne, mais aussi l'un des plus célèbres monuments du monde.

Accoudé sur la table des cartes, le ministre de l'Inté-

1. Aviation légère de l'armée de terre.

rieur suait d'angoisse : en plein cœur de l'Europe, en plein cœur de la France, des gangsters jouaient avec la vie des chefs de gouvernement de l'Union européenne. Il était obsédé par ces deux mots lancés par une voix rocailleuse et insolente : Versailles *bruciare*.

— Ils ne vont quand même pas mettre leur menace à exécution ? articula le préfet Jean Beaumont à haute voix comme s'il cherchait surtout à se convaincre.

— Détrompez-vous ! lança une voix autoritaire.

Henri Delpech et le préfet Beaumont se retournèrent avec un bel ensemble. Jean de Bellifont venait d'entrer dans le car, suivi par Josée Antonin et David Strelli qui, hirsute, traits tirés, barbe gris sel, paraissait sortir d'une toile de Francis Bacon. Mais il était motivé comme jamais. Le ministre de l'Intérieur fut surpris de le voir tenir par la main une jeune femme à l'allure fragile et au visage livide.

— Non seulement ils vont le faire, mais ce n'est qu'un début, enchaîna la commissaire Antonin en saluant d'un hochement de menton Jean Beaumont. Vous pouvez nous croire, monsieur le ministre. Ces terroristes sont prêts au pire. Leur invraisemblable coup de force en est la preuve.

En quelques mots, elle résuma la situation, due à l'irruption d'une alliance des mafias dans les affaires européennes.

— Cela est bien dit, coupa le ministre. Mais que faire ? C'est la seule question utile.

Mortifié d'avoir vu son dispositif réduit à néant, le préfet Jean Beaumont se taisait. Il intervint cependant pour exposer sa conception musclée des choses :

— Il faut agir comme le président Fujimori à Lima, quand les extrémistes du Sentier lumineux ont attaqué l'ambassade du Japon le 17 décembre 1996. Une prise d'otage de cent vingt-six jours ! Et, au bout, je vous le demande ? Les forces spéciales ont tué les quatorze ravisseurs. Ou mieux encore, faire comme le gouvernement colombien à Bogota, quand les guérilleros du M 19 ont pris d'assaut la Cour suprême, le 6 novembre 1985.

Strelli le regardait énumérer les dates comme s'il avait été en finale de « Questions pour un Champion ». Décidément, ce pauvre préfet était d'une rare prétention.

— La Cour suprême, libérée le lendemain, mais détruite au canon, une centaine de morts, dont onze magistrats. C'est votre choix, monsieur le préfet ? laissa-t-il tomber sans se présenter. Ici, c'est le massacre assuré pour tous nos chefs d'État. Impossible, si vous voulez mon avis !

Henri Delpech ne comprit pas tout de suite à quel titre cet intrus prenait la parole sur un ton aussi péremptoire. Le contrôleur Maurice Heinrich griffonna une note sur un papier qu'il tendit au ministre.

Il la lut et explosa :

— Qu'est-ce que ce foutoir ? hurla-t-il à l'adresse de Jean de Bellifont. Puisque le président et le Premier ministre sont empêchés, c'est moi qui dirige, c'est moi qui décide. Qui est ce bonhomme dont on me dit qu'il est impliqué dans une affaire de meurtre ?

Antonin intervint et présenta Strelli en quelques mots. Le ministre se calma et invita l'officier à poursuivre.

— Ce serait de la démence de mener une attaque frontale. Le président Leauthier est le premier des otages. Et avec lui quatorze autres chefs de gouvernement. Plus une trentaine de ministres. Plus... Combien d'autres ?

— Cent cinquante personnes, grogna Beaumont.

— Nous ne pouvons pas laisser ces salopards envoyer tout le monde à la mort.

— Pas de discours, monsieur. Que proposez-vous ?

Strelli exposa des hypothèses de contre-attaque en quelques phrases brèves. Delpech écoutait avec attention.

— C'est de la folie de nous laisser mener par ce type, protesta Beaumont, qui venait à son tour de lire la note d'Heinrich sur l'officier.

Delpech leva les deux mains dans un geste d'énervement.

— Taisez-vous, Beaumont. Vous m'aviez certifié avoir tout prévu et voilà où nous en sommes ! Alors, Strelli ?

— Je le répète : d'abord et avant tout, écarter les hélicoptères. Ils volent depuis près de trois heures déjà. Ils devront bientôt se préoccuper de leur plein de carburant. Combien ont-ils d'heures d'autonomie ? interrogea Strelli en se retournant vers les policiers.

— Dix heures, coupa Paul Magan, le patron des CRS qui venait d'entrer dans le PC. Ils ont dû décoller vers 8 h 30, il est 10 heures, ils ont encore pour huit heures trente.

— Il faudrait les attirer hors du périmètre. Ces machines sont leur force, mais nous savons tous qu'il n'y a pas plus fragile que ces engins lorsqu'ils sont à découvert. Un simple fantassin équipé d'un missile portable Milan suffit pour les neutraliser.

— C'est censé, approuva le ministre de l'Intérieur. Heinrich, donnez les ordres. Nos hélicoptères de l'ALAT doivent simuler une attaque pour attirer les MI 17 dans le piège.

Il se retourna vers David Strelli.

— Et ensuite ?

— Nous avons amené un bijou qui devrait nous permettre d'examiner de près le dispositif des terroristes.

Il appela l'officier du Génie, le capitaine Étienne Surel.

— Montrez-leur votre petite machine.

Surel ouvrit une grosse mallette dont il sortit le *Black Widow*. Ce disque de vingt-six grammes était en fait un drône mû par un micromoteur électrique, équipé d'une caméra de deux grammes, et dirigé grâce à un système de guidage embarqué de trois grammes, le tout étant actionné depuis le sol par liaison UHF ! Rayon d'action après catapultage, un kilomètre, autonomie un quart d'heure à vingt minutes. Les images étaient transmises au fur et à mesure du vol [1].

— En fait, précisa Beaumont – qui ne voulait pas se faire déborder –, nous avons réussi à intercepter les conversations dans le château, ce qui nous a permis de localiser les ravisseurs et leurs otages. Les ministres et les fonctionnaires sont enfermés dans l'antichambre de l'Œil-de-bœuf et le cabinet du Conseil, ici et ici...

Il pointa l'index sur un écran d'ordinateur qui montrait le plan du château de Versailles en 3 D.

— ... tandis que les présidents sont toujours rassemblés dans la galerie des Glaces. Nous avons déjà mobilisé l'escadron blindé de Satory, ajouta-t-il.

— Inutile. En dehors de l'action hélicoptères, j'agirai seul, coupa Strelli.

— Seul ? s'exclamèrent à l'unisson Henri Delpech et le préfet.

Beaumont posa sur Josée Antonin un regard accablé comme si Strelli relevait de l'hôpital psychiatrique.

— Seul dans un premier temps, appuyé par un groupe d'hommes en rollers. Vitesse, légèreté, silence. Nous avons déjà expérimenté avec succès ce moyen d'intervention pendant l'Affaire de Paris.

— Vous estimez à combien vos chances de réussite ? interrogea Delpech.

1. Conçu et construit en Californie par la société AeroVironment Inc. Voir *Le Monde du Renseignement*, 8 juillet 1999.

— Vous me demandez combien de présidents s'en sortiront vivants ?

Delpech le toisa. Décidément, cet homme ne manquait pas de souffle. À son arrivée, il paraissait au bout du rouleau, et voici qu'il l'avait convaincu, par ses propos clairs et concis, de le laisser prendre tout en main.

— C'est ça, oui. Combien ?

— Je ne suis pas statisticien, monsieur le ministre. Mais pour toute opération commando, on table sur 10 % de pertes.

Henri Delpech pensa à l'otage trois quarts qui pouvait être condamné. Leauthier. Pas lui, surtout pas lui. Un gardien de la paix chargé des écoutes attira l'attention du ministre. Vicente Minasola venait d'ordonner l'exécution de Bo Hakkinen. Dans le PC, la consternation était à son comble. Une minute de silence fut respectée à la mémoire de l'homme d'État finlandais qui avait rendu tant d'éminents services à l'Europe, pendant son semestre de présidence de l'Union européenne.

*

10 h 12. Le ministre de l'Intérieur écrasa son fauteuil lorsqu'il s'y laissa tomber. L'imprimante reliée aux ordinateurs connectés aux grands réseaux de communication commençait à cracher des messages venus de toute l'Europe. Malgré l'extrême discrétion des autorités françaises, les photographes de presse qui avaient assisté à l'attaque initiale aux premières loges avaient contacté leurs agences.

Au loin, un vrombissement sourd envahit l'espace : les Tigres et les Gazelles de l'ALAT se rapprochaient pour prendre position. Deux MI 17 s'élevèrent au-dessus des toits, balancèrent leurs queues comme des mantes religieuses avant de se diriger droit sur leurs adversaires.

Le contrôleur Maurice Heinrich poussa un cri :

— Écoutez !

Il mit les haut-parleurs à pleine puissance. On entendit la voix grave d'un homme qui parlait italien, traduite au fur et à mesure :

— Je suis le stratège de cette opération, Don Vicente Minasola, le *capo* de la famille des Minasola, et successeur de mon père à la tête de toutes les familles de Sicile.

Sur un écran de surveillance vidéo, David Strelli observait un hélicoptère Écureuil s'élever au-dessus des toits du château.

— Il est là-dedans, lui souffla-t-on.

Strelli serra compulsivement la main de Margaux qui était restée près de lui. Dans le haut-parleur, le traducteur poursuivait sur un ton monocorde :

— Je confirme avoir commandé l'exécution de Do Céu et d'Hakkinen. J'exige que toutes les forces de répression soient retirées des abords du château. Y compris et surtout les hélicoptères de combat. Sinon je ferai accélérer les exécutions jusqu'à obtenir satisfaction complète de toutes mes revendications. Je rappelle que vous devez sans mon aide deviner la teneur de mes demandes. Sinon d'autres otages mourront, et d'autres tragédies seront provoquées. Versailles doit brûler. À midi. Comme je l'ai dit. Pour vous prouver ma détermination, voici un exemple. Appelez Francfort et vous comprendrez ma colère...

Incompréhensible... Delpech se tourna vers Beaumont : toute cette mise en scène était démente.

*

Francfort, Willy-Brandt Platz, 10 h 38. Une camionnette Ford Transit de location se présenta à l'entrée du garage souterrain situé sous l'Euro Tower, la tour bleue aux pans coupés qui abrite les locaux de la Banque centrale européenne. Un vigile voulut l'empêcher de passer, mais le véhicule brisa la barrière de protection et s'enfonça dans le sous-sol. Le conducteur sauta en marche, tandis que la camionnette alla s'écraser contre des voitures en stationnement. Une gigantesque déflagration secoua les bases du building. Un incendie éclata, ravageant les étages inférieurs. Au deuxième sous-sol, l'explosion perça la voûte du tunnel dans lequel circulait le tramway de la ligne U2.

*

Versailles, 10 h 45. Delpech venait d'être informé de l'attentat par les autorités allemandes.

Dans le PC de campagne retentit de nouveau la voix du traducteur et, en arrière-plan, celle du Sicilien :

— Avez-vous bien compris l'ampleur de mon projet ? Après le sacrifice de deux de vos dirigeants et l'attentat à la Banque centrale européenne, les participants au sommet doivent maintenant savoir que c'est leur réunion qui est directement visée. Leur réunion, c'est-à-dire l'attelage contre nature de vieux chevaux sur le retour qui ne pensent qu'à briser le dynamisme des affaires en Europe par leur imbécile volonté de tout régenter. Je vous informe que, faute de début d'exécution avant midi, une nouvelle tête tombera.

— Nous ne comprenons rien à vos prétentions, aboya le ministre de l'Intérieur.

La voix reprit :

— D'abord j'exige politesse et respect.

— Alors, que voulez-vous ?

— Pour commencer, l'annulation de tous les règlements antifraude édictés par l'Europe.

— Tous les règlements antifraude ?

— *Si, si... E si no face, Versailles, boum, con tutti capi di Stato.*

Henri Delpech se cala dans son fauteuil. Cette condition lui paraissait à la fois extravagante et dérisoire. En outre, impossible à exécuter puisque les règlements communautaires relevaient de la Commission de Bruxelles et non des autorités nationales. Il réalisa soudain que le président de la Commission, l'Autrichien Franck von Liztenberg, ne s'était pas joint aux chefs d'État ce matin-là.

— Vous étiez au courant ? demanda-t-il à Jean de Bellifont.

— Oui, c'est tout à fait normal, il devait arriver cet après-midi. Il est encore à Bruxelles.

Le ministre de l'Intérieur donna les ordres nécessaires pour qu'une téléconférence fût organisée sur-le-champ entre les responsables restés sur place des différents gouvernements européens. Ou du moins ce qu'il en restait.

*

Strasbourg, 10 h 48. Une vedette de croisière venait de s'engager sur l'Ill, le cours d'eau traversant la ville et baignant les abords du Parlement européen. Dans le cockpit, Ivan Michaïlov, un malfrat bulgare, tenait la barre. Un haut-parleur diffusait en direct la discussion entre Vicente Minasola et le ministre de l'Intérieur français. Le bateau s'approcha du tout nouveau Palais de l'Europe, au carrefour de la rivière et du canal de la Maine-au-Rhin : l'édifice avait coûté trois milliards de francs et avait été mis en service en 1999. Il était composé d'une tour centrale au toit oblique flanquée d'un long bâtiment massif, mais intégralement transparent, relié par une passerelle et un tunnel aux anciens immeubles du Parlement.

Un frêle esquif chargé de quatre hommes maniant des avirons arrivait en face de lui. Michaïlov était un athlète et avait lui-même longtemps pratiqué le sport de haute compétition. Il décida d'épargner ces sportifs innocents. Il n'avait qu'une alternative : faire demi-tour un peu plus loin dans le canal. Mais il n'avait pas prévu qu'une écluse ralentirait son avance, puis l'empêcherait de revenir en arrière... Un quart d'heure plus tard, il se trouvait à deux kilomètres du Parlement, bloqué par une péniche. Il se maudit de n'avoir pas agi comme il aurait dû...

*

Versailles, 10 h 51. Samuel Compain, le pilote de l'Écureuil, savait qu'il volait depuis deux heures et demie. Il jeta un œil à sa jauge de carburant. L'aiguille s'approchait dangereusement de la zone rouge. L'appareil venait de passer sur la réserve. Il donna l'information au traducteur, qui la répercuta à Vicente Minasola.

Comme militaire, Compain avait piloté des hélicoptères d'attaque sur tous les théâtres de guerre, Tchad, Centrafrique, Irak, Bosnie, Kosovo. Il avait pris tous les risques sans éprouver la moindre crainte. Mais, aujourd'hui, il avait peur. Il avait accepté cette mission pour l'argent sans imaginer qu'elle pouvait se transformer en tragédie. S'il ne se posait pas avant la panne sèche, il ne pourrait éviter la chute. Vicente Minasola, de plus en plus fou, ne voulut rien entendre et le menaça d'un pistolet.

Le pilote tapota sur le cadran de la jauge pour faire comprendre la situation. Vic fit signe de rester en vol.

Le pilote ne l'écouta pas et se posa sur la terrasse du palais.

Vicente Minasola détestait qu'on lui résiste : il abattit cet imbécile et ordonna à un MI 17 d'atterrir à proximité. Deux membres d'équipage vinrent le chercher et, aidés par l'interprète, le portèrent dans l'appareil qui se remit aussitôt en vol stationnaire face à la galerie des Glaces.

*

10 h 55. Les techniciens avaient fait merveille : en une demi-heure avait été organisée la téléconférence entre les Premiers ministres par intérim qui avaient remplacé les chefs d'État et de gouvernement pris en otages. S'était joint à eux Franck von Liztenberg, le président de la Commission européenne. Il fallut moins de dix minutes pour que tous exprimassent leur « indéfectible volonté » de ne pas céder. Les plus virulents furent naturellement les dirigeants portugais et finnois. Fort de cet appui, Henri Delpech n'hésita que sur la manière de procéder : fallait-il attendre la prochaine communication de Minasola ou devait-il lui notifier immédiatement la décision des Européens ? Son tempérament bagarreur ne l'incitait pas à l'attentisme. Il appela sur la fréquence de son adversaire.

Mais, curieusement, il ne reçut aucune réponse...

Soudain, la voix neutre de l'interprète retentit dans le PC :

— J'entends être clair et loyal dans la discussion.

Les magnétophones enregistraient le message :

— Pour être mieux compris, j'ai ordonné l'exécution de Mme Beatrice Van Haasse, Premier ministre de Hollande. Cette femme a été indigne, elle a pleuré, elle a supplié, elle m'a même proposé son corps en gage.

Il a fallu la traîner par les cheveux sur le lieu de l'exécution. Tout ceci est pitoyable !

En bruit de fond, on entendait la voix de Minasola, plus excité, plus hystérique que jamais.

— J'ajoute que nous ferons sauter Strasbourg si les conditions ne sont pas remplies. Cet ultimatum expire à midi. *Dodici ora.*

Les systèmes électroniques d'écoute avaient repéré une nouvelle fréquence. Pourquoi ce changement ? Un message tomba sur l'imprimante du PC mobile. Il fut apporté au ministre de l'Intérieur :

Interception sur le canal de la Marne-au-Rhin à Strasbourg d'un bateau de plaisance effectuant des manœuvres suspectes. Alors qu'il tentait de résister, le pilote a été tué. Une inspection a permis de découvrir dans la cabine des passagers une charge de deux tonnes de TNT, amorcée.

Henri Delpech posa le papier sur la table, avec un soupir de soulagement. Ils venaient de marquer le premier point contre Vicente Minasola.

*

Bruxelles, vendredi 27 avril, 10 h 59. Izmir Hoça avait naguère commis l'erreur de ne pas considérer les Kurdes comme des bêtes sauvages. Bien qu'il fût Turc d'origine, bien qu'il eût été un cadet de l'armée avant de suivre avec succès les cours de l'Académie militaire, puis une spécialisation aux États-Unis comme pilote d'hélicoptère, il avait été exclu sans appel de l'institution militaire alors qu'il allait se voir décerner les galons de capitaine. Il avait basculé vers les milieux criminels et avait accepté d'effectuer de nombreuses missions, en particulier le transport de drogue, pour les *maffyas.* Il n'avait rien à refuser à ses commanditaires et, d'ailleurs, il ne le désirait pas ! Quand il lui avait été demandé de monter à Bruxelles pour effectuer un raid dont les derniers détails lui seraient communiqués sur place, il avait accepté sans hésiter. Selon les instructions, il avait acquis sur le marché d'occasion un vieil hélicoptère Alouette III, l'avait fait immatriculer et l'avait laissé sur l'aéroport de Zaventem.

Ce matin-là, il était allé le chercher pour un vol d'entraînement. Dix minutes après le décollage, sur la fréquence réservée à ses chefs, ordre lui avait été donné de prendre la direction du centre de Bruxelles. Cette manœuvre était interdite, mais il n'en avait cure. Pour s'orienter, il avait suivi la voie de chemin de fer pénétrant dans la ville depuis le Sud, puis les boulevards, restant à distance respectueuse du palais royal dont l'énorme masse émergeait de la brume au sommet d'une colline. Il avait enfin obliqué vers l'est. Son objectif apparaissait avec netteté : les coupoles bleues donnaient au nouveau Parlement européen l'allure d'une volière géante.

Il descendit à trois cents pieds, mais, absorbé par son pilotage, il ne prit pas garde au vent violent qui balayait la ville. Il fut pris par un remous, par l'arrière. Déséquilibré, l'appareil sembla hésiter un instant entre ciel et terre avant de tomber comme une pierre sur la coupole du Parlement. La verrière vola en mille éclats tandis qu'un incendie ravageait les locaux.

*

Versailles, 27 avril, 11 h 03. Assis à la place du passager dans l'EBL Panhard, le capitaine Étienne Surel avait posé sur ses genoux le *Black Widow*. Après un long détour, le petit blindé s'embossa à la limite des Quinconces du Midi, à moins de trois cents mètres du château – le plus près possible. De là, l'officier pourrait maîtriser le téléguidage de son mini-drône sans prendre de risque. Il avait été en outre prescrit au camion porteur d'un missile Mistral de se rapprocher afin d'abattre tout hélicoptère qui tenterait de s'attaquer à l'EBL.

Le capitaine Surel installa sur le toit plat du véhicule la valise contenant le système de pilotage et la petite catapulte permettant de lancer le drône. Il mit en place l'engin, puis l'actionna... Le disque de balsa s'éleva de façon presque magique, dans un quasi-silence. Seule une ouïe très fine aurait pu percevoir le ronflement du moteur électrique : à petits coups de manette, Surel orientait le *Black Widow*, d'autant plus facilement qu'il pouvait suivre sur un écran vidéo les images captées par la caméra miniature, transmises par émission radioélectrique. La petite machine entra dans le palais par la fenêtre brisée du salon de la Paix, puis pénétra dans la galerie des Glaces...

Dans le PC mobile, David Strelli suivait avec attention la course de l'engin et ses « observations ». En repassant les images enregistrées, il put localiser la position exacte des otages, le déséquilibre entre le nombre des agresseurs en position dans le salon de la Guerre – il en compta vingt –, et dans le salon de la Paix – dix seulement. Il était surpris – et soulagé : personne n'avait repéré l'intrusion du drône. Seul le Premier ministre grec avait levé les yeux, mais pas assez vite pour voir le disque de balsa qui s'apprêtait alors à quitter la galerie des Glaces.

— Repassez un peu cette image ! exigea Strelli... C'est ça, plan par plan !

Il venait de repérer un fait anormal : deux hommes en grande discussion. Il ne lui fallut pas longtemps pour reconnaître l'élégante silhouette de Tretiakov qui gesticulait, furieux. Son interlocuteur paraissait tout aussi agité.

— Ma parole, ils sont en train de se battre, ou je me trompe ! s'exclama l'officier.

En poursuivant l'examen, une autre image attira son regard : il identifia sans hésitation le Boiteux. L'homme de Moscou. Là, si proche ! Tous ses ennemis ensemble ! Et la paix ne semblait pas régner entre eux... Mais il ne lui restait que cinquante-cinq minutes pour agir !

*

11 h 06. Alexei Fiodorovitch Tretiakov détourna les yeux en haussant les épaules. Cet âne de Tchevine n'avait pas l'air de réaliser la situation. Il ne leur restait que trente hommes et trois hélicoptères, dont l'un était mobilisé par Minasola. Celui-ci avait affirmé que les États céderaient sans barguigner et, malgré les meurtres, les négociations n'avaient absolument pas avancé. Le carburant des appareils devait baisser à vue d'œil : près de la moitié du temps prévu était déjà passée et il fallait conserver une réserve pour le repli. Rien ne se déroulait comme prévu. Le Sibérien comprenait de moins en moins l'attitude et les motivations de ce fou de Sicilien. Il se demandait si un tel bain de sang était nécessaire pour briser l'Europe, exploser l'euro. Il constatait que Don Vicente refusait d'exposer clairement ses revendications et que, dans ces conditions, il leur était impossible d'obtenir des réponses évidentes. Il aurait voulu parler au mafieux, lui exposer qu'il valait mieux battre en retraite, quitter le château de Versailles avec les otages les plus importants pour protéger leur fuite.

Mais, enfermé dans son hélicoptère, le Sicilien était inaccessible et ne répondait même plus aux appels radio. Il paraissait avoir renoncé à toute rationalité et venait d'ordonner une nouvelle exécution. Cette fois, le supplicié devait être Nikos Dracodaïdis, le Premier ministre grec.

Autant Beatrice Van Haasse, le Premier ministre hollandais, avait fait preuve de courage et de sérénité devant la mort – contrairement aux assertions de Minasola –, autant le Grec se révéla peu vaillant face à l'échéance. Il suppliait, évoquait sa femme, ses enfants, allant jusqu'à faire appel aux sentiments humanitaires de Rexhep Rekaliu, lorsque celui-ci lui posa le canon de son pistolet sur la tempe. Le Boiteux tira sans le moindre scrupule.

C'en était trop : Tretiakov se rebella, allongea un violent coup de poing au tueur qui se retrouva sur le plancher sans savoir pourquoi. Pistolet à la main, Tchevine s'interposa. Pour l'exemple, il s'approcha de l'otage le plus proche.

— Trop tard pour protester, camarade, je me conduis comme le commande Minasola ! ricana-t-il.

Il tira Louise Hamilton vers lui, par les cheveux. Le Premier ministre anglais tenait toujours son livre. Les jambes entravées, elle ne pouvait se déplacer seule, Tchevine la força à avancer d'un coup de Kalachnikov dans le dos. Elle s'écroula à terre, sans un mot. Les yeux clos, elle attendait l'inéluctable. Il fit signe à Rexhep Rekaliu, qui venait de se relever et massait sa hanche handicapée. Il marcha en boitant plus bas que jamais. Tchevine lui donna son pistolet :

— À toi, encore.

Le Kosovar plaça le canon entre les deux yeux de Louise Hamilton. Maintenant, elle souriait un peu. À quoi pouvait-elle penser ? Tchevine dévisagea Tretiakov avec un sourire ironique.

— Au fait ! Merci pour le service promis. Tu m'as bien débarrassé de Khamylov, ce vieux bouc !

Puis il abaissa la main. Rekaliu tira. Le cerveau gicla sur les lambris de la galerie des Glaces. On entendit dans le groupe des survivants une exclamation d'horreur.

— Ça nous mène à quoi ? Combien de temps crois-tu que les États vont tolérer ça ? rugit Tretiakov.

— Je ne sais pas et je m'en fous, rétorqua Tchevine en observant ses hommes emporter le corps jusqu'au salon de la Paix, où il rejoignit les cadavres de Bo Hakkinen, de Beatrice Von Haasse et de Nikos Dracodaidis.

Cinq otages assassinés et, dans l'autre camp, personne ne semblait réagir, comme s'ils étaient paralysés par la peur et l'impuissance.

— Excusez-moi, messieurs. Pourriez-vous avoir l'humanité de faire sortir du château les dépouilles de nos amis ?

Le Président français Lionel Leauthier avait exprimé cette requête en forme de prière d'une voix ferme.

— Quand ils pueront trop, on avisera ! Ici, c'est moi qui commande, répliqua Tchevine dans son anglais approximatif.

Il braqua son arme sur Leauthier.

— Et maintenant, ta gueule, sinon...

En silence, le Président français le dévisagea avec une telle hauteur que Tchevine détourna la tête en grommelant.

Tretiakov le vit rejoindre ses hommes. Les motivations de ces fous lui paraissaient toujours plus obscures. L'élimination de Rouslan Khamylov aurait dû calmer sa fureur et il semblait pourtant qu'elle avait eu l'effet inverse. Il se rendait compte qu'il était lui aussi et le prisonnier et le complice de cette situation dont il ne jurait pas qu'il sortirait vivant.

Il retourna dans le salon de la Paix auprès de ses marines. Ils étaient bien vingt, contre dix chez Tchevine. Il lui restait une carte à jouer.

41

Versailles, 11 h 19. De nouveau, la voix neutre dans le haut-parleur du PC mobile :

— Dernier ultimatum. À 11 h 55, les dispositions suivantes devront avoir été prises : toutes les directives européennes destinées à lutter contre la criminalité organisée et toutes les institutions répressives seront abolies. Les lois des États pour appliquer ces directives seront considérées comme nulles et non avenues. Une liberté absolue du commerce sera instaurée. J'ai bien dit : sans aucune entrave, sans policiers, sans douaniers, sans police financière. Les États membres de l'Union renonceront solennellement à l'euro. Un directoire sera désigné par nos amis afin de gérer les affaires courantes et mettre sous tutelle les ministres des Finances et de la Police. Bien évidemment, la totalité des forces de l'ordre sera retirée des abords du château de Versailles et un camion de carburant pour hélicoptère conduit au pied de l'escalier menant à la grande terrasse. Sinon, les derniers chefs d'État seront abattus à raison d'un tous les quarts d'heure et nous déclencherons l'apocalypse. Il n'y aura plus d'autre communication de notre part.

*

11 h 21. Dans le PC mobile, David Strelli énumérait les moyens qui lui étaient nécessaires :

— Je veux une moto, une trial, 250 centimètres cubes. Un pistolet SIG-Sauer P 228 à visée laser. Vous vous débrouillez pour me trouver ça. Sinon n'importe quelle arme à visée laser... Des grenades détonantes... Les policiers de l'unité sur roller de la préfecture de police sont-ils arrivés ?

— Affirmatif ! répondit le contrôleur général Heinrich.

— Ils devront se positionner à 11 h 35 à proximité de la salle du jeu de Paume...

Henri Delpech était fasciné par le calme du lieutenant-colonel Strelli, plus hâve, barbu et hirsute que jamais. Pourtant, la fatigue ne semblait pas l'atteindre, il avait l'air dispos, comme s'il sortait de sa douche du matin. Qui avait eu la malencontreuse idée de l'écarter ? De quelles jalousies avait-il été victime ? Il serait indispensable de réviser son dossier en profondeur. Le Premier ministre – puisse-t-il sortir vivant du piège ! – ne devrait pas manquer de prendre en compte les qualités vraiment exceptionnelles de cet homme.

Strelli acheva d'énumérer ses *desiderata* et conclut :

— À la radio, pour communiquer avec nous, le capitaine Margaux Villaret.

On lui tendait une combinaison de combat noire. Il l'enfila, remonta les fermetures à glissière avec soin pour que rien ne vienne le gêner dans ses mouvements, il ajusta le ceinturon et les bretelles de toile qui porteraient tout à l'heure armes et radio.

— Quant à ce taré de Minasola...

Il montra le haut-parleur avec dédain.

— ... Débrouillez-vous pour qu'il reporte son ultimatum, il me faut encore au moins une heure pour parachever la préparation. Leurs hélicoptères seront alors proches de la panne sèche.

Les écoutes et une nouvelle mission d'observation du minidrône *Black Widow* avaient par ailleurs démontré que Tretiakov et Tchevine ne communiquaient plus entre eux depuis une demi-heure. Quelle explication donner à ce mutisme ?

*

11 h 25. Le commandant Gérard Lecas pilotait le MD Rafale, leader de la patrouille de deux chasseurs en mission de surveillance au-dessus de Paris. Il avait décollé de la base de Saint-Exupery, à Reims – escadrille Lorraine – à 11 h 17. Depuis, croisant à vingt mille pieds, il effectuait des cercles autour de l'agglomération parisienne. Depuis 10 heures, un notam [1] avait interdit tout vol civil au-dessus de la région. La visibilité était bonne, le temps s'était levé. Seuls quelques bancs de nuages légers masquaient encore la houle infinie des toits.

— Objet suspect à neuf heures [2], annonça soudain le contrôle aérien militaire de Brétigny. Suivi depuis la frontière est. A répondu aux premières sollicitations par une information sur une avarie. Déplacement rapide, a perdu fortement de l'altitude il y a quelques minutes et a ainsi échappé au contrôle radar d'altitude. L'hélicoptère de la préfecture de police vient d'apercevoir un avion qui pourrait correspondre à l'objet...

Le contrôleur précisa les dernières coordonnées de l'appareil suspect. D'une pression du pouce sur son palonnier électrique, le commandant Lecas bascula son Rafale dans la direction indiquée, aussitôt imité par son

1. Avis d'interdiction partielle ou totale d'une région aérienne donnée.

2. Rappel. Midi = sud, neuf heures = est, six heures = nord. Les gradations intermédiaires permettent de définir la direction précise.

coéquipier, le lieutenant Arnaud Desaule. Mais il eut beau regarder dans la direction indiquée, rien n'apparaissait « à vue ».

— Je l'ai, cria soudain Desaule. Regardez en bas, mon commandant, à deux heures.

Lecas orienta son avion dans cette direction. Le pilote amorça un virage sec pour observer au-dessous de lui. Et vit enfin ce qu'il cherchait : minuscule, à quinze mille pieds plus bas, la silhouette d'un quadriréacteur qu'il n'identifia pas aussitôt, car l'appareil ne figurait pas dans leur nomenclature d'instruction.

— On descend.

Il amorça une perte d'altitude rapide, tout en effectuant des cercles concentriques pour ne pas perdre la cible. Le sol se rapprochait. Très vite. Les deux chasseurs survolaient alors la banlieue ouest – Lecas reconnut l'autoroute de Normandie et la forêt de Saint-Germain. En bas, le suspect poursuivait sa route sans dévier, continuant à descendre, et filait vers la plaine de Montesson, quand les deux Rafale s'en approchèrent.

— Iliouchine 76, nota le lieutenant Desaule. Qu'est-ce qu'il fout ?

— Interception, ordonna le commandant Lecas.

— Que faisons-nous s'il refuse d'obéir ? Nous n'allons pas quand même l'abattre au-dessus de la ville ?

— Nous l'encadrons au toucher et nous le forçons à se diriger vers une zone inhabitée.

Il s'agissait de se coller à l'appareil suspect, jusqu'au quasi-contact d'aile à aile, et de ne plus laisser au pilote récalcitrant le choix de ses manœuvres. Lecas avait appris en théorie cette procédure exceptionnelle, et effectué quelques manœuvres en situation réelle. Mais, bien sûr, jamais en configuration de guerre.

Les deux chasseurs se rapprochèrent de l'Iliouchine.

Tentèrent d'entrer en contact radio. Pas de réponse. Pour ordonner au pilote d'obéir, ils effectuèrent les battements d'ailes conventionnels. Aucune réaction. Lecas voyait maintenant s'approcher la zone de la Défense, quelques secondes de vol encore. Le quadriréacteur plongea brusquement.

— Putain ! rugit Lecas.

Desaule avait raison : il était impossible d'abattre cet avion sans provoquer une catastrophe.

— Cinglé, suicidaire, ce mec, observa le lieutenant.

Encadré par les deux Rafale, volant au ras des toits, le gros porteur fonçait droit vers les tours de la Défense.

— *Escape !* hurla le commandant Lecas.

Les deux chasseurs s'écartèrent au dernier instant : l'Iliouchine 76 piquait vers la Grande Arche. S'y encastra. Une explosion immense éventra l'un des piliers de la tour géante, la poutre centrale s'effondra dans une nuée de feu et de poussière, tandis que la carlingue disloquée de l'avion s'écrasait sur le parvis dans une gerbe de flammes. L'incendie se propagea au CNIT, puis à la tour Elf.

*

11 h 32. De façon curieuse, les otages étaient à présent seuls, comme abandonnés, au milieu d'un *no man's land* constitué par la galerie des Glaces très endommagée.

Du salon de la Guerre et du salon de la Paix, nul n'était sorti depuis plus de trois quarts d'heure maintenant. Tretiakov avait décidé qu'il fallait en finir. Il appela près de lui cinq de ses hommes, les plus solides, les moins excités, des fantassins de marine, tous anciens d'Afghanistan et de Tchétchénie. Il leur exposa ses intentions d'un geste : l'index pointé vers les hommes de Tchevine, dans le salon de la Paix.

— Nous allons les prendre à revers. Pendant que vous attaquez par là, ordonna-t-il en désignant sur le plan le Grand Appartement du roi, nous foncerons à travers la galerie des Glaces. Le temps de parvenir sur place en faisant le tour par le rez-de-chaussée, vous en avez pour un quart d'heure. Et ce n'est pas celui-là qui ira leur dire quelque chose !

Il désigna l'hélicoptère MI 17 en vol stationnaire à hauteur de la galerie. Tretiakov frissonna : la cabine de l'appareil ressemblait à la tête d'un monstrueux cloporte. L'image même de la menace qui planait sur lui. Ses hommes s'esquivèrent, il prépara ses armes, choisissant les plus légères : il devrait courir à perdre haleine pendant près de trois cents mètres avant d'arriver au contact avec les autres, et il manquait d'entraînement. Sa seule chance de sortir vivant du palais...

*

Les ravisseurs étaient trop peu nombreux, ils ne pouvaient contrôler que la galerie des Glaces et ses abords. Comme ils avaient coupé le système de sécurité interne, Strelli avait estimé pouvoir pénétrer dans le château sans trop de difficulté. Il avait déterminé son itinéraire avec minutie de façon à être surtout à l'abri des hélicoptères. Il entrerait par l'espace ouvert entre le jeu de Paume et l'aile du Midi, il franchirait la grille, puis se glisserait vers la porte de sortie habituelle pour les touristes. De là, un escalier de marbre très large à deux volées de marches basses permettait d'accéder au premier, à l'étage noble. Puis il lui faudrait foncer jusqu'à la galerie des Glaces pour obtenir l'effet de surprise maximal. La longueur du trajet lui avait commandé le choix des moyens de déplacement. Grâce aux observations du drône, il avait pu vérifier que les portes étaient toutes restées ouvertes.

Au moment où Strelli entrait dans l'aile du Midi avec sa moto, une Gas-Gas 70 TXT à deux roues motrices, les cinq marines du groupe de Tretiakov finissaient de descendre le grand escalier de l'aile nord, traversaient la cour au galop pour rentrer dans le château et remonter par l'escalier de la Reine. Il leur restait à progresser par les pièces intérieures de l'appartement du Roi pour surgir dans la galerie des Glaces, au niveau du salon de la Paix et du groupe Tchevine.

Jouant les acrobates, Strelli eut tôt fait d'escalader à moto les marches basses de l'escalier de marbre et de bondir au deuxième étage. Guidant l'engin de la main droite, il saisit son pistolet de la gauche. Le point rouge du laser filait sur les plafonds peints. Dans un rugissement de mécanique emballée, il fonça dans l'enfilade de pièces qui s'ouvraient devant lui. Jamais encore, il n'avait eu l'occasion de visiter Versailles, pensa-t-il en roulant dans l'antichambre du Grand Couvert. Derrière lui, à quelques mètres, s'engouffraient les policiers montés sur leurs patins « on line » aux roues caoutchoutées.

Alexei Tretiakov, qui courait avec le reste de ses hommes dans la galerie des Glaces, ne comprit pas d'où provenait cette pétarade de motocyclette.

Au moment même où il rejoignait le groupe de policiers chargé de prendre Tchevine à revers, explosèrent des grenades assourdissantes.

Andrei Sergueievitch Tchevine commit l'erreur de se découvrir pour voir un peu clair dans cette confusion. Un point rouge se posa sur sa tête. Laquelle parut exploser. En quelques secondes, on fut assourdi par les tirs d'armes automatiques. Les policiers en rollers se précipitaient sur les otages et commençaient à les mettre en sécurité dans les salons voisins, avant de les évacuer du château. Tretiakov s'était plaqué contre un pilier et voyait, chevauchant la moto dressée sur sa roue arrière, le pilote virevolter au milieu des combattants et tirer au jugé. Il se replia vers le salon de la Guerre, espérant encore fuir.

Le combat n'avait pas duré plus de cinq minutes. Dès qu'ils eurent constaté la mort de leur chef, les cinq membres encore indemnes du groupe Tchevine avaient déposé leurs armes et s'étaient rendus, visiblement soulagés d'avoir survécu. Les fantassins de marines de Tretiakov furent arrêtés sans résistance à leur sortie du salon de la Guerre.

Strelli aperçut alors un homme courir en clopinant. Le Boiteux ! Le Boiteux de Sofia. L'agresseur de Margaux. Enfin sous sa main. Cette fois, ne pas le laisser échapper, ne pas faire de quartier. Il fonça vers le Kosovar qu'il renversa d'un grand coup de roue. Rekaliu roula sur le parquet en hurlant, réussit à se relever et se jeta au milieu des otages toujours entravés. Il brandit une grenade à main, pouce posé sur la cuillère dégoupillée.

Il affrontait du regard les policiers. Strelli abandonna sa moto et leva le bras en signe d'apaisement. L'homme était fou, prêt à tout. Le lieutenant-colonel réfléchit à la meilleure façon de procéder. Le rassurer, éviter le geste fatal. Les présidents retenaient leur souffle, eux aussi. Soudain une rafale de mitrailleuse lourde balaya le salon de la Paix. Plusieurs policiers tombèrent, morts ou blessés. Strelli leva la tête.

À trois mètres, le groin du MI 17. Scorpion prêt à l'attaque, l'hélicoptère se balançait face à lui. David aurait presque pu toucher le pilote, coiffé de son casque intégral blanc.

Sans l'avoir jamais vu, Strelli reconnut à ses côtés Vicente Minasola. Leurs regards se croisèrent. L'insensé qui avait tenté de détruire l'ordre mondial, défié les Nations, était devant lui, à portée d'arme.

Il pointa son rayon laser sur Minasola au moment où celui-ci épaulait une Kalachnikov. Le point rouge se posa exactement entre les deux yeux. Strelli eut une pensée pour Francesca. D'une balle, il mit fin aux folles ambitions du Sicilien.

Puis il déplaça le point rouge vers la tête du pilote, en lui faisant signe de se poser. Cédant à la panique, dans un mouvement réflexe, il lâcha le palonnier pour tenter de se protéger. L'hélicoptère se mit à tournoyer, de plus en plus vite, en s'éloignant du château. L'homme tenta de récupérer les commandes, mais l'appareil s'écrasa quelques dizaines de mètres plus loin, dans une gerbe de flammes.

Une explosion plus lointaine : Strelli vit l'un des deux MI 17 encore en vol pulvérisé par un missile Mistral. Le dernier se posa près du bassin d'Apollon et le pilote en sortit, bras levés.

Strelli se retourna lentement : le Boiteux venait de couper d'un coup de poignard les liens qui entravaient les jambes du président Leauthier et lui ordonnait de se lever. Les policiers survivants attendaient un signal du colonel qui s'était immobilisé, arme le long de la cuisse. Rekaliu ne le quittait pas des yeux. Un bras autour du cou de son prisonnier, la grenade toujours dans la main gauche, l'Albanais força le président à le suivre en le tirant par les poignets.

— Pas bouger ! Moi, je tue lui ! lança Rekaliu dans un anglais approximatif, tout en désignant du menton son bouclier humain.

Il avait reconnu Strelli et un sourire méchant éclairait son visage osseux et grêlé. David ne lâchait pas du regard le pouce sur la cuillère de la grenade dégoupillée. Un geste de trop, les deux hommes sautaient...

Il fallait ruser. Obliger le tueur à lancer sa grenade. Ou bien venir la lui prendre dans la main. David n'avait guère le choix. Il ordonna aux policiers de laisser Rekaliu s'esquiver par l'un des salons, puis se lança, seul, à sa poursuite.

Il suivait l'otage et son ravisseur pas à pas, se rapprochant insensiblement, six mètres, cinq, quatre... Son cœur battait à rompre. Un moment, il craignit les avoir perdus. Mais un miroir de la chambre de la Reine lui renvoya le reflet du président dont Rekaliu, d'un coup de genou dans le dos, calma les mouvements trop brusques. Strelli se laissa volontairement distancer. Il porta à sa bouche la main gauche, dans laquelle était fixé par une bande adhésive son micro de radio.

— Margaux, tu m'entends ?

— Cinq sur cinq.

La voix de la jeune femme, dans le PC mobile, était neutre, professionnelle.

— Dans les cinq minutes, il faut bloquer toutes les issues de l'aile du Midi.

— Qu'est-ce qui se passe ? interrogea-t-elle, soudain anxieuse.

— Exécution, trancha-t-il.

En quelques foulées légères, il rejoignit le Boiteux et son otage qui avaient descendu le grand escalier de marbre. Il lui fallait oublier la vengeance. Seule comptait la vie du Président. Le Boiteux ne bougeait plus. Il venait de réaliser que toutes les portes étaient fermées, qu'il était piégé. Strelli était maintenant à moins de trois mètres.

Il se concentra. Se replia sur lui-même. Prêt. Il fixa encore le tueur dans les yeux. Un regard hypnotique. Long, interminable. Les secondes passaient. Le Boiteux ne bougeait plus. Il agita sa grenade, pour souligner la menace. Strelli avança les pieds l'un après l'autre, centimètre par centimètre. Il prit une longue inspiration, sans le montrer.

Le moment était là. Il n'avait pas le droit de rater.

Un bond. Un seul élan. Il était au bout de ses ressources physiques. Les mains en avant, projetées vers le poing étreignant la grenade. Il fallait empêcher ces doigts de se desserrer. Ses deux mains se refermèrent comme les mâchoires d'un étau. En même temps, il décocha un formidable coup de genou dans l'entrejambe du tueur qui hurla, plié en deux. David saisit la grenade, la jeta dans une fenêtre en hurlant à Leauthier :

— À terre ! Vite !

Flash, explosion, cascade tintinnabulante de verre, pluie d'éclats. En roulant sur le sol, il ressentit une douleur à l'épaule. Rekaliu s'était déjà relevé et faisait mine de s'approcher de Leauthier. Strelli serra les lèvres : le Boiteux avait décidé de lui pourrir la vie jusqu'au bout. Il lança un coup de pied retourné dans la tête du tueur qui partit en arrière, mais un couteau à la main.

Strelli dégaina son pistolet, posa le point rouge du rayon laser sur le front de son adversaire. Face à sa mort inéluctable, Rekaliu ne cilla pas.

— *Remember Moscow !* lâcha David d'une voix sourde.

Rekaliu hésita. Soudain, il se précipita sur Leauthier. Sans pitié, Strelli tira. Une seule balle. Dans le crâne. Le tueur n'avait même pas fermé les yeux.

L'officier admira le chef de l'État qui, malgré l'horreur des dernières heures, n'avait perdu ni sa superbe, ni sa dignité.

— Merci, mon ami. Me permettez-vous de vous appeler mon ami ? Merci d'avoir sauvé notre démocratie, lui dit-il en lui posant la main sur l'épaule.

David appréciait le geste d'amitié, mais grimaça en s'écartant un peu : il avait, fiché dans le gras de son épaule, un éclat de grenade. Le chef de l'État s'en était-il rendu compte ?

— Excusez-moi, monsieur le président, dit-il en portant de nouveau la main gauche à la bouche.

— Margaux ?

— Ça va ?

Il ne répondit pas aussitôt : devant lui passaient les otages libérés. Certains riaient, d'autres pleuraient ou se serraient la main. Curieux spectacle européen, songea-t-il.

— Oui, oui... Tout va bien ! L'affaire est terminée.

Quand ils sortirent du château, côte à côte, Lionel Leauthier et David Strelli n'entendirent pas tout de suite les applaudissements et les vivats. En face d'eux, le gouvernement au grand complet. Bernard Lechevallier, le Premier ministre – très marqué par les heures passées –, Henri Delpech et Jean Daumas de Bellifont les saluèrent avec chaleur.

Les dizaines de journalistes présents se mêlèrent à la joie commune. Une multitude d'éclairs, la lumière crue des spots de télévision... Pour la première fois depuis le début de la matinée, Leauthier afficha l'éclat de son célèbre sourire.

La vie reprit, avec la ronde des ambulances qui ramassaient les blessés et les morts, le fracas des hélicoptères, le grondement des convois de chars et de véhicules de police qui s'éloignaient, tandis que les camions de dépannage et de pompiers nettoyaient déjà le site. Intervenant toujours en *live* sur CNN, la journaliste américaine Coline Desmond annonça :

— *The final outcome is heavy. Sixty-four men are dead, including six chiefs of government, and one hundred and seven wounded. Nevertheless, now it's finished. Happy end, maybe ?*

Strelli était épuisé, il flageolait sur ses jambes. Il s'endormait presque debout lorsqu'il sentit soudain un choc...

Margaux ! Dans ses bras. Suspendue à son cou. Ils s'embrassèrent, le plus longtemps possible, indifférents aux regards. Elle se recula un instant pour mieux le regarder. Elle riait, pleurait en reniflant comme une enfant.

— Tu es sale.

— J'imagine. Alors, on les prend, ces vacances ?

— Oui. Mais pas à Klagenfurt, ni à Moscou !

— Et la mairie, ça te dit ?

— La mairie ?

— Avant le voyage de noces, c'est mieux de passer devant M. le maire, non ?

Margaux éclata de rire.

— Crois-tu que c'est vraiment le moment pour une telle demande ?

Il nota qu'elle n'avait pas prononcé le mot « mariage ».

— Il n'y a pas de mauvais moment pour ça ! Sauf pour toi !

Elle se colla contre lui.

— On verra. Si tu es sage. Laisse-moi un peu de temps pour m'habituer à l'idée de m'appeler Margaux Strelli !

Il lui prit le visage entre les mains et se perdit dans ses yeux. Et, faisant à nouveau fi du déploiement des secours autour d'eux, ils s'embrassèrent comme s'ils avaient été seuls au monde.

Les personnages

PERSONNAGES PRINCIPAUX

Marquis Jean Daumas de Bellifont, vicomte de Joyeuse : *conseiller à la Cour des comptes.*

Jacques-Olivier Lambert-Leroy, dit JO2L : *négociant, président de la société AgrImEx, Toulouse.*

Francesca Minasola, alias Frances McManus : *avocate, sœur de Vic.*

Ernest Plivinec : *ministre d'État, ministre des Finances.*

David Strelli : *capitaine, puis lieutenant-colonel de la Direction générale de la sécurité extérieure.*

Vic, Don Vicente Edward Minasola, alias Vincent McManus : *mafieux italien.*

Margaux Villaret, alias Cécile de Saint-Sorin : *capitaine de police, Renseignements généraux.*

PERSONNAGES IMPORTANTS

Josée Antonin : *commissaire divisionnaire, Renseignements généraux.*

Mouloud Boukrane : *maître assistant en mathématiques, professeur associé au MIT, Cambridge (Massachusetts).*

Orlin Dimitrov : *import-export.*

René Haller : *Premier ministre, chef du gouvernement français.*

Anne-Claire Ivanovna : *collaboratrice de Jacques-Olivier Lambert-Leroy.*

Rouslan Shamilovitch Khamylov : *ex-général du KGB, « homme d'affaires » russe.*

Don Nitto Minasola : *père de Vicente et de Francesca.*

Rexhep Rekaliu : *le tueur kosovar.*

Dimitri Taline : *premier substitut, chef du pôle financier du parquet de Paris.*

Andrei Sergueievitch Tchevine : *« homme d'affaires » russe.*
Alexei Fiodorovitch Tretiakov, « Liocha » : *collaborateur de Rouslan Shamilovitch Khamylov.*

Autres personnages

Jean Beaumont : *préfet, directeur général de la Police nationale.*
Jean-Marie Bourdieu : *chasseur de têtes.*
Henri Delpech : *ministre de l'Intérieur.*
Louis Dufort : *préfet, patron de la Direction générale des services extérieurs (DGSE).*
Jean-Guy Dufresne : *agent immobilier à Paris.*
Mateo de Giacobi : *expert en attentats.*
Paul Kachina-Barn : *professeur de médecine, chef du service de neurochirurgie de l'hôpital Henri-Mondor à Créteil.*
Renée Landau : *juge d'instruction au pôle financier du tribunal de grande instance de Paris.*
Sharon McManus : *mère de Vic Minasola, épouse de Nitto Minasola.*
Pierre Mayeux : *président de la Corporate Investigation Compagnie (CI Co).*
Jean Parfait : *commissaire et chef de groupe à l'Office central de répression de la grande délinquance financière.*
Donald John Remini III : *cousin et partenaire de Vic, États-Unis, Staten Island.*
Gesomino Salafra : *pizzaiolo tueur.*
Pietro Santucci : *avocat à Palerme.*
Le père Stefan : *archiprêtre de la paroisse d'Ivanovogara.*
Nadjeda Stefanova : *salariée bulgare de la société Techni-Engineering.*

Figures et silhouettes

Victor Iourevitch Aksenenko : *chef d'escale de la compagnie OED à l'aéroport Sheremetievo.*
Édouard Belair : *magistrat, substitut à la 8e section du Parquet (flagrants délits, crimes).*
Sabine Bernard : *greffière du juge Landau.*
Jean Chatenet : *sous-préfet, patron de la Boîte à musique.*
Samuel Compain : *pilote de l'hélicoptère Écureuil de Vic.*
Jean-Baptiste Cuvelier : *lieutenant de police.*
Jean-Maurice Delaserras : *avocat, inscrit au barreau de Lausanne.*
Lieutenant Arnaud Desaule : *pilote de Rafale.*
Fanny Deschamps : *secrétaire du Premier ministre.*

Coline Desmond : *journaliste à CNN.*
Alphonse Devraene : *chauffeur routier indépendant.*
Noël Dondedieu : *capitaine de police.*
Arnaud Dupuis : *éleveur de veaux dans le Limousin, à Saint-Pardoux-Morterolles, Creuse.*
Pierre Durez : *délégué lyonnais du club Politique et Progrès.*
Charline Duvignaud : *lieutenant de police.*
Aslan Efanov : *Tchétchène.*
Philippe Etchelamendy, Etxe : *sergent de la DGSE.*
Marcel Galleac : *mécanicien de camion.*
Gino Garofolo, alias DjiDji : *tueur de la Stidda.*
Maurice Heinrich : *contrôleur général de la Police.*
Izmir Hoça : *pilote d'hélicoptère turc.*
Commandant Hubert Janvier : *officier de sécurité du ministre de l'Intérieur.*
Ismaël Ismaïli : *« homme d'affaires » albanais.*
Demirel Izmir : *homme de la mafia turque.*
Jean-Louis Jameux : *commandant de police, Brigade criminelle.*
Lea Jakova Kaganov : *amour de jeunesse de Rouslan Shamilovitch Khamylov.*
Dimitri Kanskovitch : *chauffeur de camion.*
Hans Kanter : *patron de Drei Ecke Gmbh, Klagenfurt.*
Rudolf Kemp : *petit voyou autrichien.*
Yann Keriver : *commandant de police.*
Jos-Karl Kessler : *commissaire principal, OCRTIS.*
Commandant Gérard Lecas : *pilote de Rafale.*
Bernard Lechevallier : *Premier ministre du gouvernement français.*
Urs Lerner : *lieutenant de police autrichien, police municipale de Klagenfurt.*
Ivan Lipachine : *président d'OED.*
Luigi : *tueur sicilien.*
Juliet MacReady : *star américaine.*
Marcello Maestrasi : *capitaine de l'armée italienne.*
Paul Magan : *contrôleur général, patron des CRS.*
Oumar Mamodev : *chef du convoi de carburant au Caucase.*
Ivan Michailov : *malfrat bulgare.*
Bettino Mattioli : *procureur adjoint à Palerme.*
Svetlana Mikhalva : *prostituée russe.*
James Nicholls : *mafieux italo-sicilien de New York.*
Olga : *épouse du pope Stefan.*
Everett Packard : *conseiller financier à New York.*
Emmanuel Peri : *brigadier de police affecté au commissariat du IXe arrondissement.*

Angelo Perotti : *officier au SISMI.*
Dume Poggio : *« garde du corps » corse.*
Honoré Saint-Sergent : *brigadier de police affecté au RAID.*
Sylvie Sevièze : *assistante du préfet Louis Dufort, DGSE.*
Jo Thual : *chargé de presse auprès d'Ernest Plivinec.*
Viacheslav Borisovitch Vabinskine : *metteur en scène de cinéma.*
Docteur Joël Vaillant : *médecin attaché à l'ambassade de France à Moscou.*
Zoë : *une interprète.*
Sémion Zokine : *juge d'instruction à Moscou.*

CHEFS D'ÉTAT ET DE GOUVERNEMENT PRIS EN OTAGES

Pierre Beck : *Premier ministre du Luxembourg.*
Nikos Dracodaïdis : *Premier ministre grec.*
Stig Ekelöf : *Premier ministre suédois.*
Fernando Espronceda : *Premier ministre espagnol.*
Bo Hakkinen : *Premier ministre de Finlande.*
Louise Hamilton : *Premier ministre britannique.*
Georg Hülshoff : *chancelier de la République fédérale d'Allemagne.*
Lionel Leauthier : *président de la République française.*
Bernard Lechevallier : *Premier ministre français.*
Aksel Madsen : *Premier ministre danois.*
Liam McGahern : *chef du gouvernement irlandais.*
Diogo Paiva Do Céu : *Premier ministre portugais.*
Romano Pulci : *président du Conseil italien.*
Hector Van Der Berghe : *Premier ministre belge.*
Beatrice Van Haasse : *Premier ministre hollandais.*
Ernst Wolfram : *chancelier autrichien.*

PERSONNAGES RÉELS

Rachid Arhab : *présentateur du journal de 13 heures de France 2.*
Giancarlo Caselli : *procureur, chef du parquet antimafia à Palerme.*
Le sieur Cointepas : *patron du restaurant La Rose de France.*
Carole Gaessler : *présentatrice du journal de 13 heures de France 2.*
Erich Inceyan : *journaliste au* Monde.
Andrei Lukanov : *ancien Premier ministre bulgare.*
Gilles Perez *: journaliste à RFI.*
David Serveney : *journaliste à RFI.*

Éléments bibliographiques

Bien que cet ouvrage soit de pure fiction, nous avons eu recours à d'importantes sources bibliographiques :

BAUD Jacques, *Encyclopédie du renseignement et des services secrets*, Lavauzelle, Paris, 1997.

BLANC Hélène, *Le Dossier noir des Mafias russes*, Balzac-Le Griot éditeur, Paris, 1998.

BRUNOT Patrick, VIATCHESLAV Avioutskii, *La Tchétchénie*, Que sais-je ? PUF, Paris, 1999.

DASQUIÉ Guillaume, *Secrètes Affaires*, Flammarion, Paris, 1999.

FALIGOT Roger, KROP Pascal, *La Piscine*, Le Seuil, Paris, 1985.

GUISNEL Jean, VIOLET Bernard, *Services secrets*, La Découverte, Paris 1988.

KLEIN Hans Joachim, *La Mort mercenaire*, Le Seuil, 1980.

KLEINKNECHT William, *The New Ethnic Mobs, the Changing Face of Organized Crime in America*, The Free Press, New York, 1996.

KOULIKOV A.S. (gen.), avec la collaboration de BRUNOT Patrick et SERIOGUINE Vladimir, *La Lutte contre la criminalité dans l'espace russe*, Éditions France-Russie 2000, Paris, 1998.

NASH Jay Robert, *World Encyclopedia of Organized Crime*, De Capo Press, New York, 1993.

ROBINSON Jeffrey, *The Merger, How Organized Crime is Taking Over the World*, Simon & Schuster, Londres, 1999. Importante bibliographie, index détaillé.

SOMMIER Isabelle, *Les Mafias*, Montchrestien, Paris 1999. Avec une bibliographie exhaustive des travaux universitaires menés sur le sujet, ainsi qu'un index détaillé.

STIRLING Claire, *Octopus*, Robert Laffont, Paris, 1990 ; *Pax Mafiosa*, Robert Laffont, Paris, 1994.

VIVIANO Frank, *The New Mafia Order*, A Mother Jones investigation.

Atlas mondial, Hatier, Paris, 1993.

Chili-Argentine, *Guide du Routard*, 1997-98, Hachette, Paris, 1998.

Grand Guide de Moscou (Le), coll. « Bibliothèque du voyageur », Gallimard, 1997.

Petit Futé (Le), Moscou, Nouvelles éditions de l'Université, 1998.

Sicile, guide touristique, Institut géographique de Agostini, Regione Sicilia.

Périodiques

FARAH Douglas, *Russian Mob, Drug Cartels Joining Forces*, *Washington Post*, 1997 (via le site Internet du journal).

Air & Cosmos.

High-Tech Fire arms (États-Unis).

Le Journal de Genève.

Le Soir (Bruxelles).

Le Temps (Genève).

L'Hebdo (Lausanne).

RAIDS.

Autre source d'information

http://www.alternatives.com/crime : site web du *Committee for a Safe Society.* Banque de données regroupant plusieurs centaines d'extraits de livres, d'articles et de références bibliographiques à propos de toutes les mafias du monde.

Remerciements

Patrick Brunet, *Air & Cosmos* (Paris), Me Patrick Brunot (Paris), Giancarlo Caselli (parquet de Palerme), Guillaume Dasquié, *La Lettre du renseignement* (Paris), Zoya Dimitrova, *168 heures* (Sofia), Bruce Dollar (New York), Agathe Duparc, *Le Monde*, et Vladimir Ivanidzé (Moscou), Paul Falcone (Tallinn, Estonie), Anna Frémeaux (Paris), Dr Herbert Geschwind (Sceaux), Alain Marsat (Crédit lyonnais – Paris), Françoise-Marie Morel (TF1 Moscou), Mamadou Niang (New York), Christian Oudin (Paris), Patrick Ramaël (alors à UCLAF-Bruxelles), Xavier Raufer, François Haut et l'équipe de MCC (Menaces criminelles contemporaines), de l'Institut de criminologie, université Panthéon-Assas, Erik Reumann (RTSR et *Le Temps*, Moscou), Vladimir Serioguine (Moscou), Mélanie Zimmermann (université de Saint-Andrew, en Écosse). Et quelques autres tout aussi essentiels, mais qui ne peuvent être cités.

Marina Pogany s'est livrée à de nombreuses relectures attentives et efficaces.

Impression réalisée sur Presse Offset par

BRODARD & TAUPIN

GROUPE CPI

20634 – La Flèche (Sarthe), le 28-10-2003
Dépôt légal : novembre 2003

POCKET – 12, avenue d'Italie - 75627 Paris cedex 13
Tél. : 01.44.16.05.00

Imprimé en France